新文科建设教材
物流与供应链系列

THEORIES AND APPLICATIONS
OF BIG DATA IN SUPPLY CHAIN

# 供应链大数据
## 理论与应用

刘达　史梦飞◎主编
成润坤　李金孟◎副主编

清華大學出版社
北京

图书在版编目（CIP）数据

供应链大数据：理论与应用 / 刘达，史梦飞主编. --北京 ：清华大学出版社，2025. 8.
(新文科建设教材). -- ISBN 978-7-302-70132-3

Ⅰ. F252.1

中国国家版本馆 CIP 数据核字第 2025122M9B 号

责任编辑：吴　雷
封面设计：李召霞
责任校对：王荣静
责任印制：沈　露

出版发行：清华大学出版社
　　　　　网　　　址：https://www.tup.com.cn，https://www.wqxuetang.com
　　　　　地　　　址：北京清华大学学研大厦 A 座　　　　　邮　　编：100084
　　　　　社 总 机：010-83470000　　　　　　　　　　　邮　　购：010-62786544
　　　　　投稿与读者服务：010-62776969，c-service@tup.tsinghua.edu.cn
　　　　　质 量 反 馈：010-62772015，zhiliang@tup.tsinghua.edu.cn
　　　　　课 件 下 载：https://www.tup.com.cn，010-83470332
印 装 者：三河市人民印务有限公司
经　　销：全国新华书店
开　　本：185mm×260mm　　　印　张：18.5　　　字　数：420 千字
版　　次：2025 年 9 月第 1 版　　　　　　　　　印　次：2025 年 9 月第 1 次印刷
定　　价：59.00 元

产品编号：108841-01

# 前言

在信息技术飞速发展的今天，大数据已经成为推动各行各业发展的重要力量，尤其是在供应链管理领域，大数据技术的应用正在带来深刻的变革。传统的供应链管理方式存在信息传递不及时、效率低下等问题，已经难以满足现代企业日益复杂的需求。而大数据的引入，不仅为供应链管理提供了更精准的决策支持，也为实现供应链数字化、定制化、全球化提供了强有力的技术支持。我们希望通过本书，帮助读者掌握大数据驱动下供应链管理的基本概念、应用方法和实际操作流程，并深入理解大数据如何在供应链管理中发挥作用，以及发挥了怎样的作用，帮助读者探寻问题的本质，并提升其在供应链管理中的决策能力和实践能力。

在编写本书时，我们充分考虑了读者的学习需求和习惯，旨在使内容更加系统、全面实用与具体。本书分为三篇，每一篇都经过精心设计，确保读者能逐步从理论过渡到应用，循序渐进地掌握供应链大数据的相关内容，具体的章节结构如图 0-1 所示。

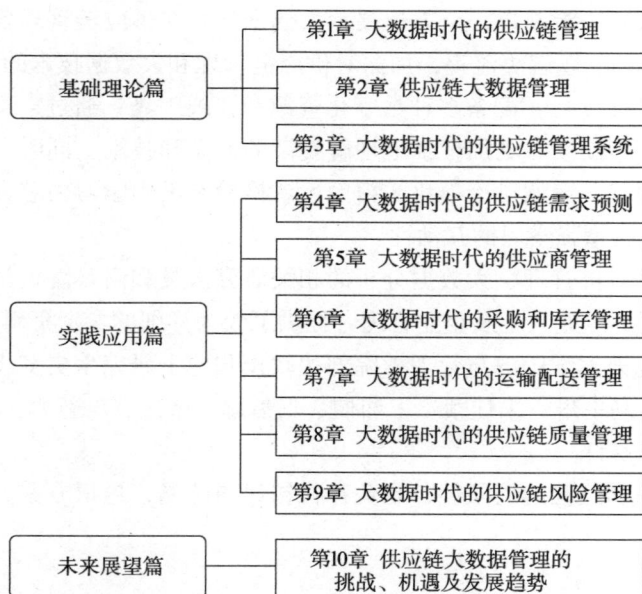

| 基础理论篇 | 第1章 大数据时代的供应链管理 |
| | 第2章 供应链大数据管理 |
| | 第3章 大数据时代的供应链管理系统 |
| 实践应用篇 | 第4章 大数据时代的供应链需求预测 |
| | 第5章 大数据时代的供应商管理 |
| | 第6章 大数据时代的采购和库存管理 |
| | 第7章 大数据时代的运输配送管理 |
| | 第8章 大数据时代的供应链质量管理 |
| | 第9章 大数据时代的供应链风险管理 |
| 未来展望篇 | 第10章 供应链大数据管理的挑战、机遇及发展趋势 |

图 0-1　本书章节结构

第一篇"基础理论篇"全面阐述了供应链管理与大数据的基本概念及其相互关系，

详细解析了供应链大数据管理的基本内容、实施流程、主要技术及关键策略。同时，深入探讨了大数据驱动下供应链管理系统的结构与功能，及其在实际中的应用。该篇为读者提供了系统的理论知识，帮助其理解大数据在提升供应链效率和决策中的重要作用，为后续的技术应用打下坚实的理论基础。

第二篇"实践应用篇"通过行业案例，详细展示了大数据技术在供应链管理各个环节中的实际应用。我们探讨了大数据技术如何在供应链需求预测、供应商管理、采购和库存管理、运输配送管理、供应链质量管理及供应链风险管理中发挥作用，帮助企业提高供应链的运营效率和协作能力。通过案例分析，读者可以看到大数据如何实际解决供应链管理中的突发痛点问题，尤其是如何通过数据流动与信息共享促进供应链中各方协作。

第三篇"未来展望篇"着眼于大数据在供应链管理中的未来发展方向，探讨了大数据时代供应链管理存在的挑战和发展机遇，分析了在技术进步和应用场景不断扩展下，供应链管理进一步创新与优化的发展趋势。

本书具有以下特点：

（1）融入前沿技术，紧跟供应链管理与大数据领域的发展：与传统教材相比，本书融入了大数据挖掘、机器学习、智能预测等前沿技术，结合大数据驱动下的供应链管理最新实践，使读者不仅掌握供应链管理的经典理论，还能够紧跟数字化供应链的发展趋势。

（2）系统化知识架构，覆盖供应链全流程：本书从供应链全局出发，系统性地讲解如何结合大数据技术来管理供应链的各环节。读者可以通过系统化的结构学习建立全局视角，了解各个环节之间的联系，更全面地理解供应链管理的全流程优化。

（3）关注实践导向，实际案例示范教学：实践应用篇的每一章中都提供了应用案例示范，从数据分析到决策制定，全方位展示大数据技术在供应链管理各环节中的应用，帮助读者体会完整的问题解决流程，加深对供应链管理和大数据技术的理解。

（4）互动性学习支持，配备多种数字化资源和在线工具：通过丰富的拓展文本和视频等多媒体资源，帮助读者更加仔细地理解复杂的概念和技术。同时，设计交互式学习环节，添加在线测试、案例讨论模块，帮助读者检验和巩固学习内容，激发读者主动进行思考并参与讨论，增强学习的互动性。

本书适用于供应链管理、大数据分析的相关研究人员和高等院校学生使用，也为从事供应链相关行业的专业人士及企业管理者提供了较为详细的参考资料。

本书由华北电力大学经济与管理学院刘达教授和博士研究生史梦飞等编著。华北电力大学硕士研究生马一琳、宋佳颖、王湘楠、王雪娜、余次、冯新博、孟茹洁、欧瑞涵、赵艺欣参与编写与修订。

由于作者知识和经验的局限性，难免存在错误与疏漏，恳请专家、学者和广大读者批评指正。

编著者
2024 年 12 月

# 目录

## 第1篇　基础理论篇

**第1章　大数据时代的供应链管理** ································································· 3

　1.1　供应链管理基础 ················································································ 4

　1.2　大数据基础知识 ·············································································· 13

　1.3　大数据时代供应链管理的新要求 ······················································ 17

　案例讨论 ····························································································· 25

　课后习题 ····························································································· 26

　即测即练 ····························································································· 26

**第2章　供应链大数据管理** ······································································· 27

　2.1　供应链大数据管理基础 ····································································· 28

　2.2　供应链大数据管理流程 ····································································· 34

　2.3　供应链大数据管理技术 ····································································· 39

　2.4　供应链大数据管理策略 ····································································· 57

　案例讨论 ····························································································· 60

　课后习题 ····························································································· 60

　即测即练 ····························································································· 60

**第3章　大数据时代的供应链管理系统** ······················································· 61

　3.1　大数据时代的供应链管理系统结构概述 ·············································· 62

　3.2　大数据时代的供应链管理系统的运行 ················································· 72

　3.3　大数据时代的供应链管理系统的应用 ················································· 81

　案例讨论 ····························································································· 85

　课后习题 ····························································································· 86

　即测即练 ····························································································· 87

## 第2篇　实践应用篇

**第4章　大数据时代的供应链需求预测** ················· 91

4.1　供应链需求预测概述 ····························· 92

4.2　供应链需求预测方法 ····························· 99

4.3　大数据时代的供应链需求预测流程 ············· 105

4.4　大数据时代的供应链需求预测案例研究 ········· 111

课后习题 ········································· 114

即测即练 ········································· 115

**第5章　大数据时代的供应商管理** ················· 116

5.1　供应商管理基本理论 ····························· 117

5.2　供应商管理中的大数据管理 ····················· 130

5.3　大数据时代的供应商管理基本流程 ············· 139

5.4　大数据时代的供应商管理案例研究 ············· 143

课后习题 ········································· 150

即测即练 ········································· 151

**第6章　大数据时代的采购和库存管理** ············· 152

6.1　大数据时代的采购管理 ························· 153

6.2　大数据时代的库存管理 ························· 161

6.3　大数据时代的采购与库存协同管理 ············· 168

6.4　大数据时代的采购和库存管理案例研究 ········· 173

课后习题 ········································· 176

即测即练 ········································· 176

**第7章　大数据时代的运输配送管理** ··············· 177

7.1　运输配送管理概述 ····························· 178

7.2　运输配送优化建模分析流程 ····················· 181

7.3　大数据时代的运输配送模型分析 ················· 191

7.4　大数据时代的运输配送案例研究 ················· 203

课后习题 ········································· 206

即测即练 ········································· 206

**第8章　大数据时代的供应链质量管理** ············· 207

8.1　大数据时代的供应链质量管理概述 ············· 208

8.2　大数据时代的供应链质量预测 ··················· 212

8.3　大数据时代的供应链质量预警 ·················································219

8.4　大数据时代的供应链质量追溯 ·················································227

8.5　大数据时代的供应链质量管理案例研究 ···································232

课后习题 ···········································································································237

即测即练 ···········································································································237

第9章　大数据时代的供应链风险管理 ·················································238

9.1　供应链风险管理基础 ·································································239

9.2　基于大数据的供应链风险管理流程 ·········································246

9.3　大数据时代供应链各环节的风险管理 ·····································255

9.4　大数据时代的供应链风险管理案例研究 ···································264

课后习题 ···········································································································267

即测即练 ···········································································································267

## 第3篇　未来展望篇

第10章　供应链大数据管理的挑战、机遇及发展趋势 ·····················271

10.1　供应链大数据管理面临的挑战 ···············································272

10.2　供应链大数据的发展机遇 ······················································275

10.3　供应链大数据管理的发展趋势 ···············································279

案例讨论 ···········································································································282

课后习题 ···········································································································284

即测即练 ···········································································································284

参考文献 ···················································································································285

# 第 1 篇

# 基础理论篇

# 第1章

## 大数据时代的供应链管理

◇ **学习目标**

1. 掌握供应链、供应链管理的基本内容。
2. 了解供应链、供应链管理面临的挑战和机遇。
3. 了解大数据管理的基本内容。
4. 学习如何满足大数据时代供应链管理的新要求。

随着数据量的爆炸性增长，传统的供应链管理方法已经难以满足现代企业的需求。在这一背景下，大数据的发展为供应链管理带来了突破性的机遇，企业能够借此实现更高效的资源配置、更精准的决策行为，以提高供应链的效率和供应链韧性。本章旨在提供一个全面的框架，帮助读者掌握供应链管理和大数据的基本概念，为读者在供应链大数据管理领域的进一步学习和实践打下坚实的基础。

◇ **导入案例**

### "66云链"——一站式数字供应链解决方案专家

在能源化工行业中，物流信息不透明、供应链管理效率低下等问题长期困扰着企业可持续发展。为了推动行业数字化转型，提升供应链效率与透明度，六六云链科技（宁波）有限公司（简称"66云链"）于2017年成立，致力于为能源化工行业提供创新的数字化基础设施。

66云链通过深厚的技术积累，特别是在物联网、区块链、大数据和云计算等领域，成功构建了一个集成化、智能化的"能化供应链数字基础设施"平台。该平台覆盖了从原材料采购、运输、存储到产品交付的全过程，并涵盖了生产计划、库存管理、风险控制和质量监控等多个关键环节，能够实现从供应端到需求端的全过程数字化管理。其中最具代表性的是，66云链利用物联网和区块链技术，开发了一个数字化物流信息共享系统。通过这一系统，行业内各方能够实现物流数据的实时共享与闭环管理，不仅提升了物流信息的透明度，还减少了信息滞后和错误的发生。

66云链数字化平台不仅为能源化工企业提供了高效的信息共享和协作机制，还在中小企业融资、化工园区安全管理等方面带来了积极的影响。随着技术不断进步，66 云链"能化供应链数字基础设施"将持续推动能源化工行业朝着更加智慧、高效、安全的方向发展。

（资料来源：66 云链官网，https://info.10000link.com/newsdetail.aspx?doc=2024081490004.）

# 1.1 供应链管理基础

供应链（Supply Chain）是从"扩大生产"这一理念发展而来的。传统的生产观念通常局限于企业内部的生产过程，关注如何在工厂内提高效率和产出。而"扩大生产"则在此基础上实现了视野的延展，将企业的关注点从内部生产拓展到整个价值链[①]。这一理念向前覆盖到原材料的采购环节，向后延伸至产品的销售与质量管理，从而强调了企业与外部环境的连接与协作。通过这一转变，企业开始关注产品从起点到终点的完整生命周期，以及各个环节之间的高效衔接与协同。

## 1.1.1 供应链概述

### 1. 供应链的定义

供应链这一概念与"价值链"（Value Chain）紧密关联。1985 年，美国哈佛商学院教授迈克尔·波特首次提出了价值链的概念，他明确指出，"价值链是企业通过一系列活动创造买方所需价值的整体"。这一理论强调企业内部各个环节如何协同工作，以增加最终产品的附加价值。

随后，约翰·尚克与维贾伊·戈文达拉扬对这一概念进行了扩展，提出价值链应包括从原材料采购到最终用户接收的全过程中的价值创造活动。他们强调，企业的价值创造活动不仅局限于企业内部的生产和运营环节，还需要包括供应商、分销商、零售商、客户等各方的参与。为了确保价值最大化，企业必须考虑整个产业链中的所有环节及其相互作用。这一扩展认为供应链并非仅由单一企业的运营活动所构成，更是一个由多个相互依赖的实体组成的网络。在这个网络中，供应商和客户扮演着同等重要的角色，信息流、物流和资金流是影响整个供应链效能的关键因素。这一理论的发展促使企业重视供应链管理，并从全球化的角度审视供应链。

1996 年，詹姆斯·沃麦克与丹尼尔·琼斯在其著作《精益思想》中进一步深化了这一概念，将价值链扩展为"价值流"。这一新理念不仅涵盖了企业内部的生产和服务活动，还包括了跨企业的合作，特别是企业与供应商、客户之间的信息流动和互动。精益思想的引入，使得供应链管理从单纯的物流管理转向了更为综合的系统优化，通过精确控制每个环节的资源消耗，显著提高了整体供应链的效率和响应速度。

同年，贝恩德·朔尔茨·瑞特综合了上述价值链与价值流的思想，首次明确界定了

---

[①] 佟昕. 供应链大数据分析与应用[M]. 北京：北京理工大学出版社，2022.

"供应链"的定义：供应链是由多个运作实体构成的网络，通过这一网络，企业能够有效地将产品或服务从生产端传递至特定的市场。供应链的流程从用户需求开始，涵盖了产品设计、原材料供应、生产制造、批发分销、零售等多个环节，直到最终将产品送达终端用户手中。这一新兴的供应链概念突出了企业在全球化市场中的角色，强调了企业不仅需要管理自身的生产与销售过程，还需要有效整合来自全球各地的供应商和合作伙伴资源，从而实现产品的高效交付和及时满足客户需求。

1998 年，美国物流管理协会对物流的定义进行了调整，将其重新定位为供应链活动的一个组成部分。在此之前，物流被视为仅仅是货物的存储与运输，这一转变标志着物流管理的视角从单一的物理配送扩展到更广泛的供应链管理范畴。物流的这种重新定位使得供应链管理的概念逐渐扩展为一个系统性、跨企业的管理范畴，要求企业在更广泛的层面上进行资源协调与信息共享。

目前，我国国家标准《物流术语》对供应链给出的定义为：生产及流通过程中，围绕核心企业的核心产品或服务，由所涉及的原材料供应商、制造商、分销商、零售商直到最终用户等形成的网链结构。这一链条上涉及原材料采购、生产、加工、分销等多个环节。从更广泛的角度来看，供应链的定义还包含了一些关键的活动，如计划、采购、存储、分销和服务等。这些活动在顾客和供应商之间形成了衔接，使企业能够满足内外部顾客的需求。

学术界通常将供应链的演进分为多个阶段，每个阶段都有其特定的关注点和发展方向。早期的供应链管理聚焦于成本控制与库存优化，而随着全球化、信息技术的应用以及客户需求的多样化，供应链管理逐渐转向更为复杂的集成化、协同化管理。这标志着供应链管理从传统的物流管理向更为复杂的系统化管理转变，如表 1-1 所示。

表 1-1　供应链发展阶段

| 阶　　段 | 时　　期 | 特　　点 |
|---|---|---|
| 传统供应链阶段 | 20 世纪初至中期 | 单向物流，即生产厂家通过物流将产品发送到经销商或零售商手中。这种模式下的供应链效率较低，信息共享不足，容易导致库存积压或缺货问题 |
| 现代供应链阶段 | 20 世纪后期 | 强调信息共享和协同合作，将供应链上的各个节点企业紧密联系在一起，能够更好地适应市场变化和客户需求，提高供应链的效率和灵活性 |
| 数字化供应链阶段 | 21 世纪以来 | 利用大数据、人工智能（Artificial Intelligence，AI）等技术，实现对供应链全过程的实时监控和数据分析，从而提高供应链的透明度和智能化水平 |

### 2. 供应链的参与主体

供应商、制造商、分销商、零售商和消费者这些参与主体构成了供应链的基础，通过各自的职能活动构成了供应链的各个节点，相互之间协同合作。下面将以一部手机为例，深入阐述供应链上各环节的功能。

（1）供应商。供应商是指提供产品或服务给其他公司或个人的组织或个人。比如，生产屏幕的京东方、生产芯片的中芯国际、生产摄像头的索尼。供应商是供应链中不可或缺的一环，它们通过提供产品或服务为下游客户提供支持，并在这个过程中实现自己的商业利益。同时，供应商也与客户之间建立长期稳定的合作关系，共同推动供应链的优化和发展。

（2）制造商。制造商负责产品生产、开发和质量管理等，如华为采购了京东方的屏幕、中芯国际的芯片，并作为制造商生产手机。值得注意的是，供应商与制造商的角色在不同的供应链中可以相互转化。比如，京东方把产品出售给华为的时候，它的身份是供应商；但是它在采购玻璃、电气元件来生产屏幕的时候，又是制造商。

（3）分销商。分销商是指专门负责将产品覆盖到经营地理范围的产品流通代理企业。比如，华为生产手机，通过神州数码把产品分销到各个城市，神州数码就扮演了分销商的角色。一般来说，分销商作为供应链上靠近最终消费者的一环，通常能够收集到关于消费者需求、偏好和反馈的第一手信息。这些信息对于制造商和供应商来说具有重要的市场价值，可以帮助它们改进产品和调整市场策略。

（4）零售商。零售商是在供应链渠道上面的最后一环，扮演了直接面向最终消费者的角色。神州数码通过超市、手机店或者百货零售店销售手机，这里超市、手机店、百货零售店就作为分销商销售活动的延展，不仅可以直接面对消费者，了解消费者的需求和偏好；而且能够将市场信息反馈给供应链上游的分销商和制造商，帮助他们进行产品改进和市场策略调整。因此，零售商的运营效率和服务质量直接影响到整个供应链的竞争力和市场表现。

（5）消费者。消费者是指在供应链中最终购买和使用商品或服务的个人或组织。他们是产品或服务的最终接受者，也是供应链价值实现的最终环节。比如，手机的最终用户可以是个人（如家庭消费者、学生、企业员工等），也可以是组织（如企业、政府、学校等）。不同类型的最终消费者具有不同的需求和购买行为特征。在供应链管理中，了解并满足消费者的需求是至关重要的。在供应链中的各个环节都需要针对不同类型的消费者制定相应的营销策略和服务方案。通过深入了解最终消费者的购买行为、偏好和反馈，供应链中的各个环节上的参与方可以不断优化产品或服务，提高市场竞争力，实现可持续的盈利增长。

**3. 供应链中的"四流"**

"四流"指的是在供应链管理过程中涉及的四种关键流动，包括商流、物流、信息流、资金流。这"四流"是供应链运行的基础，如图 1-1 所示。

1）"四流"介绍

如图 1-1 所示，商流涉及商品所有权和价值的转移；物流涉及原材料、半成品和成品在供应链中的流动；信息流包括订单、库存、需求预测等信息的传递；资金流则涉及货款、费用等资金的支付和结算。目前，众多学者普遍认为"四流"均是双向流动的。逆向的供应链"四流"和正向的供应链"四流"同样发挥了不可或缺的重要作用[①]。

---

① 马潇雨，张玉利，叶琼伟. 数字化供应链理论与实践[M]. 北京：清华大学出版社，2023.

| 商流 | 商品所有权、价值 |
|---|---|
| 物流 | 原材料、半成品和成品 |
| 信息流 | 生产、促销计划、交付时间表 |
| 资金流 | 货款、费用等资金的支付结算 |

供应商 ➡ 制造商 ➡ 分销商 ➡ 零售商 ➡ 消费者

| 商流 | 退货商品重新进入采购 |
|---|---|
| 物流 | 退货、维修、回收、转让 |
| 信息流 | 订单、库存、需求预测 |
| 资金流 | 信用卡、现金、支票 |

图 1-1  供应链"四流"示意图

（1）商流。商流是商品所有权和价值的转移，是整个交易过程中的核心。它包括从合同签订、支付结算到商品交付以及质量管理等各个环节商品从供应商到消费者的所有权转移。而逆向商流包括退货、换货、退款等质量管理环节，这些环节不仅保障了消费者的权益，还帮助企业通过回收商品、修正质量问题等提升客户满意度和品牌形象。在现代消费环境中，尤其是在电商平台和快速消费品领域，逆向商流已成为常见并且重要的一部分。通过高效的商流管理，供应链中的各个参与方能够顺利完成交易，提升客户满意度并保持企业的商业信誉。

（2）物流。物流是商品在供应链中的物理流动。它涉及运输、仓储、配送等环节，确保商品能够按时、按需到达指定地点。正向物流指商品从原材料、半成品到最终成品的运输、储存和配送，而逆向物流涉及退货、回收、维修等环节。当消费者对商品不满意或商品存在质量问题时，需要通过逆向物流退回商品。逆向物流有助于企业及时掌握产品质量问题、改进产品并回收损耗，减少资源浪费。高效的物流管理有助于降低运输成本、缩短交货周期、提高库存周转率，从而提升供应链的整体效率。

（3）信息流。信息流是指订单、库存、需求预测、生产计划等各类信息在供应链各环节之间的传递。正向信息流包括订单信息、生产计划、库存数据等，从上游到下游的传递，帮助供应链各方做出相应的生产、配送和库存决策。逆向信息流是指消费者反馈、售后问题、市场需求变化等信息反向传递至供应链的上游环节，帮助企业及时调整产品策略、改进质量、优化生产和配送。这种信息的逆向流动可以有效支持供应链的柔性管理和快速响应。信息流的准确性和及时性直接影响物流、资金流的效率。

（4）资金流。资金流指的是货款等资金在供应链中各环节之间的流动。资金流的顺畅确保了供应链各方能够及时支付货款、采购原材料、支付运输费用等。正向资金流是指在交易过程中常见的资金流动方向——支付款项。它涵盖了从消费者到供应商或从零售商到制造商的货款支付。逆向资金流涉及退货、退款、账单调整等。当消费者退货时，企业需要向消费者退还款项，这构成了资金流的逆向流动。资金流的逆向流动虽然较少被关注，但对于维持消费者的信任和供应链的资金周转稳定十分重要。稳定的资金流是维持供应链运作的基础，它支持着生产和配送等环节的正常运行。

2）"四流"之间的关系

（1）相互依存："四流"在供应链中相互依存，缺一不可。每一条流的顺畅运转都离不开其他流的支持，"四流"的高效协同是确保供应链整体运作顺畅的基础。商流的达成需要物流的支持来实现货物的实际交付，物流是商流最终兑现的关键环节。物流依赖于准确的信息流来指导运输和库存管理，同时，信息流的准确性帮助确保资金的及时支付和资金流的顺畅运转。反过来，资金流为物流提供资金保障，确保原材料采购和运输等环节的顺利进行。"四流"之间的相互依存意味着它们不能独立存在，每一条流都需要其他流的支持才能发挥最大的作用，只有在"四流"的协调作用下，供应链才能实现高效运作和持续的价值创造。

（2）相互促进："四流"在供应链中相互促进，共同推动供应链的发展。通过商流的动态调整，可以更精准地匹配供应链供需关系，避免资源浪费或短缺。信息流的及时性和准确性可提升商流决策的效率，促进交易的达成。高效的物流能够提供准确的信息流，使得订单、库存和运输数据及时传递，从而帮助资金流实现更快结算和支付，减少库存占用资金，促进资金周转。同时，准确的信息流可以让企业更好地预测市场需求，提升产品的附加值，增强市场竞争力。健康的资金流为创新和生产提供资金支持，推动产品和服务的提升，进一步促进物流和信息流的优化。"四流"之间相互促进、互相推动，共同提高供应链的效率、降低成本，并在市场中创造更多的价值。

（3）相互制约："四流"在供应链中也存在相互制约的关系。物流的滞后或低效会直接影响信息流的及时更新，导致订单和库存信息无法实时传递，进而影响资金流的流动，延迟支付和资金周转，甚至可能导致资金链断裂。如果信息流不准确或滞后，可能导致资金流的错误决策，比如提前支付或错过折扣影响资金的高效使用。资金流的不足也会制约物流和信息流的运作，如支付延迟或信用不足可能导致无法及时采购原材料或支付运输费用，商流活动可能受到严重阻碍，进而拖慢整个供应链的进度，限制供应链的运作效率。因此，"四流"之间的相互制约强调了它们必须在一定的平衡状态下运作，任何一条流的不畅或效率低下都可能制约其他流的优化，进而影响整个供应链的整体表现。

商流、物流、信息流和资金流构成了供应链的四大核心流程。它们之间相互作用、相互依存、相互促进同时也相互制约，共同维持着供应链的顺畅运转。在逆向供应链中，这四流同样发挥着不可或缺的重要作用。

### 4. 供应链面临的挑战

前面已详细阐述了供应链的构成要素，从原材料供应商、制造商、分销商、零售商直至消费者，这些关键主体搭建起了供应链的基本框架，而网链结构以及围绕核心企业的运作模式，更是赋予了供应链独特的组织形式与运作逻辑。然而，在复杂多变的商业环境中，即便具备看似完善的构成要素，供应链依旧面临诸多严峻挑战。市场需求的大幅波动、技术革新的日新月异、政策法规的动态调整等外部因素，正不断持续冲击着供应链各环节之间的协同关系与稳定运作，使得供应链在维持高效、流畅运行的道路上障碍重重。下面将进一步剖析供应链当前所面临的五大挑战，探寻背后深层次的影响机理。

（1）市场变化与不确定性：市场的不确定性和波动性是供应链管理中最具挑战性的因素之一。消费者行为的变化、经济周期的波动、竞争对手策略的调整、自然灾害的发生以及政治动荡等都会对供应链造成直接影响。例如，消费者的偏好变化可能导致某些产品需求突然增加或减少，而经济萎缩则可能导致需求整体下滑。再者，突如其来的自然灾害如洪水、地震等不仅会破坏生产设施，还可能导致原材料供应中断，从而影响整个供应链的运作。供应链内部也可能面临生产设备故障、劳动争议、人员流动等突发事件，这些都使得供应链的运作变得不可预测。因此，企业需要采取更为灵活和动态的策略来应对这种不确定性，确保其能够快速响应变化。

（2）多方服务与合作依赖性：随着供应链的全球化和复杂化，处于不同供应链中的多个企业和服务节点常常交织在一起，构成了一个庞大的网络。例如，一个原材料供应商可能同时为多个制造商提供服务，而同一制造商也可能向多个零售商提供产品。这种跨行业、跨企业的合作依赖性增强了供应链的复杂性。尤其在突发事件发生时，如政治事件或经济危机，供应链的多方合作关系可能会受到冲击。各个环节的中断不仅会影响某单一环节，也可能导致整个供应链的瘫痪。因此，企业需要加强与供应链各方的沟通与合作，建立更为紧密的合作伙伴关系，同时也需要提升对潜在风险的预测和应对能力，以降低依赖性带来的风险。

（3）技术与数字化转型：随着技术的不断进步，尤其是物联网、区块链、人工智能、大数据分析等技术的应用，供应链的数字化转型成为提升供应链效率和透明度的关键。然而，技术的引入不仅需要巨大的资金投入，还面临与现有系统兼容的问题。将新兴技术有效整合进传统供应链系统中，需要较长的适应期，且企业可能需要额外的技术支持和人员培训，这些都意味着更高的成本。同时，技术应用本身也存在潜在的风险，如数据泄露、技术故障等问题，可能会对供应链的稳定性造成严重影响。因此，企业在进行技术转型时需慎重考虑技术可行性、实施难度以及潜在风险。

（4）效率与成本压力：随着市场竞争的日益激烈，消费者对产品的个性化需求不断增加，企业需要不断提高供应链的响应速度和灵活性，以便及时满足市场需求的变化。与此同时，消费者对数字化服务体验的期望也在提高，如在线定制、快速配送等。为了应对这些挑战，供应链的效率和敏捷性显得尤为重要。然而，提高效率通常意味着成本的增加，企业面临着如何在保证供应链高效运作的同时，保持盈利能力的双重压力。例如，企业可能需要优化库存管理、提高生产自动化水平、减少不必要的中间环节等，这些措施虽然能有效降低成本，但也要求企业有更加精细的管理和预测能力。

（5）环保与可持续发展压力：近年来，全球对环保和可持续发展的关注逐步增加，企业在供应链管理中也面临越来越大的环保压力。尤其是在"双碳"目标和环境法规日益严格的背景下，减少碳排放、降低能源消耗、推动绿色物流成为企业亟须解决的核心问题。供应链中的每一环节都可能对环境产生影响，从原材料采购到产品运输，再到废弃物处理，均需考虑环保因素。与此同时，消费者对绿色产品的偏好增加，企业需要在满足环保法规的基础上，进一步提升资源利用率、减少能源的消耗。企业在发展可持续供应链时，不仅要面对可能的技术和成本挑战，还需平衡经济效益与环境效益之间的关系。

供应链在全球化和数字化加速发展的背景下面临着多重挑战。企业需要不断加强管理、优化流程、降本提效，以应对不断变化的市场环境和客户需求。

## 1.1.2　供应链管理概述

为了顺应时代的发展与要求，供应链始终在进化。现在大部分企业，除了维持供应链的正常运作之外，越来越注重加强对供应链的管理。何为管理？简单来讲，管理就是为了实现既定的组织目标对组织资源的有效分配、协调和控制。供应链管理就是为了确保企业经营正常开展而进行的供应链的管理措施。

### 1. 供应链管理的定义

供应链管理（Supply Chain Management，SCM）是一种集成的管理思想和方法，不仅涉及企业内部的生产运营，还包括与供应商、分销商、最终客户等合作伙伴的协同管理，以帮助企业实现成本优化、库存控制、生产效率提升等目标，同时增强企业的市场响应能力和客户满意度。2021年中华人民共和国国家标准《物流术语》将供应链管理定义为"从供应链整体出发，对供应链中采购、生产、销售各环节的商流、物流、信息流、资金流进行统一计划、组织、协调、控制的活动和过程"。

### 2. 供应链管理的环节

在当今竞争激烈的市场环境中，企业想要立于不败之地就必须着力发展自己的核心竞争力。供应链管理作为企业运营中的关键环节，直接影响着企业的成本控制、生产效率、客户服务和市场响应能力。通过优化供应链管理，企业能够有效整合资源、提升运营效率、降低运营成本、提高客户满意度，从而增强在市场中的竞争力，确保企业在瞬息万变的商业环境中保持持续的优势。为了实现这些目标，如图1-2所示，企业需要从以下六个环节入手进行供应链管理。

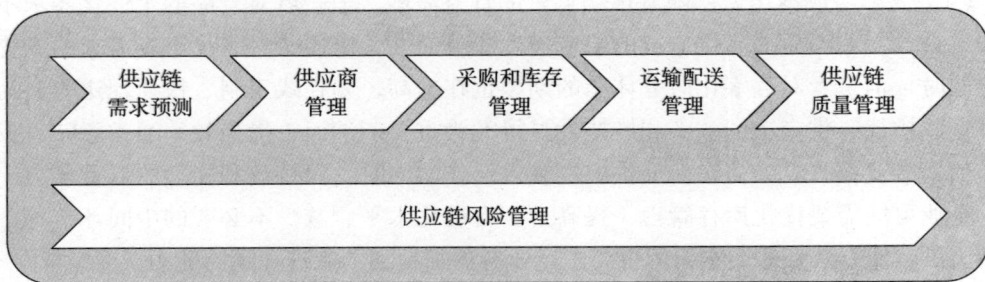

图1-2　供应链管理环节

（1）供应链需求预测。供应链需求预测是通过收集和分析历史数据、市场趋势以及其他影响因素的相关信息，对未来某种产品或服务需求进行预测的过程。需求预测是供应链管理的起点，也是其他所有环节的基础。准确的需求预测为后续的采购、库存、生产和配送提供了科学的依据。需求预测能够帮助企业预见未来市场的需求变化，从而合理调配资源。

（2）供应商管理。供应商管理是指企业在采购活动中，对供应商进行全面管理的一系列活动和过程，其核心目标是通过有效的供应商管理，确保物资供应的质量、成本和交货时间满足企业需求，从而实现供应链的稳定性、效率和竞争力。

企业在制订需求计划后，通过高效的供应商选择、评估和合作，获取所需的原材料和产品。供应商管理理论和需求预测紧密相关，合理的供应商管理能够确保供应的及时性和质量，减少生产停滞和库存过剩等情况的发生，在降低采购成本的同时提升产品质量和供应链的响应速度。

（3）采购和库存管理。采购和库存管理是供应链管理中不可或缺的关键环节。采购管理是指企业或组织为满足其生产、运营、服务等需要，通过合理的计划、组织、实施和控制，获取所需商品、原材料、设备、服务等资源的全过程。库存管理是指企业为了支持其日常运营和未来发展，对库存物品（包括原材料、在制品、产成品、维修备件、包装物和低值易耗品等）的数量、种类、存放地点、库存周转率以及库存成本等进行全面规划、组织、监督和控制的一系列活动。

两者相辅相成，确保了企业能够从供应商处采购到合适的物料，并合理管理库存水平，确保生产顺畅进行。采购和库存管理需要根据准确的需求预测和供应商管理进行协调，以减少库存积压、降低采购成本和提高库存周转率。

（4）运输配送管理。运输配送管理是指在供应链和物流管理中，针对商品、原材料或成品的运输和配送过程进行规划、执行和控制的管理活动，是供应链中至关重要的环节，它直接影响产品从生产到消费者手中的速度、成本和质量。高效的运输管理通过优化运输路线、选择合适的运输方式和管理运输成本，确保产品能够按时、按质地交付给客户。

运输配送管理与需求预测、供应商管理及采购管理紧密相关，确保物料、半成品和成品能够在供应链各环节之间高效流动。良好的运输配送管理能够降低物流成本、提高配送效率并减少配送中的延误，提高客户满意度。

（5）供应链质量管理。质量管理是贯穿产品全生命周期的系统性管控体系。通过质量预测、质量预警、质量追溯等机制降低质量隐患，进行质量管控。这一环节在运输配送管理之后，关注如何提升客户服务质量。高效的质量管理可以确保企业根据市场需求快速响应，并通过优化质量管理提升客户满意度，增强客户忠诚度。

（6）供应链风险管理。供应链风险管理是指识别、评估、控制以及监控供应链中可能出现的各种风险，以确保供应链的稳定性和连续性。

供应链风险管理贯穿供应链管理始终，旨在识别、评估和应对供应链中可能发生的风险。通过有效的风险管理，企业能够提前采取应对策略，防止突发事件对供应链的影响，从而保持供应链的稳定和可靠。

这些环节在供应链管理中相互依赖。需求预测为企业提供市场需求的预判，进而影响供应商管理、采购管理和库存管理。采购和库存管理根据预测需求进行采购和库存调控。运输配送管理确保资源及时到位，而供应链质量管理则确保产品与服务在性能、可靠性及合规性方面达成统一标准。供应链风险管理贯穿整个供应链，帮助企业识别并应对可能的风险，保证供应链各业务环节的稳定运行，提高供应链的可靠性。

**3. 供应链管理面临的挑战**

（1）供应链衔接效率低下：在大数据背景下，供应链运作面临的最大难题就是供应链衔接效率较低且物流停滞时间过长。供应链链条之间的衔接效率低下，拖慢了整个供应链的运作速度，进而出现成品积压、库存周转速度较慢等问题。大数据背景下，经济社会的发展步伐进一步加快，对供应链运作效率要求更高，供应链管理创新需求更为迫切。

（2）供应链整合技术落后：现代信息技术为供应链管理提供了新的契机，我国企业在供应链整合技术方面有较大的潜力。第一，许多企业的通信网络基础设施尚不完善，导致信息传递和共享的效率低下，阻碍了与供应商、分销商及零售商之间的高效沟通与协作。第二，企业在供应链信息整合方面的技术能力仍然较为薄弱，缺乏统一的技术平台和数据标准，供应链中各个环节的"信息孤岛"现象严重，信息流转不畅，进而影响了信息流的实时性和准确性。因此，要推动供应链管理的创新，企业亟须在整合技术方面进行升级，构建更加智能化、数据化和互联互通的供应链管理系统。

（3）供应链管理人才短缺：在大数据时代，人才已经成为企业经营发展的关键资源，是企业核心竞争力的来源。然而，当前国内市场对具备供应链与大数据专业素养的复合型人才存在较大需求缺口，这种结构性失衡使得企业难以构建智能化供应链体系，并据此制定以数据为支撑的战略规划，最终削弱了市场响应速度与成本竞争力。形成了制约行业升级的"人才断层"困局。

**4. 供应链管理的意义**

供应链管理的意义在于通过有效地协调和管理供应链中各环节的活动，提升整体效率、降低成本、提高客户满意度，并增强企业的竞争力。具体表现在以下五个方面：

（1）提升运营效率：供应链管理的核心目标之一是优化资源配置，减少浪费，提高各环节的效率。通过精确的需求预测、库存管理、物流调度等措施，供应链管理可以确保原材料和成品的高效流动，降低库存积压和运输成本，提高资源的利用率。

（2）降低成本：有效的供应链管理通过精确的需求预测、库存管理、物流调度等手段，降低原材料采购、仓储、运输等各项成本。通过减少浪费、提高资源利用率，企业可以在控制成本的同时保持竞争力。

（3）提高客户满意度：供应链管理使得企业能够更好地满足客户的需求，包括按时交货、产品质量保障、质量管理等。通过快速响应客户需求并提供优质的产品与服务，企业能够提高客户忠诚度，提高市场份额。

（4）提升供应链韧性：在面对供应链风险（如自然灾害、市场波动等）时，优秀的供应链管理能够帮助企业快速调整策略、优化供应链结构，确保业务的连续性和稳定性。

（5）提升企业竞争力：良好的供应链管理可降低成本和提高效率，还能帮助企业提升市场响应速度、创新能力以及品牌声誉。

供应链管理不仅是控制物料流动或管理库存，更是优化企业整体运作、提升效率、降低成本和增加价值的关键战略工具。良好的供应链管理有助于企业提高市场响应能力、增强竞争优势、提升客户满意度，对于企业的长期成功和可持续发展至关重要。

# 1.2　大数据基础知识

前面提到，供应链的发展历程是一个不断升级和优化的过程。供应链管理方式的每一次变革都带来了新的机遇和挑战。21 世纪以来，供应链管理已经发展到了数字化阶段。在这一阶段，大数据技术的作用不在于掌握庞大的数据信息，而在于对这些数据进行专业化处理和挖掘规律，服务于企业科学管理决策。通过大数据分析，企业可以更加全面、精准地了解市场需求，为数字化转型提供更加精准的方向，提高数字化转型的效率和质量。

## 1.2.1　大数据的定义及特征

### 1. 大数据的定义

如图 1-3 所示，大数据是由三项技术趋势汇聚而成，包括海量交易数据、海量交互数据和海量数据处理。麦肯锡全球研究所给出的大数据定义是：一种规模大到在获取、存储、管理、分析方面大大超出了传统数据库软件工具能力范围的数据集合，具有海量的数据规模、快速的数据流转、多样的数据类型和价值密度低四大特征[①]。

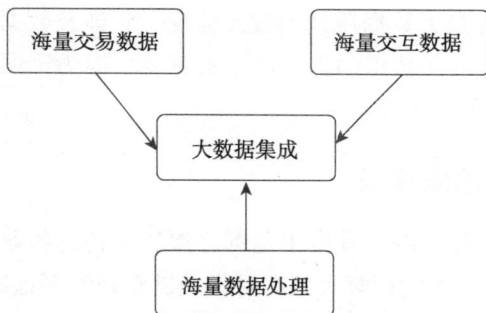

图 1-3　大数据技术趋势汇聚图

这些数据通常无法使用传统数据库工具快速高效地抓取、管理和处理，需要通过云计算等对数据进行整合、共享、交叉分析和复用，从而释放数据的潜在价值，为科学决策提供智力资源和知识服务。对于供应链企业而言，大数据是其提高核心竞争力的重要工具，可以促使双方企业在最恰当的时机获取最适用的市场信息，减少商品流通的中间环节，降低企业运营成本的同时，也提高了企业的整体效率[②]。

### 2. 大数据的特征

维克托·迈尔-舍恩伯格在《大数据时代》中指出，大数据时代最大的转变是放弃对

---

① https://www.mckinsey.com/capabilities/mckinsey-digital/our-insights/big-data-the-next-frontier-for-innovation.
② 马潇雨，张玉利，叶琼伟. 数字化供应链理论与实践[M]. 北京：清华大学出版社，2023.

图 1-4　大数据"5V"特征

因果关系的追求，转而关注相关关系。也就是说，重点在于知道"是什么"，而不需要知道"为什么"。IBM提出，大数据具有"5V"特征：Volume（数据量大）、Velocity（高速）、Variety（多样）、Value（价值密度低）、Veracity（真实性）[①]，如图 1-4 所示。

（1）数据量大：大数据的最显著特征就是其容量巨大，所包含的数据量远远超出了传统数据库软件的处理能力。这种海量数据的处理需求推动了大数据技术的快速发展。

（2）高速：大数据要求快速处理和分析，以满足实时决策的需要。随着数据量的不断增加，处理速度的提升成为了大数据技术发展的一个重要方向。

（3）多样：大数据不仅包括了传统的结构化数据，如数据库中的表格数据，还包含了大量的非结构化数据，如文本、图像、音频、视频等。这种多样化的数据类型增加了大数据处理的难度，但也为其带来了更广泛的应用场景。

（4）价值密度低：虽然大数据中的单个数据价值可能很低，但大量数据的聚合可以产生巨大的商业价值。通过大数据分析和挖掘，可以发现数据中的隐藏规律和趋势，为企业的决策提供有力支持。

（5）真实性：真实性是大数据质量的重要体现，它涉及数据的准确度、可信度和一致性。在大数据环境中，确保数据的真实性至关重要，因为错误的数据可能会产生误导性结论，从而影响决策的准确性。

## 1.2.2　大数据时代的思维变革

随着大数据技术的迅猛发展，其应用范围已渗透至各行各业。面对这一时代变革，企业须及时调整思维方式，深刻理解大数据对供应链管理的深远影响，如图 1-5 所示，转变传统思维已成为供应链管理不可回避的紧迫任务。

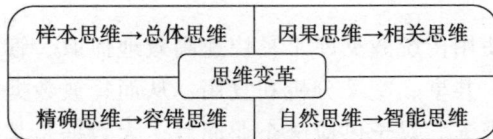

图 1-5　大数据时代的思维变革

### 1. 从样本思维向总体思维转变

在数据量尚处于相对较低水平的时期，由于技术和成本的限制，人们通常只能通过抽样调查来获取数据，然后基于这些样本进行推断和统计分析。这种方法虽然可以在一

---

① 代四广，曹玉姣，申红艳，等. 供应链大数据理论、方法与应用[M]. 北京：机械工业出版社，2023.

定程度上反映总体情况，但由于抽样调查的局限性，在样本选择不当或样本量不足时，分析结果可能存在偏差。

然而，大数据技术的进步使得企业能够收集和存储几乎与研究对象相关的所有数据。而且大数据技术能够处理海量的数据集，直接对总体进行分析，从而使得样本思维逐渐被总体思维所替代。通过全面地分析所有数据，研究者和决策者可以直接处理和分析与研究对象相关的所有数据，避免样本选择的偏差，更加精确地洞察事物的全貌与规律。

**2. 从精确思维向容错思维转变**

在传统的数据分析中，由于数据量较小且质量较高，人们倾向于追求数据的精确性和结构化，认为只有确保数据的精确无误，才能得出可靠的分析结果。然而，随着数据量的激增和数据类型的多样化，数据的混杂性、非结构化特征以及噪声问题变得日益突出。在这种情况下，过分追求数据的精确性不仅难以实现，而且可能导致分析效果欠佳和成本的增加。

人们需要从精确思维转向容错思维，即在一定程度上容忍数据的不精确和混杂，通过大数据技术和算法来挖掘数据中的有用信息和价值。例如，机器学习和深度学习算法能够自动识别复杂的关联性，即便数据本身存在噪声或者不完全，也能在一定程度上保证结果的可靠和有效。这种容错思维使得人们能够更加灵活地应对复杂的数据环境，提高决策的科学和有效，尤其是在处理非结构化数据（如社交媒体数据、文本数据等）时尤为重要。

**3. 从因果思维向相关思维转变**

传统的数据分析方法通常试图通过样本数据探究事物之间的因果关系，追溯事物发生的根本原因，理解背后的机制。然而，在大数据时代，由于数据量的庞大和类型的多样，很多时候难以直接揭示因果关系。大数据分析更多的是通过识别数据之间的相关性，揭示事物之间的联系和规律，而不是深入追溯因果关系。

这种从因果思维向相关思维的转变，使得人们可以更加高效地进行决策。通过大数据分析，尤其是在复杂系统中，很多不容易揭示的因果关系可以通过相关性进行推测和应用。例如，电子商务公司通过分析用户行为数据，发现某些商品的购买行为与特定的时间、地点、用户偏好之间存在高度相关性，进而进行精准营销。虽然这些相关性并不直接表明因果关系，但却能为商业决策提供有力支持，从而实现更精准的市场定位和运营优化。

**4. 从自然思维向智能思维转变**

随着大数据、人工智能等技术的不断发展，人们开始尝试将机器学习、深度学习等智能算法应用于数据处理和分析中。这些智能算法能够自动地搜索、分析和处理大量数据，从中提取有用的信息和知识，并作出智能决策和预测，这种智能思维不仅提高了数据处理的效率和准确性，还使得机器具备了类似人类的智能和思维能力。未来，随着技术的不断进步和应用场景的不断拓展，智能思维将成为大数据时代的重要特征和发展趋势。

总体来说，这些思维转变体现了大数据时代对人们认知方式和决策模式的深刻影响。

从样本思维向总体思维的转变，让数据分析变得更加全面和精确；从精确思维向容错思维的转变，让决策者能够在复杂的数据环境中灵活应对；从因果思维向相关思维的转变，使企业能够在海量数据中发现规律和趋势；从自然思维向智能思维的转变，推动着人工智能与大数据技术的结合，为企业提供更为精准的决策支持。

这些变革不仅改变了人们处理和分析数据的方式和方法，也深刻地影响了人们的思维方式和决策模式，为企业提供了前所未有的机遇，能够帮助企业在激烈的市场竞争中获得优势，提升运营效率，优化客户体验，并最终实现可持续发展。

### 1.2.3　大数据在供应链管理中的应用价值

在供应链管理领域，大数据的应用价值日益凸显，它为企业带来了前所未有的机遇和挑战。供应链管理的核心目标是优化产品从原材料采购到最终消费的整个流程，而大数据则为这一过程提供了强大的技术支持。通过对大量数据的采集、存储和分析，企业能够更加准确地把握市场需求、预测供应链中的潜在风险，并实现资源的最优配置。下面对大数据在供应链管理中的应用价值进行详细介绍。

**1. 提升供应链管理透明度**

大数据技术的应用，让供应链的各个环节变得高度透明。通过对供应链数据的实时采集和分析，企业可以清晰地了解原材料采购、库存管理、运输配送以及质量管理等各个环节的运行状态。这种透明度的提升，有助于企业实时掌握市场动态、客户需求和供应商信息，及时发现供应链中的瓶颈和问题，从而提高供应链的协同性和决策效率。

**2. 优化供应链管理资源配置**

大数据不仅能够提供丰富的信息支持，还能够通过数据分析和挖掘，为企业提供智能化的决策支持。在供应链管理中，大数据可以帮助企业更准确地预测市场需求、制订生产计划、优化库存管理、调整产品策略等。基于大数据进行供应链决策，可以发现供应链中的可能会遇到的瓶颈和潜在风险，实现更加科学合理的资源配置，显著降低企业的运营风险和成本，提高市场竞争力。

**3. 提升供应链响应速度**

在快速变化的市场环境中，供应链的响应速度是企业竞争力的重要体现。大数据技术的应用，使得企业能够实时监控和分析市场变化，快速调整供应链策略，以满足客户需求。同时，大数据技术还能够优化运输配送和质量管理等环节，提高客户满意度和忠诚度。这种快速响应能力，有助于企业在市场竞争中占据先机，赢得更多市场份额。

**4. 降低供应链管理成本**

大数据技术的应用，有助于企业实现资源的精细管理，减少资源浪费和重复投资。

通过对供应链大数据的分析，企业可以发现成本控制的潜在空间，优化采购、生产、物流等环节的成本结构。同时，大数据技术还能够帮助企业预测市场需求，避免库存积压和资金占用，从而降低整体运营成本。

随着大数据技术的不断发展和完善，其在供应链管理中的应用前景将更加广阔。企业应积极拥抱大数据技术，加强供应链管理的数字化和智能化水平，以应对日益激烈的市场竞争。

拓展阅读 1.2　大数据技术概述

# 1.3　大数据时代供应链管理的新要求

大数据的出现为企业的供应链管理模式带来了新的机遇和挑战。在大数据技术的支持下，企业的供应链管理模式能够大大提高对信息的管理效率。在生产经营的流程中，利用大数据技术来分析市场需求、物流运输、质量信息、上游供应商的信息，能够为企业管理者提供决策支持，优化企业的供应链管理模式，为企业的发展保驾护航。

现阶段，很多企业的供应链管理模式还不够完善，在发展的过程中也遇到了一些瓶颈。为更好享受大数据带来的时代红利，企业需要更高效智能的运营模式。大数据对供应链管理提出了新的要求。

## 1.3.1　数量和质量的一致性

数据和质量的一致性是大数据时代的供应链管理基石。随着大数据技术的广泛应用，供应链管理中的数据量急剧增加。然而，单纯的数据数量增长并不足以支撑供应链管理的优化。在大数据时代，供应链管理要求数据在数量和质量上保持高度一致。这意味着，企业不仅需要收集大量的数据，还需要确保这些数据是准确、可靠且有用的。只有数量和质量都达标的数据，才能为供应链管理提供有价值的决策支持。

**1. 数据数量的关键作用**

在当今数字化驱动的商业环境中，数据已然成为企业发展的核心资产。而数据数量作为数据价值实现的重要基石，其作用贯穿于供应链管理的各个环节，深刻影响着企业的决策制定与运营效能。接下来将详细阐述数据数量在全面洞察供应链全貌以及精准预测与风险预警方面所发挥的关键作用。

（1）全面洞察供应链全貌：大量的数据能够勾勒出供应链运作的全景图。从原材料采购环节，丰富的数据可以详细记录不同供应商的供货价格波动、供货周期变化以及原材料质量差异等信息。企业借此能深入分析各供应商的表现，为优化采购策略提供依据，比如筛选出性价比最高、供货稳定性强的供应商。在生产制造阶段，海量的生产数据涵盖设备运行参数、产品合格率、生产效率等多方面内容。通过对这些数据的收集与分析，企业可以精准定位生产过程中的瓶颈环节，如某条生产线的次品率过高，进而有针对性地进行设备维护、工艺改进或人员培训，提升整体生产效能。

（2）精准预测与风险预警：充足的数据量是实现精准预测的基础。以销售数据为例，长期积累的大量销售数据，结合市场趋势、季节因素、地域差异等多维度信息，企业能够运用先进的数据分析模型，对未来市场需求进行较为精准的预测。这有助于企业合理规划生产计划，避免因生产过多导致库存积压，或因生产不足而错失市场机会。又如，在物流配送环节，大量的物流数据，如运输时间、运输路线、货物破损率等，可以用于构建风险预警模型。当数据显示某条运输路线近期事故频发，或某个地区因特殊事件导致物流受阻时，企业能够提前调整配送方案，降低物流风险，保障供应链的顺畅运行。

### 2. 数据质量的核心价值

在了解了数据数量对供应链管理的关键作用后，数据质量在其中扮演的角色同样不容忽视。若数据质量不过关，即便拥有庞大的数据量，也难以充分发挥数据的价值。接下来，将深入探讨数据质量在保障决策准确性以及增强供应链协同效率等方面的核心价值。

（1）保障决策准确性：准确的数据是企业进行正确决策的前提。在供应链管理中，从战略层面的合作伙伴选择，到战术层面的库存管理、物流调度等决策，都依赖于高质量的数据支持。例如，在选择新的供应商时，准确的供应商财务状况数据、生产能力数据以及产品质量数据，能帮助企业评估其是否具备长期合作的潜力，避免因信息不准确而选择了实力不佳的供应商，给企业带来后续的供货风险。在库存管理方面，精准的库存数据，包括库存数量、库存位置、产品保质期等，能够确保企业在满足市场需求的同时，避免库存积压或缺货现象的发生，优化库存成本。

（2）增强供应链协同效率：可靠、完整且及时的数据是促进供应链各环节协同的关键。在供应链中，各环节之间存在着紧密的关联，任何一个环节的数据质量问题都可能影响整个供应链的协同效率。例如，生产部门依据销售部门提供的准确销售预测数据来安排生产计划，如果销售数据不准确，生产部门可能会生产过多或过少的产品，导致库存失衡，同时也会影响物流部门的配送计划以及采购部门的原材料采购计划。而高质量的数据能够确保信息在供应链各环节之间的顺畅传递，使各部门能够基于一致、准确的信息进行协同工作，提升整个供应链的响应速度和运作效率。

在大数据时代的供应链管理中，数据数量为企业提供了广阔的分析视野和丰富的信息资源，而数据质量则确保了这些资源能够被有效利用，转化为正确的决策和高效的运营。只有同时重视数据的数量与质量，实现二者的有机结合，企业才能在复杂多变的市场环境中充分发挥大数据的优势，优化供应链管理，提升企业的核心竞争力。

### 3. 实现数据数量与质量一致性的策略

在当今信息化时代，企业所依赖的数据量呈现爆炸性增长，如何保证数据的高数量与高质量成了企业面临的重要挑战。为此，企业需要在多个方面进行精细化管理。

（1）建立完善且高效的数据收集机制。这一机制不仅需要确保数据能够实时、全面地获取，还需要保证其准确性和一致性。具体而言，企业应利用自动化采集工具、物联网设备、条形码技术等手段，实时记录和保存供应链中的每个环节，涵盖从原材料采购到成品交付、从仓储管理到配送物流等各个方面的数据。同时，企业还需制定严格的数据采集标准，确保不同来源、不同部门、不同系统的数据能够做到无缝对接，避免因"信息孤岛"导致的数据不一致问题。

（2）建立数据质量监控和管理机制。通过数据质量管理机制，企业可以对收集到的数据进行定期审核与清洗，识别数据中的错误、重复、缺失或不合规项，并采取相应的纠正措施。此外，定期的质量评估和审计可以帮助企业提前发现潜在的数据问题，避免不良数据对供应链决策和运营效率的影响。

（3）建设专业数据分析团队。企业通过配备先进的数据分析技术工具和团队对大量数据进行高效处理，深入挖掘数据背后的规律与趋势，可更好地识别出潜在的问题和瓶颈，诸如物流延迟、库存过剩或不足、需求波动等，从而为优化供应链管理提供数据支撑。

（4）强化跨部门的沟通与协作。数据收集、管理和分析通常跨越多个部门，如采购、生产、仓储、物流、销售等，因此，建立一个统一的协调平台，以便各部门之间的数据流动和信息共享，显得尤为重要。通过打破部门间的数据壁垒，企业可以确保数据的一致性，并提升整体供应链的响应速度和决策效率。

企业需要从数据采集、数据管理、数据分析等多个维度入手，通过不断优化流程、引入新技术以及加强跨部门协作，才能确保数据在数量和质量上的高度一致性，为供应链管理提供坚实的数据基础，从而提升企业的整体竞争力。

## 1.3.2　多维度数据整合

大数据的多样性要求供应链管理必须具备多维度数据整合的能力。在供应链中，数据来源于不同的环节、不同的部门和不同的系统，这些数据往往呈现出复杂分散的特点。为了充分利用大数据的价值，企业需要将这些数据进行整合，形成统一的数据视图。通过数据整合，企业可以更加全面地了解供应链的运行状态，这不仅能够灵活应对数据的碎片化、异构化问题，同时能够以一个更全面、更深入的视角分析供应链管理中的问题。

### 1. 多维数据的来源与特点

在供应链管理中，数据来源于各个环节、部门和系统，包括但不限于生产、采购、物流、销售等环节，以及财务、人力资源等部门。这些数据往往呈现出以下特点：

（1）碎片化：由于供应链涉及多个环节和参与方，数据来源的多样性使得信息分散存储在不同的系统、平台和数据库中。这种碎片化的现象导致了"信息孤岛"的形成，各个部门、系统之间缺乏有效的沟通和数据共享，数据整合和协同的难度大。例如，库存管理、订单处理、运输调度等环节中的数据往往独立存在，难以形成统一的视图，这使得决策者难以获得全局性的、实时的业务洞察。

（2）异构化：供应链数据来源广泛、类型多样、格式不一致等原因，导致数据在结构、格式、存储和语义等方面存在显著差异。在现代供应链中，不同公司、不同部门之间使用的系统往往各自独立，这些系统生成的数据类型和格式各不相同，包括结构化数据（如数据库中的表格数据）、半结构化数据（如 XML、JSON 文件）和非结构化数据（如文本、图像、视频等）。比如，财务部门使用的企业资源规划系统、物流部门使用的运输管理系统、生产部门使用的制造执行系统，各自的数据结构和信息标准差异巨大，会导致数据在整合过程中面临大量兼容性问题。不同的编码规则、字段名称、单位制式以及数据类型，增加了数据清洗和格式转换的复杂度，进而影响了数据的准确性和一致性。这种异构化使得跨部门协作和数据共享变得困难，影响了供应链效率和透明度。

（3）时效性：供应链中的数据变化频繁且实时。库存水平、订单状态、运输进度等信息需要随着市场需求、生产调度、运输路径等因素的变化而不断更新。这就要求数据整合系统具备实时数据捕获和处理的能力，以确保信息的时效性和准确性。然而，许多传统的供应链管理系统仍然依赖批量处理或周期性更新，不能及时反映供应链中的动态变化。时效性差的数据不仅容易导致库存积压或短缺，还可能造成错过市场机会或延误交付的后果，从而影响客户满意度和企业竞争力。

**2. 多维数据整合的重要性**

多维度数据整合对于供应链管理具有重要意义。供应链上的各参与方可以通过数据整合实现以下目标：

（1）形成统一的数据视图：消除"信息孤岛"，实现数据的互联互通，为企业提供全面、准确的供应链视图。通过这一全面的数据图景，企业能够实时掌握供应链各个环节的状况，包括库存水平、运输进度、生产能力和订单状态等关键数据，可以在任何时刻对供应链的健康状况和运营效率进行准确评估和精准决策。此外，统一的数据视图还促进了不同部门之间的协作与沟通，减少了信息传递中的延误和误差，提高了整体工作效率。

（2）发现潜在问题和机遇：通过对整合后的供应链数据进行分析，企业能够全面识别潜在问题和机遇，从而优化运营并增强竞争力。数据整合可以使企业站在全局视角，发现生产效率低下、库存积压、供应商绩效不佳等潜在问题，进而采取针对性措施提升供应链效率。此外，通过分析市场趋势、销售数据和消费者行为，企业能够及时捕捉市场需求变化，发现新兴商机，调整供应链策略，提升客户响应速度和市场适应性。数据分析不仅能够揭示风险，还能够发掘新的优化空间，推动企业在快速变化的市场中保持竞争优势。

（3）支持精准决策：基于整合后的数据，企业能够进行更加精准科学的决策，从而优化供应链管理流程、提升运营效率。数据整合提供了全方位的信息视角，帮助企业精确预测市场需求，合理安排生产和库存，避免资源浪费和缺货问题。同时，企业可以通过分析供应商和物流数据，优化采购决策和配送策略，降低成本、提高供应链稳定性。此外，数据整合还能增强企业对市场变化的敏感度，提升决策的灵活性和响应速度，支持企业在动态市场环境中进行更明智的战略选择，从而推动供应链的持续优化和整体竞争力的提升。

**3. 多维数据整合的实现**

为了实现多维度数据的整合，企业需要采取以下措施：

（1）建立数据治理体系：制定数据标准、数据质量和数据安全等方面的规范，确保数据的准确性、可靠性和安全性。例如，通过设立统一的命名规范、数据格式和数据结构，确保跨部门、跨系统的数据能够无缝对接。同时，数据质量管理要求持续监控和修复数据中的错误、不一致和缺失值，确保数据的可靠性。此外，为了确保数据的安全性，企业还需要制定数据访问权限管理政策，确保只有授权人员能够访问敏感数据，并对数据的使用进行严格监管。通过建立有效的数据治理框架，企业可以提高数据的可操作性和价值，为供应链管理提供坚实的数据支撑。

（2）采用数据集成技术：数据集成技术是将来自不同系统、不同来源的数据进行整合的关键手段。通常利用 ETL（Extract，Transform，Load）工具、数据仓库等技术，将来自不同系统、不同格式的数据进行抽取、转换和加载，形成统一的数据视图。ETL 工具能够从各个系统中抽取数据，对其进行清洗、转化并加载到集中存储系统（如数据仓库）中，形成一个统一的数据视图。这使得企业能够跨部门、跨系统地访问一致的数据，消除"数据孤岛"。数据仓库作为集中的数据存储平台，可以有效处理大规模的历史数据，提供高效的数据查询和分析功能。通过采用先进的数据集成技术，企业能够整合分散的数据信息，确保数据的一致性和全面性，为后续分析提供可靠基础。

（3）应用大数据分析工具：在数据整合完成后，应用大数据分析工具对整合后的数据进行深度挖掘和分析，能够为供应链管理提供关键的信息。常用的大数据分析工具，如 Hadoop、Spark、机器学习模型等，可以帮助企业识别数据之间的关联性和趋势。例如，通过分析库存数据、生产数据和销售数据，企业可以预测未来的需求波动，优化生产计划和库存管理。大数据分析还可以揭示潜在的供应链风险，如供应商的延迟、生产瓶颈、市场需求变化等，帮助企业提前采取预防措施。通过对整合后的数据进行深度分析，企业能够更好地理解供应链的运行规律，提升决策的精准度和灵活性。

（4）加强数据安全管理：在数据整合过程中，企业需要加强数据安全管理，确保数据的机密性、完整性和可用性，防止数据泄露和滥用。数据加密技术可以保护数据在存储和传输过程中的安全，防止数据被未经授权的人员访问；通过实施严格的身份认证和访问控制策略，确保只有授权人员能够查看和操作敏感数据；此外，定期进行安全审计和风险评估，能够及时发现潜在的安全漏洞，并采取针对性措施加以修补。防止数据泄露、滥用和丢失的风险是确保企业供应链管理顺利进行的前提。通过加强数据安全管理，企业不仅可以保护客户隐私和商业机密，还能够确保供应链的高效运作和合规性。

多维度数据整合是大数据时代供应链管理的重要能力。以 66 云链为例，该企业通过建立数据治理体系和数据集成平台，实现了来自生产、采购、物流、销售等环节的数据整合。通过分析整合后的数据，企业能发现生产流通过程中存在的问题，并通过对数据的深入分析，找到影响能源化工产业生产效率的关键因素，成功优化供应链管理流程。

### 1.3.3　决策灵活性与决策灵敏性

决策的灵活性与灵敏性是大数据时代供应链管理的核心竞争力。在大数据时代，市场变化更加迅速，客户需求更加多样化，这要求供应链管理必须具备高度的决策灵活性和决策灵敏性。通过大数据技术，企业能够实时监控供应链数据，并基于历史数据进行预测分析，使企业能够全面、准确地了解供应链的运营状态，快速响应市场变化，及时发现并解决问题，优化资源配置，提高决策的科学性和准确性。

**1. 决策灵活性与决策灵敏性的含义**

决策灵活性，意味着企业能够迅速调整供应链策略，以适应市场的快速变化。在大数据技术的支持下，企业能够实时监控供应链的各个环节，从原材料采购到成品销售，每一环节的数据都实时反馈至企业的决策中心。这种实时性不仅提高了企业对市场变化的敏感度，更为其提供了快速响应的能力。当市场趋势发生变化时，企业能够立即调整生产计划、库存策略或物流路径，以确保供应链的顺畅运行，满足客户需求，同时最大化企业的经济效益。

决策灵敏性，是指企业在面对复杂多变的市场环境时，能够迅速做出科学、准确的决策的能力。大数据技术使企业能够基于历史数据进行深度挖掘与分析，发现市场变化的规律与趋势，从而提前布局，制定符合市场需求的供应链策略。这种基于数据的决策方式，不仅提高了决策的精准度，更使其具有前瞻性，为企业赢得了宝贵的市场先机。

**2. 决策灵活性与决策灵敏性的实现**

为了实现供应链管理的高效和精准，提升决策的灵活性与灵敏性，建立精简、智能的数据分析体系至关重要。

1）构建实时数据监控与分析体系

（1）数据采集。数据采集是实时数据监控与分析体系的起点，它依赖于物联网等技术，实时采集供应链各个环节的数据，包括生产、库存、物流、销售等。例如，射频识别标签可以对商品进行实时追踪，记录每一个商品从生产到最终交付过程中的位置和状态等信息；传感器能够监控设备的工作状态、温湿度等环境因素，确保生产和运输过程的顺畅；物联网技术可以通过网络将各类设备连接起来，形成一个实时、自动化的数据采集网络。这种全面的数据采集系统可确保供应链各环节信息的实时、精准传递，为后续数据分析和决策奠定基础。

（2）数据传输与存储。数据传输与存储是确保采集到的数据能够及时、高效且安全流动并存储的重要环节。采用无线传输、云存储等技术，可以确保数据从采集点到数据中心的实时传递。例如，利用无线通信技术（如 Wi-Fi、5G、LoRa 等）可以实现跨区域、跨设备的数据传输，尤其适用于跨国供应链的实时监控；云存储为企业提供了灵活、高效的存储解决方案，能够根据不同规模和数据类型进行动态调整；云平台能够支持海量数据的存储与快速访问，并通过分布式存储技术，确保数据的高可用性和安全性。借助这些技术，企业不仅能快速处理大量实时数据，还能高效地存储历史数据，为后续的分析和决策提供支持。

（3）数据分析与挖掘。数据分析与挖掘是实时数据监控与分析体系的核心部分，通过对采集到的数据进行深入分析，企业能够发现潜在的市场趋势、生产效率瓶颈和库存积压等。大数据分析工具，如数据挖掘技术、机器学习算法和人工智能模型，可以帮助企业从海量数据中提取出有价值的信息。例如，通过对历史销售数据与实时库存数据的分析，企业能够准确预测未来的需求波动，及时调整生产和库存策略，从而避免缺货或过剩问题。机器学习算法可以根据过往的数据，自动学习供应链各环节的规律，发现潜在的效率瓶颈，如生产线停工、运输延迟等问题，并提出优化方案。此外，数据挖掘技术还可以识别市场趋势，帮助企业预判消费者需求变化、竞争对手的市场行为等，制定更为精准的战略。通过这些分析和挖掘，企业能够做出更及时、更科学的决策，优化供应链的运作，提高整体效率。

2）优化供应链网络结构

（1）精简供应链环节。精简供应链环节是提升供应链效率和降低运营成本的关键途径。通过优化网络结构，减少不必要的中间环节，企业可以缩短产品从原材料到最终消费者手中的时间，降低库存、运输、存储等成本。具体来说，企业可以通过减少中间分销商或零售商，直接与终端消费者对接，或者采用直采模式，与生产厂商直接合作，从而避免了层层加价和信息失真。此外，精简环节还意味着减少供应链中的冗余操作，如重复存储、分配和调度等，进一步提高流程效率。通过优化供应链的每一个环节，企业能够实现供应链的快速反应和敏捷调度，及时响应市场需求的变化，提升供应链的整体效益。

（2）供应商管理。供应商管理是确保供应链稳定性和可靠性的核心组成部分。一个高效的供应商管理体系不仅能够确保供应商的及时交付，还能够提高产品质量、降低成本并增强供应链的应变能力。

一是企业应建立稳定的供应商关系。与优秀的供应商建立战略合作伙伴关系，可以确保企业获得稳定的供货渠道，并在价格谈判中占据有利地位。此外，企业还应加强对供应商的评估与选择，定期对供应商的交货及时性、质量水平、成本控制能力等进行综合评估，以降低供应商风险，促进供应链的可持续发展。

二是企业可以建立信息共享平台，与供应商共享数据提升供应链协同水平。企业可以与供应商共享生产计划、库存情况、订单状态等数据，消除"信息孤岛"，避免因信息滞后而造成的生产延误或物料短缺。例如，采用协同计划、预测与补货（Collaborative Planning，Forecasting and Replenishment，CPFR）模型，企业与供应商可以共同预测需求、调整生产计划，从而提高库存周转率、减少过剩库存，并确保及时供应。这种信息透明和数据共享的协同工作模式，不仅提高了供应链的灵活性和敏捷性，还能够快速响应市场波动和客户需求变化，增强供应链的竞争力。

3）应用人工智能与自动化技术

（1）智能预测与决策：随着人工智能技术的不断发展，深度学习等智能预测工具已经在供应链管理中得到广泛应用。通过对海量供应链数据的分析，AI 能够准确预测市场需求、生产能力、库存状况、物流时效等关键因素，帮助企业制订更为精准的生产计划、库存管理和物流路径。在库存管理中，AI 可以通过历史数据预测某一产品的市场需求波动，提前做出生产调度决策，避免因库存积压或缺货造成的成本损失。此外，智能决策系统还可以根据实时变化的市场条件和供应链状态，调整生产计划与资源分配，从而实现供应链的动态优化。

（2）自动化处理：在提高工作效率和准确性方面，自动化技术也起到了至关重要的作用。通过自动化拣选、分拣系统以及运输机器人等，企业能够显著减少人工干预，提升操作精度与生产效率。例如，自动化仓储系统可以根据订单需求自动进行物品分类和配送，大大提高了仓储和物流环节的响应速度与准确度。这种技术的应用使得企业能够在复杂和动态的供应链环境中保持高效运作。

4）加强数据治理与数据安全管理

（1）数据治理：数据治理作为供应链数字化转型的核心部分，是确保供应链管理中数据准确性、可靠性和高效利用的关键。企业需要建立全面的数据治理体系，制定严格的数据标准、质量控制和安全规范，以确保供应链数据的完整和一致。这一体系应涵盖数据的采集、存储、分析、共享和销毁等各个环节，同时要具备强有力的监控机制，确保数据在整个生命周期中符合既定的标准。在实际工作中，企业可以制定统一的数据格式规范，以便各部门之间能够高效共享和利用数据，并且通过数据清洗与校验机制，确保输入数据的质量。

（2）数据安全管理：随着数据泄露事件和网络攻击情况日益增加，数据安全管理在供应链管理中变得尤为重要。企业应加强数据加密、访问控制、身份验证等多重安全防护措施，防止外部攻击或内部人员滥用数据。同时，严格的访问控制可以确保只有授权人员才能访问和操作敏感数据，降低数据泄露的风险。此外，企业还需要建立健全的数据备份与恢复机制，确保在突发事件发生时能够快速恢复数据并保证供应链运作不受影响。通过实施全方位的数据安全管理措施，企业能够更好地保障其数据资产的安全和可用。

5）建立灵活的组织架构与协作机制

（1）跨部门协作：在复杂的供应链管理过程中，不同部门之间的信息共享和协同作业至关重要。企业应建立有效的跨部门协作机制，以促进生产、采购、物流、销售等部门之间的密切合作。信息流的高效传递与协调，不仅能减少决策时间，还能提高整体供应链的响应速度和运营效率。通过建立共享的数据库平台，企业的各个部门可以实时获取供应链各环节的数据，及时调整策略应对市场变化。跨部门协作机制的实施不仅提升了信息流通效率，还加强了供应链的整体协同效应。

（2）敏捷组织：在快速变化的市场环境中，企业需要搭建高度的灵活和敏捷的敏捷组织架构。敏捷组织能够帮助企业快速适应需求波动、供应链中断或突发事件的影响。通过灵活调整团队结构和工作流程，企业能够更加高效地处理市场变化，缩短决策时间，提高执行速度。敏捷组织不仅提高了供应链的灵活性，也增强了团队的创新能力和解决问题的能力。

6）持续监测与优化

（1）绩效评估：企业需要建立系统的供应链绩效评估体系，定期对供应链的运营效果进行评估和反馈。这一评估体系应包括成本控制、交货周期、库存周转率、客户满意度等多个维度，能够全面反映供应链的运行状态和效益。通过对这些关键指标的持续监控，企业可以及时发现潜在的问题，避免资源浪费或生产延误等不良后果。

（2）持续改进：通过分析评估结果，企业可以识别出供应链中的瓶颈环节、低效区域或潜在风险，并采取相应的改进措施。通过持续的反馈和改进，企业能够不断优化库存管理、物流调度以及供应商选择，从而提升供应链的灵活性和敏捷性。这种持续改进的过程是供应链管理中不可或缺的一部分，确保了企业在快速变化的市场环境中始终保持竞争力。

决策灵活与决策灵敏是大数据时代供应链管理不可或缺的核心竞争力。通过大数据技术的深度应用，企业能够实时监控供应链数据，快速响应市场变化，优化资源配置，提高决策的科学性和准确性。

拓展阅读 1.3　数据仓库实战资料

回顾供应链管理的发展，可以看到从传统的物流管理逐渐演变为现代供应链管理的过程，在这个过程中，大数据、云计算等先进技术的应用起到了至关重要的作用。随着这些技术的不断发展，供应链管理将继续向着更加智能化、协同化的方向发展。未来，供应链管理将更加注重数据驱动和智能化决策，充分利用大数据技术的优势来优化供应链管理流程和提高运营效率。只有这样，企业才能在激烈的市场竞争中立于不败之地。

## 案例讨论

### 沃尔玛的供应链管理与大数据应用

沃尔玛（Walmart）作为全球最大的零售商之一，拥有庞大的全球供应链和遍布各地的零售网络。为了应对日益增长的市场需求并提升供应链效率，沃尔玛积极采用大数据技术来优化供应链管理。尤其是在需求预测、库存管理和供应商管理等关键领域，沃尔玛取得了显著的成效，并在全球零售行业中树立了大数据应用的典范。

然而，沃尔玛在面对全球业务扩展时，也遇到了不少挑战。需求预测变得愈加复杂，特别是考虑到天气变化、社交媒体趋势、节假日等外部因素对产品需求的影响时。如何精准地预测不同地区和门店需求，成了沃尔玛的一大难题。同时，库存管理也面临着严峻的考验，全球范围内的库存调度需要高度的灵活性，以避免库存过剩或缺货。此外，沃尔玛庞大的供应商网络也使得供应商管理变得更加复杂，如何实时评估供应商的表现并进行有效的调整，是保持供应链高效运转的关键。

为了解决这些挑战，沃尔玛采取了多项措施，借助大数据技术实现了供应链管理的优化。在需求预测方面，沃尔玛通过整合来自不同渠道的数据，如消费者的购买行为、天气预报、社交媒体趋势以及节假日信息，来提高预测的准确性。例如，通过天气数据，沃尔玛能够预测某些产品在不同气候条件下的需求变化，提前准备库存。社交媒体趋势分析也帮助沃尔玛识别新品的潜在热销，并根据这些趋势调整库存，避免热门商品断货。

库存管理方面，沃尔玛通过物联网和射频识别技术实现了实时监控全球门店和仓库的库存情况。这一技术使得沃尔玛能够随时掌握各地库存的动态变化，并根据实时的销售预测进行调整，从而有效减少库存积压和过期商品的浪费。与此同时，当某个门店的商品需求激增时，系统能够自动通知仓库进行补货，确保商品的持续供应。

在供应商管理方面，沃尔玛借助大数据技术实时跟踪全球供应商的表现。通过对供应商的交货准时性、产品质量等关键指标的分析，沃尔玛能够评估供应商的整体表现，并及时调整采购策略。如果某一供应商的交货出现问题，沃尔玛可以迅速切换供应商，

确保供应链的流畅运行，减少因供应商延迟交货而可能带来的销售损失。

尽管大数据技术为沃尔玛带来了诸多优势，但在实际应用过程中，沃尔玛仍然面临着一些技术性挑战。首先，数据量庞大，沃尔玛需要处理来自全球各地的海量数据，因此必须拥有强大的数据存储和处理能力。为了应对这一挑战，沃尔玛采用了云计算平台，使得数据的存储和处理更加高效。其次，由于不同国家和地区的数据标准不一，沃尔玛面临着数据质量和一致性的问题。为此，沃尔玛实施了严格的数据清洗和标准化流程，确保数据质量。最后，随着大数据技术的深入应用，沃尔玛还必须面对数据隐私与安全的问题，特别是在涉及大量消费者个人信息的情况下。沃尔玛通过强加密技术和隐私保护措施以确保数据的安全。

通过这些技术手段和创新方法，沃尔玛成功克服了大数据应用中的诸多挑战，并在全球范围内提升了供应链的整体效率和响应能力。

（资料来源：https://developer.aliyun.com/article/1615422，笔者根据阿里云开发者社区相关资料整理所得。）

问题：

1. 沃尔玛如何利用云计算平台来处理全球海量数据并确保大数据分析的实时性和高效性？

2. 沃尔玛在全球供应商管理中如何利用大数据提升供应链效率并应对供应商交货延迟的风险？

## 课后习题

1. 大数据技术如何在供应链管理中发挥作用？
2. 如何利用大数据提高供应链的透明度？
3. 在供应链中实施大数据管理时可能遇到的挑战是什么？

## 即测即练

自学自测

扫描此码

# 第2章

# 供应链大数据管理

## 学习目标

1. 把握供应链大数据的基本概念及其重要性。
2. 把握供应链大数据管理的基本概念及其重要性。
3. 掌握供应链大数据管理的特点与原则。
4. 了解供应链大数据管理的技术和策略。

随着大数据技术的飞速发展，其在供应链管理中的应用日益广泛，不断推动着供应链创新发展。近年来，越来越多的企业将大数据技术作为其驱动供应链创新的重要工具，这使得供应链与大数据的关系越来越密切。基于先进的大数据理念和高效的大数据应用信息技术，企业管理者能够有效整合供应链资源，创新供应链服务模式，提升供应链管理水平。通过大数据分析技术，企业能获得更精准的市场洞察，实现供应链的精细化管理，应对更多不确定性挑战[①]。本章将通过对供应链大数据的概念、特点、原则、技术、流程和策略的详细阐述，帮助读者更好地理解供应链管理中的大数据技术，应用大数据技术提高供应链管理的效率。

## 导入案例

### 阿里巴巴：供应链大数据管理的革命之旅

阿里巴巴是目前中国最大的网络公司之一，于 2014 年在美国上市，旗下主要有淘宝、支付宝、天猫，以及阿里云等知名公司。

2015 年，阿里巴巴开启了全面的数字化转型，利用其强大的大数据和云计算技术，彻底改变了传统供应链的运作模式。通过智能物流系统和大数据分析应用，阿里巴巴不仅优化了供应链的各个环节，还实现了实时监控和决策优化，大幅提升了整体效率。转型当年，阿里巴巴的总营业收入达到了 1 107 亿元，相比前一年增长超过 110%，平均每分钟创收 20 万元。这一惊人增长不仅展示了阿里巴巴在数字化转型中的成功，也凸显了

---

① 马丽娜，常瑞洁. "大数据分析+人工智能"对数字供应链转型的影响——基于汽车行业的实证研究[J]. 软科学，2025，39(03)：10-18.

大数据技术在供应链管理中的巨大潜力。到 2024 年，阿里巴巴的总营业收入已经达到了 9 411.68 亿元，平均每分钟创收 179 万元。这一数字的背后，是阿里巴巴在供应链管理上的持续创新和优化。通过大数据分析，阿里巴巴能够精准预测市场需求，优化库存管理，减少物流成本，提高配送效率。同时，阿里巴巴的智能物流系统还能够实时监控货物的流动，确保供应链的每一个环节都高效运转。阿里巴巴的成功不仅在于其技术的先进性，更在于其对于数据的深度理解和应用。阿里巴巴通过大数据和云计算技术，彻底改变了传统供应链的运作方式，为行业树立了新的标杆。

（资料来源：ali-home.alibaba.com，笔者根据阿里巴巴集团官方网站财务报告相关资料整理所得。）

# 2.1 供应链大数据管理基础

拓展阅读 2.1　AI 时代下的供应链转型

全球知名咨询公司麦肯锡称："数据，已经渗透到当今每一个行业和业务职能领域，成为重要的生产因素。人们对于海量数据的挖掘和运用，预示着新一波生产率增长和消费者盈余浪潮的到来。"在生产生活中，大数据技术正不断推动着供应链管理智能化发展，促进供应链绩效的整体提高，给企业带来了前所未有的生机活力。企业要想维持竞争优势，就需要健全的供应链大数据管理体系，并且在供应链中充分应用大数据技术提高经营管理水平。

## 2.1.1　供应链大数据的含义及内容

### 1. 供应链大数据的含义

供应链大数据是指在供应链管理过程中产生、收集和整合的具有海量规模、多样化、高速增长的、潜在价值巨大的复杂的数据集合[①]。供应链大数据的核心在于通过大数据分析技术，揭示海量数据背后隐藏的有价值的信息，从而对供应链的各个环节进行优化。供应链大数据是现代供应链管理的重要资产，它为企业提供了更全面、更深入的洞察，助力企业在激烈的市场竞争中实现可持续发展。

### 2. 供应链大数据的内容

供应链大数据涵盖了供应链全过程中涉及的所有内容，包括供应链在需求预测、供应管理、采购与库存、运输配送、质量管理、风险管理全流程中所产生的各类数据。下面按照供应链的各个阶段介绍供应链大数据的详细内容。

1）需求预测阶段

市场调研数据：包括市场需求信息、竞争对手信息、潜在客户调研信息等。

需求分析数据：包括基于历史销售、市场趋势、季节性因素等的供应链需求预测数据。

---

① 佟昕. 供应链大数据分析与应用[M]. 北京：北京理工大学出版社，2022.

2）供应管理阶段

招标文件：包括采购需求、技术规格、投标人资质要求、评标标准等。

投标数据：包括供应商的投标报价、交货时间、服务承诺等。

供应商评估数据：包括供应商信息与资质、历史绩效、财务状况、项目经验。

合同数据：包括合同条款、价格、交货期限、质量要求、支付条件等。

法律文件：包括合同相关的法律文件、合规性审查记录等。

3）采购与库存阶段

销售订单数据：包括客户订单的详细信息，包括产品规格、价格、数量、交货时间等。

库存水平数据：包括现有库存量、安全库存水平、库存周转率等。

生产计划数据：包括生产批次、生产时间表、物料需求等。

生产进度数据：包括实际生产进度、生产批次记录、在制品数量、生产效率等。

4）运输配送阶段

物流数据：包括运输路线、运输时间、运输成本、货物追踪信息等。

仓储数据：包括货物的出入库记录、库存动态、仓储条件等。

5）质量管理阶段

质量控制数据：包括质量检验标准、质量检测报告、不良品记录、成品质量追溯信息等。

运行数据：包括设备运行状态、能耗数据、维护周期等。

维修数据：包括维修记录、维修材料消耗、维修成本等。

客户服务数据：包括客户反馈记录、服务请求、故障处理记录、退货返修记录等。

6）风险管理阶段

企业内部系统数据：包括财务数据、库存数据和生产过程中的数据，如库存安全水平、生产进度、设备运转状况和原材料消耗情况等。

实时物流信息：包括货物运输状态、货物安全状况、环境参数等。

企业外部数据：包括市场动态，如市场价格波动、原材料供应情况和竞争对手的策略变化、政策变化、消费者反馈信息等。

这些丰富多样的数据相互关联、相互影响，在供应链的不同阶段发挥关键作用，共同构成了供应链管理的数据基础。

## 2.1.2 供应链大数据管理简介

### 1. 供应链大数据管理的核心要义

供应链大数据管理是指运用一系列大数据技术方法来捕获、存储、处理和分析企业供应链各环节的相关数据，便于供应链管理者做出更加精准和高效的决策。供应链大数据管理的目标是通过对大量复杂供应链数据的深入分析，优化供应链管理流程，降低成本，提高响应速度，增强供应链的透明度和灵活性，从而提升整个供应链的绩效和竞争力。

### 2. 供应链大数据管理的内涵拓展

对供应链进行高质量管理是协调内外部资源、贯穿产品与服务全流程的核心，大数据分析可以为其提供高效、高质、高层次的决策支持，为优化供应链整体性能提供了坚实的基础。就单个企业而言，信息是驱动供应链运行的动力源。对宏观环境下的供应链而言，大数据技术的应用拓展了供应链的作用范围，在更广的范围内实现了供应链价值。

**3. 供应链大数据的来源**

供应链的各个环节在运作时都会产生或需要特定的数据和信息。这些数据和信息对于确保供应链的顺畅运行至关重要。下面详细介绍应链管理全业务流程中的大数据来源，如图 2-1 所示。

图 2-1　供应链管理中的大数据来源

（1）基础数据收集。这一阶段的大数据来源包括：物料主数据，即物料编码、名称、规格、型号等基本信息；采购标准信息，即采购物料所需遵循的标准和要求；技术规范信息，即物料的技术要求和规范说明；技术固化 ID，即物料技术参数的固化标识；总部一级采购目录，即企业总部制定的统一采购目录。

（2）需求预测。这一阶段的大数据来源包括：年度需求计划信息，即企业全年对物料的需求预测和计划；项目信息及工作分解结构（Work Breakdown Structure，WBS），即项目的详细信息和工作分解结构；需求单位信息，即提出物料需求的单位或部门信息；物资编码信息，即物料的唯一编码标识。

（3）供应商管理。这一阶段的大数据来源包括：供应商主数据，即供应商的基本信息，如名称、地址、联系方式等；供应商股权结构信息，即供应商的股权结构和股东信息；供应商企业信息，即供应商的企业背景和资质信息；供应商不良行为信息，即供应商不良行为的相关记录；高管任职信息，即供应商高层管理人员的任职情况；供应商报价信息，即参与投标的供应商提供的报价。

（4）采购与库存。这一阶段的大数据来源包括：采购主数据，即采购订单编号、下单时间、采购明细、交货时间；库存主数据，即库存台账、库存盘点信息；生产数据，即生产任务和生产进度数据。

（5）运输配送。这一阶段的大数据来源包括：物流主数据，即运输路线、成本、货物追踪信息；仓储主数据，即仓库的基本信息和配置信息；货物交接验收信息，即货物交接和验收的记录。

（6）质量管理。这一阶段的大数据来源包括：设备质量信息，即设备的质量检测和验收信息；抽检计划信息，即抽检工作的详细安排信息；监造任务信息，即监造计划、标准及实际监造记录；现场监督信息，即现场监督标准、操作人员资质及监督记录内容；质量验收信息，即物料或服务的质量验收结果信息。

（7）风险管理。这一阶段的大数据来源包括：企业内部系统数据，即企业内部财务数据、原材料消耗情况、库存安全水平等；企业外部数据，即市场价格波动信息、政策信息、消费者反馈信息、竞争对手信息、原材料供应情况；实时信息，即供应链需求预测、供应商管理、采购与库存、运输配送及质量管理各环节中与企业风险相关的各项实时数据。

这些数据和信息在供应链管理的各个环节中相互关联、相互支撑，共同构成了一个完整的数据体系，为供应链的优化和决策提供了有力支持。

### 2.1.3　供应链大数据管理的特点

随着信息技术的飞速发展，供应链管理正逐渐步入大数据时代。供应链大数据管理具有独特的特点，这些特点不仅影响着数据的收集、预处理和分析过程，也深刻地影响着整个供应链的运作效率和决策质量。第 1 章中提到过，大数据的特点被概括为"5V"，即数据量大、高速、多样、价值密度低以及真实性。下面详细阐述供应链大数据管理的三个特点。

**1. 复杂性**

供应链涉及多个环节和主体，数据关系复杂。从原材料采购到最终产品交付，每个步骤都可能涉及不同的供应商、制造商和服务提供商。这些主体之间的交互产生了复杂的数据流，需要综合考虑多方面的因素来进行管理和优化。

**2. "数据孤岛"**

供应链大数据的"孤岛"问题通常是指数据在各个环节之间流通不畅，导致信息割裂、决策效率低下。供应链中的业务流涉及需求预测、供应商管理、采购与库存管理、运输配送、质量管理、风险管理多个环节，每个环节都会产生大量数据，如果这些数据不能被有效整合和共享，就会形成"数据孤岛"。

**3. 高维度关联性**

供应链大数据的高维度关联性是指供应链中各类数据之间存在复杂且多维度的关联关系。这些不同维度的数据相互交织、相互影响，牵一发而动全身。例如，一个小小的零部件供应延迟，可能通过高维度关联性，在多个环节引发连锁反应，如导致生产停滞、错过最佳销售时机、影响后续订单签订等。

### 2.1.4　供应链大数据管理的原则

有效的供应链大数据管理能够帮助企业提高运营效率、降低成本、增强竞争力。要实现成功的供应链大数据管理，必须遵循一定的原则。本部分详细介绍供应链大数据管理的六个原则。

### 1. 数据质量优先

高质量的数据是决策支持的基础，只有准确、完整、一致且及时的数据才能为企业提供可靠的依据。

（1）内容：数据质量优先原则强调在供应链大数据管理中，始终将数据的准确性、完整性、一致性和时效性放在首位。

（2）重要性：准确的数据分析对企业决策至关重要，它能够避免因数据误差导致的经济损失和负面影响，为管理层提供可靠的依据，帮助企业在复杂市场环境中做出明智选择。完整的数据覆盖供应链各环节，通过提供全面信息，可使企业深入理解运作情况，识别问题，采取改进措施，并从多维度发现商业机会。一致的数据标准和格式能促进跨部门协作，简化系统集成，提高稳定性和可维护性。时效性强的数据可及时反映供应链动态，使企业能迅速应对市场变化，提高决策的及时性和有效性。

### 2. 技术适配性

选择合适的技术是实现供应链大数据管理的关键。企业需要根据实际需求和业务特点，选择与之相适应的技术解决方案，这不仅关乎技术的选择，还涉及技术的实施、维护和优化。

（1）内容：技术适配性原则是指在供应链大数据管理过程中，根据企业的具体需求、业务流程、技术基础和资源条件，选择最适合的技术解决方案，包括数据采集、存储、处理、分析和可视化等各个环节所需的技术工具和平台。技术适配的核心在于确保所选技术能有效支撑企业的战略目标和业务需求，从而最大化地发挥数据价值。

（2）重要性：适配技术能显著提高处理速度和分析精度，如高性能计算和机器学习技术能使企业从大数据中提取有价值信息，进行精准预测；适配技术可降低实施成本，与现有基础设施兼容，减少硬件投入和系统集成费用，易于维护升级，降低长期运营成本；适配技术满足不同企业业务需求，可提高管理水平，优化供应链管理。适配技术是企业成功的关键，可提升数据处理效率和准确度，降低成本，满足业务需求，避免技术不匹配问题。

### 3. 业务需求对接

供应链大数据管理必须紧密结合企业的业务需求，以确保数据的收集、分析和应用有效地支持企业的运营和发展。

（1）内容：业务需求对接原则强调在供应链大数据管理中，将数据的收集、分析和应用与企业的业务目标和流程相结合。具体来说，这一原则要求企业在进行大数据管理时，不仅要关注数据本身的质量和技术处理，而且要紧密围绕企业的实际业务需求来进行数据管理和应用。

（2）重要性：业务需求对接原则可确保数据价值在供应链大数据管理中得到充分发挥，为企业创造经济效益。这一原则将数据收集、分析与业务目标和流程紧密结合，确保大数据项目既技术可行又能在实际业务中产生价值。企业通过分析销售数据优化库存管理，能降低成本，提高资金周转率。这一原则鼓励跨部门协作和信息共享，打破"信息孤岛"；通过分析跨部门数据，识别瓶颈，改进流程，提升运营效率。

### 4. 持续改进

供应链大数据管理是一个不断优化和改进的过程。企业在供应链大数据管理中，需要不断总结经验教训，持续优化数据管理流程和技术解决方案。

（1）内容：持续改进原则要求企业在数据收集、分析和应用的过程中不断总结经验教训，持续优化数据管理流程和技术解决方案。这一原则强调通过系统化的方法来识别并解决数据管理过程中的问题，以确保供应链大数据管理系统的持续高效运行。

（2）重要性：持续改进原则使企业能够适应市场和业务需求的不断变化。特别是在电子商务等快速发展领域，企业通过引入先进数据分析工具和技术提高数据处理能力，不断满足新需求。这一原则可提升数据管理效率和质量，消除冗余环节，简化流程，降低数据错误风险，使决策更精确；促进企业创新，激发员工创造力，形成正向反馈循环，推动组织文化向开放包容转变，并通过与行业交流拓宽视野，探索新可能。

### 5. 隐私保护

在供应链大数据管理中，确保数据的安全和保护个人隐私也是至关重要的。

（1）内容：隐私保护是指在供应链大数据管理过程中，对个人和组织的敏感信息如身份信息、财务数据、健康记录以及其他可能对个人或组织造成不利影响的数据等进行严格管控，确保这些信息不会被未经授权的个体或实体访问、使用或泄露。

（2）重要性：隐私保护原则是企业维护客户信任、遵守法律法规和履行社会责任的重要组成部分。在数字化时代，客户对个人数据安全的关注度日益提升，隐私保护原则成为企业与客户建立信任的关键。通过有效实施隐私保护措施，企业可以增强客户信任；许多国家和地区制定了法律法规，对企业处理信息提出严格要求，违法企业将面临巨额罚款及严重的声誉损失，因此遵循隐私保护原则也是企业避免法律风险的必要行动；作为社会成员，企业也理应尊重并维护利益相关者权利，推动行业健康发展。

### 6. 数据协同共享

通过促进供应链各参与方之间的数据共享与合作，可提高整个供应链的透明度和协同效率。

（1）内容：数据协同共享原则要求供应链中的不同参与方（如供应商、制造商、分销商、零售商等）协同合作，共享数据资源，以提升供应链的运作效率和整体竞争力。这种共享不仅包括传统的交易数据，还涵盖了生产计划、库存水平、物流信息等多方面。

（2）重要性：数据共享增强了供应链的透明度，允许各参与方实时交换信息，从而优化资源配置，减少浪费；数据共享强化了风险管理，使各方能够早期识别风险并采取预防措施，确保生产的连续性；通过实时监测市场价格变化并共享这些信息，企业可以快速调整定价策略或寻找成本效益更高的采购渠道。数据共享不仅是提高运营效率的手段，也是推动创新的重要力量。它为探索新商业模式和技术应用提供机会，推动技术进步和多学科合作。

# 2.2 供应链大数据管理流程

在探讨供应链优化的过程中，大数据管理流程扮演着至关重要的角色。该流程涵盖了供应链数据从采集、存储、预处理到分析的连贯步骤，每个步骤都是实现数据价值的关键节点。本章将详细介绍供应链大数据管理的流程，强调其在确保数据完整性、准确性和可用性方面的作用，以及如何通过这些步骤的执行，促进供应链决策的科学性和有效性。

## 2.2.1 供应链数据收集与存储流程

### 1. 数据收集流程

在供应链大数据管理中，数据收集是整个数据管理体系的起点和基础。高效、准确的数据收集为后续数据处理、分析和决策支持提供了有力保障。因此，系统化的数据收集流程对于实现供应链的数字化与智能化至关重要。

1）识别数据来源

在供应链大数据管理中，识别数据来源并进行需求分析是数据采集流程的首要步骤。数据来源的多样性和复杂性要求供应链管理者具备更加全面的视角，以涵盖从生产到交付的每个环节。

2）数据需求分析

数据需求分析的关键是明确各类数据在供应链决策中的作用。通过需求分析，管理者应回答这样几个问题：数据的主要用途是什么？需要采集哪些类型的数据来支持业务目标？各类数据的时效性要求如何？这种分析有助于建立清晰的采集优先级，并确保资源分配合理化，以最大化数据的业务价值。

3）制订收集计划

制订周密的数据收集计划是保障数据收集顺利执行的必要步骤。采集计划的制订需要考虑数据量、收集频率、数据质量以及相关技术支持等因素。数据收集计划包括以下几个核心部分：

（1）收集方式的选择：应根据数据来源和性质，选择合适的收集方式。例如，对于实时监控数据，可采用传感器或边缘计算设备进行实时采集；而对于周期性数据，可选择定时批量导入。

（2）技术工具与平台：确保选用适合的工具，如数据流处理工具（如 Apache Kafka、Apache Flink），凭借其分布式、高吞吐量、高可靠性的特点，能够高效处理海量信息，适用于处理大规模实时数据流。

（3）数据收集频率：设定收集频率应基于需求分析的需要。例如，生产线监控数据需要秒级采集，而库存更新数据可能仅需每小时或每天一次。

（4）数据质量保障：为确保数据的准确性和完整性，应制定数据清洗和预处理机制。

引入自动化的校验规则，进行数据格式检查和异常值识别，可以有效减少人为错误。

（5）收集流程监控与反馈：建立实时监控系统，确保收集过程顺畅，及时发现和解决问题。

4）数据收集与传输的标准化

数据收集与传输的标准化旨在提升数据一致性和系统集成度。标准化的数据格式和传输协议能够减少数据整合的复杂性，确保数据在多系统之间的兼容性。以下是实现标准化的关键要素：

（1）数据格式统一：采用标准数据格式（如 JSON、XML）进行数据传输，以提高可读性和兼容性。这在供应链涉及多个数据来源时尤为重要，能够确保各系统的数据易于整合。

（2）数据传输协议：应根据数据传输不同的时效性和安全需求，选用合适的传输协议如 HTTP/HTTPS、MQTT 或 AMQP。例如，实时传输数据可选择低延迟的 MQTT 协议，而批量传输则可用 FTP 等协议。

（3）数据加密与安全性：为防止数据泄露和未经授权的访问，在传输过程中应用数据加密（如 TLS/SSL）和身份验证机制，以提升数据传输的安全性。

（4）数据接口标准化：为各类数据源设计标准化接口，确保不同系统的数据接口统一。这不仅有助于提高数据收集的效率，还能降低系统维护和升级的成本。

通过以上措施，供应链数据可以实现更高效、稳定和安全的收集与流动。

**2. 数据存储流程**

在供应链大数据管理中，数据存储是确保数据安全、完整和可用的关键环节。科学合理的数据存储流程能够有效支持数据分析和决策制定，为企业的供应链运营提供持续稳定的保障。下面介绍供应链数据存储中的流程，包括选取合适的数据存储架构、实施分层存储、数据备份与灾难恢复。

1）选取合适的数据存储架构

数据存储架构是供应链大数据管理的技术基础，不同的存储架构可以满足不同数据的访问需求和处理能力要求。数据存储架构涉及以下几个方面：

（1）分布式存储系统：由于供应链数据量庞大且数据类型复杂，采用分布式存储架构（如 Hadoop HDFS 或 Apache Cassandra）能够提供高可扩展性和可靠性，适合处理大规模数据存储需求。

（2）数据库类型选择：根据数据特性选择合适的数据库。比如，结构化数据可使用关系型数据库，而非结构化或半结构化数据则适合使用非关系型数据库（Not Only SQL，NoSQL）。

（3）数据分片与负载均衡：数据分片可以将大数据集拆分为多个小块，分布在不同节点；负载均衡则可以确保访问流量在不同服务器之间均衡分配，避免单点故障，提高数据访问速度。

（4）存储架构优化策略：结合企业需求，优化存储架构的读写性能、存储成本和系统冗余度。通过数据压缩、数据去重等技术手段，可以进一步提高性能。

2）实施分层存储

在供应链大数据管理中，由于数据的访问频率和时效性不同，可以采用分层存储策略，根据数据的生命周期和使用模式，将数据动态划分到不同存储层级，有助于优化存储成本和性能。

（1）热数据层存储最常访问的数据，如当前订单状态、库存水平等。热数据通常存储在高速存储介质上，如固态硬盘或内存数据库中，以便快速读写。热存储提供低延迟的访问速度，以满足实时数据分析和业务运行的需求。

（2）温数据层包含访问频率适中的数据，如历史订单记录、月度销售报告等。这些数据可以存储在性能和成本适中的硬盘上，如 SATA 硬盘。

（3）冷数据层用于存储很少访问但需要长期保存的数据，如多年前的交易记录、审计日志等，可以存储在成本较低的存储介质上，如传统 HDD 硬盘或云存储服务，低成本的特点使其十分适用于存储历史数据或备份。数据在初始采集阶段存入热存储，随着使用频率降低，逐渐迁移至温存储、冷存储，以降低整体存储成本。

3）进行数据备份与灾难恢复

灾难恢复是指在面临自然灾害、人为事故、系统故障等突发事件导致数据丢失或系统中断时，通过一系列技术和管理措施，快速恢复关键数据和业务系统的活动和流程。为确保数据在不可预见事件中的安全性，数据备份与灾难恢复必不可少。

（1）定期数据备份：采用全量备份与增量备份相结合的策略。全量备份可定期进行，以确保完整数据集的保存，而增量备份则提高了备份频率和存储效率。

（2）异地备份：为应对地区性灾难，将数据副本存储在异地数据中心或云端服务中，可以有效提升数据安全性。这确保在主存储节点失效时也能迅速启用备份数据。

（3）灾难恢复演练：定期进行灾难恢复演练，验证数据恢复策略的可行性和有效性。演练应覆盖数据恢复的时效性、完整性验证和系统恢复过程，以保证在真正发生灾难时能够迅速恢复业务。

（4）自动化恢复机制：通过部署自动化恢复工具和流程（如容灾系统和实时数据同步机制），可减少人工干预的恢复时间，保障业务连续性。

完善的数据存储流程在供应链大数据管理中必不可缺。通过合理设计和优化存储架构、实施分层存储策略以及健全数据备份与灾难恢复流程，可帮助企业更好实现对数据的高效、稳定利用。

## 2.2.2 供应链数据预处理流程

数据预处理通过对原始数据进行清洗、转换并集成，消除数据中的噪声、不一致性和冗余信息，从而为后续数据分析提供规范的数据集。在供应链大数据管理过程中，数据预处理是至关重要的一步。

### 1. 数据清洗流程

（1）数据审查：分析人员需要评估数据质量，包括检查数据的一致性、完整性、准确性、可靠性、时效性等，检查数据中是否存在缺失值、异常值、重复数据、错误数据等，识别数据中存在的问题。

（2）缺失值处理：如果某个变量中缺失值所占比例较高（如超过 50%），或该变量的重要性相对较低，删除后不会对数据分析结果产生重大影响，则可以直接删除包含缺失值的记录或变量；如果缺失值占比不大，则可以通过统计学手段，对缺失值来进行合理估计并填补。填补数据常用的方法有均值、众数及中位数插补、多重插补及基于模型的预测插补等。

（3）异常值处理：通常使用统计方法（如 Z-score 方法、四分位距方法等）识别数据中的异常值。发现异常值后，可以选择删除异常值、转换它们，或根据具体情况特殊处理。

（4）重复数据处理：通过比较数据集中的记录来找出重复项，识别出重复记录后，删除重复的记录，或根据业务需求合并数据中的重复信息。

（5）错误数据处理：对于错误数据，应找到错误原因，更正数据中的错误，如错误的编码或数据输入错误。

（6）时间序列数据处理：时间序列数据在一年中的某些特定时期呈现出规律性的上升或下降趋势，去除这种季节性因素可以使数据更平稳；在供应链生产计划、物流配送等领域，不同环节的数据可能存在时间上的提前或滞后现象，因此需要对其时间差异进行修正，使数据在时间上保持一致，便于进行综合分析。

**2. 数据转换流程**

（1）数据规范化：将数据缩放到一个小的特定范围，如 0 到 1 之间。

（2）数据离散化：将连续数据转换为分类数据，如将年龄范围转换为年龄段。

（3）数据编码：将非数值数据（如文本或类别）转换为数值数据，便于模型处理。

（4）日期和时间转换：将日期和时间数据转换为统一的格式，便于分析时间序列数据。

**3. 数据集成流程**

数据集成，也称为数据整合，是指将来自不同来源、不同格式、不同结构的数据进行合并，形成一个统一数据集的过程。

（1）数据源识别：确定所有相关的数据源，包括内部数据和外部数据。

（2）数据映射：确定如何将不同数据源中的数据映射到统一的格式或结构中。

（3）数据融合：实际执行数据合并，解决数据冲突和冗余问题。

（4）数据一致性检查：确保集成后的数据在逻辑上是一致的。

拓展阅读 2.2　多源数据集成的挑战

## 2.2.3　供应链数据分析流程

供应链大数据管理中，数据分析通过挖掘数据中的有价值信息，为供应链的优化和决策提供科学依据。数据分析能够揭示供应链管理的模式、趋势和潜在问题，从而支持决策、增强供应链的整体响应能力，确保供应链的灵活性和可持续性。供应链数据分析流程如图 2-2 所示，下面详细介绍各流程的步骤。

```
┌──────────────┐
│  明确问题目标  │
└──────┬───────┘
       ↓
┌──────────────┐
│   数据分析    │
└──────┬───────┘
       ↓
┌──────────────┐
│ 识别问题与机会 │
└──────┬───────┘
       ↓
┌──────────────┐         ┌──────────────┐
│   制定策略    │ ←────── │   持续改进    │
└──────┬───────┘         └──────────────┘
       ↓
┌──────────────┐
│  实施与监控   │
└──────────────┘
```

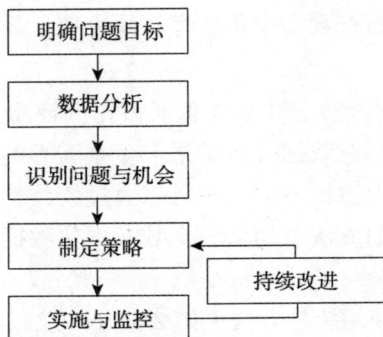

图 2-2　供应链数据分析流程

（1）明确问题目标：开启供应链数据分析时，首要且关键的任务便是精准定位分析目标。目标紧密围绕供应链的整体运营状况、战略规划以及面临的现实挑战而确定，为后续的分析工作指明方向。例如，若企业发现近期供应链成本过高、交付延迟现象频发或客户满意度有所下降，那么分析目标可能设定为探究成本超支的根源、剖析交付延迟的关键环节，或者挖掘影响客户满意度的核心因素等。

（2）数据分析：明确分析目标后，借助适当的分析方法和工具，可对数据进行分析挖掘。在供应链领域中，数据分析挖掘可以从"点""线""面"的多维角度展开。供应链"点"分析——通过分析供应链关键节点异常业务问题的发生率，快速定位异常高频发生的业务环节和项目类型，加快问题处理响应速度；供应链"线"分析——围绕重点流程阶段的工作周期和效率，对各关键环节流程所耗时间进行差异化分析，从而合理调控各环节工作周期，提升供应链流转和运营效率；供应链"面"分析——综合展现各维度下各环节执行情况，从而提升供应链执行效率以及标准化、规范化水平。

（3）识别问题与机会：通过数据分析，确定供应链中存在的问题和潜在的改进机会。例如，若数据分析发现某一生产环节的设备故障率显著高于其他环节，且与产品质量缺陷存在高度相关性，那么便明确指向了该生产环节可能存在设备维护管理不善的问题，同时也暗示了通过优化设备维护策略来提升产品质量的潜在机会。又如，若发现特定供应商的原材料供应周期波动较大，且与企业的库存短缺现象紧密相连，这就揭示了供应商管理方面的薄弱环节以及可通过建立更稳定的供应商合作关系或优化采购计划来降低供应风险的可能性。

（4）制定策略：基于对数据分析结果的深入理解以及对问题与机会的精准把握，综合考量供应链的各个环节、内外部环境因素以及企业的战略目标与资源约束，制定相应的策略。例如，针对生产环节中设备故障率高的问题，策略可能包括增加设备维护投入、引进先进的设备监测技术、加强操作人员培训等；对于供应商管理方面的挑战，策略或许涉及与供应商重新谈判合作条款、拓展供应商资源池、建立供应商绩效评估与激励机制等。策略不仅要具有针对性与可操作性，还要相互协同、形成合力，以实现供应链整体效益最大化。

（5）实施与监控：制定策略后，关键在于将其付诸实施，并建立一套全面、有效的监控与评估体系，以确保改进措施能够得到有力执行。实施阶段，需要明确各部门的职责分工与执行流程，确保策略能够在供应链的各个环节得以顺利推行。例如，在生产环节的设备维护策略实施过程中，需明确设备管理部门、生产部门以及采购部门的各自任务，如设备管理部门负责制订维护计划并监督执行，生产部门配合设备维护工作的开展，采购部门及时提供所需的维护配件等。同时，建立实时数据采集与监控机制对关键指标进行持续跟踪，将实际数据与预期目标进行对比分析，及时发现策略实施过程中的偏差与问题。一旦发现异常情况，迅速启动调整机制，对策略进行优化或修正，确保策略始终与实际情况相匹配，稳步提升供应链绩效[①]。

（6）持续改进：供应链大数据管理并非一次性的工作，而是一个持续循环的过程。企业需要不断分析改进，定期评估供应链绩效，根据反馈信息进行适当调整优化。这要求企业建立常态化的数据分析与绩效评估机制，定期回顾供应链的运营数据，如每月、每季度或每年进行一次全面的数据分析与绩效评估。通过对不同时期数据的对比分析，洞察供应链绩效的变化趋势，发现新出现的问题或潜在的改进空间。

# 2.3　供应链大数据管理技术

在激烈的全球市场竞争中，企业需要快速响应市场变化以保持竞争力。供应链管理作为企业运营流程中的关键角色，连接着供应商、生产厂商、销售渠道和终端用户，确保产品高效流通。然而，面对数据量的爆炸性增长，传统供应链管理模式已难以适应市场需求的变化。大数据技术为解决这一问题提供了新思路。本节将讨论现代信息技术在供应链管理中的多种应用方案，以优化供应链管理。

## 2.3.1　数据收集与存储技术

在供应链管理中，大数据技术的应用越来越广泛。数据的收集和存储是供应链大数据管理的基础，下面将详细介绍数据收集技术和数据存储技术。

### 1. 数据收集技术

数据收集是供应链大数据管理的第一步，它涉及从供应链的不同环节获取原始数据。数据收集的质量对后续的数据分析有决定性的影响。根据收集方式的不同，数据收集技术主要分为手动收集、自动化收集和半自动化收集三类。

1）手动收集

手动收集是指通过人工方式进行数据的收集。常见的手动收集方式主要有访谈、调查问卷、纸质记录、计数盘点、文件审查。访谈是指通过面对面或电话等方式与供应链中的相关人员进行交流，收集第一手信息。访谈可以深入了解特定问题，但结果可能会受到受访者主观因素的影响。调查问卷则是设计合理的调查问卷并分发给目标群体，让

---

① 赵一奇. 基于大数据分析的实时供应链库存优化策略研究[J]. 中国物流与采购，2024(15)：63-64.

参与者填写相关信息，是一种高效的大规模数据收集手段。纸质记录是指工作人员使用表格、日志本或记录卡片等纸质资料来手动录入生产数据，如库存记录、订单信息、出货记录等。计数盘点是指在仓库管理、生产现场等场景中，工作人员通过人工点数来统计库存数量、订单信息、货物记录等。文件审查是指工作人员对供应链相关的文件（如采购订单、销售合同、运输单据等）进行人工审核，并手动提取相关数据。

2）自动化收集

自动化收集是指利用程序自动从各种来源收集数据。这种方法极大地提高了工作效率并减少了人为错误，显著提高了数据收集的准确性。常见的技术包括网络爬虫、物联网（Internet of Things，IoT）设备采集、条形码扫描、射频识别等。

（1）网络爬虫是指通过编写爬虫程序，自动从互联网上的相关网站抓取数据的一种数据获取手段。爬虫程序可以定期访问指定的网页，提取所需的信息，并将其存储在数据库中。

（2）物联网设备采集是指通过使用温度传感器、湿度传感器、速度传感器、振动传感器及全球定位系统等终端设备，将物理对象与互联网连接，实现远程监控并采集数据的功能。物联网设备能够实时采集环境数据，并通过无线网络将信息传输至数据中心，为后续分析处理提供数据支持。例如，在冷链物流中，温度传感器可以监测货物的温度变化，确保产品质量。

（3）条形码扫描是一种高效的自动读取信息的技术，条形码上包含商品的许多基本信息如商品编号、价格等。条形码读取信息的过程迅速准确，大大提高了商品流通、库存管理等环节的效率，为供应链管理提供了重要的技术支持。

（4）射频识别（Radio Frequency Identification，RFID）是一种利用无线电波实现自动读取识别标签上信息的技术。RFID技术凭借其非接触式读取、批量处理和穿透能力强等特点，广泛应用于供应链等多个领域，大大提高了信息采集的效率和准确性。

3）半自动化收集

半自动化收集结合了手动和自动化两种方法，借助设备来进行数据收集。这种方式既保留了人工的灵活性，又利用了自动化工具的高效性。这种方法往往适用于完全自动化成本过高、自动化技术尚不成熟或收集信息过程中需要人工判断决策等场景。

现实生活中，经常有手工输入与系统自动处理相结合的场景。员工通过键盘或触摸屏手动输入数据，然后系统自动处理这些数据。在仓储作业环节，员工应用移动App、智能手机、平板电脑等手持作业终端收集数据，结合自动化仓储管理系统，会大大提升仓储作业效率和管理精益化水平。这种方式通常适用于现场操作和远程监控。

**2. 数据存储技术**

面对收集到的海量、多样化的数据，选择合适的数据存储技术尤为重要。不同的数据类型需要采用不同的存储技术。根据存储数据的特点，可以将常用的数据存储技术分为三类：结构化数据存储、半结构化数据存储以及非结构化数据存储。

（1）结构化数据存储：这类数据通常以表格形式存储，具有固定的格式和字段，如数据库中的记录。对于结构化数据，关系型数据库管理系统是最为传统也最为常见的解决方案。关系型数据库遵循严格的数学模型——关系代数理论，支持 SQL 作为标准查询语言，便于用户执行复杂的检索操作。此外，在企业级大数据分析场景下，通常还会引入数据仓库的应用。与普通的关系型数据库管理系统相比，数据仓库更加侧重于面向主题的历史数据分析能力，将来自不同源系统的业务数据存储至统一平台内，从而支持决策者进行更深层次的战略规划。

（2）半结构化数据存储：半结构化数据具有一定的组织结构，但不像结构化数据那样严格，包括 XML、JSON、日志文件、配置文件等。当遇到这些虽然具备一定组织形式但又缺乏固定模式限制的数据时，传统的关系型数据库往往难以高效应对。此时，NoSQL数据库便展现出了其独特优势。常见的非关系型数据库包括 MongoDB、Cassandra 等。MongoDB 是一种基于文档的 NoSQL 数据库，支持灵活的数据模型和水平扩展，适合存储 JSON 格式的数据，广泛应用于内容管理和日志记录等领域。Cassandra 是一种分布式的列族数据库，专为高可用性和线性扩展而设计，适用于大规模数据存储和读写密集型应用。

（3）非结构化数据存储：这类数据没有固定的格式，包括文本、图片、音频、视频、电子邮件等。这类数据通常需要分布式存储系统来处理其庞大的规模和复杂性。常见的非结构化数据存储技术包括 Hadoop 分布式文件系统和亚马逊存储服务。Hadoop 分布式文件系统（Hadoop Distributed File System，HDFS）是一种专门为处理大规模数据集而设计的分布式文件系统。HDFS 通过将数据切分成多个块并分散存储在集群的不同节点上，实现了高可靠性和高吞吐量。亚马逊存储（Amazon Simple Storage Service，S3）是一种高度可扩展的对象存储服务，支持多种数据类型和访问模式。S3 提供了持久性、安全性和可用性保障，适用于备份、归档和大数据存储等多种应用场景。

## 2.3.2　数据预处理技术

数据分析过程中，原始数据往往存在各种问题，如缺失值、异常值、重复记录等。这些问题不仅会影响数据分析的准确性，还会对后续的数据挖掘和结果分析造成干扰。因此，在进行任何高级分析前都需要先通过一系列预处理步骤来提高数据质量。

### 1. 数据清洗技术

数据清洗是指通过一系列方法和技术去除或修正数据集中存在的不完整、不准确的数据，以提高数据质量的过程。常见的数据清洗技术包括缺失值处理、异常值检测、数据去重、季节调整和提前期处理。

（1）缺失值处理：缺失值可能由于多种原因产生，如信息采集不全或传输过程中的丢失等。处理缺失值可以选取删除法、单一插补法（如均值、中位数、众数填充）、模型预测、多重插补、前向填充和后向填充等方法。

（2）异常值处理：常用的异常值检测手段有箱形图规则、Z-score 法、聚类分析法以及基于密度的方法。发现异常值后，应根据具体情况采取适当措施，将其标记为可疑状态进一步验证其真实性，或直接将其移除以避免干扰整体分析。

（3）数据去重：设置合适的匹配条件，识别并筛选出重复项目。筛选可以直接比较两个对象的所有字段是否一致，如果一致则保留一个副本；考虑到实际应用中可能存在拼写错误等情况，筛选也可以采用编辑距离、Jaccard 相似度等指标衡量字符串间的相似程度，然后根据设定的阈值决定是否合并；此外，也可以基于主键去重，事先定义好唯一标识符，如订单编号、客户 ID 等，利用数据库索引机制确保每条记录的独特性。

（4）季节调整和提前期处理：季节调整通常使用分解法，即将时间序列数据分解为趋势成分、季节成分、周期成分和随机成分；进行提前期处理时，应根据提前期的长短，使用数据平移法，将数据在时间序列上进行相应的平移操作，或者通过设置统一的时间基准，将不同提前期的数据进行时间对齐。

**2. 数据转换技术**

初步清洗后，需要对数据集实施一系列变换操作，使之更加符合特定算法的要求或便于后续可视化展示，包括数据规范化、数据编码。

（1）数据规范化：不同指标之间通常存在较大的量纲差异，直接分析可能会导致权重失衡的问题。为消除不同量纲带来的影响，需要先将原始数据转换成同一量级的数据，即数据规范化。常用的规范化技术有最小-最大缩放、Z-score 标准化法等。前者将数据映射到[0，1]区间内，后者则将每个特征调整至标准正态分布的形式，即均值为 0 且方差为 1。

（2）数据编码：数据编码是指将信息转换为机器可读的格式，通过特定的符号或代码来表示数据，以便于快速识别和传输。在供应链大数据管理中，数据编码可以确保供应链中的所有产品都有唯一的标识符，这有助于标准化产品信息，便于在不同的系统和组织之间进行识别和交流。在供应链管理中，常用的编码技术包括条形码（一维和二维）、RFID、全球贸易项目编号（GTIN）、国际标准化组织代码（ISO）等。

**3. 数据集成技术**

在供应链管理中，企业经常需要处理来自多个系统的信息，在确保数据一致性的同时还要兼顾关联性与完整性。第 1 章中提到过的 ETL 是数据集成的一个关键工具，可以将高质量、一致性的数据存入目标存储系统。

为便于数据集成，企业还需要对不同的数据源系统建立一套统一的数据接入标准，系统间做数据接口，满足数据整合应用需求。

**4. 数据可视化技术**

可视化技术是一种借助图形化手段来展示数据之间的关系、模式和趋势的技术。通过将抽象的数据转化为直观的视觉元素，如图表、图形、地图、动画等，企业能够更快速、更准确地理解和分析数据，从而更好地提取数据中的有用信息和知识。常见的数据可视化技术有Tableau、PowerBI、热力图技术、仪表盘技术等。

拓展阅读 2.3　可视化技术及应用

可视化技术不仅可以为企业提供公司整体运营状况的实时视图，包括财务、销售、生产等各个业务部门的关键数据；还可以用于监控关键指标并在数据异常时发出警报，广泛用于风险管理与实时监控领域。

### 2.3.3 数据分析技术

数据分析是一个多步骤、多层次的过程，根据分析目标的不同，可以将数据分析分为描述性分析、预测性分析、诊断性分析以及规范性分析四类。本节将依次介绍这些数据分析的技术及其相关原理。

**1. 描述性分析技术**

描述性分析的主要目标在于通过一系列技术手段分析数据集的特征、模式及趋势。描述性分析对于决策支持非常关键，能帮助企业或研究人员快速识别出数据背后隐藏的信息。为了实现对企业大规模复杂数据的深度理解，研究者们开发出了多种多样的描述性分析技术。下面将详细介绍其中三种较为典型的描述性分析手段：降维、文本挖掘以及图挖掘。

1）降维

降维是一种针对大规模数据集的常用处理方法，旨在降低原始数据空间维度，同时尽可能保持原有信息的完整性。常用的降维技术包括主成分分析、独立成分分析、线性判别分析以及 $t$-分布随机邻域嵌入。

（1）主成分分析（Principal Component Analysis，PCA）：PCA 是一种广泛应用于降维的数据处理技术。在高维数据集中，变量之间可能存在较强的相关性，PCA 的目标是将这些相关变量通过线性组合转换成一组新的不相关变量，这些新变量被称为"主成分"。具体步骤如下：

第一步，计算协方差矩阵。计算数据集中所有特征之间的协方差矩阵，这反映了不同特征之间的相关性。协方差矩阵是对称的，其对角线元素是各个特征的方差，非对角线元素是两两特征之间的协方差。

第二步，计算协方差矩阵的特征值和特征向量。

第三步，选择主成分。根据特征值的大小，选择前几个最大的特征值对应的特征向量作为主成分。

第四步，构造主成分得分。将原始数据投影到选取的主成分上，得到新的数据集，新数据集的维度降低，但保留了原始数据的大部分信息。

（2）独立成分分析（Independent Component Analysis，ICA）：不同于 PCA 侧重于消除变量间的线性相关性，ICA 旨在从混合信号中恢复出原本独立的源信号。假设存在若干未知但相互独立的非高斯信号源，它们经过某种线性混合作用形成了观测到的数据序列，那么 ICA 的任务就是反推出那些原始信号，从多元统计数据中分离出隐藏的独立非高斯信号源。具体步骤如下：

第一步，估计独立成分。选择一个合适的非线性函数作为独立性的度量，并估计一个解混矩阵，该矩阵用于将观测数据分离成独立的成分。使用优化算法（如梯度下降法、快速 ICA 算法等）来最大化独立成分的非高斯性，从而找到解混矩阵。

第二步，应用解混矩阵。使用估计出的解混矩阵对数据进行变换，得到独立成分。

第三步，排序和解释独立成分。根据独立成分的统计特性或与特定应用相关的标准对独立成分进行排序和解释。

（3）线性判别分析（Linear Discriminant Analysis，LDA）：线性判别分析是一种经典的监督学习降维方法，主要用于解决分类任务。它的基本思想是将高维数据投影到低维空间，使得同类数据点尽可能接近，而不同类数据点尽可能分开。经过线性判别分析处理后，原始特征转换为更有意义的新特征，这些新特征对于分类任务更有帮助。具体步骤如下：

第一步，计算类内散布矩阵和类间散布矩阵。类内散布矩阵通过计算每个类别的数据的散布矩阵然后求和得出，反映同类数据之间的变异程度；类间散布矩阵通过计算每个类别的均值与总体均值之间的差异构造，反映不同类别数据之间的平均差异。

第二步，求解判别向量。通过求解广义特征值问题来找到最大化类间差异，同时最小化类内差异的判别向量。

第三步，选择主要的判别向量。根据特征值的大小，选择前几个最大的特征值对应的特征向量作为主要的判别向量。

第四步，构造判别函数。使用选定的判别向量将数据投影到新的特征空间中，形成判别函数，用于进一步分析。

（4）$t$-分布随机邻域嵌入（$t$-Distributed Stochastic Neighbor Embedding，$t$-SNE）：是一种强大的非线性降维算法，主要用于高维数据集的可视化。与主成分分析等传统线性降维方法不同，$t$-SNE 旨在保持局部结构信息的同时将数据从高维空间投影到低维空间，揭示原始数据中潜在的簇群关系以及样本之间的相似性模式。步骤如下：

第一步，高维空间中的相似度计算。通常地，在高维空间中使用高斯分布来表示点之间的相似度。对于每个数据点，计算其与所有其他数据点的条件概率，该概率表示在给定 $x_i$ 的情况下 $x_j$ 是其邻域点的概率。这个概率由高斯分布的密度函数计算得出。

第二步，低维空间中的相似度计算。对于每个低维空间中的点 $y_i$，计算其与所有其他点 $y_j$ 的条件概率 $q_{j|i}$。

第三步，优化低维空间中的点位置。优化目标是最小化两个分布之间的 Kullback-Leibler 散度，即最小化 $\sum_i \mathrm{KL}(P_i \| Q_i)$，其中 $P_i$ 是高维空间中的分布，$Q_i$ 是低维空间中的分布。

第四步，迭代优化。通过迭代更新低维空间中点的位置来最小化上述目标函数。在每次迭代中，根据梯度下降的更新规则调整点的位置，直到算法收敛或达到预设的迭代次数。

2）文本挖掘

在互联网技术时代，文本数据的产生速度和数量呈现爆炸性增长。其中蕴藏着丰富的信息，但传统的数据分析方法难以有效处理如此庞大复杂的文本内容，文本挖掘技术因此应运而生。它通过一系列自动化工具和技术，从海量文本中提取出有价值的信息，为决策者提供支持。

（1）自然语言处理（Natural Language Processing，NLP）。NLP 的目标是使机器能够理解和生成人类使用的自然语言。NLP 技术的应用范围广泛，包括但不限于语义理解、语法分析、机器翻译、情感分析等。具体步骤如下：

第一步，特征提取。从文本中提取有助于解决问题的特征，如词频、词嵌入等。

第二步，模型选择和训练。选择合适的算法或模型来处理 NLP 任务，如朴素贝叶斯、支持向量机、深度学习模型等，使用预处理后的数据训练模型。

第三步，模型评估和优化。使用验证集或交叉验证方法评估模型性能。调整模型参数和特征集，以提高模型准确性和效率。

第四步，部署和应用。将训练好的模型部署到实际应用中，如网站、移动应用或企业系统中。监控模型的表现，并根据需要对其进行维护和更新。

（2）主题建模（Latent Dirichlet Allocation，LDA）：主题建模是一种无监督学习方法，用于从大量文档中发现隐藏的主题结构。主题建模假设每篇文章都是由多个话题按照一定比例混合而成，每个主题由一组词汇组成，通过概率分布来描述文档和主题之间的关系，从而实现文档的自动分类和主题发现。具体步骤如下：

第一步，选择和配置主题建模算法。选择合适的主题建模算法，配置算法参数，如主题数量、迭代次数、文档主题密度、主题术语密度等。

第二步，训练模型。使用选定的算法和配置参数对文档—术语矩阵进行训练，以识别文档集合中的主题。

第三步，评估和调优模型。通过检查主题的连贯性、主题分布的合理性等方法评估模型的质量，根据评估结果调整模型参数或改进数据预处理步骤。

第四步，解释和应用结果。分析模型输出的主题，为每个主题提取代表性的关键词，并解释每个主题的含义。将主题应用到实际任务中，如文档分类、推荐系统、文本摘要等。

3）图挖掘

图挖掘专注于探究图结构数据中的特定的模式和关系，许多供应链网络天然呈现出图结构特征，其中节点代表实体（如公司、仓库），边则表示它们之间的联系（如合作关系、物流路线）。在供应链管理中，图挖掘技术能够帮助管理者更好地理解复杂的网络结构、识别关键环节，做出更精准的决策。

（1）社交网络分析（Social Network Analysis，SNA）。SNA 是一种研究社会系统内个体之间关系及其影响的方法。它不仅可以应用于人际关系网的研究，还可以广泛用于供应链管理中的各种合作网络。例如，在供应商—制造商—分销商的关系网中，通过 SNA 可以揭示出各个参与者之间的互动模式、影响力分布以及信息流动路径等重要信息。具体步骤如下：

第一步，确定网络边界。决定将被包括在分析中的节点和关系，界定网络边界。

第二步，确定节点和边。识别网络中的个体（节点）和它们之间的联系（边）。

第三步，构建网络矩阵。将收集到的数据转换为网络矩阵形式，以便分析。

第四步，网络可视化。使用网络可视化工具（如 Gephi、Cytoscape、NetworkX 库等）

将网络图形化，以便更直观地理解网络结构。

第五步，网络分析。计算网络指标，分析网络密度、中心性、聚类系数等指标，找出网络中的关键节点和子群或社区。

（2）社区检测：社区检测是将图划分为若干紧密相连的小团体的过程。在供应链背景下，"社区"可能代表着某些功能相似或地理位置相近的企业集群。通过对这些子群落进行深入研究，可以获得关于局部生态系统运作机制的宝贵洞见。具体步骤如下：

第一步，网络构建。定义网络中的个体元素，这些元素可以是社交媒体用户、网页等。根据节点之间的相互作用或关系，建立节点之间的连接。使用图论表示节点和边，创建网络的数学模型。

第二步，选择社区检测算法。了解网络的特性，如网络的规模、密度、是否有权重等，这些特性将影响算法的选择。根据网络特性和研究目标，选择合适的社区检测算法，如快速解社区结构（Fast Unfolding）算法、标签传播算法（Label Propagation）等。

第三步，执行社区检测。运行算法对网络进行社区检测。根据算法的要求和网络的特性，调整算法参数以优化社区检测结果。

**2. 预测性分析技术**

预测性分析技术是一种数据驱动的方法，旨在基于历史数据对未来事件进行预测。下面将详细介绍几种常见的预测性分析方法，包括分类、回归以及时间序列分析。

1）分类

分类是预测性分析中一种常见的监督学习任务类型，其目标是根据输入特征将样本分配到预定义的类别中。以下是一些常用的分类算法。

（1）决策树（Decision Trees）。决策树是一种简单但强大的监督学习方法，它通过一系列规则或"如果—那么"条件来划分数据空间。每个内部节点代表一个属性上的测试，而分支则代表测试结果；叶节点表示最终分类标签。具体步骤如下：

第一步，选择合适的决策树算法和分裂准则。对于分类任务可以使用 ID3、C4.5 或 CART（Classification and Regression Trees）算法；选择用于选取最佳特征和分割点的准则，如信息增益（用于 ID3 和 C4.5）及均方误差（用于 CART）。

第二步，构建决策树。从根节点开始，使用所选的分裂准则，选择最佳特征和分割点来分割数据集。递归地对子集进行相同的操作，直到满足停止条件（如节点纯度达到一定程度、节点样本数量低于阈值、树深度达到预设）。

第三步，剪枝。在构建决策树的过程中提前停止分裂，以防止过拟合。构建完整的决策树之后，从下到上或从上到下修剪掉不必要的节点。

决策树的构建是一个迭代过程，需要多次调整参数和剪枝策略以获得最佳的模型性能。决策树易于理解和实现，同时具有良好的解释能力。然而，决策树在训练数据时容易出现过拟合情况，并且对于连续型特征可能需要额外处理。

（2）支持向量机（Support Vector Machines，SVM）：SVM 旨在寻找一个最优超平面来最大化不同类样本之间的间隔。当两类数据线性不可分时，SVM 可以通过引入核技巧映射到更高维度的空间，在那里更容易找到分离边界。具体步骤如下：

第一步，选择核函数。如果数据是线性可分的，可以选择线性核函数；如果数据不是线性可分的，选择非线性核函数，如多项式核函数、径向基函数或 sigmoid 核函数。

第二步，训练 SVM 模型。设置惩罚参数（用于控制误分类或误差的容忍度）和核函数参数（如果使用非线性核）。使用选定的核函数和超参数，通过优化目标函数（如最大化分类间隔或最小化回归误差）来训练 SVM 模型。

第三步，模型评估。使用交叉验证、留出法或其他评估方法来评估 SVM 模型的性能。使用准确率、召回率、F1 分数等指标来衡量分类任务的性能。

（3）$k$ 近邻（$k$-Nearest Neighbors，$k$-NN）：$k$-NN 是一种非参数化方法，它假设相似的对象应该属于同一类别。给定一个新的未标记样本，$k$-NN 会查找训练集中与其最近的 $k$ 个邻居，并根据这些邻居的主要类别投票决定新样本的归属。虽然概念简单直观，但选择合适的 $k$ 值以及距离度量方式对性能影响很大。具体步骤如下：

第一步，选择近邻的数量（$k$ 值）。确定 $k$ 的值，即选择多少个最近邻来投票决定新样本的分类。$k$ 值的选择可以基于经验、交叉验证或其他优化方法。

第二步，计算距离。选择一个距离度量标准，常用的有欧几里得距离、曼哈顿距离、汉明距离等。对于一个新的输入样本，计算它与训练集中每个样本的距离。

第三步，选择最近邻。根据计算出的距离，对训练集中的样本进行排序。选择距离最小的 $k$ 个样本作为新样本的最近邻。

第四步，进行投票。在分类问题中，对这 $k$ 个最近邻的类别进行投票，最常见的类别即为新样本的预测类别。

第五步，预测。根据投票或平均的结果，给出新样本的预测类别。

（4）朴素贝叶斯（Naive Bayes）：朴素贝叶斯分类基于贝叶斯定理并假设所有输入特征彼此独立。尽管这一假设往往过于简化现实情况，但实践证明即使如此，朴素贝叶斯在许多情况下仍能表现出色，尤其是在文本分类任务上。此外，其计算效率较高，非常适合大规模数据集。具体步骤如下：

第一步，计算先验概率 $P(y)$。对于每个类别 $y$，计算其在训练集中的相对频率。

第二步，计算条件概率 $P(x_i \mid y)$。对于每个特征 $x_i$ 和每个类别 $y$，计算特征在给定类别下的条件概率。对于连续型特征，通常假设特征服从高斯分布，并计算其均值和方差；对于离散型特征，计算特征在每个类别下的相对频率。

第三步，应用贝叶斯定理进行预测。对于一个新的样本，使用贝叶斯定理计算该样本属于每个类别的后验概率 $P(y \mid x)$。后验概率可以通过以下公式计算：

$$P(y|x) = \frac{P(x|y)P(y)}{P(x)}$$

其中，$P(x)$ 是新样本的边缘概率，通常可以忽略，因为它对于所有类别都是常数。

第四步，预测。对于新样本，比较它属于每个类别的后验概率，选择概率最高的类别作为预测结果。

（5）逻辑回归（Logistic Regression）：尽管名字里包含"回归"，但实际上逻辑回归是一种用于解决二分类或多分类问题的广义线性模型。它使用 logit 函数将线性组合的输出转换成介于 0 与 1 之间的一个概率值。通过设定阈值可以将其转化为具体的类别判断。逻辑回归不仅提供了一种直接的概率估计方式，而且具备很好的可解释性。具体步骤如下：

第一步，模型构建。选择逻辑回归模型作为分类算法。在训练集上拟合逻辑回归模型使用最大似然估计来估计模型参数（权重和截距）。确定模型的连接函数。对于逻辑回归，通常使用逻辑函数将线性组合转换为概率。

第二步，模型训练。使用优化算法（如梯度下降、牛顿法或拟牛顿法）来最小化损失函数，通常使用交叉熵损失。在训练过程中，进行正则化防止过拟合。

第三步，模型评估。利用测试集评估模型的性能，常用的评估指标包括准确率、精确率、召回率、F1 分数等。分析模型的预测结果，确定模型是否满足业务需求。

（6）神经网络（Neural Network）：神经网络由多层神经元构成，每一层都与前一层相连形成复杂的非线性映射关系。深度神经网络尤其擅长捕捉深层次特征交互效应，适用于多领域复杂任务。不过，训练深层网络通常需要大量高质量标注数据以及较强的计算资源支持。具体步骤如下：

第一步，网络设计。选择合适的网络架构，包括确定层数、每层的神经元数量、激活函数、损失函数等。初始化网络权重和偏置。

第二步，模型训练。使用训练集数据来训练网络，通过前向传播计算预测值，并通过反向传播更新网络权重。调整超参数（如学习率、批次大小、迭代次数等）以优化训练过程，使用验证集来监控训练过程，防止过拟合。

第三步，模型评估。使用测试集来评估模型的性能，使用适当的评估指标（如准确率、均方误差等），分析模型的错误类型，考虑是否需要进一步的数据预处理或网络调整。

（7）随机森林（Random Forest，RF）：RF 是一种集成学习技术，通过组合多个决策树的结果来进行分类。每棵决策树都是从原始训练数据的一个随机子集上构建起来的，这样可以减少单棵决策树可能出现的过拟合现象。随机森林具有良好的泛化能力，特别适用于高维数据且能够处理缺失值，在实践中被广泛采用。具体步骤如下：

第一步，数据采样。通过有放回抽样的方式从原始训练数据集中抽取多个子集。每个子集用于训练一棵决策树，因此这些子集之间可能会有所重叠。

第二步，特征随机选择。在每棵决策树的构建过程中，随机森林并不是在每个节点上都使用所有的特征来进行划分，而是随机选择特定数量的特征来决定如何划分节点。这个过程可以增加模型的多样性，减少不同树之间的相关性。

第三步，训练决策树。对于每个子集，随机森林会训练一棵决策树。每棵树的结构由数据中的特征和训练样本决定。随机森林中的每棵树是独立的且深度较深，通常不会剪枝，避免了决策树过于简单导致的欠拟合。

第四步，模型预测。根据所有决策树的预测结果进行集成。每棵决策树投票决定最终的类别，最终选出获得最多支持的类别。

（8）梯度提升机（Gradient Boosting Machine，GBM）：GBM 通过逐步添加弱学习器（通常是决策树），不断调整权重以最小化损失函数，从而达到整体性能提升的目的。与其他集成方法相比，GBM 能够在保证精度的同时保持较好的计算效率。具体步骤如下：

第一步，初始化模型。添加弱学习器并设置一个初始预测结果。对于分类问题，可以初始化为训练集中最常见类别的概率。

第二步，计算负梯度。计算当前模型在训练集上的损失函数的负梯度。这些负梯度代表了当前模型在各个数据点上的误差，可以被视为伪残差。

第三步，拟合新模型。使用当前步骤的伪残差作为目标变量，对训练集进行拟合，得到一个新的弱学习器。这个弱学习器旨在最小化损失函数，通常是通过最小化平方误差或对数损失来实现。

第四步，计算学习率。确定每个弱学习器的学习率，也称为收缩率，这是一个在 0 到 1 之间的数值，用于控制模型更新的速度，防止过拟合。

第五步，更新模型。将新拟合的弱学习器按照学习率加权后加到当前模型上，更新模型的预测结果。

第六步，迭代。重复第二步到第五步，直到达到预定的迭代次数或满足停止条件（如损失函数的改进小于某个阈值）。

2）回归

与分类任务不同，回归任务的目标是预测连续数值型输出。在供应链大数据管理中，回归分析被广泛应用于需求预测、成本估计、库存优化等多个领域。通过回归模型，可以有效地从历史数据中学习到输入变量与输出变量之间的关系，并基于此对未来的情况进行准确的预测。

（1）线性回归（Linear Regression）：线性回归是最基本且最常用的回归模型之一，它假设因变量 $Y$ 与一个或多个自变量 $X$ 之间存在线性关系。其数学表达式如下：

$$Y = \beta_0 + \beta_1 X + \varepsilon$$

其中，$\beta_0$ 是截距项；$\beta_1$ 是回归系数；$\varepsilon$ 代表误差项。

在线性回归中，通常使用最小二乘法来估计参数 $\beta_0$ 和 $\beta_1$，使得残差平方和最小化。

（2）多元线性回归（Multiple Linear Regression）：当因变量 $Y$ 受到多个自变量的影响时，就需要用到多元线性回归。其形式如下：

$$Y = \beta_0 + \beta_1 X_1 + \beta_2 X_2 + \cdots + \beta_n X_n + \varepsilon$$

其中，$X_1$，$X_2$，$\cdots$，$X_n$ 代表不同的影响因素。

通过引入更多的解释变量，多元线性回归能够更好地捕捉复杂的现实世界现象，从而提高预测精度。

（3）岭回归（Ridge Regression）：岭回归是一种正则化技术，旨在解决普通线性回归中的多重共线性问题。通过对回归系数施加 L2 惩罚项，岭回归不仅减少了过拟合的风险，还提高了模型对新样本的泛化能力。具体步骤如下：

第一步：确定岭参数 $\lambda$。选择一个或多个 $\lambda$ 值来测试。岭参数 $\lambda$ 控制正则化强度。使用交叉验证等方法来选择最优的 $\lambda$ 值，即能够使验证集上的预测误差最小的值。

第二步，求解岭回归参数。使用以下公式求解岭回归的参数 $\beta$：

$$\beta = X^T X + \lambda \boldsymbol{I}^{-1} X^T \boldsymbol{y}$$

其中，$X$ 是标准化后的特征矩阵；$\boldsymbol{y}$ 是目标变量向量；$\boldsymbol{I}$ 是单位矩阵。

（4）最小绝对收缩和选择算子回归（Least Absolute Shrinkage and Selection Operator，LASSO）：LASSO 回归同样属于正则化方法之一，但它采用的是 L1 范数作为惩罚项。这使得 LASSO 不仅具有类似岭回归的优势，还能实现特征选择——即自动将某些不重要的特征对应的系数压缩至零。这对于高维数据处理尤其有效。LASSO 回归的目标是最小化以下损失函数：

$$J\boldsymbol{\beta} = \frac{1}{2m}\sum_{i=1}^{m}\left(y_i - \beta_0 - \sum_{j=1}^{n}\beta_j x_{ij}\right)^2 + \lambda \sum_{j=1}^{n}|\beta_j|$$

其中，$m$ 是数据点数量；$n$ 是特征数量；$\beta_0$ 是截距项；$\boldsymbol{\beta}$ 是特征权重向量；$x_{ij}$ 是第 $i$ 个数据点的第 $j$ 个特征值。

LASSO 回归的参数估计通常不直接求解，而是通过坐标下降法、最小角回归或基于梯度的优化算法等迭代方法来求解。

（5）支持向量机回归（Support Vector Regression，SVR）：SVM 最初是针对分类问题设计的，但其思想也可以扩展到回归任务上。SVR 试图找到一个最优超平面，在该平面上的数据点距离边缘尽可能远；同时允许一定程度内的误差容忍度。通过调整边界宽度及核函数类型，SVR 能够在保持模型复杂度较低的情况下达到良好的预测效果。步骤在前文有过介绍，此处不再赘述。

（6）神经网络回归（Neural Network Regression）：神经网络是一种强大的非线性建模工具，适用于解决高度复杂的回归问题。通过多层感知器结构，神经网络能够学习输入特征与输出值之间潜在的高度非线性映射关系。训练过程中，利用反向传播等算法不断调整权重以最小化预测误差。尽管计算开销较大，但神经网络在面对海量数据时表现出色。步骤在前文有过介绍，此处不再赘述。

（7）多项式回归（Polynomial Regression）：多项式回归是对线性回归的一种扩展，允许模型拟合曲线而非直线。通过引入高阶项（如二次项、三次项等），多项式回归能够更好地捕捉变量间的非线性关系。然而需要注意的是，随着多项式阶数增加，过拟合风险也随之增大，因此实际应用中需要谨慎选择合适的阶数。具体步骤如下：

第一步，构建多项式特征。将原始特征 $x$ 转换为多项式特征。例如，如果原始特征是 $x$，则一阶多项式特征是 $x$，二阶多项式特征是 $x^2$，三阶多项式特征是 $x^3$，以此类推。对于包含多个特征的情况，可以构建它们的交互项。

第二步，拟合多项式回归模型。使用转换后的多项式特征 $X_{poly}$ 来拟合线性回归模型。这个过程可以表示为最小化以下损失函数：

$$J(\theta) = \frac{1}{2m}\sum_{i=1}^{m}(h_\theta(x^{(i)}) - y^{(i)})^2$$

其中，$h_\theta(x)$ 是预测函数；$m$ 是数据点数量；$\theta$ 是模型参数。

3）时间序列分析

时间序列分析专注于具有时间顺序的数据集，目的是揭示模式、趋势及周期性变化，据此进行预测。在供应链管理中，时间序列分析广泛应用于需求预测、库存优化、生产计划等领域，能够帮助企业更好地理解市场动态，提高决策准确性。

（1）自回归模型（Autoregressive Model，AR）：AR 是一种基于过去观测值来预测当前值的方法。对于一个给定的时间序列 $\{Y_t\}$，$AR(p)$ 模型可以表示如下：

$$Y_t = c + \varphi_1 Y_{t-1} + \varphi_2 Y_{t-2} + \cdots + \varphi_p Y_{t-q} + \varepsilon_t$$

其中，$c$ 是常数项；$\varphi_j$（$i = 1$，$2$，$\cdots$，$p$）是自回归系数；$\varepsilon_t$ 是白噪声误差项。

通过选择合适的滞后阶数 $p$，AR 能够捕捉到序列中的线性依赖关系。

（2）移动平均模型（Moving Average Model，MA）：MA 是利用过去的误差项来进行预测的一种方法。与 AR 模型不同，MA 模型侧重于描述随机扰动对当前值的影响。$MA(q)$ 模型的数学表达式如下：

$$Y_t = \mu + \theta_1 \varepsilon_{t-1} + \theta_2 \varepsilon_{t-2} + \cdots + \theta_p \varepsilon_{t-q} + \varepsilon_t$$

其中，$\mu$ 代表序列的均值；$\theta_j$（$j = 1$，$2$，$\cdots$，$q$）是移动平均系数。

（3）自回归移动平均模型（Autoregressive Integrated Moving Average，ARIMA）：ARIMA 综合了自回归和移动平均两种思想，不仅考虑了历史观测值的作用，也兼顾了前期误差的影响。通过对原始序列进行差分处理以消除非平稳性，ARIMA 成了一种非常灵活且强大的工具。完整的 ARIMA 方程可写成：

$$\varphi(B)(1 - B)^d Y_t = \theta(B)\varepsilon_t$$

其中，$\varphi B$ 和 $\theta(B)$ 分别是自回归部分和移动平均部分的多项式形式，$B$ 是后移算子；$d$ 是非负整数表示需要进行的差分数。

（4）指数平滑法：指数平滑法是一类用于短期预测的技术，特别适用于没有明显趋势或季节性的平稳时间序列。简单指数平滑通过赋予最近的观测值更高的权重，逐渐减少对较早观测值的依赖，对时间序列数据进行平滑处理，以减少随机波动的影响，提高预测准确性。而更复杂的指数平滑方法则能同时处理趋势成分和季节性因素。这类方法的核心在于赋予较新观察值更高的权重，从而更快地适应最近的变化情况。

**3. 诊断性分析技术**

诊断性分析技术是指通过分析数据来识别问题或现象的原因和性质的技术。诊断性分析技术在当今供应链大数据管理中的应用十分重要，它通过深入挖掘数据来识别问题的根源。诊断性分析可以支持企业的决策制定，降低风险，并推动企业管理的持续改进。

1）关联规则挖掘

关联规则挖掘是一种数据挖掘技术，其基本原理是通过分析大量数据集，找出不同项之间的关联性，并且这些关联性通常表现为"如果…那么…"的形式（称为规则）。基本步骤包括：

第一步，找出所有频繁项集，即经常在一起出现的物品组合。

第二步，从频繁项集中生成强关联规则，这些规则需要满足一定支持度和置信度阈值。

关联规则挖掘可以帮助企业从大量的交易数据中发现有价值的商业信息，优化库存管理和营销策略。例如，关联规则挖掘可以用于销售数据分析，发现哪些商品经常一起被购买，从而可以帮助企业优化商品布局、开展适当的促销活动和捆绑销售策略。

2）聚类分析

聚类分析是一种无监督学习方法，在供应链大数据管理中应用广泛，如客户细分、需求预测、库存优化、供应商评估选择等。通过识别不同数据群体，聚类分析可帮助企业更好地理解市场动态，优化资源分配，提升供应链的响应速度。

（1）$k$ 均值（$k$-Means）：$k$ 均值的基本原理是将一组数据点划分为 $k$ 个簇，使得每个数据点与其分配的簇中心之间的平方距离之和最小。

第一步，随机选择 $k$ 个数据点作为初始簇中心；

第二步，计算每个数据点到各个簇中心的距离，并将数据点分配到最近的簇中心所在的簇，再重新计算每个簇的中心点（通常是簇内所有点的均值）；

第三步，重复这个步骤，直到簇中心的变化小于某个阈值或达到预设的迭代次数。

（2）层级聚类（Hierarchical Clustering）：层级聚类是一种常用的聚类分析方法，其基本原理是将数据集中的对象根据它们之间的相似性逐步聚合成更大的簇，直到所有的对象都在一个簇中，或者满足某个终止条件。这个过程可以生成一个树状结构，也称为聚类树。具体步骤如下：

第一步，进行距离度量。进行层级聚类之前，首先要确定一个合适的距离度量标准，用来计算不同数据点之间的相似度。常用的距离度量方法如欧几里得距离。

第二步，初始化。将每个数据点作为一个初始的聚类，也称为单点聚类。此时，聚类的总数等于数据点的总数。

第三步，计算距离矩阵。计算所有聚类之间的距离，形成一个距离矩阵。距离矩阵是一个对称矩阵，其中的元素 $D[i, j]$ 表示第 $i$ 个聚类和第 $j$ 个聚类的距离。

第四步，合并最近的聚类。在距离矩阵中找到距离最近的两个聚类，并将它们合并为一个聚类。更新距离矩阵，计算新聚类与其他聚类之间的距离。

第五步，更新距离矩阵。根据合并的聚类，更新距离矩阵。对于新形成的聚类，需要重新计算它与所有其他聚类之间的距离。

第六步，重复步骤四和五，每次合并最近的两个聚类，并更新距离矩阵，直到达到预设的聚类个数或者满足特定的终止条件（例如，所有的聚类之间的最小距离超过了某个阈值）。最后，将所有数据点分配到最终的聚类中，常以树状图的形式展示聚类结果。

（3）基于密度的带噪声应用空间聚类（Density-Based Spatial Clustering of Applications with Noise，DBSCAN）：DBSCAN 是一种基于密度的聚类算法。它的基本原理不同于传统的基于距离的聚类方法，而是通过确定数据点之间的密度来识别簇和噪声点。具体步骤如下：

第一步，定义参数。在开始聚类之前，需要定义两个参数：$\varepsilon$ 表示邻域大小，即一个点的 $\varepsilon$ 邻域包含与其距离小于或等于 $\varepsilon$ 的所有点；minPts（最小点数）代表一个核心点所需的最小邻域点数。

第二步，寻找核心点。对于数据集中的每一个点 $p$，计算其 $\varepsilon$ 邻域内的点的数量。如果数量大于或等于 min$Pts$，则 $p$ 被标记为核心点。

第三步，初始化簇。选择一个尚未分类的核心点，创建一个新簇，并将所有密度可达的点（直接密度可达和间接密度可达）添加到这个簇中。

第四步，扩展簇。对于当前簇中的每个核心点，找出其所有密度可达的点，并将这些点添加到簇中。重复此过程，直到没有新的点可以添加到簇中。

第五步，标记边界点和噪声点。在聚类过程中，如果一个点不是核心点，但它在某个核心点的 $\varepsilon$ 邻域内，则它被标记为边界点。如果一个点既不是核心点也不是边界点，则它被标记为噪声点。

第六步，重复步骤三和步骤四，直到所有的核心点都被分配到一个簇中或者被标记为噪声点。

（4）均值漂移（Mean Shift）：均值漂移是一种基于密度梯度上升的迭代模式搜索算法，其基本原理是通过迭代更新候选聚类中心的位置，直到收敛到数据点的局部密度最大值。具体步骤如下：

第一步，初始化一组候选点（通常是从数据集中随机选取的）。

第二步，对于每个候选点，计算以其为中心的窗口内所有点的均值（质心），并将候选点更新为这个均值位置。

第三步，重复这个过程，直到候选点不再发生显著移动，此时候选点所处的位置即为一个聚类中心。整个数据集通过这种方式被划分为若干个簇。

（5）谱聚类（Spectral Clustering）：谱聚类是一种基于图论的聚类方法，其基本原理是通过分析数据点之间的相似性关系，构造一个图，然后利用图的特征向量来进行聚类。谱聚类的基本原理可以概括为"切图"问题，即通过最小化图上的割边权重来将图分割成若干个子图，每个子图就是一个聚类。具体步骤如下：

第一步，确定相似性度量，通常使用高斯核函数来定义相似性。

第二步，基于邻接矩阵，构建图拉普拉斯矩阵。

第三步，求解特征向量。计算拉普拉斯矩阵的前 $k$ 个最小非零特征值对应的特征向量，构成矩阵 $U \in R^{n \times k}$，其中 $n$ 是数据点的数量。

第四步，聚类。将矩阵 $U$ 的行视为 $n$ 维空间中的点，对这些点使用传统的聚类算法进行聚类。每个点被分配到的簇就是原始数据点的簇。

第五步，输出结果。根据聚类结果，将原始数据点划分为相应的簇，完成谱聚类。

3）异常检测

异常检测能够识别出数据中的非正常模式或罕见事件，这在供应链大数据管理中至关重要。它可以帮助企业及时发现供应链中断、需求波动、价格欺诈等异常情况，从而采取相应措施进行风险预防或使损失最小化，确保供应链的稳定性和透明度，提升供应链的韧性和效率。

（1）隔离森林（Isolation Forest）：隔离森林是一种用于异常检测的无监督学习算法。

它的基本原理是基于异常点在特征空间中更容易被隔离（即它们在决策树中的路径更短）的特性来检测异常。步骤如下：

第一步，随机选择特征。从给定的特征集合中随机选择一个特征，然后随机选择该特征的一个值作为分割点，将数据集分割为两部分。这个过程类似于在决策树中构建一个节点。

第二步，递归分割。对选中的子集递归执行第一步的过程，直到子集中的数据点数量小于预设的阈值或达到了树的最大深度。这个过程会为每个数据点生成一个唯一的路径，路径长度可以用来衡量数据点的异常程度。

第三步，构建多棵树。重复第一步和第二步的过程，构建一个森林，即多棵隔离树。每棵树都是在不同的随机子集上构建的。

第四步，计算平均路径长度。对于每个数据点，计算它在所有隔离树中的平均路径长度。路径长度越短，表明该数据点越可能是异常点。

第五步，异常分数转换。将平均路径长度转换为异常分数。

第六步，确定异常阈值。根据异常分数，可以设定一个阈值来判定数据点是否为异常。通常，异常分数高于某个阈值的数据点被认为是异常点。

（2）一类支持机（One-Class SVM）：One-Class SVM 也是一种用于异常检测的无监督学习算法。One-Class SVM 通过核函数将输入数据映射到高维特征空间，即使原始数据不是线性可分的，也能在高维空间中找到一个超平面来分隔数据。在映射后的高维空间中，One-Class SVM 寻找一个最大间隔的超平面，这个超平面尽可能地将所有正常数据包含在它的间隔内，而异常数据则位于间隔之外。训练完成后，One-Class SVM 使用决策函数来评估新数据点的异常程度。数据点如果在超平面间隔内，则被认为是正常的；如果在间隔外，则可能是异常的。

（3）局部异常因子（Local Outlier Factor，LOF）：LOF 用于识别数据集中的异常点，其基本原理是基于数据点在局部邻域内的密度比较。如果一个数据点的局部密度显著低于其邻居，那么它就被认为是异常的。具体步骤如下：

第一步，计算 $k$-距离。对于数据集中的每个点 $p$，计算其 $k$-距离，即到点 $p$ 的第 $k$ 个最近邻的距离。

第二步，计算可达距离。对于数据集中的每个点 $p$，计算它到所有其他点的可达距离。

第三步，计算局部可达密度。对于每个点 $p$，计算它的局部可达密度 (lrd)$p$，即 $p$ 的 $k$-邻域内所有点的可达距离的倒数平均。

第四步，计算 LOF，即 $p$ 的 $k$-邻域内所有点的局部可达密度与 $p$ 的局部可达密度的比值的平均。

第五步，异常点识别。通常，LOF 值大于 1 的点被认为是异常点，LOF 值越大，异常程度越高。

### 4. 规范性分析技术

规范性分析技术旨在为决策者提供优化建议，帮助他们选择最佳的行动方案。这些技术不仅能够预测未来趋势，还可以通过建模和仿真来探索不同的决策路径及其潜在后果。本节将详细介绍几种关键的规范性分析工具，包括优化模型和模拟与仿真方法。

1）优化模型

优化模型是一类数学方法，用于在给定约束条件下找到目标函数的最大值或最小值。这类模型广泛应用于资源配置、生产计划、物流运输等供应链管理领域的问题解决中。

（1）线性规划（Linear Programming，LP）：是一种用于求解线性目标函数在一组线性约束条件下的最优解的技术。其基本形式如下：

$$\max / \min Z = \boldsymbol{c}^T \boldsymbol{x}$$

$$\text{s.t} \begin{cases} \boldsymbol{Ax} \leqslant \boldsymbol{b} \\ \boldsymbol{x} \geqslant 0 \end{cases}$$

其中，$\boldsymbol{c}$ 是成本向量；$\boldsymbol{x}$ 是决策变量向量；$\boldsymbol{A}$ 是约束系数矩阵；$\boldsymbol{b}$ 是资源限制向量。

线性规划问题可以通过单纯形法或其他算法有效求解，在供应链管理中常用于成本最小化或利润最大化的场景。

（2）整数规划（Integer Programming，IP）：当某些或全部决策变量必须取整数值时，则需要使用整数规划。IP 可以分为纯整数规划（所有变量均为整数）和混合整数规划（Mixed Integer Programming，MIP）两种类型。与 LP 相比，IP 问题通常更难解决，但它们能够更好地反映现实世界中的一些具体要求，如批量订购数量、设备数量等。

实施 IP 需整数规划模型，包括目标函数和约束条件。目标函数如下：

$$\max / \min Z = \boldsymbol{c}^T \boldsymbol{x}$$

$$\text{s.t} \begin{cases} \boldsymbol{Ax} \leqslant \boldsymbol{b} \\ \boldsymbol{x} \geqslant 0, \ \boldsymbol{x} \text{为整数} \end{cases}$$

其中，$Z$ 是要最大化或最小化的目标值；$c$ 是目标函数系数向量；$x$ 是决策变量向量；$A$ 是约束系数矩阵；$b$ 是约束值向量。

MIP 模型的形式与整数规划相似，但决策变量同时包含连续型和离散型（即整数）。这种灵活性使得 MIP 成为处理复杂供应链设计问题的理想选择，如选址布局、排班安排等问题。

（3）非线性规划（Nonlinear Programming，NLP）：如果目标函数或者任何一个约束条件是非线性的，那么就需要采用非线性规划技术来寻找全局最优解。NLP 问题根据是否含有约束条件又可分为无约束优化与有约束优化两大类。由于非线性问题往往比线性问题更加难以直接求解，因此开发出了诸如梯度下降法、牛顿法等多种专门针对 NLP 问题的算法。具体步骤如下：

第一步，模型构建。将问题定义转化为数学模型，同时明确目标函数和约束条件的具体形式。

第二步，根据问题的特点选择合适的非线性规划求解方法，如梯度下降法适用于无约束问题或只有边界约束的问题。牛顿法适用于目标函数是二次可微的情况，内点法适用于有不等式约束的问题。

第三步，选择一个初始点，通过迭代方法更新决策变量，以优化目标函数并满足约束条件。在每次迭代后检查算法是否收敛到最优解或满意解。

在供应链背景下，NLP 可用于制定复杂的定价策略或优化多阶段库存控制过程。

2）模拟与仿真

除了上述基于数学公式的确定性模型外，还有一类重要的决策支持工具就是基于计算机仿真的随机性模型。这些方法允许用户在虚拟环境中测试不同策略的效果，从而减少实际操作中的风险。

（1）蒙特卡罗模拟（Monte Carlo Simulation）：是一种利用随机抽样来进行定量分析的方法，这种方法通过从概率分布中随机抽取样本来模拟一个或多个随机变量的可能结果。具体步骤如下：

第一步，定义问题和模型。明确你想要解决的问题，并建立一个数学模型来描述该问题。模型应该包含随机变量和相关的概率分布。

第二步，生成随机输入。根据模型中的随机变量和它们的概率分布，生成随机样本。

第三步，运行模拟。使用生成的随机样本作为输入，运行模型多次（通常成千上万次）来模拟不同的可能结果。

第四步，收集结果。每次模拟运行后，记录相关的输出或结果用于后续分析。

蒙特卡罗模拟适用于存在不确定性因素的情况，比如市场需求波动、原材料价格变化等。通过从已知的概率分布中反复抽取样本，并对每个样本计算出相应的结果指标，最终可以获得该指标的整体分布特征，进而评估各种可能情景下系统的性能表现。这种方法非常适用于风险管理、项目进度估计等。

（2）离散事件仿真（Discrete Event Simulation，DES）：DES 在供应链管理中应用广泛，主要用于研究系统随时间演变过程中发生的离散事件序列。与蒙特卡罗模拟不同，DES 关注特定时刻发生的"事件"，而非连续的时间流。具体步骤如下：

第一步，定义系统及其参数。确定要仿真的系统的边界，包括系统的组件、属性和参数。定义系统中的实体（如顾客、产品、数据包等）、资源（如服务器、机器等）以及它们之间的交互。

第二步，建立事件列表和时间表。初始化事件列表和时间表。事件列表记录了所有将要发生的事件，而时间表则按照事件发生的时间顺序排列这些事件。

第三步，初始化系统状态。设置系统的初始状态，包括实体的位置、资源的可用性等。

第四步，事件调度。从事件列表中选出下一个即将发生的事件，并更新仿真时钟到该事件的时间点。

第五步，事件执行。执行选中的事件，更新系统的状态。事件执行包括实体的创建、移动或消失资源的分配或释放，系统状态的改变

第六步，生成后续事件。根据当前事件的结果，生成新的后续事件并将其加入到事件列表中，同时更新时间表。

第七步，判断仿真结束条件。检查是否满足仿真结束的条件，如达到预定的仿真时间、事件数量达到上限或者系统状态达到某种特定条件。

通过对系统组件之间相互作用机制的精确描述以及外部输入参数的有效设定，DES

可以帮助管理者识别瓶颈环节、测试改进措施的效果并做出更为科学合理的战略决策。

# 2.4 供应链大数据管理策略

在供应链大数据管理中，合适的管理策略对于企业的高效运营至关重要。供应链协作共享策略促进各环节信息互通，打破数据壁垒，实现资源高效整合；智慧供应链优化策略借助大数据深度分析，精准预测需求、优化物流配送等；可持续化管理策略则着眼于环境与社会影响评估，推动绿色低碳供应链构建。本部分将详细介绍供应链大数据管理的三类策略，如图 2-3 所示。

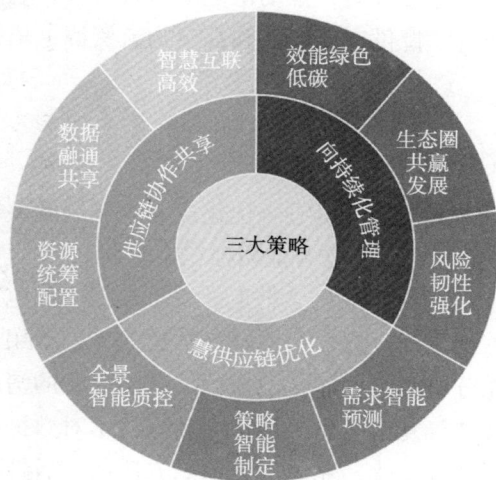

图 2-3　供应链大数据管理策略

## 2.4.1　供应链协作共享策略

供应链管理涉及多环节协同，对内涉及多专业部门管理，对外涉及多主体协作。通过建立协作共享机制，统筹整合各资源要素，供应链上的各环节可以实现资源优化配置。供应链上下游伙伴能够更加实时地响应需求，从而加强供应链的可见性和反应速度。

（1）智慧互联高效：企业可借助专业第三方平台的技术支撑，搭建供应链协作平台，实现前后端业务互联、横向专业互联、内外部互联。通过搭建电子商务平台，实现数据集成整合、供应链全过程衔接、消费者需求预测、智能决策、优化流程设计、促进协调合作的功能，实现供应链的前后端业务互联。通过搭建企业资源管理平台，与电子商务平台协作，可以实现业务系统与财务系统的同步协同，实现横向专业互联。通过搭建智能物联平台，应用数字采集、传感等技术，将供应商生产和物流信息推送至订货方，实现内外部互联。

（2）数据融通共享：在当今竞争激烈的市场环境中，供应链信息融通共享是实现供应链高效运作的关键。所谓融通，即数据的整合与流通。通过大数据技术创新、平台应用，实现供应链业务数据的转换—关联—切分—聚合，与关联信息价值方共享，实现信息互通共享，进行数据价值挖掘[①]。贯通合同签订、排产计划、生产运输、仓储配送、安装投运、退役报废全过程，供应链信息全程可溯源及追踪，信息资源做到"处处能看、件件能找、实时可调"，实现信息的全网统筹、全局调控。

（3）资源统筹配置：全域资源是现代智慧供应链运行的物质基础，协同联动是统筹配置全域资源的重要措施，统筹配置资源可以深度推动协同联动。利用大数据技术，建立全网物资资源池，统一汇集实物库存物资、协议库存物资、未履行合同资源、退出退役设备、供应商库存资源等全域供应链资源信息，面向各级需求方开放，实现各类资源信息可视化及在线一键下单。全面整合评标专家资源、库容资源、检测资源和数据资源等全链相关资源，形成统筹配置合力，推动供应链深入协作；利用协作平台与供应商、物流商进行实时互联，随时掌握供应商产能和社会物流资源，增强外部资源汇集和配置能力。

### 2.4.2　智慧供应链优化策略

全球商业格局加速演变下，智慧供应链优化成为企业制胜关键。智慧供应链优化包括需求智能预测、策略智能制定、全景智能质控三个方面。

（1）需求智能预测：通过整合来自多渠道的海量数据，如电商平台交易记录、社交媒体用户偏好信息、线下销售网点反馈及宏观经济数据等，运用先进的数据挖掘算法、机器学习模型与人工智能分析技术，深度剖析数据背后隐藏的消费者行为模式、市场趋势变化以及季节性波动规律等复杂信息。利于大数据技术对数据进行实时处理与动态更新，精准捕捉需求信号的细微变化，克服传统预测方法的滞后性与局限性。例如，基于深度学习算法对消费者购买历史、浏览轨迹以及搜索关键词等数据的分析，识别不同消费者群体的个性化需求倾向，并结合外部环境数据如季节更替、节假日效应、流行文化热点等因素，构建高度精准且适应性强的需求预测模型。借助智能需求预测，实现供应链的智慧化与精细化管理目标。

（2）策略智能制定：在智慧供应链优化中，策略的制定对后续管理活动的效率与质量起着决定性作用。以采购业务为例，针对资质业绩要求、外部市场价格波动，以及供应商信用状况等核心数据展开结构化处理，将零散、无序的数据转化为有序、可分析的信息资源。基于此，借助人工智能的强大算法能力与大数据分析技术的深度数据挖掘，构建策略制定模型。模型精准剖析海量数据背后的潜在规律与关联关系，实现策略的智能生成。这种智能生成机制依据客观数据而非主观臆断进行判断，不仅确保了决策过程的科学性，而且极大地提升了策略制定的精准度，为完善策略制定机制开辟了新路径，推动供应链管理在数据驱动下迈向新高度。

（3）全景智能质控：构建全景式、网络化、可视化的智能质量监督管理体系，实现

---

① 贺宇清. 电网物资供应链数字化管理策略[C]. 全国绿色数智电力设备技术创新成果展示会论文集（二）. 北京：中国电力设备管理协会，2024（3）：32-34.

资质能力智能量化、制造质量智能管控、履约能力智能评价、不良行为精准处理，推动供应链的质量监督管理提档升级。借助大数据的强大处理能力，企业能够对供应商的资质能力进行智能量化分析，将以往模糊的评估标准转化为精确的数字化指标，为供应商筛选与合作决策提供科学依据；通过实时采集生产环节的数据，利用智能算法及时发现质量波动与潜在风险，实现全流程的智能预警与干预，确保产品质量的稳定性与一致性；借助大数据技术对供应链各环节的质量数据进行动态跟踪、整合，从而实现智能评价，精准判断各节点的履约水平与质量绩效；基于大数据的深度分析与关联挖掘，迅速定位不良行为的问题根源，实施精准处理，有效降低风险。

## 2.4.3　可持续化管理策略

可持续化是企业长治久安的关键。供应链可持续化管理策略从效能绿色低碳出发，构建生态圈共赢发展模式，促进强化风险韧性，实现经济、环境与社会效益的多赢。

（1）效能绿色低碳：运用大数据技术，对供应链全生命周期的环境影响展开深度剖析，涵盖从原材料获取、运输、生产制造直至产品配送与回收的全流程，量化能源消耗、温室气体排放等环境指标，全面评估企业在劳工权益保障、社区发展促进等方面

拓展阅读 2.4　绿色数智供应链案例

的社会责任履行水平。在此基础上，通过采用环保型原材料与工艺等手段，着力减少碳足迹并降低资源损耗。例如，广泛普及电子采购、远程异地评标、电子签章以及无纸化办公等数字化应用，不仅可有效降低供应商的标书制作成本与差旅费用，还可显著减少纸张使用量以及因人员流动与物资运输所产生的碳排放。

（2）生态圈共赢发展：建立开放共赢的新型合作关系，在内部增强各业务之间的互通性、数据的可用性、资源的共享性，在外部积极与设计单位、供应商、质检单位、第三方物流等供应链伙伴以及公共服务、行政监督等外部服务平台开展业务合作，以此整体推动供应链生态圈的网络化，促进供应链上下游企业高效协作，形成一个自发性强、活力充沛、良性发展的现代供应链生态圈，实现企业内外部和谐共赢的可持续发展良性循环。

（3）风险韧性强化：考虑到全球气候变化、政治局势动荡、贸易政策调整等不确定性因素，应构建具有韧性的供应链。运用大数据技术对全球范围内各类风险信息进行实时监测与深度分析，包括气候灾害预警、地缘政治动态追踪以及贸易政策变动解读等。基于数据评估不同地区供应商所面临的风险程度，进而科学规划多元化供应商布局；利用大数据技术分析历史数据与实时市场信息，建立应急库存模型。依据不同产品的需求波动性、供应周期、替代可能性等因素，确定合理的应急库存水平与结构；在突发公共事件或原材料供应受阻时，依据大数据快速生成最优的生产计划调整方案，快速转产急需物资或合理调配库存资源，保障生产运营的持续进行，使供应链在各种复杂多变的风险冲击下始终维持稳定、高效的运行状态。

供应链大数据管理策略涵盖协作共享、智慧优化与可持续化发展三个层面。借供应

链协作共享破除信息梗阻，凭智慧供应链优化达成精准决策，以可持续化管理促进环境与效益交融。三者协同联动，助力企业突破传统藩篱，实现信息高效流转、资源合理配置，推动企业可持续发展进程。

## 案例讨论

### 大数据时代下亚马逊供应链的创新与突破

亚马逊作为全球最大的电子商务平台之一，供应链管理是其成功的关键因素之一。在大数据时代，亚马逊通过利用先进的数据分析和机器学习技术，实现了供应链的高效管理和创新。

在需求预测方面，亚马逊面临的主要问题是传统方法的不准确性，难以应对市场的快速变化和消费者行为的不确定性。为解决这一问题，亚马逊采用机器学习模型，结合用户的浏览历史、购买记录、搜索关键词等数据，以及市场趋势、季节因素和促销活动等外部变量，进行精准的需求预测。例如，亚马逊云科技帮助一家跨境电商客户将需求预测准确度提高了 20%～30%。在库存管理上，亚马逊利用物联网技术和自动化系统，实现了库存实时监控。通过大数据平台，系统能够自动计算每个物流中心的最优库存水平，并动态调整库存分布，从而提高库存周转率，降低库存成本。在供应商管理方面，亚马逊建立了供应商绩效评估体系，收集供应商的交货时间、产品质量、价格波动等多维度数据，进行实时评估和分级管理，优化供应商关系，确保供应链的稳定性和产品的及时供应。

这些创新和优化措施使亚马逊在全球电商市场中保持了竞争优势，提高了客户满意度和企业运营效率，同时也为其他企业提供了供应链管理的范例。

（资料来源：aws.amazon.com，笔者根据 2024 亚马逊云科技中国峰会相关资料整理所得。）

问题：

1. 亚马逊如何通过大数据技术优化物流配送路径，提高配送效率和客户满意？
2. 亚马逊如何利用大数据分析进行供应链风险管理和应对突发事件？

## 课后习题

1. 简述供应链大数据管理中数据采集的步骤。
2. 请举例说明大数据对供应链管理的影响。
3. 论述供应链协作共享策略在供应链管理中的重要性及其实施方式。

## 即测即练

自学自测  扫描此码

# 第 3 章

# 大数据时代的供应链管理系统

## 学习目标

1. 掌握供应链管理系统的概念及其网状结构的形成。
2. 了解数字化浪潮下的供应链管理系统。
3. 掌握大数据时代的供应链管理系统的结构。
4. 理解大数据时代的供应链管理系统的运行。
5. 了解供应链大数据平台。

在当今快速变化的商业环境中，如何建立起高效、灵活且可持续的供应链系统，实现供应链的有效管理，对企业而言充满挑战。大数据技术的出现为供应链管理系统带来了新的机遇。本章旨在探讨大数据技术对供应链管理系统的驱动作用，总结大数据时代的供应链管理系统的结构及其运行原理，并介绍什么是大数据平台，以展示大数据时代的供应链管理系统在企业中的应用。

## 导入案例

### 国家电网公司现代智慧供应链创新与实践

国家电网有限公司（简称：国家电网）以投资建设运营电网为核心业务，是关系国家能源安全和国民经济命脉的特大型国有重点骨干企业，是全球最大的公用事业企业，也是具有行业引领力和国际影响力的创新型企业。在数字化转型的浪潮中，国家电网作为全球领先的电网企业，紧扣建设"具有中国特色国际领先的能源互联网企业"，积极探索电网企业在智慧供应链领域的创新与实践。其构建的"五E一中心"智慧平台和"e链国网"一站式服务平台，为央企、国企的现代化供应链体系建设起到示范带头作用，更引领了全球电力行业供应链的创新和变革。

"五E一中心"充分应用"大云物移智边链"技术，构建智能采购、数字物流、全景质控三大业务链，促进内部跨专业深度协作、外部供应链高效协同、实现物资业务智慧决策。其中，企业资源管理系统（Enterprise Resource Planning, ERP）通过统筹管控需求、订单、库存、资金等企业资源，实现"资源一盘棋"；电子商务平台（ECommercial Platform,

ECP）覆盖从采购计划、招标采购、合同物流、质量监督到废旧物资处置的全流程业务，实现"业务一条线"；电工装备智慧物联平台（Electrical Equipment Intelligent IOT Platform，EIP）构建供需双方开放互信的物联平台，实时采集供应商设备生产信息，实现"物联一张网"；电力物流服务平台（Electricity Logistics Services Platform，ELP）构建面向全社会的电力物流服务平台，实现"物流一网通"；e物资一体化移动应用，实现物资业务在移动终端的一键办理，实现"移动一体化"；供应链运营中心（Enterprise Supply Chain Center，ESC）通过对常态化业务数据和高时效业务数据的数据挖掘和分析做出智慧决策，向各作业系统下发业务指令，实现"管理一中枢"。

一站式综合服务门户"e链国网"利用"五E一中心"提供的信息化业务处理能力为支撑，通过统一权限、统一账户、统一登录为内外部用户提供信息精准推送、业务快捷办理，实现"一网通办"。

国家电网的"五E一中心"智慧平台和"e链国网"一站式服务平台共同构建了现代智慧供应链体系，不仅提升了企业供应链的整体效能和韧性，推动了公司对供应链管理的数字化转型和智能化升级，还为其他企业提供了有益的参考和借鉴。未来，国家电网将继续深化智慧供应链的建设与应用，推动供应链管理的智能化和数字化水平不断提升，为构建安全、高效、绿色的能源互联网提供有力支撑。

（资料来源：根据《现代智慧供应链创新与实践》[1]相关内容，由笔者整理所得。）

# 3.1　大数据时代的供应链管理系统结构概述

供应链是企业日常运营的基础，它的顺畅运行关乎产品的采购、生产、物流及分销等各个环节的效率。但在如今数字经济与全球化深度融合的背景下，企业在供应链管理系统上面临着新的挑战，而大数据技术的快速发展为企业有效管理供应链带来了新的可能。构建起大数据下全新的供应链管理系统结构将成为企业实现高效资源整合、动态响应市场需求的核心关注点。

## 3.1.1　供应链管理系统的结构

前文中提到，企业的供应链管理包括供应链需求预测、供应商管理、采购和库存管理、运输配送管理、供应链质量管理和供应链风险管理六个环节。那么各个环节间是如何相互作用并形成闭环反馈，最终构成一个完整的系统呢？本小节从供应链管理系统的基本概念出发，构建起由各环节间信息交流形成的供应链管理系统网状结构。

拓展阅读3.1　智慧供应链引领下的物流管理新体系

**1. 供应链管理系统的概念**

要想理解供应链管理系统（Supply Chain Management System，SCMS），首先要理解什么是供应链管理。在第1章中提到，供应

----

① 国家电网有限公司. 现代智慧供应链创新与实践[M]. 北京：中国电力出版社，2020.

链管理是对供应链整体进行统一计划、协调、组织、控制的一种集成的管理思想和方法，供应链管理系统则是基于供应链管理的思想，将供应链各环节中企业的业务需求结合起来，使业务流程和信息交流紧密配合，做到各环节无缝链接，形成商流、物流、资金流和信息流"四流合一"的先进模式，是企业对供应链系统的一种管理方法和工具。该系统旨在实现整体供应链的管理信息化和可视化，以达到整体利益最大化和管理成本最小化的目的。

简单来说，供应链管理聚焦战略层面的流程优化与资源整合，是企业的供应链管理框架，供应链管理系统则通过信息化技术将战略转化为可执行的操作。供应链管理为供应链管理系统提供管理逻辑和目标导向，而供应链管理系统通过技术实现供应链管理的落地，二者形成"战略驱动技术、技术赋能管理"的共生关系。

**2. 供应链管理系统的网状结构**

供应链管理系统强调各个环节之间协同合作，通过信息化技术的应用，实现各环节间信息的动态交互，突破了传统供应链呈现的"供应商→生产商→分销商→零售商→消费者"的单向链状结构的局限，构建起多节点动态互联的复杂网状结构。

1）供应链管理系统各环节间存在信息交流

在供应链管理系统中，供应链需求预测、供应商管理、采购和库存管理、运输配送管理、供应链质量管理和供应链风险管理六大核心环节并非孤立运作，而是频繁进行着多维度、多层级的信息交流，通过数据共享和实时反馈，将原本分散的职能节点整合为有机整体。接下来介绍各环节与其他环节间信息交流的内容：

（1）供应链需求预测与其他环节的信息交流：需求预测环节将未来一段时间内的需求预测数据（如产品数量、规格、交货期、季节性波动等）共享至供应商管理环节，驱动供应商进行产能调整与备料计划；需求预测环节生成采购计划（如经济订货批量）和库存调整建议，驱动采购和库存环节的采购指令下发，并能够及时应对市场需求的变化；需求预测结果指导运输配送环节的物流路径规划（如区域仓配网络布局）和配送计划；需求预测结果包括产品销售量和客户偏好（如环保材料需求），驱动质量管理环节调整质量检测标准和售后服务计划；需求预测结果中的需求波动和潜在的市场风险，可触发风险预警，驱动风险管理环节制定相应的风险应对策略。

（2）供应商管理与其他环节的信息交流：供应商反馈原材料供应能力、价格波动等数据，反向修正需求预测模型的参数，协助需求预测环节更准确地制订计划；供应商实时库存、产能数据、供应商评估结果、供应商交货计划等同步至采购和库存环节，以优化采购计划和库存策略；供应商地理位置、物流能力数据以及交货计划、交货地点等信息共享至运输配送管理环节，以便规划运输路线和配送计划；供应商资质文件与历史产品质量数据传递至质量管理环节，以便对供应商的产品进行质量检测和评估；供应商的风险信息，如供应中断风险、质量风险等，帮助风险管理环节制定风险应对策略。

（3）采购和库存管理与其他环节的信息交流：将实时库存数据（如周转率、滞销品占比）、采购进度等反馈至需求预测环节，以优化预测准确性；采购和库存管理环节的采购订单执行情况（如交货准时率、订单满足率）用于供应商管理环节的供应商绩效评估；

采购订单信息、库存水平、发货计划等数据驱动运输配送管理环节的动态调拨；采购产品的批次信息、入库检验数据（如抽检合格率）等信息帮助质量管理环节进行深度质量检测和评估；采购风险信息（如供应商信用风险、市场价格波动风险）、库存积压或短缺信息触发风险预警，以便风险管理环节制定风险应对策略。

（4）运输配送管理与其他环节的信息交流：物流时效数据（如运输能力、配送延迟率、区域履约成本、配送周期）等信息，反馈至需求预测环节，以修正需求预测参数；运输进度、运输成本、运输损耗率等信息帮助供应商管理环节制定供应商选择标准与评估绩效；物流状态（如在途库存、预计到货时间）帮助采购和库存管理环节实时更新可视性库存，以提前释放虚拟库存，推进采购计划；物流环境数据（如冷链温湿度、震动强度）同步至质量管理环节，以评估产品状态和运输对产品质量的影响；运输风险信息，如运输延误风险、货物丢失风险、物流中断风险等信息（如港口拥堵、罢工事件）同步至风险管理环节，以制定风险应对策略。

（5）供应链质量管理与其他环节的信息交流：质量异常数据（如退货率、客户质量投诉）反向修正需求预测模型，协助需求预测环节评估市场需求的变化；质量检测结果（如批次不合格率）影响供应商管理环节的评级调整，并督促供应商改进产品质量；质量问题追溯结果（如缺陷根源）、不合格品处理建议等信息，帮助采购和库存管理环节反向优化库存管理策略；包装破损率等质量监测数据反馈给运输配送管理环节，以优化物流操作标准，改进运输方式，提高运输质量；产品质量事故数据（如产品召回风险、客户投诉），触发风险管理环节的风险等级评估并制定风险应对策略。

（6）供应链风险管理与其他环节的信息交流：风险事件（如自然灾害、政策变动）、市场风险分析报告、风险预警等信息共享至需求预测环节，以协助调整弹性预测范围和预测结果；供应商管理风险评估报告帮助供应商管理环节制定风险应急预案（如多源供应商切换），优化供应商合作策略；风险应对策略（如安全库存上调）帮助采购和库存管理环节调整采购计划，及时采取措施降低风险；风险预案（如备用运输路线）指导运输配送环节调整物流路径；风险防控要求（如加强源头检测）帮助质量管理环节优化质检流程，加强产品质量检测和评估工作。

2）供应链管理系统网状结构的形成

由上述各环节间密切的双向数据交换和信息交流，形成了如图 3-1 所示的供应链管理系统网络结构。在这个结构中，供应链需求预测、供应商管理、采购和库存管理、运输配送管理、供应链质量管理以及供应链风险管理各个环节相互连接，形成了一个错综复杂但有序的网络。每个环节都向其他环节提供必要的信息，并接收来自其他环节的反馈，这种频繁的信息流动和交互促进了供应链各部分的协同工作，使得整个供应链管理系统能够高效、灵活地应对市场变化和客户需求，从而实现供应链整体绩效的最大化。

这一结构本质上是由数据与信息的流动所驱动的协同网络，其形成过程体现为"数据穿透组织边界，信息重构连接逻辑"的动态演化。其中，信息技术构建起的"数字骨架"，使数据实时共享成为可能，实现了从需求预测到物流配送的全链条信息穿透：制造商可以实时获取供应商原材料库存数据，零售商可以同步销售终端动态。这种跨组织的数据流动使得网络中各环节间形成"数字神经突触",奠定了网络结构的连接基础。

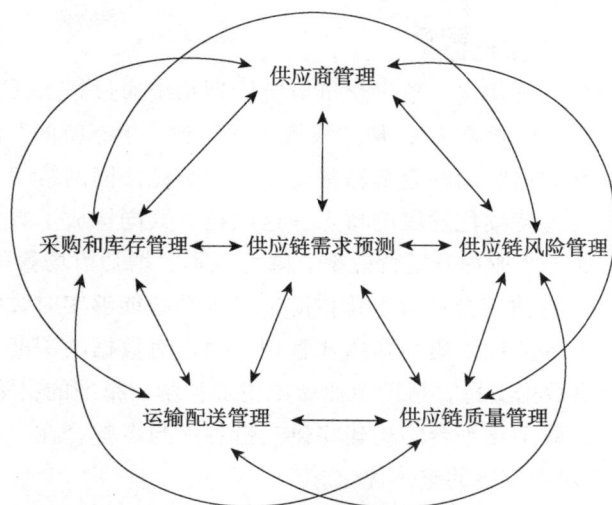

图 3-1　供应链管理系统网状结构示意图

值得注意的是,供应链管理系统网络结构在发展过程中是"控制权让渡到数据资产增值"的螺旋上升过程,其终极形态是构建价值共生体。在这一过程中,企业需要通过开放系统接口释放控制权,换取更广泛的资源接入;而数据在网络结构内流动而产生的增值效益,又反哺网络成员形成正向循环。因此,供应链管理系统网络结构需平衡局部利益与全局最优之间的矛盾,并注意网络运行效率与弹性间的博弈,既需通过信息集成降低交易成本,又依赖组织间的信任机制、协调界面设计以及公平的利益分配算法来抵御机会主义风险,最终实现从物理连接向价值共创的跃迁。

### 3.1.2　数字化时代下的供应链管理系统

在全球化竞争和技术创新双重驱动下,数字化浪潮正以前所未有的速度重构供应链管理体系,这也为以数据流动和信息交流为基础的供应链管理系统带来了前所未有的机遇。在第 1 章中提到,供应链管理从传统的物流管理逐渐转向更为复杂、跨界的系统化管理,并向智慧供应链阶段迈进。然而,在数字化渗透过程中,供应链管理系统遭遇"进阶式阵痛",在此背景下,大数据为供应链管理系统注入新的活力。

**1. 数字化浪潮来袭**

在当今这个信息爆炸的时代,数字化浪潮正以前所未有的速度席卷全球,彻底改变了人们的生活方式、企业的运营模式以及整个社会的经济结构。这场始于 21 世纪初的变革,经历了从最初的信息化萌芽到网络化扩张,再到智能化深化,正在以物联网、大数据、人工智能等技术的融合为引擎,重塑商业世界。

而供应链管理系统作为企业核心环节正经历深刻变革,这不仅仅是技术革新,更是管理模式的重构。数字化供应链管理系统正从"效率工具"进化为"战略能力",其核心价值不仅在于降本增效,更在于通过数据资产的持续积累与算法迭代,构建企业不可复制的数字化竞争优势。这一转型浪潮中，技术融合能力、生态协同水平与组织敏捷性，将成为企业决胜未来供应链的核心战场。

1）数字化供应链管理系统特点

与传统供应链管理系统相比，数字化供应链管理系统通过技术融合与数据赋能，实现了从"经验驱动"到"智能驱动"，从"线性流程"到"生态协同"的范式跃迁。数字化供应链管理系统具有数据驱动的全链路整合、去中心化协同网络、端到端可视化与实时响应以及创新驱动与可持续化发展的特点，这些特点共同构成了数字化供应链管理系统的核心竞争力，有助于企业提升运营效率、降低成本、增强市场竞争力。

（1）数据驱动的全链路整合：数字化供应链管理系统能够实时收集和处理供应链各环节的数据，实现全流程数据采集与穿透式管理。通过对数据的深度分析，系统能够为企业的供应链管理提供数据支持，帮助企业做出更加科学、精准的决策，优化资源配置，提升运营效率。同时，数字化平台的构建将供应链各参与者整合在一起，打破传统供应链的"信息孤岛"，实现供应链的整体优化。

（2）去中心化协同网络：数字化供应链管理系统运用区块链技术构建起分布式信任机制，使供应链参与方无须依赖中心化机构即可实现可信协作。通过打破企业内部各部门之间的信息壁垒，实现跨部门的高效协同作业，提升供应链整体运营效率。

（3）端到端可视化与实时响应：数字化供应链管理系统能够实时监控供应链管理各环节的运行状态，包括库存水平、运输配送、风险预警等，并通过信息共享平台，将供应链状态以分钟级更新的全球可视化看板呈现至各环节，确保信息的实时性和准确性。供应链上下游企业之间的信息透明化，增强了各方之间的信任与合作。

（4）创新驱动与可持续发展：数字化供应链管理系统为企业提供了更加灵活和高效的运营平台，有助于推动企业的产品和服务创新。通过将碳足迹追踪、循环供应链等模块深度嵌入系统设计，可优化资源配置和提高运营效率，降低企业的能耗和排放，促进企业的可持续发展。

2）数字化供应链管理系统发展现状

数字化供应链管理系统的发展已进入深度融合与规模化应用的阶段，呈现出技术融合与创新、智能化决策支持、定制化与灵活性并存的积极状态。

（1）技术融合与创新：随着云计算、物联网、人工智能和区块链等先进技术的不断融合与创新，数字化供应链管理系统正逐渐实现智能化、自动化和高效化。这些技术的应用使得供应链管理系统能够实时收集、分析和处理大量数据，为决策提供有力支持，提升供应链的各个环节管理效率。

（2）智能化决策支持：数字化供应链管理系统通过集成先进的数据分析和预测算法，为企业提供了智能化的决策支持。系统能够实时分析供应链中的各种数据，从而帮助企业做出更准确的采购、生产和销售决策。此外，系统还能预测未来市场需求和供应链风险，为企业制定应对策略提供有力支持。

（3）定制化与灵活性并存：数字化供应链管理系统通过模块化的设计和可配置的功能，使得企业能够根据客户需求快速调整和优化供应链流程，以满足多样化的消费者需求。同时，数字化供应链管理系统能够根据市场需求的变化，快速调整生产计划、库存策略和物流配送方案，提升企业对市场变化的响应速度，兼顾供应链灵活性。

**2. 数字化时代下供应链管理系统的痛点**

数字化时代下供应链管理系统的活力源头在于供应链管理的各环节中产生的各类有效数据，通过数字化技术进行整合与分析，为系统提供智能化决策。然而，在企业的数字化渗透进程中，面对各环节源源不断产生的海量数据，供应链管理系统需要接受信息碎片化、透明度不足以及决策滞后等多方面的挑战。这些"进阶式阵痛"不仅会降低企业运营效率，还会放大供应链中断的风险。

（1）信息碎片化：供应链各环节使用独立系统，使得其中产生的数据格式与标准不统一，形成"信息孤岛"，为有效实现整合带来巨大挑战。

（2）决策滞后：供应链管理系统若不能及时从大量的数据中提取出有用的信息，导致决策缺乏数据支持，可能使得供应链管理基于经验或直觉做出判断，存在较大的风险。且依赖人工经验的决策周期以天或周为单位，响应周期长，面对突发需求波动，决策滞后可能导致订单履约率下降，客户流失风险上升。

（3）透明度不足：大量的数据同时涌入供应链管理系统，导致供应链缺乏信息溯源能力，关键信息的验证需要依赖人工，大大降低了运营效率。供应链管理各环节需要基于共同的信息和数据进行决策，若信息透明度不足则难以实现各方信息的实时同步，可能导致决策不一致、行动不协调。

**3. 大数据为供应链管理系统注入活力**

大数据技术通过深度挖掘、分析和利用供应链中产生的海量数据，对供应链系统中的"四流"产生多方面驱动作用，以此提高供应链管理系统的效率和准确性，降低成本和风险，为供应链管理系统注入新的活力。大数据对供应链管理系统的驱动作用体现在图 3-2 中。

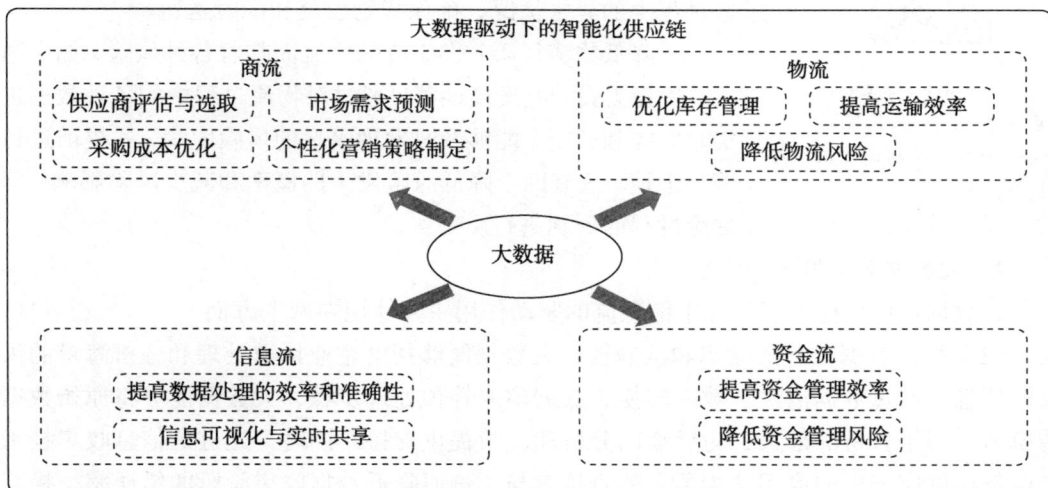

图 3-2　大数据对供应链管理系统的驱动作用

1）大数据对商流的驱动

大数据对供应链管理系统中商流的驱动作用主要体现在以下四个方面：

（1）供应商评估与选取：通过分析供应商的历史交易数据，企业可以对不同供应商进行评估，并绘制专属的供应商画像，方便企业根据自身运营需求选取最适合的供应商。

（2）市场需求预测：企业使用大数据可以实现海量的市场数据的收集和分析，通过对这些数据进行深入分析，企业能够更精准地预测市场需求的变化趋势，进而及时调整生产计划、库存策略以及销售策略。

（3）采购成本优化：大数据能够整合并分析包括供应商绩效、市场价格波动等多样化信息，帮助采购部门制订更合理的采购计划。通过实时数据监控，采购团队可以及时调整采购策略，并根据需求预测和价格走势，在合适的时机进行采购，降低采购成本。

（4）个性化营销策略制定：企业可以通过大数据分析消费者的购买历史、消费偏好以及行为特征等信息，进而制定出个性化的营销策略。这些策略包括定制化的产品推荐、个性化的促销活动以及精准的广告投放等，从而提高营销效果和客户满意度。

2）大数据对物流的驱动

大数据对供应链管理系统中物流的驱动作用主要体现在以下三个方面：

（1）优化库存管理：企业运用大数据，可以实时掌握库存状况，并通过更加精确的市场需求、货物流动和库存需求预测，实现供需匹配和库存精准管理，以避免库存积压或缺货情况的出现，降低库存持有成本和货物滞留风险。同时，企业通过分析市场需求和库存数据，还可以确定最佳库存存放位置，以便更快地响应订单需求。

（2）提高运输效率：通过对历史运输数据、交通状况、天气信息大数据的深度分析，企业可以从多个维度考虑运输和配送方案，包括设施选址、路线规划、货量分配、装载方案、运输模式选择等，通过制定最佳运输方案，减少运输距离和时间，提升运输效率并降低成本。同时，企业可以利用 GPS和其他传感器收集的数据，实时监控运输状态，及时发现并应对运输过程中的异常情况，确保货物安全和准时送达。

拓展阅读 3.2　降低物流成本跟我们有什么关系？如何打破物流降本增效困局？

（3）降低物流风险：供应链的物流面临着各种风险，如交通事故、货物丢失、配送延误等。通过对物流过程中的各种数据进行实时监控和分析，能够及时发现潜在的风险因素，并提前进行预警和干预。这有助于降低风险发生的概率和减少风险影响，确保物流过程的顺利进行。

3）大数据对信息流的驱动

大数据对供应链管理系统中信息流的驱动作用主要体现在两个方面：

（1）提高数据处理的效率和准确性：大数据能够帮助企业快速处理和分析海量的供应链信息，通过数据清洗、数据转换、数据集成等预处理步骤，大数据能够将原始数据转换为可用于分析的形式，为后续的分析和决策提供支持。同时，先进的信息收集技术与设备在供应链中的应用减少了人的直接参与，进而降低数据收集阶段的错误率，提高企业信息处理的效率和准确性。

（2）信息可视化与实时共享：大数据可以帮助企业实现供应链信息的集成和共享，通过可视化的方式展示供应链内的信息流，使得用户能够直观地了解供应链的运作状况，及时发现并解决问题。同时，大数据可以整合各个环节的数据，如供应商数据、物流数据、仓储数据等，提供端到端的供应链可视化共享，实现供应链信息的实时更新，使得各个环节的信息透明化。

4）大数据对资金流的驱动

大数据对于供应链管理系统中资金流的驱动作用主要体现在两个方面：

（1）提高资金管理效率：通过集成企业内部 ERP 系统、银行支付系统等，大数据可以自动完成资金结算、账务处理等工作，提高资金管理效率。此外，大数据还能实现对供应链各环节的资金占用、资金流动速度等内容的实时监测和分析，帮助企业优化资金配置，将资金投入到更需要的地方，提高资金利用效率。

拓展阅读 3.3　大数据对现代企业供应链管理的影响

（2）降低资金管理风险：通过对资金流动的监控和分析，大数据的运用可以帮助企业及时发现异常情况并采取预防措施。例如，通过对供应链中供应商的信用状况、财务状况等数据的分析，企业可以评估供应商的信誉和可靠性；通过分析交易历史和市场趋势，大数据还可以帮助企业预测潜在的财务风险，制定相应的风险控制策略。

## 3.1.3　大数据时代的供应链管理系统的结构

前文介绍了大数据是如何作用于"四流"进而驱动供应链管理系统的运作，那么在大数据技术的驱动下，供应链管理系统的结构有何特点呢？本节将深入探讨大数据驱动下的供应链管理系统的层次结构和总体结构，揭示如何通过数据的力量，重塑现代企业的供应链管理系统。

### 1. 大数据时代的供应链管理系统的层次

大数据时代的供应链管理系统的层次结构可分为战略层、业务层、数据层和技术层。从战略层面的总体规划，到业务层面的具体实施，再到数据层面的数据支撑以及技术层面的智能化支持，每个层次都需要有效管理以确保供应链的高效运作。

（1）战略层的引领：战略层是供应链管理系统的最高层次，这一层次主要关注供应链系统的整体战略目标和愿景，负责制定和调整供应链系统的整体发展方向和长远规划，包括供应链的优化方向、成本降低方向、效率提升目标等。在这一层次上，大数据技术帮助洞察市场趋势、竞争态势和客户需求，指导供应链系统的优化和升级，提高供应链系统的竞争力和市场响应能力。例如，企业可以通过大数据分析来预测市场需求，从而制定相应的生产计划和库存策略。同时，战略层还涉及对供应链系统的风险管理和持续改进计划，确保供应链系统在复杂多变的市场环境中保持高效和稳定。

（2）业务层的实操：在战略层的指导下，业务层负责具体执行各项业务活动，包括采购、生产、仓储、物流、销售等。这一层次关注的是业务流程的优化和效率提升，通过大数据技术实现业务流程的自动化、集成化、智能化和协同化的高效运作，并通过实时获取和分析各环节的数据，及时发现和解决问题，提高供应链系统的响应速度和灵活性。同时，大数据技术在业务层的应用也可以帮助企业实现更精细化的业务流程管理，如通过实时追踪和智能调配来优化库存水平，降低库存成本，提高客户满意度。

（3）数据层的支撑：数据层是大数据时代的供应链管理系统的核心，它负责采集、存储、处理和分析来自供应链系统各环节的海量数据，通过集成多源异构数据来构建全面的供应链数据视图，实现供应链数据的全面汇聚，为决策者提供准确、及时的数据支持。数据层还利用大数据技术深度挖掘和分析数据，发现供应链系统中的潜在规律和风险点，帮助决策者做出科学合理的决策。同时，可视化工具的利用使得决策者能够更加方便快捷地做出决策。值得注意的是，数据层涉及数据安全和隐私保护问题，需要确保供应链数据的合法性和安全性。

（4）技术层的保障：技术层是大数据时代的供应链管理系统的基础，它提供了包括云计算、大数据处理、人工智能等先进技术的支撑，这些技术的运用使得供应链管理系统面对大规模、高速、多源、多格式的数据，实现数据的高效处理和应用，为系统的智能化、自动化和可视化提供支持，确保了供应链管理系统的高效运行和稳定性，同时也为数据层的分析和处理提供了强大的计算能力。例如，云计算平台能够提供弹性可扩展的计算资源，满足供应链管理系统的高并发访问和数据处理需求；大数据处理技术能够实现海量数据的快速存储和分析；人工智能算法能够应用于需求预测、资源调度等场景，提高供应链管理的智能化水平。

**2. 大数据时代的供应链管理系统的总体结构**

将大数据时代的供应链管理系统看作一个整体，其总体结构如图 3-3 所示。

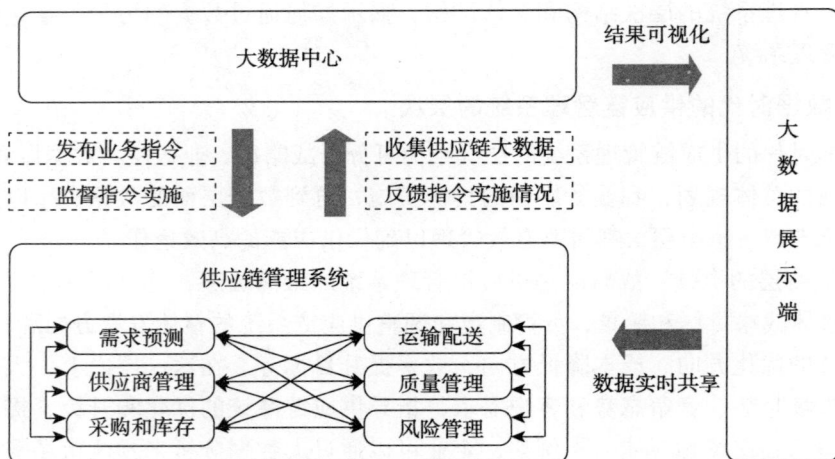

图 3-3　大数据时代的供应链管理系统的总体结构

在供应链管理系统运作的过程中，企业内外部均会产生海量数据，根据本书前文的介绍，这些数据来源于供应链管理的各环节。供应链大数据中心接收供应链各环节与业务流程中产生的海量数据，对其进行处理与分析，实现数据的可视化，并通过人工智能和数据挖掘等新兴信息技术手段，完成需求预测、库存优化和物流配送优化等任务，优化供应链系统的各个环节。

同时，依托先进的传感器和监控技术，大数据时代的供应链管理系统可以对优化决策的实施状况进行监控，并将结果实时反馈给大数据中心，从而帮助企业在复杂市场环境下的动态优化管理决策。

以上过程中所涉及的数据、指令以及反馈都会通过大数据中心进行可视化处理后实时上传至大数据展示端，供应链系统中的所有企业以及用户都可以通过展示端实时掌握供应链全流程状态，实现供应链各部分的协同合作。

值得注意的是，大数据中心在向供应链系统网络发布决策与指令后，企业中的执行部门会依据其建议组织对指令的实施。在这个过程中，大数据中心仍会对各流程环节中决策的实施效果进行监控，并将产生的新的供应链数据反馈回大数据中心进行分析与评估，以及时发现决策实施过程中的问题并采取相应应对措施。同时，在实践过程中产生的经验和教训也反馈于大数据中心，促进其持续迭代与优化，确保分析结果的准确性和决策指令的有效性。

1）实施过程

（1）指令传达与解读：大数据中心发布的决策和指令首先以标准化的格式和可视化的方式传达到执行部门，执行部门通过组织会议等方式对决策建议和指令进行详细解读，并在充分理解决策与指令的基础上，制订详细的执行计划，包括明确执行单位和人员、任务分配情况、设定时间表等，以确保决策和指令能够按照要求得到有效执行。

（2）任务分配与资源调配：在制订好详尽的执行计划后，执行部门会将决策和指令分解为具体的任务，根据专业分工原则，为每个任务分配责任人和执行团队，确保个人和团队根据其专业领域执行相应的任务。在每个环节都有明确责任主体的情况下，实现供应链不同环节之间的协同合作。同时，根据决策和指令的需求，执行部门还需进行资源调配，包括人力、物力、财力、技术等方面的准备。例如，可能需要调整人员配置、采购必要的设备或物资，以确保实施过程的顺利进行。

（3）执行与反馈：接下来，供应链各环节中的各部门和团队会根据执行计划对决策和指令进行实践。在执行过程中，执行者向大数据中心及时反馈工作进度、遇到的问题以及需要的支持等内容。大数据中心在接收反馈后，会根据收集到的数据及时响应，收集到的反馈数据对后续的评估与优化至关重要。

2）监控过程

（1）实时监控和数据收集：在决策与指令实施的过程中，大数据中心会利用先进的信息技术以及监控工具实时收集相关的供应链数据，包括执行进度、资源使用情况、异常事件等，以便全面了解任务执行情况，并进行运营管控，实现异常问题的实时监控和动态预警。

（2）问题识别与应对：利用监控过程中收集到的多维度关键数据，大数据中心通过对比历史值、设定阈值等方法构建起风险监控预警系统，以及时发现数据中的异常情况，判断其中的潜在问题。

（3）数据分析与绩效评估：计划实施全过程中收集到的数据都会反馈给大数据中心进行处理和分析，以评估其实施效果。通过将任务的实际完成情况与预期目标和历史数据进行对比，大数据中心会对政策与指令的实施做出全面评价以吸收经验教训，有助于大数据中心的持续优化与改进。

（4）持续优化与改进：基于经验和教训，大数据中心会建立持续学习和改进机制，不断优化和改进决策和指令的发布机制以及实施流程，这有助于提升其决策的科学性和实施的有效性。同时，随着市场环境和供应链结构的不断变化，大数据中心也会不断更新和优化数据分析模型和算法，以确保其分析结果的准确性。

# 3.2　大数据时代的供应链管理系统的运行

从大数据时代的供应链管理系统的总体结构中可以看出，系统的运行离不开大数据中心、大数据展示端以及系统中的数据流动。本节将着重介绍大数据时代的供应链管理系统中的各个运行要素，并剖析系统运行原理，进一步深化对供应链管理系统结构的认知。

## 3.2.1　大数据时代的供应链管理系统的运行要素

大数据时代的供应链管理系统总体结构中的运行要素包括大数据中心、大数据展示端以及系统中的数据流动。

### 1. 大数据中心

大数据驱动下的供应链管理系统中的大数据中心本身是一个复杂且高度集成的系统，它通常由数据源层、数据源接入层、数据储存层、数据处理层、数据可视化层、数据分析层和安全系统等多个层次组成。数据经由层层处理，由低价值密度的海量数据转化为可供企业和用户直观便捷掌握的可视化数据，为管理者提供决策支撑。

大数据中心作为供应链管理系统中的关键组成部分，在供应链管系统结构中的位置如图 3-4 所示。

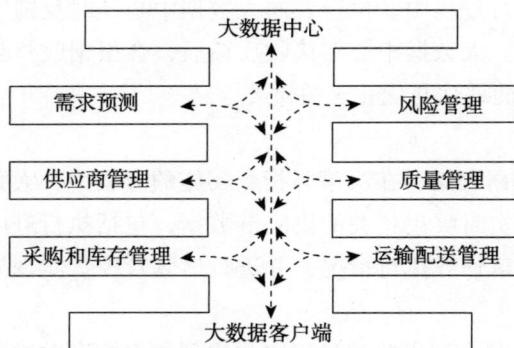

图 3-4　大数据中心在供应链管理系统中的位置

从图 3-4 中可以看出，供应链系统中各环节产生的数据都会输入大数据中心，由其进行处理和分析，并将结果反馈回各个环节，以实现决策支持和流程优化等功能。并且大数据中心的枢纽作用使得上述流程中的相关数据在大数据展示端上以可视化的形式呈现给企业和用户，使得各个环节间的信息交流更加顺畅。因此，大数据中心是供应链管理系统中名副其实的"大脑中枢"。

由此可见，大数据中心在供应链管理系统中具有极其重要的作用，那么它具有哪些核心功能？又会发出哪些决策和指令？未来大数据中心有哪些发展趋势呢？接下来对这三个问题展开介绍。

1）大数据中心的核心功能

（1）数据整合与处理：大数据中心接收来自供应链系统各个环节中形式各异的数据，通过对这些分散数据的汇总和关联，将不同源的数据进行一致性处理，确保数据格式和内容的统一，最终整合形成一个完整的数据视图，帮助供应链各环节消除"信息孤岛"现象，形成一个标准化的数据模型，便于后续的数据分析。

（2）分析和预测：大数据中心利用统计学方法和算法工具（如机器学习），对海量数据进行深度挖掘，提炼出有价值的知识和潜在规律，进而对供应链中现有的产品生产、物流状况、成本和已知风险等因素进行分析。同时基于已有的历史数据和市场变化趋势，构建预测模型，对未来一段时间内的产品需求、消费者偏好、供应商供应能力、产品成本和潜在风险进行预测。预测结果为企业的决策提供科学依据，帮助企业提前做好准备，抓住市场机遇并避免潜在损失。

（3）智能化决策：该功能是大数据中心在供应链管理系统中实际应用的重要体现。根据对供应链系统分析与预测的结果，大数据中心可以通过优化算法计算出最优的生产计划、库存策略和运输路线等方案，为供应链上的各个企业提供决策支持。并且，当供应链系统出现异常情况或市场变化时，大数据中心能够根据相应异常数据进行实时计算，使得供应链系统能够迅速调整决策方案，确保供应链的稳定性和灵活性。

除以上这些核心功能外，大数据中心还具有数据可视化与交互、定制化报告、数据共享以及供应链协同的功能，帮助供应链中各企业提高决策质量、加快响应速度、提升供应链系统透明度，进而降低供应链系统整体运营成本并提升客户满意度。

2）大数据中心发出的决策和指令

（1）采购决策。首先，大数据中心通过分析供应商的历史表现、原材料价格、产品质量、交货期等因素，评估其财务状况、交货能力、产品质量等因素，从而为企业选择合适的供应商提供决策支持。其次，大数据中心可以利用历史采购数据和市场信息，进行原材料和产品价格的趋势预测，帮助企业判断更具竞争力的采购价格。最后，根据市场需求和库存状况，大数据中心会指导采购部门制定最优采购策略，如批量采购、定期采购等，以降低采购成本并提高采购效率。

（2）生产计划和调度决策。大数据中心通过整合历史销售数据、市场趋势以及季节性变化等信息，预测未来一段时间内的产品需求，为企业制订产品生产计划提供数据支持。根据需求预测结果，大数据中心会指导生产部门制定相应的生产计划指标，包括生产数量、生产时间、生产线配置等，以确保供应链系统的生产能力与市场需求相匹配。同时，通过对供应链数据的实时分析，大数据中心可以及时发现生产过程中的产能瓶颈，提出相应优化建议，如调整生产班次、增加设备等，以保证生产活动的顺利进行。根据生产进度和订单需求，大数据中心还可以实时生成生产调度指令，以确保生产任务的按时完成。

（3）库存管理优化决策。大数据中心通过实时监控库存状态，分析库存周转率、库存准确率、缺货率等指标，提出库存优化策略，如调整库存布局、发布自动补货指令等，动态调整库存水平，以避免出现库存积压或短缺的状况。

（4）物流调度优化决策。大数据中心通过分析运输成本、运输时间、仓储布局、交通状况等因素，为物流配送制定最优路线，以降低运输成本并提高配送效率。并且，根据订单分布和配送需求，结合运输资源条件，大数据中心会自动生成物流调度指令，指导物流部门合理调配运输资源，如车辆、驾驶员等，以确保运输配送的顺利进行。同时，大数据中心在物联网和 GPS 等技术的加持下可以实时监控产品的物流运输状态，以便及时发现物流过程中的问题并进行相应调整。

（5）风险管理与应对决策。大数据中心通过实时监控供应链的各个环节，识别并评估其中存在的潜在风险，如供应商破产、库存风险、物流中断等，及时发出预警信号。同时，大数据中心也会自动生成应急预案，指导相关部门制定应对措施，如寻找替代供应商、调整库存水平、优化物流路径等，以降低风险因素对供应链产生的不良影响。

（6）其他决策。大数据中心还可以为供应链管理系统提供一系列其他决策，如产品售后与反馈决策、销售与市场策略等。

3）大数据中心的发展趋势

（1）技术整合与应用。随着大数据、云计算、物联网、人工智能等技术的快速发展，这些技术将被更广泛地整合到供应链管理系统中。作为这些技术的核心，大数据中心可以应用、处理和分析来自供应链各环节的海量数据，为决策提供更加实时、准确的信息支持。

（2）边缘计算与云边协同。边缘数据可以从传感器设备、控制系统等不同来源进行汇聚采集，这促使其在大数据中心内的地位和重要性不断提升。当云边协同成为可能后，可进一步释放数据价值。

（3）智能化和自动化水平的提升。大数据中心将通过高级分析算法和 AI 技术，对供应链中的数据进行深度挖掘和分析，为运营决策提供智能支持。同时，结合机器人流程自动化、自动化仓库等技术，大数据中心将推动供应链流程自动化的优化进程，减少人工干预，降低出错率。

（4）可持续性和绿色化发展。大数据中心将收集和分析与供应链环境可持续性相关的数据，如碳排放、能源消耗量等，帮助企业制定和实施绿色供应链策略。通过大数据分析和 AI 技术，大数据中心将支持企业在供应链各环节中实现节能减排、资源循环利用等目标，推动供应链的绿色转型。

（5）跨行业合作和共享经济。大数据中心将促进供应链企业之间的数据共享和协同作业，通过跨界合作的方式实现资源共享、优势互补。同时，随着共享经济模式在供应链管理系统中的应用日益广泛，大数据中心可以帮助企业提高供应链的灵活性和可替代性。

**2. 大数据展示端**

大数据展示端通常指的是在大数据架构中，用于数据采集、处理和分析的用户端软件或服务，其形式通常有软件应用、Web 界面和 API 接口。依托于大数据中心强大的数据整合、处理和分析能力，大数据展示端能够为用户提供数据查询、清洗、转换、分析以及可视化等功能，帮助用户挖掘数据价值，高效、便捷地管理和利用海量数据，实现智能决策和业务优化。同时，大数据展示端也可以作为大数据中心的数据来源，将用户行为数据、交易数据、传感器读数等数据收集并传输到大数据中心。接下来从大数据展示端的分类以及特性两方面展开介绍。

1）大数据展示端的分类

（1）按功能分类，可以分为：①数据采集型展示端。这类展示端专门用于从各种数据源收集数据，包括系统日志、网络数据和设备数据等。它们用于捕获用户行为、系统状态和传感器数据等，并传回给大数据中心进行处理和分析。该类型展示端在数据采集的过程中尤其需要注意用户的隐私保护以及数据安全等方面需求的满足；②信息查询型展示端。该类展示端主要负责数据的整合、存储和查询功能，提供高效的数据检索和分析服务，并采用图形或报表等可视化形式向用户清晰地展示数据；③资金交易型展示端。这类展示端直接面向用户提供资金交易服务，同时需要在设计和开发时保证用户的资金和信息安全。

（2）按部署方式分类，可以分为：①云服务展示端。这类展示端依赖于云计算平台，提供弹性可扩展的数据处理和分析服务，用户可通过互联网访问和使用；②本地化部署展示端。这类展示端安装在用户本地计算机或服务器上，更注重数据的安全性和私密性。

（3）按用户类型分类，可以分为：①企业级展示端。这类展示端为企业提供全面的大数据管理和分析服务，满足企业复杂的数据处理和智能化分析需求；②个人或小型团队使用的展示端。这类通常作为简化版的大数据工具，满足个人或小型团队的数据分析需求，功能相对简化，易于使用。

2）大数据展示端的特性

（1）定制界面：大数据展示端具有直观的用户界面，使得非技术型用户也能轻松地与大数据系统交互，并在一定程度上允许用户根据需求定制界面和功能。

（2）集成性：大数据展示端支持数据集成，能够合并多种不同源的数据并提供统一的数据视图。

（3）兼容性：用户能够在不同的操作系统和硬件平台上运行相同的大数据展示端。

（4）安全性：大数据展示端作为用户与大数据中心建立联系的桥梁，是海量用户数据的集成。因此，数据安全性的保障和用户隐私的保护是重中之重。在数据的传输和存储过程中，大数据展示端会设计足够强大的安全功能对数据进行加密，以实现数据安全性。

### 3. 系统中的数据流动

在大数据时代的供应链管理系统中，供应链各个环节中产生的数据都会输入大数据中心，并在经过分析与处理后共享给其他环节和大数据展示端，以便于供应链上的企业与用户实时查看。同时，大数据中心依托其强大的数据处理功能以及先进的数据分析技术，为供应链管理系统的用户提供决策建议，这些决策和指令也会以数据的方式传递给管理者和执行部门，进而在供应链的各个环节实现决策的协同实施。接下来将介绍在大数据的驱动下，整个供应链管理系统运作过程中的数据流动方式。

（1）跨企业流动：在大数据技术驱动供应链管理系统协同合作的背景下，数据不仅在企业内部流动，还会在供应链上的各个企业之间流动。供应商、生产商、分销商和消费者可以通过数据的共享，更好地协调各自的生产和运营计划，最终实现供应链的整体优化。需要注意的是，数据跨企业流动的方式要求各企业之间建立信任机制和数据共享协议，以确保数据安全和隐私保护。

（2）跨环节流动：在大数据的驱动下，数据会在供应链的不同环节之间流动。通过对每个环节产生的数据进行采集、处理、分析和共享，供应链的所有环节都可以对供应链的整体运作情况实时掌控，并做出相应的优化调整。例如，生产环节的数据可以实时传递给仓储环节，以便提前进行库存规划；销售环节的数据可以及时反馈给采购环节，以便调整采购计划和策略。

（3）纵向和横向数据流动：结合跨企业和跨环节的流动方式，大数据时代的供应链管理系统中的数据呈现纵向和横向的流动方式。纵向数据流动分为从供应链上游到下游的数据推送和从下游到上游的需求反馈。横向数据流动则是在供应链的同一环节内，不同企业、部门或功能单元之间共享数据，如不同企业对生产部门内部的设备状态、生产进度等进行数据共享，以实现协同工作和资源优化。

（4）多点对多点的数据交换：大数据技术的应用，使得在复杂的供应链网络中，可以实现多个节点之间进行多点对多点的数据交换，形成一个动态、互联的信息网络，极大提高了数据的交换效率。

## 3.2.2 大数据时代的供应链管理系统的运行原理

大数据时代的供应链管理系统的运行可以概括为以大数据中心为核心的模块化数据处理和以各环节为节点的网络化数据流动。

### 1. 以大数据中心为核心的模块化数据处理

从大数据时代的供应链管理系统的总体结构来看，各个环节产生的数据都会被采集并输入大数据中心，进行处理、储存以及分析，并将最终得出的决策建议和指令，输出回系统中的各个环节具体实施。因此，大数据在供应链管理系统各环节中的数据流动可以抽象为一个大数据中心对数据的收集与处理过程，即收集相关的数据并加工和储存起来，再对这些数据进行分析，输出分析结果并实现应用与共享。由此建立起以大数据中心为核心的模块化处理模型，如图3-5所示。

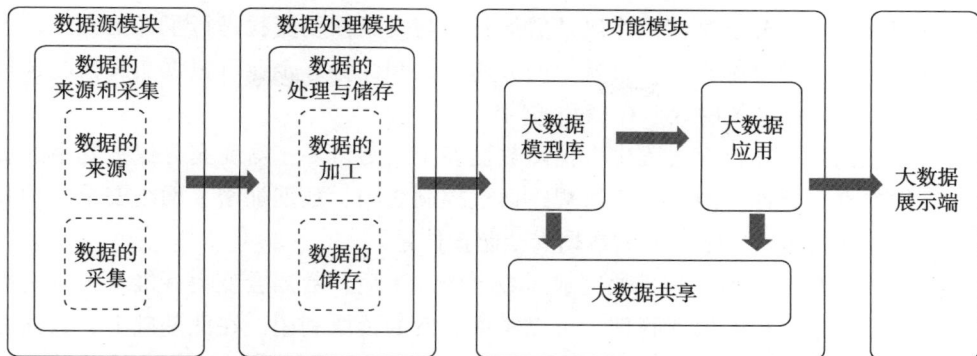

图 3-5　以大数据中心为核心的模块化处理模型

该模型由数据源模块、数据处理模块以及功能模块组成，供应链管理系统中的大数据由数据源模块产生，被采集后流入数据处理模块进行加工和储存，并在功能模块运用相应的大数据模型进行分析，输出的结果共享并应用于整个供应链管理系统中。同时，这些数据都会上传至大数据展示端，以便用户实时掌握各环节的运行情况，并根据输出结果进行决策优化。

（1）数据源模块。数据源模块作为一个环节中数据流动的起点，包含了数据的来源和数据的采集，是模型中所有数据的源头。它为数据的后续流动提供了准确、可靠且安全的数据基础。

供应链管理系统中某个环节所需要的数据来自整个供应链系统，数据源模块负责从各个环节中收集有用的数据。这些数据来源广泛，包括但不限于企业内部系统、外部数据源、物联网设备以及合作伙伴系统等。从这些源头收集到的关键数据，如供应商数据、生产商数据、物流数据、销售点数据等，根据其特点可分为结构化数据、非结构化数据、传感器数据和新类型数据四大类。

在数据源模块中，数据的采集是一个多渠道、多方式的过程，旨在确保供应链管理系统能够全面、准确、实时地获取所需信息。数据源模块对数据的采集方式包括但不限于企业内部系统对接、外部数据调研、物联网设备监控以及合作伙伴数据共享等。值得注意的是，由于供应链系统中的数据涉及企业的商业秘密和客户的隐私信息，因此数据源模块在采集数据的同时，也需要采取严格的安全措施，如数据加密、访问控制和数据脱敏等，来保护这些数据的安全性和隐私性，确保数据不被非法获取或滥用。

（2）数据处理模块。数据由数据源模块完成采集后，流向数据处理模块。此时，由于数据来源多样、类型较多，且数据质量参差不齐，因此要想有效地使用这些数据，需要对其进行预处理以保证数据的质量。同时，数据处理模块也肩负着数据储存的责任，需要对处理后的数据进行有效储存，以便后续步骤中对数据及时取用。

数据预处理是控制数据质量、提升数据有效性的关键步骤。第 2 章已经详细介绍了数据预处理，在此不再赘述。

数据经过预处理后需要持久化的有效储存，以确保数据的完整和安全。有效的数据储存可以实现后续分析和查询数据时的快速访问，同时具备备份和恢复的功能。第 2 章已对数据存储架构、分层存储策略以及数据备份与灾难恢复流程进行了详细介绍，多种多样的数据储存技术也都有着各自特定的应用场景和优势，企业可根据实际情况选择数据储存方式，以确保高效的数据存储和访问能力。

值得注意的是，在储存过程中，保障数据安全尤为重要，需要充分保护其中的敏感信息、维护数据完整性并遵守法律法规，通过控制访问、数据加密、网络安全防护和定期备份等措施共同构筑一个全面的数据安全防护体系。

（3）功能模块。数据处理模块完成对数据的加工后，数据会变得标准化，具有更强的有效性，并经过合理的储存管理，可以实现高效的读取利用。在此基础上，数据可继续流向下一个模块，即功能模块。功能模块是大数据时代的供应链管理系统中数据流动的关键区域，通过建立大数据模型，实现对供应链系统中关键数据的预测，优化各环节的管理模式，并为决策者提供决策支持。功能模块在完成大数据应用的同时，也通过大数据的共享实现供应链系统的协同管理。

首先，在功能模块中，大数据模型库是一个集中存储和管理多种数据分析模型的集合，这些基于统计学、机器学习、数据挖掘和人工智能等技术构建的大数据模型，可以根据不同环节的数据分析需要，开发各种预测和优化模型。同时，大数据模型库内所建立的经过验证的模型，可以通过模型复用以提高数据分析效率，减少重复工作。大数据模型库中的模型可大致分为预测模型、分类模型、优化模型等。根据供应链各环节的实际需求，建立起需求预测模型、物流需求计划模型、销量预测模型、库存周转率优化模型、运输网络模型和风险评估模型等，实现需求预测、流程和管理优化等。

其次，在对大数据进行处理和分析后，根据分析结果类别的不同，其在供应链系统中也有着多方面的应用。而根据分析深入程度的不同，可将大数据的应用分为描述性分析、预测性分析和指导性分析3个层次。

①描述性分析。描述性分析是大数据应用的最低层次，它专注于回答"发生了什么"和"过去的情况如何"这类问题，主要关注对已经发生的事件或现象进行描述和总结，揭示其中的模式、趋势和关联关系，帮助用户理解历史数据和当前状态。

②预测性分析。预测性分析是大数据应用的第二个层次，它回答"接下来会发生什么"和"有哪些可能性"这类问题。它基于历史数据和当前数据，运用大数据模型对未来可能会发生的情况进行科学合理的推测，并提供事件发生的概率，以帮助用户提前制订计划，为其决策提供有力支持。

③指导性分析。指导性分析是大数据应用的最高层次，它在前两个层次的基础上，进一步分析不同决策可能导致的后果，并对决策进行指导和优化，它主要回答"我们应该做什么"和"如何实现最佳结果"这类问题。指导性分析不仅预测未来会发生什么，还会建议最佳的行动方案。通过使用优化和模拟技术，同时考虑资源限制、业务规则和其他约束条件，来评估不同决策选项的效果，帮助决策者理解在特定情况下采取某种行动的潜在结果，并提供实现特定目标的最优策略。

最后，大数据共享是供应链管理系统各环节中实现数据价值最大化的关键所在。通过构建安全、高效的数据共享机制，建立完善的数据治理体系，供应链管理系统的各环节间与环节内部可以应用数据接口和统一数据平台等方式，实现实时共享关键数据和信息，提升整个供应链的透明度和协同效率，打破传统供应链管理系统中的"信息孤岛"，使得数据能够在整个供应链网络中自由流动，从而被更有效地利用。同时，数据共享也可以使供应链管理系统中的各方更充分地使用已有数据资源，减少资料收集、数据采集、数据处理与分析等重复劳动，节约供应链运营成本，提升供应链整体效率。

大数据共享要求供应链管理系统中的数据能够实时更新和同步，以反映供应链系统的最新状态。这需要通过建立高效的数据传输机制和同步协议来实现，以确保供应链各方能够及时获取到准确的信息。在数据共享的同时，供应链管理系统也需要加强数据的安全保护和管理，确保数据的安全性。

**2. 以各环节为节点的网络化数据流动**

在了解大数据时代的供应链管理系统的模块化处理模型后，接下来将从供应链需求预测、供应商管理、采购和库存管理、运输和配送管理、供应链质量管理和供应链风险预测这六大环节分别介绍其中的数据流动方向，其中的数据流动情况如图 3-6 所示。

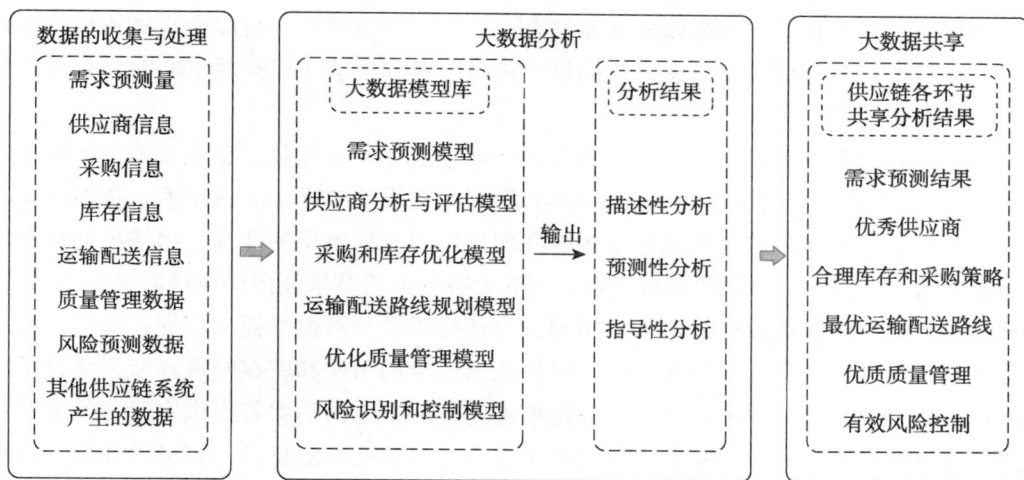

图 3-6　以各环节为节点的网络化数据流动模型

（1）供应链需求预测环节的源头数据包括历史销售数据、消费者反馈、市场趋势变动、当前库存水平等多方面数据，这些数据经过数据处理模块的加工与储存后，流向大数据模型库，并根据实际情况建立需求预测模型，得出描述性、预测性和指导性的分析结果，共享到供应链系统的全过程中。供应链需求预测环节的大数据分析结果流向供应商管理环节，根据预测需求的不同匹配合适的供应商，为供应商的选择提供依据；流向采购和库存管理环节，根据预测结果和现有库存做出决策，优化采购和库存管理模式；流向运输和配送管理环节，根据消费者地区偏好，优化运输路线；流向供应链质量管理环节，紧跟消费者偏好变动，提高消费者满意度；流向供应链风险预测环节，根据需求变动识别市场中的潜在风险。

（2）供应商管理环节的源头数据包括供应商基本信息（供应商注册资料、资质文件等）、供应商运营数据（财务数据、生产数据、交货数据等）、供应商评估数据（供应商市场声誉、风险评估等）等多方面数据。这些数据的流动过程与需求预测环节相似，从数据处理模块流向大数据模型库，由供应商分析与评估模型计算得出相应的分析结果，并共享到供应链系统的全过程中。供应商管理环节的大数据分析结果流向供应链需求预测环节，为需求预测提供供应商数据；流向采购和库存管理环节，为采购决策选取最优的供应商；流向供应链运输和配送管理环节，结合供应商的位置优化运输路线；流向供应链质量管理环节，通过选取最适合市场需求的供应商来满足消费者需求；流向供应链风险预测环节，根据对供应商的评估，识别供应商存在的潜在风险。

（3）采购和库存管理环节的源头数据包括企业的采购与库存成本、历史采购订单数据、供应商数据（包括交货时间、产品质量、服务水平等）、库存数据（现有库存水平、库存周转率等）等多方面数据。与上述数据流动过程类似，这些数据通过采购与库存优化模型的计算，将结果共享到供应链系统的全过程中。采购和库存管理环节的大数据分析结果流向供应链需求预测环节，为需求预测端实时提供采购和库存信息；流向供应商管理环节，根据供应商在采购阶段的供货情况将为其绩效评价提供依据；流向运输和配送管理环节，将库存情况与运输规划相结合，以降低物流成本；流向供应链质量管理环节，向消费者实时提供库存信息；流向供应链风险预测环节，根据对采购和库存情况的反馈，识别其中的潜在风险。

（4）运输和配送管理环节的源头数据包括运输数据（运输量、运输成本、运输路线等）、配送订单数据（配送路线、配送时间等）、配送设备数据（配送车辆、智能配送设备等）等多方面数据。这些数据经过运输和配送路线规划模型的计算，将结果共享到供应链系统的全过程中。运输和配送管理环节的大数据分析结果流向供应链需求预测环节，将货物的运输与配送情况反馈向需求预测，为优化需求预测模型提供依据；流向供应商管理环节，为供应商交货的可靠性评估提供依据；流向采购和库存管理环节，结合采购与库存规划，提高物流效率；流向供应链质量管理环节，向消费者提供实时货物追踪；流向供应链风险预测环节，结合天气数据、道路交通情况等信息，识别运输和配送过程中存在的风险。

（5）供应链质量管理环节的源头数据包括消费者数据（消费者基本信息、购买历史、消费者偏好等）、交易数据（订单数量、交易金额、交易时间等）、市场数据（竞争对手服务情况、市场趋势等）等多方面数据。这些数据在大数据模型库中经过服务优化模型的计算，得到的结果共享到供应链系统的全过程中。供应链质量管理环节的大数据分析结果流向供应链需求预测环节，为供应链需求预测提供客户数据；流向供应商管理环节，为供应商的评价与优选提供依据；流向采购和库存管理环节，根据消费者的反馈及时调整采购与库存计划；流向运输和配送管理环节，根据消费者对运输和配送服务的满意程度优化运输和配送设计；流向供应链风险预测环节，根据消费者反馈，识别市场中的潜在风险。

（6）供应链风险管理环节的数据来源为供应链系统全过程中的所有环节，通过对系统的实时监控，收集需求预测数据、供应商数据、采购和库存数据以及运输和配送数据。这些数据由风险识别和控制模型计算得出相应结果，并共享到供应链系统的全过程中。

供应链风险管理环节对供应链系统中的潜在风险进行识别，并输出能够有效控制风险的决策建议。风险管理数据是时刻作用于供应链系统全过程的重要数据。

# 3.3　大数据时代的供应链管理系统的应用

随着大数据时代的到来，数字经济正在成为全球经济的重要组成部分，企业也越来越重视数字化变革带来的管理模式的创新以及效率和生产力的提升。在此种背景下，企业亟须具有整合能力和协同效益的高质量供应链大数据平台，以提高供应链系统的灵活性和透明度，快速应对市场变化。

## 3.3.1　供应链大数据平台概述

供应链大数据平台对企业来说是一个集数据收集、存储、处理、分析和应用于一体的综合性平台，旨在优化和管理企业的供应链流程，实现信息的实时共享、业务流程的自动化和决策支持的智能化。

### 1. 供应链大数据平台的概念

供应链大数据平台是先进技术与供应链管理深度融合的产物，是指利用先进信息技术，集成供应链管理过程中产生的大规模、多源头的数据资源，为供应链中的各个参与方提供数据共享、协同管理和决策支持的平台。

供应链大数据平台基于云计算、大数据、物联网和人工智能等先进技术的应用，实现供应链各环节数据的集中管理、实时共享和深入分析，从而帮助企业做出更加精准、快速的决策，实现企业的精益化管理和可持续发展目标。它涵盖了从原材料采购、生产制造到最终产品配送给消费者的全过程，通过集成供应链中各环节的数据和信息，建立大数据中心以实现企业供应链的大数据全景图，为企业提供全面的供应链全流程管理和控制，进而实现优化库存管理、提高生产效率、优化物流运输等目标。这不仅打破了传统供应链中的"信息孤岛"，还促进了供应链上下游企业的紧密合作，提升了整个链条的响应速度与灵活性，降低了供应链运营成本，甚至创造新的商业模式。

### 2. 供应链大数据平台的分类

根据功能的不同，可将供应链大数据平台分为以下三类：

（1）供应链大数据交易平台：这类平台主要侧重于供应链中的商品交易环节，提供商品撮合、自营交易以及将线下业务转化为线上交易的服务。供应链大数据交易平台利用大数据分析和智能算法，为供需双方提供精准的商品撮合服务，促进交易的高效达成，并通过实时采集和分析交易数据，帮助企业把握市场动态，做出更明智的交易决策。该平台将传统的线下交易流程转化为线上操作，显著提高了交易的透明度和效率。

（2）供应链大数据交付平台：这类平台则专注于供应链中的物流和服务交付环节，利用大数据和物联网技术，实现供应链的可视化和智能化管理，提升交付的准确性和效率，确保产品和服务能够按时、按质地交付给客户。为实现产品和服务的顺利交付，支付平台实现了物流信息的实时跟踪和监控，以确保货物能够按时、安全地送达目的地。同时，支付平台提供包括采购执行、分销执行等在内的全方位贸易执行服务，帮助企业简化操作流程，提高执行效率。数据可视化技术的应用，也使得供应链各环节的信息可以通过直观的方式呈现于交付平台。

（3）供应链大数据金融平台：这类平台致力于解决供应链中的资金流问题，采用金融手段对供应链内的融资需求、交易风险、资金流动进行分析和处理，为供应链上下游企业提供融资、支付与结算、理财等综合性金融服务，并通过大数据风控和信用评估体系，降低供应链金融风险，提高资金使用效率，同时也为企业提供更多的融资机会。金融平台会根据企业的信用状况和供应链运营情况，提供灵活的融资服务，帮助企业缓解资金压力，并为供应链上的各企业提供高效、安全的结算和支付服务，确保资金在供应链中的顺畅流动。

由上述介绍可以看出，供应链大数据的交易、交付和金融这三类平台各有侧重点，但它们都致力于提升供应链的透明度和效率，为企业提供更加智能、高效和安全的供应链管理和金融服务。因此，在企业构造的供应链大数据平台的实际应用中，这三类平台常常不是单独出现，而是同时提供交易、交付以及金融服务，为企业带来综合全面的决策支撑。

### 3. 供应链大数据平台的特点

（1）数据多样性与集成：供应链大数据平台具备强大的数据集成能力，能够整合来自供应链各环节的多源、异构数据，实现数据的集中管理和共享。平台能够从不同的数据源（如企业资源规划系统、客户关系管理系统、物流系统等）抽取数据，并进行统一格式处理，确保数据的完整性和一致性，同时支持结构化数据、半结构化数据和非结构化数据的集成，为后续的数据分析和应用提供丰富的数据基础。这种集成促进了数据的标准化和实时同步，提高了数据的准确性和时效性。

（2）强大的数据处理能力：依托云计算、大数据、人工智能等先进的信息技术，供应链大数据平台拥有卓越的大规模数据处理能力，能够处理和分析大规模数据集。通过使用先进的计算机算法，如机器学习、深度学习等，大数据平台能够在短时间内对海量数据进行处理和分析，挖掘出数据中的潜在规律和关联关系，从而满足企业对实时数据分析和快速响应的需求。

（3）可视化：供应链大数据平台提供丰富的数据可视化功能，能够将复杂的数据和分析结果以直观、易懂的图表形式展示给用户。这些图表包括但不限于柱状图、折线图、饼图、散点图、热力图等，以及更高级的数据可视化形式如 GIS 和时间序列分析等。通过数据可视化，用户可以更快速地理解数据、发现数据中的规律和趋势，从而作出更明智的决策。同时，用户还可以通过交互式操作深入探索数据特点，如对数据的可视化图表进行切片、切块、下钻等操作，从而发现数据背后的信息。

（4）协同性：通过实时共享数据和信息，供应商、制造商、分销商等供应链参与方能够更紧密地合作，更好地协调资源并共同应对市场变化和风险挑战。平台提供统一的沟通渠道和协作工具，促进各方之间的有效沟通和协同决策，实现供应商协同、客户协同和内部协作，打通企业内部不同部门的信息壁垒，从而达到更高效的跨部门协作。

### 3.3.2　供应链大数据平台的结构

在前文中提到，在企业构建大数据平台的过程中，根据自身特点和需求，平台内大多同时提供交易、交付和金融服务，并集成这些数据到大数据中心中进行分析处理，其分析结果输出给用户并共享至整个供应链，为决策者科学决策提供支持。同时，供应链大数据平台也与其外部的供应链管理系统或应用进行数据交换，实现对供应链全过程的掌控。

根据上述供应链大数据平台的运作方式，可将供应链大数据平台分为前端应用、后端服务、数据底座以及应用接口四个部分，其结构如图 3-7 所示。

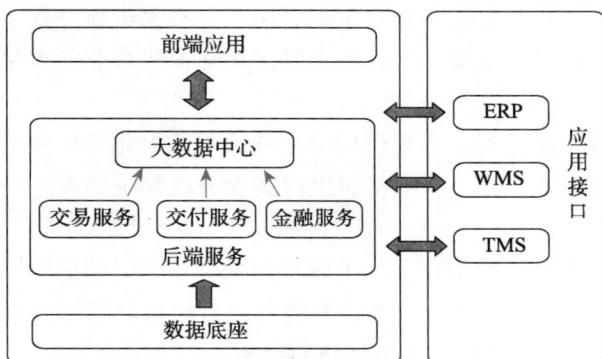

图 3-7　供应链大数据平台的结构

前端应用提供用户交互界面，后端服务负责业务逻辑处理，数据底座为数据的处理和应用提供支持，应用接口则实现平台与外部系统的数据交换和业务协同。这四个部分协同运作，使得供应链大数据平台能够为企业提供全面、高效的数据支持和信息服务。

**1. 前端应用**

前端应用是供应链大数据平台与用户直接交互的界面，它负责展示数据、接收用户输入并向用户提供反馈，通过直观、易用的操作界面，帮助用户更好地使用平台功能，进而理解复杂的供应链数据并提供决策支持。

前端应用具有良好的用户体验设计，即应用设计简洁明了，符合用户直觉和习惯，降低用户学习成本，确保用户能够轻松地访问和操作数据。同时，各种可视化工具和报表系统的部署，将复杂数据直观展示给用户，帮助用户快速洞察供应链状态。平台的响应式设计使其能适应不同设备和屏幕尺寸，确保用户在不同环境下都能获得良好的使用体验。用户还可以与平台实时交互，如数据查询、筛选、下载等操作，根据自身需要选用相应的数据。

**2. 后端服务**

后端服务是供应链大数据平台的核心组成部分，它负责处理前端应用的请求，执行相应的业务逻辑并返回处理结果。在接收到前端应用发送的用户请求后，大数据中心会根据实际情况调用并整合数据底座提供的相关数据，在对数据进行处理和分析后，将结果展示给用户，为其提供交易、交付和金融服务。后端服务部分需要具备强大的计算和处理能力，能够高效处理大量并发请求，确保平台的稳定性和响应速度。随着供应链大数据平台业务需求的增长，后端服务需要灵活扩展，满足更高的性能要求。同时，后端服务应采取严格的安全措施，确保数据的安全。

**3. 数据底座**

数据底座是供应链大数据平台的数据源头，是平台的基础结构。它负责收集供应链全过程中的大数据，并通过业务对象数字化、业务过程数字化、业务规则数字化，实现数据的服务化改造，让业务、数据与供应链系统功能衔接起来，进而为用户输出更具使用价值的结果。

（1）业务对象数字化：这是指建立供应链中各种对象本体在数字世界的映射，如合同、产品等。这是数据服务化改造的首要步骤，即确保所有业务对象都能以数字形式被识别和管理。

（2）业务过程数字化：就是实现供应链业务流程线上化和作业过程的自记录，如对货物运输过程的自动记录。这一步骤使得供应链业务流程中的每个环节都能产生可追踪和可分析的数据。

（3）业务规则数字化：使用数字化手段管理复杂场景下的供应链业务规则，使得业务规则可用数字表示。例如，存货成本核算规则、订单拆分规则等都可以进行数字化，从而使得规则管理可以输入到后端服务区进行分析。

**4. 应用接口**

应用接口是供应链大数据平台与外部系统或应用进行交互的桥梁，它使得供应链大数据平台可以与 ERP、仓库管理系统（Warehouse Management System，WMS）、运输管理系统（Transportation Management System，TMS）等多个外界系统或应用程序进行数据交换与信息交流，从而实现数据的更新与业务协同。它定义了数据交换和业务协同的标准和协议，通过统一的规则实现不同软件和应用程序之间的交互和通信，遵循统一的标准和规范，以确保不同系统之间的兼容性和可操作性。同时，其丰富的功能和参数配置，还可以满足不同业务场景的需求，进一步扩大供应链大数据平台的数据丰富性。

### 3.3.3 供应链大数据平台的功能

**1. 数据的集成和整合**

在供应链中，信息往往分散在不同的系统和数据库中，形成"信息孤岛"，而供应链大数据平台能够整合来自不同系统和来源的数据，并实现数据的集中管理和共享。这种集成消除了信息孤岛，提高了数据的准确性和实时性，使得企业能够从全局视角监控和管理供应链。同时，通过数据清洗、转换和整合，平台可以形成一个完整、统一的数据视图，确保数据格式和内容的统一，从而提升数据质量和决策的可靠性。整合后的数据也更易于进行标准化处理，从而实现后续的有效数据分析。

### 2. 供应链全过程衔接

供应链从原材料采购到最终产品交付涉及多个环节，供应链大数据平台通过实时监控供应链各环节的运作情况，做到了端到端的可视化，进而实现供应链的全过程衔接。通过对供应链的实时监控和智能分析，企业可以全面了解供应链状态，及时发现问题并采取相应措施，确保供应链的顺畅运作。这种全过程的衔接有助于降低库存风险和成本，提高企业的竞争力。

### 3. 智能决策

供应链大数据平台利用先进的算法和模型对供应链数据进行深入分析，可以为企业优化生产计划、物流策略以及供应商选择等关键决策提供建议。而供应链决策往往涉及大量变量和复杂的关系，平台利用大数据和 AI 技术，可以为企业提供能够处理这些复杂性问题、提供最优解的智能决策支持。

### 4. 优化流程设计

供应链大数据平台可以对现有的供应链流程进行全面梳理和分析，找出瓶颈和效率低下的环节，并通过自动化工具提高供应链各环节的效率，如自动处理客户订单、智能补货、优化运输路线和调度等。这种自动化工具的应用和流程优化有助于减少人为错误，提高效率，降低成本，优化后的流程也更具适应性，能够快速响应市场变化。

### 5. 促进协同合作

供应链大数据平台为上下游企业提供了一个共享信息的环境，加强了企业间的沟通与协作，促进了供应链各方的信息交流，这有助于供应链中各方统一目标，促进整体的合作共赢。企业间的数据共享如供应链合作伙伴与供应商共享生产计划和需求预测，与客户共享订单状态、发货信息等。这样协同合作有助于提高供应链的整体协作效率，提升客户满意度和信任度。通过这种实时信息共享和协同机制，还可以识别潜在的供应链冲突并提前解决，避免损失的进一步发生。

拓展阅读 3.4　基于大数据的供应链管理平台

## 案例讨论

### 联合利华的 4S 供应链的创新和实践

在数字营销时代，企业与消费者进行有效沟通的代价正在降低，企业通过建立自身规模优势带来的行业进入壁垒也正在消失。过去，品牌与消费者沟通需要投入很高的广告成本，一个商业活动甚至需要花费几亿元广告费，线下分销也必须做到足够大的体量，小品牌几乎没有机会与大品牌一起竞争。而现在，由于快速消费品本身的产品技术壁垒不高，且伴随着和消费者沟通模式的转变，使得小品牌也能够精准切入目标消费群体，与目标群体进行沟通与销售，用定制化的产品满足消费者需求。在此基础上，大企业由于能够掌握更多大数据信息，具备更精准的市场洞察能力。

联合利华作为消费行业的巨头，在数字化转型的浪潮中，大数据技术已成为联合利华提升供应链管理效率与决策精准性的关键工具。联合利华自 2018 年开始打造 4S（Swift & Agile——迅速敏捷，Smart——智能化，Sustainable——可持续，Resilient & Eco-Systematic——弹性与生态系统）供应链，将大数据深度融入供应链管理的各个环节，加速推进了智慧供应链的创新，实现了供应链的高效运作与持续优化。

联合利华的 4S 供应链体系中，智能化是核心要素之一。公司通过建立大数据管理平台，实时采集、治理、存储、查询和展示供应链各环节的数据，为智能化预测提供了坚实的基础。例如，联合利华的人工智能预测系统，通过大数据建模，能够实现对未来四个月内不同产品销量的精准预测。这一预测系统不仅考虑了历史销售数据、季节性因素等常规指标，还融入了消费者行为分析、市场趋势预测等多维度数据，从而显著提高了预测的准确性。人工智能预测系统为联合利华的供应链管理提供了有力支持，帮助公司提前规划生产计划、库存管理和物流配送，有效降低了库存成本，提高了资金周转率。

同时，为加速推进智慧供应链创新，兼顾消费者需求的个性化和消费渠道的融合，构建更快、更灵活、更高效的数字化供应链，联合利华的 4S 供应链分别在信息流和实物流两个层面上，打通了每一个触点，实现了供应链全链路数据化。

信息流方面，联合利华已经全面布局可视化数字追踪系统，实现产品上市过程中涉及研发、市场营销、数据维护、质管等多个触点环节的可视化管理，缩减各环节与环节之间的对接时间，最大化提升运作速度。不仅如此，联合利华正逐步建立公司与经销商、消费者端的数字化生态系统，实现真正的端到端数字化供应链。以清扬品牌运作的产品二维码项目为例，通过在产品上贴一张二维码，实现多方信息共享与追踪。客户可通过二维码实现产品物流链路追踪溯源，获取更多产品信息。这能帮助规范产品供应及销售，同时品牌也增加了与消费者互动机会，从而提升品牌好感和忠诚度。

实物流方面，智慧工厂是很好的例证。在联合利华全球五大生产基地之一的合肥生产基地中，刷脸进门、无人车间、智能机械臂、全自动高速灌装线、新型数控机床、自动导引运输车等智能装置已经全面上线。这些智能化设施不仅简化了人流和物流通行过程，提高了作业安全性，还实现了高效柔性生产。以敏捷化生产线为例，只需 5 分钟即可自动完成整条生产线的产品切换和调整，不仅加快了生产进度，更为小批量、多品种的生产需求提供了可能。

（资料来源：https://www.unilever.com.cn/，笔者根据联合利华中国官网相关资料整理所得。）

**问题：**

1. 在数字营销时代，对市场需求的精准预测于企业而言尤为重要。联合利华是如何凭借 4S 供应链体系实现对消费者偏好和市场需求的智能化预测的？

2. 简要分析联合利华是如何在信息流和实物流两个层面实现供应链全链路数据化的？

## 课后习题

1. 大数据如何为数字化时代下的供应链管理系统带来转机？

2. 大数据时代的供应链管理系统的运行要素和运行原理是什么？

3. 供应链大数据平台具有哪些功能？

## 即测即练

自学自测　　扫描此码

# 第 2 篇

# 实践应用篇

第 3 章

文献の活用術

# 第4章

# 大数据时代的供应链需求预测

## 学习目标

1. 掌握供应链需求预测的基本概念和作用。
2. 理解供应链需求预测的影响因素。
3. 掌握常见的需求预测方法。
4. 熟悉大数据时代的供应链需求预测流程。

本章我们将深入探讨大数据时代的供应链需求预测，分析大数据如何革新传统预测方法，并帮助读者掌握其核心要点。我们将详细阐述预测流程，并结合实际案例演示供应链需求预测实际操作，方便读者掌握供应链需求预测建模方法。

## 导入案例

### 瑞幸咖啡：新零售浪潮中的数字化创新与供应链革命

伴随"新零售"概念的横空出世，国内新零售产业昂首迈进繁荣盛景，就此拉开零售行业"线上＋线下"深度融合的崭新帷幕。瑞幸咖啡于 2018 年凭借"打造人人皆可畅享的优质平价咖啡"理念，成功实现市场突围。2024 年 7 月，瑞幸咖啡门店数量已然成功跨越 2 万家大关。

瑞幸咖啡的卓越成就与其创新的供应链运营模式密不可分，特别是在需求预测和数字化运营方面表现突出。瑞幸咖啡的核心竞争力在于其精妙的算法和数字化系统，这些技术使得瑞幸能够通过线上线下融合的方式重塑用户体验，形成鲜明的品牌特色。瑞幸通过其专属 App、微信小程序以及美团等线上渠道引导用户下单。瑞幸利用高效收集的数据，深入分析产品销售数据和消费者的偏好等，为需求预测和管理优化打下了坚实的基础。通过精准的供应链需求预测，瑞幸精心设计出符合市场需求的新产品，如酱香拿铁、生椰拿铁等。

瑞幸咖啡在供应链需求预测方面的成就，为其他企业提供了学习的典范。在当前市场竞争激烈的环境下，企业必须不断探索和优化需求预测模型以保持领先地位。

（资料来源：http://www.lucoffee.cn/pinpaijieshao/，笔者根据瑞幸咖啡官网相关资料整理所得。）

# 4.1 供应链需求预测概述

本节旨在为读者揭示需求预测的多维面貌，概述其定义、目的和关键特征，并探讨影响预测准确性的因素。通过理解这些基本概念，读者可以更好地了解供应链需求的重要性和基本特点，为后续的供应链需求预测建模分析打好基础。

## 4.1.1 供应链需求预测的定义和作用

### 1. 供应链需求预测的定义

供应链需求预测是通过收集某种产品或服务需求的历史数据及其影响因素的相关信息，分析其市场趋势并对未来需求预测的过程。通俗地讲，在供应链管理中，需求预测是指假设所有外部条件均处于理想状态时，对客户可能购买的产品或服务数量进行科学合理的预估[①]。精准的需求预测能够提升供应链整体运营效率，增强企业的市场竞争力。在科学的需求预测基础上，企业可以更有效地优化物流、销售和生产等各个环节业务，促进供应链管理系统的协同。总之，科学的供应链需求预测不仅是供应链管理的核心环节，也是推动企业可持续发展的关键因素。

拓展阅读 4.1 需求预测的历史演变

随着市场环境的变化和消费者需求的多样化，企业必须不断优化其需求预测技术，以保持预测结果的准确性和时效性。通过结合大数据的先进技术，企业能够更深入地挖掘市场趋势和消费者需求，优化供应链管理决策。

### 2. 供应链需求预测的作用

供应链需求预测在成本优化、风险预见、战略引导、市场导向及供应链协同等方面发挥着关键作用，促进了各环节的高效合作，提升了供应链的灵活性和响应能力。

（1）成本优化：需求预测帮助企业制订和完善生产与采购计划，保持适当的库存水平，进而有助于成本控制和优化。通过精确预测需求，企业能够更有效地掌握未来需求的波动，从而制订和调整生产与采购计划，确保生产活动符合市场需求，有效避免了库存积压或短缺的问题，降低了库存成本。此外，准确的预测还允许企业抓住最佳时机进行批量采购，享受市场低价和折扣优惠，降低采购成本。

（2）风险预见：需求预测可以帮助企业识别和评估潜在的市场风险。通过分析历史数据和市场趋势，企业能够预测未来的需求变化，及时识别出可能导致销量波动的因素，如季节性变化、经济波动或消费者偏好的变化。这使企业能够提前做好准备，降低因市场变化带来的风险。

（3）战略引导：需求预测有助于引导战略政策的制定。通过深入分析市场趋势和消

---

① 马克·穆恩. 供应链与需求管理：精准预测需求与高效匹配供需[M]. 高雪洁，译. 北京：人民邮电出版社，2020.

费者行为，企业能够洞察未来的市场机遇和潜在挑战。这使得决策者在制定长期战略时，能够依据精确的数据进行更明智的选择，实现资源的高效配置。

（4）市场导向：需求预测在推动市场导向中扮演着关键角色。具体而言，企业能够利用预测出的需求趋势，灵活调整产品组合和研发方向，确保产品能够精准满足市场需求，增强市场竞争力。

（5）供应链协同：需求预测在供应链协同中起着至关重要的作用。通过提供准确的预测结果，需求预测增强了供应链各方（如供应商、制造商、分销商等）之间的需求透明度和信息对称性，避免各方因信息导致的决策失误，提升供应链整体的灵活性和响应能力，增强了各方合作的紧密度，提升整体的协同效率。

## 4.1.2 供应链需求预测的特征

需求预测过程具有多种特征，这些特征不仅反映了预测本身的复杂性，也揭示了如何应对不确定性、优化预测方法以及提升整体预测效果的途径。以下将详细探讨供应链需求预测的主要特征。

### 1. 误差具有不确定性

供应链需求存在很大的随机性，预测误差具有不确定性。其中市场的波动、消费者行为变化、经济环境的不确定性等多重因素都有可能带来这种随机偏差，从而造成需求预测的误差。预测过程中误差难以完全消除。因此，企业进行需求预测时，会致力于控制误差，确保预测结果可靠。

### 2. 短期需求预测精度高于中长期需求预测精度

短期需求预测通常比中长期需求预测更精确。短期需求预测主要基于近期的历史数据，这些数据能够更好地捕捉到市场变化和季节性波动。相比之下，中长期需求预测覆盖的时间范围更广，容易受到市场趋势变化、政策调整等不确定性因素的影响。这些因素增加了预测的复杂性和不确定性，导致中长期预测的精确度相对较低。

### 3. 综合预测优于分散预测

在构建需求预测模型时，综合预测通常比分散预测更为有效。综合预测基于全局信息，对整个供应链中不同产品需求进行统一建模，而分散预测则由各环节独立开展，容易产生"信息孤岛"。相比之下，综合预测能够考虑到产品、地区、销售渠道等多个维度的数据，有效避免因信息不对称导致的资源浪费和独立决策引发的牛鞭效应，从而提升了预测的准确性。

尽管综合预测在许多情况下优于分散预测，但这并不意味着分散预测没有价值。在特定情况下，分散预测能够提供更精细的预测视角，有助于捕捉局部市场的细微变化。因此，在实际操作中，企业往往将综合预测和分散预测相结合，既能确保全局预测的准确性，又可兼顾局部市场的变化趋势，从而提升整体预测水平。

### 4. 供应链下游预测优于供应链上游预测

在供应链信息收集过程中，供应链的下游环节由于更接近消费者，因此能够获得更准确的市场信息。相反，越是靠近供应链上游，企业接收到的信息失真程度就越大，这也是导致"牛鞭效应"的主要原因之一。上游环节的信息存在滞后或不完整的问题，并且每个环节采用的供应链需求预测方法也可能不同，这些情况使得每个环节的预测都可能偏离真实需求，从而导致需求波动被放大。因此，供应链下游的预测通常优于上游的预测。

### 4.1.3 供应链需求预测的研究范围、研究内容和研究方法

#### 1. 研究范围

供应链需求预测涉及跨学科的多种技术方法选择和应用，既包括如何提高预测模型的精度、如何整合和处理多维数据方法选择，也包括如何应对外部环境的变化和在实际供应链中应用这些预测结果等方面。综合供应链需求预测的研究范围和研究限制来看，供应链需求预测的研究范围包括以下五个方面：

（1）目标与问题。研究的主要目标是提高供应链需求预测的精度、可靠性和实时性，以优化库存管理、生产计划、物流调度等决策。研究的问题包括短期需求预测、长期趋势分析和突发事件的应急预测等。

（2）领域与应用。供应链需求预测研究覆盖了多个行业领域，包括零售、电商、制造业、汽车行业、医药供应等。各行业在需求波动、季节性和特殊事件方面的特性决定了预测方法的不同选择和调整。

（3）方法与技术。研究采用的技术涵盖传统的统计模型、现代的机器学习和深度学习模型。同时，数据挖掘、人工智能、大数据分析等技术也被广泛应用。

（4）数据与计算挑战。研究需要克服数据质量不佳（如数据缺失等）、跨部门信息流通等困难，同时处理大规模数据时的计算复杂性和资源需求等问题。

（5）外部不确定性与实施问题。供应链需求预测还需要考虑到市场的动态变化、外部因素干扰的影响，此外，增强实时需求预测能力和基于外界波动来动态调整模型预测的能力对于供应链需求预测研究也非常关键。

#### 2. 研究内容

供应链需求预测的研究内容主要涉及如何有效地预测供应链中的产品或服务需求，以便优化库存管理、生产计划、运输和分销等环节。

1）需求预测精度提升与算法优化

这方面的重点是提高需求预测结果的精度和模型的稳定性，主要体现在以下三个方面：

（1）影响变量筛选：通过分析预测误差，识别影响预测准确度的因素（数据质量、外部环境变化等），选择合适的需求预测建模变量。

（2）建模参数优化：通过采用遗传算法、粒子群优化等优化技术，可以在模型参数空间中进行有效搜索，找到最优参数设置。

（3）模型选择与验证：在不同的需求预测场景下，选择合适的预测模型并进行交叉验证与性能测试，验证模型的有效性，确保其在各种情况下都能保持较高的准确性和可

靠性。

2）需求预测的不确定性管理与供应链韧性提升

（1）不确定性分析：通过情景分析和蒙特卡罗模拟等方法，定量化需求的不确定性，以便为决策提供科学依据。

（2）波动性管理：通过控制需求波动（例如，通过需求平滑或需求缓冲等手段）来提升供应链的反应能力，是优化供应链管理的重要方向。

（3）供应链韧性的提高：通过构建具备高韧性的供应链体系可应对外部变化，确保供应链的稳定和持续运营。

3）季节性、趋势性和多层次分析

在需求预测中，季节性、趋势性和多层次分析是至关重要的研究方向。

（1）季节性分析：通过周期性模型，如季节性 ARIMA 模型，准确捕捉这些周期性变化，以便进行精确的需求预测。

（2）趋势性分析：通过识别需求的长期趋势变化，预测未来需求的走势。

（3）多层次分析：通过在多个层次（考虑产品、地区、渠道等）上进行需求预测，结合协同优化，确保供应链的协调性与高效性。

4）多渠道预测和供应链协同预测

在需求预测研究中，多渠道预测和供应链协同预测是两个重要的方向。

（1）多渠道预测：通过整合来自不同渠道的需求数据，采用联合时间序列分析、加权平均等多渠道预测模型，可提升整体的预测精度和可靠性。

（2）供应链协同预测：通过供应商、生产商等供应链企业，共享数据、深度沟通，共同考虑多重因素，可精准预测市场需求，提升供应链效率。

5）大数据技术与人工智能

大数据技术与人工智能在需求预测中的应用主要体现在以下三个方面：

（1）大数据技术的应用：利用数据挖掘、文本分析、社交媒体数据分析等技术，从复杂数据中提取有价值信息，可提高需求预测的准确性和可靠性。

（2）人工智能的智能化提升：从非结构化数据中自动识别需求信号，动态挖掘市场波动信息，可提高模型预测精度。

（3）自动化预测系统的构建：结合人工智能和自动化技术，构建自动化需求预测系统，可实时监控市场动态，自动调整预测结果，应对需求变化。

**3. 研究方法**

根据使用数据模型的复杂度和深度不同，常见的预测方法可分为以下三类：

（1）定性预测方法：当历史数据不足时或者数据不完全时（如新产品的需求预测），可借助专家提供合理的需求预估。主要有专家预测法、德尔菲法等。

（2）定量预测方法：通常采用数理统计技术（如时间序列分析和回归分析）和机器学习等，分析过去的需求数据波动规律来推测未来的需求趋势。

（3）定性与定量相结合预测方法：该方法将定性和定量技术结合使用。例如，专家系统与机器学习模型结合，可以在缺乏充分数据时或者在复杂的预测工作中，凭借专家意见补充完善预测结果，提高预测的准确性和灵活性。

随着数据科学的发展，机器学习方法逐渐成为需求预测中的主流，尤其是在数据量庞大、变化快速的环境中表现更为出色。企业需要研究如何利用机器学习方法从复杂和非线性的数据中挖掘潜在规律，进行更高效、更精确的需求预测。本节仅对研究方法进行简单介绍，关于预测方法的详细内容可以查看第 4.2 节。

### 4.1.4　供应链需求预测技术方法的分类

根据预测技术特征、时间跨度特征、数据特征和需求波动特征不同，可以对供应链需求预测方法进行如下划分，如图 4-1 所示。

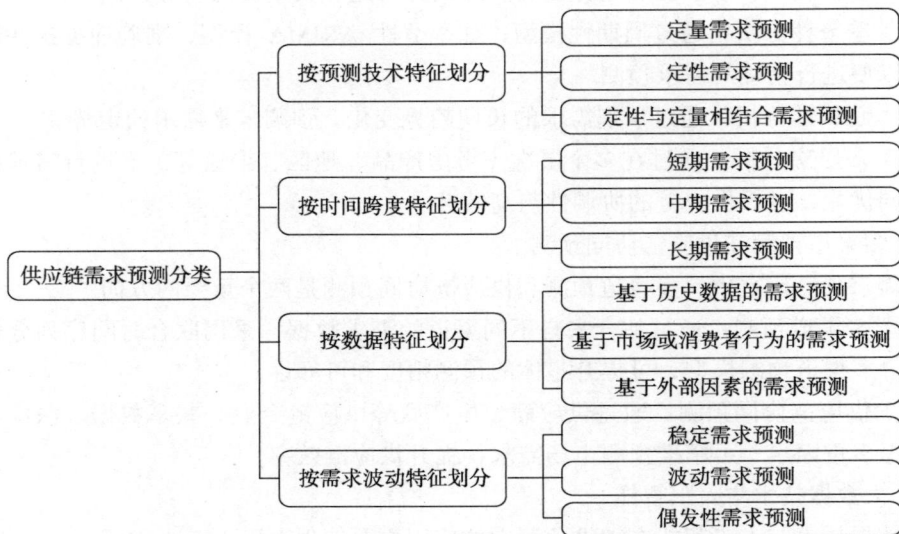

图 4-1　供应链需求预测技术方法的分类

**1. 按预测技术特征划分**

需求预测按照预测技术和方法可以划分为定量需求预测、定性需求预测、定性与定量相结合需求预测。

**2. 按时间跨度特征划分**

需求预测按照时间跨度可以划分为短期需求预测、中期需求预测和长期需求预测。

（1）短期需求预测通常聚焦在未来几天到几周的需求，通常依赖历史数据和趋势。主要用于日常运营中的库存管理和生产调度。

（2）中期需求预测则侧重于未来 1 到 3 个月的需求，通常需要考虑季节性波动和市场活动等因素。主要用于产能规划、批量生产等。

（3）长期需求预测则关注 3 个月以上甚至几年的需求变化，通常用于战略决策，如产品生命周期管理和投资规划。这种预测通常结合定性与定量方法，如专家意见和回归分析。

### 3. 按数据特征划分

需求预测按照数据特征可以划分为基于历史数据的需求预测、基于市场或消费者行为的需求预测和基于外部因素的需求预测。

（1）基于历史数据的预测方法强调数据的历史规律性，适用于需求波动较小的产品。时间序列分析和回归分析常用于此类预测。

（2）基于市场或消费者行为的需求预测则通过市场调研、消费者行为分析或社交媒体数据等，捕捉市场的动态变化，适用于需求波动较大的情境。

（3）基于外部因素的预测则侧重分析宏观经济变化和政策波动影响，可通过回归分析和专家判断等方法来预测需求变化。

### 4. 按需求波动特征划分

需求预测按照需求特征可以划分为稳定需求预测、波动需求预测和偶发性需求预测。

（1）稳定需求预测通常适用于需求波动较小的商品，如基础消费品，其需求变化规律平稳，预测方法包括时间序列法和指数平滑法。

（2）波动需求预测则适用于季节性商品或促销活动期间的商品，需求波动较大，预测难度也更高，通常采用季节性调整的 ARIMA 模型或机器学习方法。

（3）偶发性需求预测则适用于突发事件引发的需求激增，如自然灾害或公共卫生事件，其需求变化不易预测，通常结合定性分析和情景分析，利用专家判断和市场动态来进行预测。

## 4.1.5　供应链需求预测影响因素和难点

### 1. 供应链需求预测影响因素

供应链需求预测是一个涉及多个维度的复杂过程，涵盖确定目标、收集处理数据、构建训练模型、调整结果和模型以及评估模型等环节。供应链需求预测的整体流程如图 4-2 所示。这一复杂流程中各环节受多种因素影响：确定需求预测目标受战略规划和市场定位影响；收集处理信息取决于数据来源、完整性及处理技术；构建预测模型受算法、数据质量和行业经验影响。其中，数据收集是基础，直接决定预测准确性。数据源的准确性受微观和宏观因素制约，微观上涉及企业内部数据质量和市场竞争，宏观上包括经济环境、政策法规以及社会文化等因素。因此，本节将从供应链的微观和宏观两个角度分析需求预测如何受到这些因素的影响。

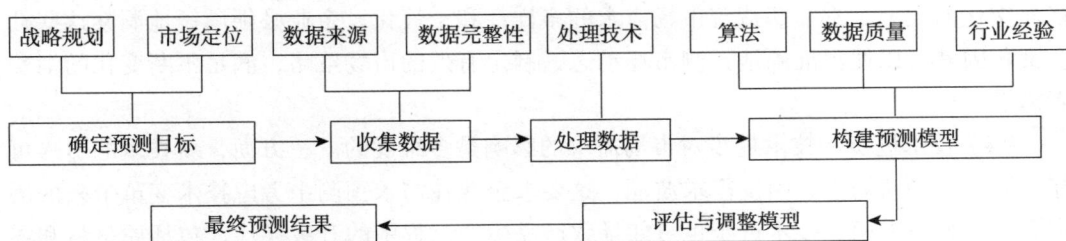

图 4-2　供应链需求预测的整体流程

1）供应链微观影响因素

微观层面的历史销售数据、产品补货提前期、市场竞争以及不确定性事件，从数据支撑、运营时效、市场博弈和突发状况等多方面，深刻影响着需求预测的准确性与供应链的高效运作，接下来我们深入剖析这些因素。

（1）历史销售数据为需求预测提供了直接信息。企业通过深入分析这些数据，能够揭示需求的周期性波动、季节性趋势以及潜在的增长或下降模式。这不仅有利于预测未来的市场需求，还能反映消费者偏好的演变和市场趋势的波动。

（2）产品补货提前期是指从订单发出到产品实际到达仓库或销售点所经历的时间跨度。这一时间长度对库存管理的效率和对需求变化的响应速度有着直接影响。较长的补货提前期可能导致库存成本上升和缺货风险增加，特别是在需求波动较大的情况下，产品补货提前期的影响尤为显著。

（3）市场竞争显著增加了供应链需求预测的复杂性，因为它直接影响企业的定价策略和成本结构。在激烈的市场竞争中，企业为了维持竞争力，常常需要调整价格以对抗对手的价格优势，这种调整会改变消费者的购买行为，进而影响需求预测的准确性。

（4）不确定性事件发生往往是突如其来的、难以预测的，它们有可能对供应链运营产生深远的影响。这类事件包括原材料供应短缺和物流链路中断等。这些不可预见的因素可能会导致生产进度延误，使交货时间变得不确定，影响供应链需求。

2）供应链宏观影响因素

供应链需求预测受宏观层面政策法规、经济变化、社会文化、技术进步、自然环境等因素交织影响，下面来具体剖析这些因素如何左右预测。

（1）政策法规。政策法规的变动会直接影响企业运营成本和供应链结构，这些影响会对需求预测的准确性产生关键作用。因此，企业在进行需求预测时，必须将政策法规变化纳入考虑范围，以便预测市场波动和供应链面临的压力，确保能够及时调整策略，以符合法规要求。

（2）经济变化。经济变化是需求预测的前提，通常涉及经济周期波动、通货膨胀等多个方面。其中，经济周期波动会影响市场需求和原材料供应等；通货膨胀可能会导致原材料和劳动力成本上涨，企业需要调整价格和供应链策略。

（3）社会文化。社会文化因素包括消费者偏好、生活方式等，对市场需求产生着深远的影响。这些变化可以引导消费者行为，激发对新产品或服务的需求，推动市场向更可持续和道德的消费模式转变。同时，人口结构的演变、教育水平的提升以及全球化和多元文化的发展，都在塑造着市场需求的多样性和个性化。企业必须敏锐地洞察这些社会文化因素，以便更准确地预测市场动态，制定有效的市场策略，满足不断变化的消费者需求。

（4）技术进步。技术进步对市场需求的影响是多维度的。一方面，新技术的引入可能会激发市场新需求，引发需求波动，这要求企业在需求预测中考虑技术变革带来的潜在影响。另一方面，技术进步也可能导致产品生产过程中的升级换代，包括原材料和零部件的更新，这些变化同样会对需求产生深远影响。

（5）自然环境。自然环境的波动，尤其是极端天气事件和自然灾害，对供应链构成了严峻挑战。这些剧烈的自然环境变化还可能引起供应链需求的剧烈波动，进而影响需求预测的准确性和可靠性。

**2. 供应链需求预测难点**

需求预测不单是一个数据处理的技术问题，它还涉及对市场趋势的深刻洞察、对外部变化的敏捷响应以及对预测模型持续优化的复杂过程。尽管随着技术的不断进步，需求预测方法愈发成熟，但该领域依旧面临着一系列严峻挑战，主要包括以下三点。

（1）数据的不完整性。精确的需求预测需要依赖于丰富的历史数据，涵盖销售记录、市场动向、消费者行为以及季节性变化等多个方面。但是，许多企业在特定市场或产品线上可能面临历史数据不足或数据质量不佳的问题，尤其是在推广新产品或开拓新市场时，数据搜集可能不够全面或更新不够及时。这种情况导致预测模型缺少了坚实的数据支撑，从而影响了预测结果的可靠性。

（2）需求的高波动性。从前文可知，市场需求常常受到众多因素的影响。这些因素使得需求波动，特别是在瞬息万变的市场环境中，导致需求预测变得更加困难。以食品行业为例，节假日需求激增或促销活动可能会引发需求的剧烈波动，进一步增加预测的复杂度。

（3）预测精度匹配需求难度大。尽管我们拥有海量数据和先进的预测技术，需求预测的精确度依然是一个普遍存在的难题。传统的预测手段，如时间序列分析和移动平均法，在应对复杂多变的市场环境时，可能无法提供足够精确的预测结果。人工智能和机器学习等模型的准确性也会受到数据质量、特征选择和算法配置等因素的影响。

# 4.2　供应链需求预测方法

供应链需求预测可分为定性和定量两种分析方法。定性分析侧重于深入理解和阐释现象的本质、特点及其背后的动因，适用于可靠数据缺失场景，可通过深度访谈、实地观察、案例研究等途径收集数据并给出判断。在数据可获得的情况下，定量分析是个不错的选择。定量分析侧重于运用数字化数据和统计技术进行测量与分析，能够提供可验证、具有普遍性的证据支持。总体而言，定性分析更适用于初步探索性研究，定量分析则更适用于后续的验证性研究。

## 4.2.1　定性分析方法

在供应链需求预测中，定性分析方法主要依赖于专家的经验和直觉、市场调研、情报收集等非量化信息，而不是单纯依赖历史销售数据。常见的定性分析方法包括专家意见法、德尔菲法和焦点小组法。

**1. 专家意见法**

专家意见法主要依赖领域专家的知识和经验来进行需求预测，适合面对不确定性较高或缺乏充分历史数据的情境。专家意见法的优点在于能够迅速适应市场变化，但其局限性在于依赖专家的主观判断，可能受到个人偏见的影响。专家意见法通常与其他预测方法结合使用，以提高整体准确性。专家意见法的基本步骤分为三步：

（1）组织一个具备相关行业经验和专业知识的专家团队，尽量保证团队中的专家来自相关的不同领域，以确保不同视角的融合。

（2）提供专家团队预测相关资料，专家们根据自身经验和知识独立给出预测意见。企业将专家的意见进行汇总，分析识别其中的共识和分歧。

（3）若汇总的意见中分歧较大，则再次组织专家们共同讨论，直至意见相对统一。将最终的专家意见用于指导库存管理、生产计划和市场策略等决策。

### 2. 德尔菲法

德尔菲法是一种采用匿名方式，通过多轮函询征求专家意见，经过反复征询、归纳、修改，最后汇总专家基本一致的看法并将其作为预测结果。它克服了专家会议法中专家易受权威、会议气氛等影响的缺点，减少个人偏见的影响，但需要时间和精力来管理每轮调查和反馈过程。

德尔菲法的流程可以分为以下三步：

（1）明确需要预测的具体问题和目标，之后选择一组具有相关经验和知识的专家，并确保他们在相关领域具备专业认知，能够对问题提供有价值的见解和判断。

（2）制定涵盖预测主题的关键问题问卷。在问卷中，可以使用多种评估方法，如排名、打分等。这些方法可以根据具体情况选择，以便更好地收集专家们对问题的看法。

（3）在调研中由专家们匿名填写问卷。随后，将问卷结果进行整理和分析并反馈给专家，再次征求意见，如此反复几轮，直到专家意见趋于稳定。

### 3. 焦点小组法

焦点小组法主要用于收集小组成员对特定主题或问题的看法和感受，适用于深入了解消费者行为、市场趋势和产品需求。焦点小组法能够深入了解参与者的态度和情感，但其局限性是样本规模较小，结果可能不具备广泛的代表性。焦点小组法通常结合其他研究方法使用，以增强结论的可靠性。

焦点小组法的流程可以分为以下三步：

（1）确定研究目标，明确需要收集的信息和讨论的主题。研究者需要清晰了解到自己希望通过小组讨论来获得哪些见解。

（2）选择小组成员。为了确保小组成员在相关特征上具有代表性，小组通常由6~12名目标受众组成。

（3）研究者在讨论开始之前精心编制讨论指南，明确核心问题和讨论主题。在讨论进行中，主持人负责引导对话，激励参会者积极发表观点，并确保每位成员都有机会表达自己的想法。讨论结束后，研究者对记录的数据进行细致分析，从中提炼出关键主题、趋势和深刻见解。

## 4.2.2　定量分析方法

定量分析方法主要通过数学模型和历史数据来预测未来的需求。与定性方法侧重经验和判断不同，定量方法依赖数据分析，能够提供更客观和系统化的预测结果。经过第 2 章关于预测性分析技术的介绍，我们对常见的定量分析方法的原理和流程有了基本的认识。本节主要介绍以下四类定量分析方法。

### 1. 时间序列分析

时间序列分析通过深入研究历史需求数据，有助于研究者发现数据中的规律性模式和趋势。通过识别和理解这些模式，时间序列分析为预测未来需求变化提供了坚实的基础，常用的时间序列分析有自回归模型、移动平均模型、自回归移动平均模型等。

时间序列分析虽然能够有效地利用历史数据捕捉季节性和周期性波动。但是，时间序列分析仅聚焦自身数据与规律的时间需求预测，忽略了市场动态、政策调整、技术革新等外界因素，会使预测结果与实际需求产生偏差，难以适应复杂多变的现实环境。因此，时间序列分析更适合于短期需求预测，但在实际应用中需要谨慎考虑其局限性。

### 2. 回归分析

回归分析在供应链需求预测中扮演着至关重要的角色，它通过识别和量化诸如价格、促销活动、季节性变化等影响需求的因素，帮助企业深入理解市场需求变化的原因，并据此制定策略。常用的回归分析有多元线性回归、岭回归等。

回归分析模型的灵活性和适应性使其能够根据新数据不断更新，以适应市场的变化，并且可以与其他预测方法如时间序列分析和机器学习模型结合使用，提高预测的准确性和可靠性。因此，回归分析不仅有助于理解需求变化的动因，还能提供准确的市场需求预测，优化供应链管理，增强企业的竞争力。

### 3. 机器学习模型

机器学习技术在处理供应链需求预测中的复杂数据模式和大规模数据集方面表现非常出色。经过第 2 章预测性分析技术的介绍可知，在这一领域，常用的机器学习方法涵盖了决策树、支持向量机、随机森林、梯度提升机等多种先进的算法。

（1）决策树通过一系列的决策规则将数据分为不同的类别或预测连续值。在需求预测中，决策树可以用于预测产品的需求，帮助企业优化库存管理。

（2）在需求预测中，通常使用 SVR 来处理回归问题。例如，使用 SVR 模型结合历史销售数据和市场趋势，可以预测产品的未来需求。

（3）随机森林可以自动评估特征的重要性，通过计算各特征的重要性，合理筛选出对预测结果影响显著的变量。基于此基础，随机森林可以用于预测产品的需求，帮助企业优化库存管理。例如，通过分析历史销售数据、市场趋势和季节性因素，随机森林可以提供高精度的需求预测。

（4）梯度提升机通过组合多个弱预测模型来提高模型的性能。其中，极端梯度提升（eXtreme Gradient Boosting，XGBoost）作为其进阶算法，运算速度更快、精度更高。在供应链需求预测当中，XGBoost 能帮助企业更精准地把控需求，降本增效。

#### 4. 组合预测

组合预测是指将多种预测方法的结果进行结合，从而提高预测准确性和稳定性。在供应链需求预测领域，组合预测方法通过整合多个模型的预测输出，减少单一模型的误差和偏差，增强预测的稳定性和可信度。例如，为了提高预测精度，可以将长短期记忆网络（Long Short-Term Memory，LSTM）与 SVR 结合得到 LSTM-SVR 组合模型。LSTM可以捕捉时间序列数据的长期依赖关系，而 SVR 可以处理非线性关系。如果使用多变量SVR 模型，则可以同时考虑多个影响因素，提高预测的准确性和稳定性。

组合预测通常涵盖以下六个关键阶段：

（1）模型选择与构建：不同的模型具有不同的优势和局限，因此研究者在选择时需要根据预测模型的特性进行选择。

（2）预测模型的训练：确定单个预测模型后，研究者需要对训练数据进行处理，之后利用训练数据、评估指标和参数优化方法来调整模型参数。

（3）预测结果的生成：将需要预测的数据输入各个预测模型中，研究者可得到每个模型的预测结果。

（4）组合方法的选择：得到各个模型的预测结果后，研究者可通过合适的组合方法将它们合到一起。常见的组合方法如表 4-1 所示。

表 4-1　组合方法的具体内容

| 组 合 方 法 | 方 法 内 容 |
| --- | --- |
| 简单平均法 | 将所有模型的预测结果直接取平均 |
| 加权平均法 | 根据各个模型的历史表现为其分配不同的权重 |
| 回归法 | 构建回归模型，利用历史数据确定模型系数并得到最终预测结果 |
| 熵权法 | 根据每个指标的信息熵计算指标的离散程度，确定指标权重 |
| 模型融合 | 将多个预测模型的输出作为输入，训练"二次"模型预测结果 |

（5）预测效果的评估。研究者使用多个评估指标来评估组合预测与单一模型预测的效果，从而可以选出最有效果的预测模型。

（6）调整与优化：基于上一阶段的评估结果对组合模型进行优化调整。例如，重新选择模型、优化加权系数，或采用其他组合方法。通过不断优化，研究者进一步提高组合预测的效果。最后优化后的预测结果就是最终预测结果。

### 4.2.3　定性与定量相结合分析方法

通过前两节对定性方法和定量方法的深入介绍，我们了解到这两种预测方法各自具有独特的优势和局限性。因此，在实际操作中，企业可以巧妙地将这两种方法结合起来，以实现更精准的需求预测。以下是五种将定性与定量方法相结合的模式。

#### 1. 顺序模式

顺序模式将定性分析与定量分析划分为两个分明的阶段，通常的做法是先开展定性分析，随后进行定量分析，或者顺序相反。这种模式特别适合于研究者希望首先通过定性分析深入探究供应链需求波动的背景及其背后的影响因素，然后再借助定量分析来验证这些假设或规律的情况。

**2. 并行模式**

在并行模式中，定性与定量分析是同时进行的，它们各自独立发展，但在最终阶段会合并以进行综合分析，从而相互补充。在这种模式中，定性分析有助于解释和理解现象背后的深层次原因，而定量分析则依据数据来识别趋势和构建模型。通过这种方式，两种分析方法能够共同揭示需求预测的全貌，增强预测结果的全面性和准确性。

**3. 交替模式**

交替模式则强调定性分析与定量分析在研究过程中交替进行，根据每个阶段的新发现调整研究策略。在整个研究过程中定性分析与定量分析不断交替进行，以不断调整假设和研究方向，最终得出对供应链需求有效的预测模型。这种模式适用于需求预测中的复杂情境，尤其是在供应链中需求波动大、变量多变的情况下。

**4. 综合模式**

综合模式与交替模式类似，但研究者可以在同一阶段同时使用这两种方法，尤其是在多阶段研究中，它们彼此互为补充，能够从多个角度进行分析。

**5. 建模模式**

建模模式适用于需要进行复杂预测或建模的任务，尤其是供应链需求预测中的长期预测或复杂度高的建模任务。在这种方法中，定性分析用于识别模型中的关键因素，进而构建初步的框架；而定量分析则用于验证模型的预测能力。

## 4.2.4　需求预测的大数据转型

在大数据时代背景下，供应链需求预测的方法经历了显著的变革，与传统预测手段相比有了质的飞跃。同时，大数据技术的应用为需求预测带来了前所未有的便利，极大地提升了预测的准确性和效率。

**1. 大数据时代需求预测的改变**

大数据技术极大地推进了供应链需求预测的发展，相较于传统需求预测，它在数据收集、预测方法与技术、精度与响应能力、协同与自动化方面都有了显著提升。

（1）数据收集：大数据时代需求预测通过整合来自多个渠道的数据，极大地丰富了信息来源。这些数据不仅包括传统的结构化数据，如实时销售数据、天气信息等，还涵盖了大量的非结构化数据，如社交媒体上的评论、消费者行为数据、物联网收集的信息等。

（2）预测方法与技术：在大数据时代，需求预测开始采用更尖端的机器学习和人工智能技术，包括深度学习、随机森林和 SVR 等。这些技术能够在庞大的数据集中识别出深层次的模式和趋势，捕捉复杂的非线性关系，并能够反映特殊事件的影响。此外，大数据技术能够根据产品、地区、消费者群体等维度对需求进行细致的细分，从而提升个性化需求预测的精确度，使得供应链中的库存管理、生产计划和配送安排更加精确和高效。

（3）精度与响应能力：在精度方面，大数据时代的需求预测通过融合多种数据源显著提升了预测的精确度和细节。同时，机器学习和深度学习技术等方法能够揭示潜在的需求变化趋势，并通过自我优化过程持续提高预测的准确性。在响应能力方面，实时数据流和自适应算法使预测模型能够迅速响应市场变化，及时更新预测结果，从而使供应链更灵活地应对突发事件和市场波动。

（4）协同与自动化：大数据技术通过促进供应链各方之间的信息共享与协作，使得供应链各环节能够依据实时数据共同参与需求预测。这种做法有效打破了供应链中的"信息孤岛"，显著提高了透明度和响应速度。在自动化方面，自动化技术提升了需求预测的效率。其中，机器学习模型能够自动从数据中学习并实时优化预测结果，减少了人为干预和误差。

**2. 大数据技术在需求预测的应用**

在供应链需求预测过程中，大数据技术能够显著提升预测准确性、响应速度，并增强企业对市场需求变化的适应能力。在需求预测领域，大数据技术主要体现在数据收集与处理、大数据平台和可视化工具、需求预测的实时响应等关键环节。

（1）数据收集与处理：诸多大数据技术在数据收集与处理中发挥着不可忽视的作用。其中，物联网技术通过智能传感器和设备实时收集库存、运输、生产等关键数据，为预测模型提供动态反馈；传感器和 RFID 技术实时监控产品流动和库存状态，提供精确需求信息。数据仓库与数据湖则集成历史、实时和外部数据，支持跨数据源的联合分析和挖掘，为需求预测提供坚实数据支持。爬虫技术则能在互联网海量信息中定向抓取与市场趋势、消费者偏好、竞品动态等相关的数据，拓宽数据收集的广度，为需求预测补充丰富的外部信息。大模型凭借其强大的数据分析和处理能力，能够对收集到的复杂数据进行深度挖掘和理解，提炼出关键特征和潜在规律，助力更精准地预测需求趋势。多模态技术整合文本、图像、音频等多种类型的数据，全面捕捉市场信息，比如通过分析消费者在社交媒体上发布的图文内容，更立体地洞察消费者需求，为需求预测提供多维度的数据视角。

（2）大数据平台和可视化工具：研究者能够通过大数据平台高效地进行多个模型的交叉验证，从而筛选出最优模型并精细调整其超参数。同时，可视化工具（Tableau、Power BI 等）被用来直观展示预测结果、历史数据和趋势分析。这些工具通过图表、图形和仪表板等形式，帮助供应链管理者清晰地理解需求的波动，从而作出更加精准和及时的决策。

拓展阅读 4.2　AI 的预测能力

（3）需求预测的实时响应：大数据技术在这方面提供了强有力的支持，通过流处理工具处理实时数据流，及时捕捉市场需求的微妙变化，实现预测模型的动态调整。

# 4.3　大数据时代的供应链需求预测流程

在前文的讨论中，我们对需求预测的基础知识和方法有了初步的了解。随着对这一领域的深入，我们现在来认识大数据时代的供应链需求预测流程。图 4-3 展示了供应链需求预测的流程，根据预测流程图我们将大数据时代的供应链需求预测流程概括为以下五个步骤。但是需要注意供应链需求预测活动是不断调整的。在实际需求预测过程中，企业需要不断针对需求预测情况来动态调整预测方法。

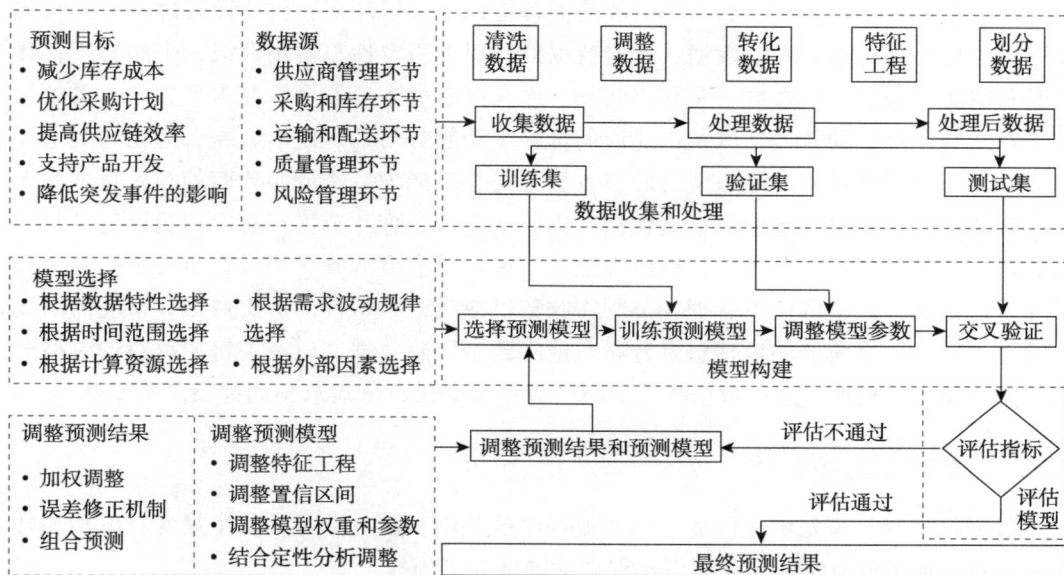

图 4-3　供应链需求预测流程

## 4.3.1　确定预测目标和数据源

### 1. 确定预测目标

供应链需求预测的核心目标在于通过精准分析市场趋势与历史数据，科学优化库存水平以减少成本，合理规划采购策略以保障供应，提升供应链各环节的响应速度与协调性，洞察市场需求以指导产品开发方向，并提前评估风险以降低突发事件对供应链的冲击，从而实现资源的高效配置与供应链的稳健运营。

（1）减少库存成本：通过精准的需求预测，企业能够科学优化库存水平，避免库存过剩导致的积压成本或库存短缺引发的缺货风险，从而降低物资持有成本并提高资金周转率。

（2）优化采购计划：基于对未来需求的预测，采购部门能够制定与市场需求匹配的采购策略，避免因采购不足导致的供应缺口。

（3）提高供应链效率：需求预测能够提前识别需求波动趋势，帮助供应链各环节预先调整资源配置与运作节奏，进而提高整个供应链的响应速度和协调性。

（4）支持产品开发：需求预测可帮助产品开发团队洞察市场需求趋势，明确产品研发方向，确保新产品符合市场预期；同时，营销团队可依据预测结果策划针对性的推广活动，提高市场响应效果。

（5）降低突发事件的影响：通过需求预测，企业能够评估未来需求的不确定性风险，提前制定应急预案，降低突发事件（如自然灾害、市场波动）对供应链的冲击。

**2. 确定数据来源**

在供应链需求预测中，数据源的收集需覆盖以下关键环节：供应商管理环节需收集供应商历史交货记录、质量数据、产能数据以及财务稳定性与信用评级；采购和库存环节需获取历史采购订单数据、库存周转率、库存持有成本、安全库存水平、产品需求的季节性及周期性波动数据，以及供应商的价格变动趋势与采购成本数据；运输和配送环节需整合历史运输数据、配送网络的节点分布与仓储能力、物流服务商的绩效数据和天气、交通等外部因素对运输的影响数据；供应链质量管理环节需汇总客户投诉记录与退货数据、产品质量检测报告、售后服务记录、客户满意度调查结果及竞争对手的质量与服务策略数据；供应链风险管理环节则需收集供应链中断事件的历史数据、市场需求波动的历史数据、供应商的地理位置分布与地缘政治风险数据，以及关键原材料的价格波动与供应稳定性数据。这些数据的全面整合为精准的供应链需求预测提供了坚实基础。

## 4.3.2　数据收集和处理

数据收集和处理是供应链需求预测流程中的关键步骤，涉及从多个来源获取相关数据，并对数据进行清洗和转化，以确保其准确性和可用性。

**1. 收集数据**

企业在进行供应链需求预测时，需要收集与预测相关的多维度数据。这些数据通常涵盖历史销售数据、市场趋势、季节性波动、促销活动、经济环境以及行业发展趋势等。在确定需求预测目标之后，企业将根据这些目标全面搜集所需的数据。通过这种方式，企业能够更深入地理解过去的需求模式及其背后的影响因素，为准确预测未来需求打下坚实的基础。

**2. 处理数据**

在供应链需求预测中，数据收集完成后，数据处理成为关键环节，其质量直接影响后续预测模型的准确性和可靠性，主要涵盖清洗、调整、转换、特征工程及划分数据等关键步骤。

1）清洗数据

在供应链场景下，收集到的数据常包含各种问题，影响预测的精准性。因此，企业首要任务是对数据进行清洗，着重处理缺失值和异常值。处理缺失值时，可依据数据特点和业务逻辑，采用均值填充、回归预测填充等方法。对于异常值，如生产环节中突然出现的极低或极高生产效率数据，可能是设备故障、数据记录错误等原因导致，需仔细甄别。通过统计分析、业务经验判断等方式确定其合理性，若真为异常，则可进行修正或剔除。

2）调整数据

根据供应链数据的特性和需求预测目标，数据调整也至关重要。例如，在使用季度销售数据进行供应链需求预测时，季节因素对销售影响显著。此时，企业需进行季节调整，通过移动平均法、指数平滑法等方法剔除季节因素，使数据更能反映潜在的需求趋势，为准确预测提供可靠基础。

3）转换数据

在供应链需求预测多变量分析中，不同数据维度和量纲差异大，如运输成本以金额计量，运输里程以公里计量。若直接用于模型分析，可能导致模型对某些变量过度敏感，影响预测准确性。因此，需要进行标准化处理，将数据转换为均值为 0、标准差为 1 的标准正态分布，使不同量纲的数据可在相同尺度下进行比较。

4）特征工程

若预测模型对数据有特殊需求，需开展特征工程。从清洗后的数据中提取影响供应链需求变化的关键因素，如在市场与客户驱动环节，价格波动直接影响客户购买行为，进而影响产品需求。促销活动效果决定了短期内销量的增减。季节性因素在食品、家电等行业表现明显，节假日前后需求会大幅波动。通过特征工程提取这些关键因素，为后续模型构建和需求预测提供有力的信息支撑，显著提升预测模型的精确度。

5）划分数据

将预处理后的数据集合理划分为训练集、验证集和测试集，这是构建有效预测模型的重要保障。在供应链需求预测中，训练集用于模型学习供应链数据中的规律，如从历史销售数据、库存数据中挖掘需求随时间、市场因素等变化的模式。验证集用于调整模型参数，通过不断尝试不同参数组合，观察模型在验证集上的表现，找到最优参数配置，避免模型过拟合训练数据，提高模型对新数据的适应性。测试集则用于检验模型预测结果，在模型训练和参数调整完成后，用测试集评估模型的泛化能力，确保模

拓展阅读 4.3　基于网络爬虫技术的多源数据采集

型在实际供应链场景中能准确预测需求，为企业生产计划、库存管理策略的制定等提供可靠依据。

### 4.3.3　构建预测模型

**1. 选择预测模型**

在供应链需求预测过程中，选择合适的预测模型应基于数据的特性、需求波动的规律、预测的时间范围、外部因素的影响以及计算资源等多方面的因素。

（1）数据的特性：通常情况下，数据分为时间序列数据和非时间序列数据。当数据按照时间顺序排列（如月销量、日销量）时，企业可以考虑时间序列预测模型；当数据

按照其他因素排列（如价格变化等）时，企业可以考虑回归分析或机器学习模型。

（2）需求波动的规律：企业在选择预测方法时可以依据不同的需求波动选择不同的预测模型。如果需求低波动，没有显著的季节性或趋势性变化，企业可以采用简单的预测模型，如移动平均法或指数平滑法。当需求呈现明显的趋势性或季节性波动时，企业需要选择能够捕捉这些规律的模型，如季节性 ARIMA，也可以通过波动分解模型，将原始序列分解成不同的波动模式分别预测，最后汇总得到预测结果。对于需求呈现无规则波动或存在突发变化的情况，企业则需要使用更为复杂的模型来捕捉这种波动，如机器学习模型、随机森林、XGBoost 等。

（3）预测的时间范围：确定预测目标后，企业可以确定需求预测需要的是短期需求预测、中期需求预测还是长期需求预测。基于选择的预测时间范围，企业可以初步判断预测模型。

（4）外部因素的影响：评估这些因素是否对需求产生显著影响，并据此选择合适的预测模型至关重要。如果外部因素对需求有显著影响，企业应考虑将这些因素纳入模型中，如通过使用回归分析或机器学习模型来实现。反之，如果外部因素的影响较小，企业则可以选择应用更简单的预测模型进行建模。

（5）计算资源：计算资源往往是在模型选择过程中最后考虑的因素。通常，简单模型对计算资源的需求较低，适合在资源受限的情况下使用。而复杂模型往往需要更多的计算资源，可能会涉及更长的训练时间和更强大的计算能力。然而，在数据特性和需求分析指向需要使用复杂模型，但计算资源又相对有限的情况下，企业可以在模型的复杂度和可用计算资源之间寻找平衡点，比如采用一些轻量级的机器学习模型。

通常情况下，企业需要考虑以上几个因素来选择合适的预测模型。此外，当单一的预测方法无法满足企业的要求后，企业可以考虑组合预测，尤其是在面对复杂数据、外部因素冲击、需求波动较大时。组合预测模型可以综合多个模型预测结果，充分发挥不同模型的优势，提高预测的准确性、稳定性和鲁棒性。

**2. 训练预测模型**

在供应链需求预测领域，训练预测模型是实现精准预测的核心步骤，其重要性不言而喻。正式训练时，要将已划分好的训练集数据输入模型。以线性回归模型训练为例，通过最小二乘法不断调整模型参数，使预测值与实际值之间的误差最小化，从而确定出最佳的回归系数，构建起有效的预测方程。在机器学习模型训练中，像决策树模型，会依据训练数据中的特征，不断进行条件判断和节点划分，逐步构建出一棵能够准确分类和预测的决策树。随机森林模型则是并行训练多棵决策树，综合这些决策树的预测结果，以此提升预测的稳定性和准确性。

## 4.3.4　评估预测模型

预测模型训练完成后，并非意味着工作的结束，还需要利用验证集数据对训练好的模型进行评估，主要通过进行交叉验证和计算评估指标来衡量模型的预测误差。若模型在验证集上表现良好，预测误差较小，此时预测结果可以作为管理层决策的重要参考；

若模型在验证集上表现不佳，预测误差较大，就需要对预测结果和预测模型进行优化。

**1. 交叉验证**

交叉验证是一种常用且有效的评估技术。交叉验证兼具模型训练和模型评估的属性，在整个模型构建流程中发挥着衔接和优化的关键作用。在每次训练时，将其中 $k-1$ 个子集作为训练集，用于训练模型，剩下的 1 个子集作为验证集，评估模型的性能。这样的过程会重复 $k$ 次，每次使用不同的子集作为验证集，最终将 $k$ 次的评估结果进行平均，得到一个综合的评估指标。在供应链需求预测场景中，交叉验证能有效避免因数据集划分方式不同而导致的评估偏差，更全面地评估模型在不同数据分布下的表现。例如，在预测某类季节性商品的需求时，通过交叉验证可以让模型在不同时间段的数据子集上进行训练和验证，从而更好地捕捉到需求的季节性变化规律，提高模型的泛化能力。

**2. 评估指标**

常用的评估指标如下所示：

（1）均方误差（Mean Squared Error，MSE）：衡量模型预测值与实际值之间差异的指标。MSE 计算的是预测值与实际值之差的平方的平均值。其中，MSE 越小表示模型误差越小，效果越好。

（2）均方根误差（Root–Mean–Square–Error，RMSE）：是 MSE 的平方根，衡量模型预测值与实际值之间差异的指标。其中，RMSE 越小表示模型误差越小，模型效能越好

（3）平均绝对误差（Mean Absolute Error，MAE）：预测值与实际值之差的绝对值的平均值。MAE 越小表示模型误差越小，模型效能越好。

（4）决定系数（Coefficient of Determination，$R^2$）：表示自变量对因变量变异性的解释程度，取值范围在 0 到 1 之间。其中，$R^2 = 1$ 时误差为零，模型非常优秀；$R^2 < 0$ 时，模型的效果很差，意味着模型的预测效果甚至不如直接使用均值作为预测值；$R^2 = 0$ 时，模型与基准模型没有区别。

（5）百分比误差绝对值的调和平均数（Harmonic Mean of Absolute Percentage Errors，HMAPE）：衡量预测模型精度的指标，是预测值与实际值之间的绝对百分比误差的调和平均数。其中，HMAPE 值越小，预测误差越小，精度越高。

然而经过模型评估后，这并不意味着预测团队的工作已经结束。他们的角色转变为持续的数据监控者和反馈提供者，以确保预测模型能够及时响应数据的波动和市场的最新动态。得益于大数据技术，预测人员的工作方式得到不断优化。他们不再需要手动搜索和整理数据，而是可以依赖于流处理和事件驱动等先进技术来实现对预测模型的动态调整。这些技术使得预测过程更加自动化和实时化，从而提高了预测的准确性和效率。

通过这种方式，预测团队能够更加专注于分析和策略制定，而不是日常的数据收集工作，从而为企业的决策提供更加精准和及时的支持。

## 4.3.5　调整预测结果和预测模型

预测模型经过训练后可以得到初步的预测结果，此时的结果可能受到数据质量、模

型选择或外部因素变化的影响，预测精度未必稳定可靠。因此，需要对预测结果进行评估和验证。若检验得到的结果具有偏差，企业则需要对预测结果修正和调整。只有在评估指标确认修正后的预测结果与实际需求数据高度一致，并且修正过程得到了坚实的理论基础支持时，企业才算真正完成了对模型的修正和调整。

**1. 调整预测结果**

通常情况下，初步预测结果可能会有系统性偏差和误差。

（1）针对系统偏差：企业可以采用简单的加权调整或偏差修正方法来优化预测结果。有时，这种调整需要依据历史误差数据进行反向修正，以期达到更加精确的预测水平。

（2）针对误差：在某些情况下，模型预测的误差可能存在某种规律，因此企业可以通过误差修正机制来调整预测结果。常见的方法包括误差模型和残差分析。误差模型是通过创建一个独立的模型（如回归模型或时间序列模型）来捕捉和预测误差的规律性。这种方法尤其适用于当误差呈现一定模式时，如时间序列预测或回归预测。残差分析则是通过分析预测值与实际值之间的差异（即残差）来发现模型的不足之处，可以帮助识别模型在某些特定情境下的表现问题，使得调整变得更加有针对性。例如，可以根据残差的分布特征对模型的输出进行加权修正，从而改善预测性能。

特殊情况下，如果预测结果显示出较大的偏差或方差，这表明单一模型可能无法满足需求预测的精确度要求。面对这种情况，企业可以采用组合预测方法，即选择多个单一模型进行预测，并通过集成学习的技术将这些模型的预测结果结合起来。这种方法通常能够提升模型的准确性和泛化能力，同时减少单一模型可能引入的偏差和不稳定性。通过集成多个模型的优势，组合预测能够更有效地捕捉数据中的复杂模式，提高预测的整体性能。

**2. 调整预测模型**

有时预测结果偏差源于模型的设定，因此企业可以通过调整预测模型来调整预测结果。调整预测模型主要是指调整特征工程、调整预测结果的置信区间、调整模型的权重与参数以及结合定性分析对模型进行调整。

1）调整特征工程

当预测结果的偏差源于预测变量或者特征的选择或处理不合适时，企业可以通过以下方法来调整特征工程，进而调整预测结果。

（1）特征选择与优化：通过重新选择或添加特征，可能会提高模型的准确性。如果原始模型中遗漏了一些有影响的特征，加入这些特征可能会有效地提高预测的表现。

（2）特征变换：通过对数变换、差分变换、标准化等方式调整特征，可以帮助模型更好地适应数据的分布，从而提高预测精度。

（3）多维度特征组合：通过组合多个特征可以为模型提供更多有意义的信息，从而改善预测结果。

2）调整置信区间

在许多情况下，模型的输出不仅限于单一的具体预测值，而是提供一个预测区间，这个区间能够提供关于预测结果不确定性的额外信息。当模型预测面临较大不确定性时，可以通过调整置信区间的宽度来应对这种不确定性。例如，如果模型预测的误差波动较大，可以通过提高置信水平来增强预测结果的稳健性，从而提供更高的可靠性。这种方法允许企业在不确定性较高时，通过扩大置信区间来捕捉可能的预测误差，确保预测结果更加稳健和可信。

3）调整模型权重与参数

模型的某些超参数或权重可能影响预测结果。在一些情况下，适当调整权重或参数，可以改善模型的表现。

针对模型权重的调整通常用于调整集成方法或复杂模型。企业调整各个子模型的权重，可帮助提高整体的预测结果。

针对模型的超参数优化，企业可以通过网格搜索、随机搜索或贝叶斯优化等方法，找到最优的超参数组合，以改善预测精度。

4）结合定性分析调整

在模型预测的基础上，融入定性分析可以显著提升预测结果的准确性与合理性。核心方法是引入行业专家或领域专家的定性见解，对模型输出结果进行恰当的调整。特别是在模型预测面临不确定性或数据不足的情况下，专家的直觉和经验能够弥补模型的局限性，增强预测结果的可信度和实用性。通过结合专家的意见和模型的定量分析，企业可以得到更全面、更可靠的预测结果。

## 4.4　大数据时代的供应链需求预测案例研究

### 4.4.1　案例背景

在现代食品供应链中，市场需求的不确定性和波动性为企业的运营管理带来了巨大挑战。食品供应链涉及从原材料采购、食品生产加工到物流运输及最终分销的全流程管理。在这一复杂的系统中，需求预测的准确性直接决定了供应链效率和成本控制。然而，传统的需求预测方法，如基于经验或单纯的时间序列分析往往难以应对市场的快速变化，尤其在面对节假日、季节更替等需求高峰时，预测误差会导致库存积压或缺货产生。库存积压意味着公司可能面临资金占用和产品过期的风险，而缺货则可能导致错失销售机会，甚至损害公司声誉。

与此同时，随着数字化技术的发展，企业积累了大量关于市场动态、历史销售、物流信息等方面的数据。这些数据来源多样、体量庞大，既为更准确的需求预测提供了丰富的资源，也带来了新问题。

（1）数据复杂性增加：食品供应链的数据往往来源于多个环节，包括销售渠道、仓储位置、客户类型等。如何从多源、多维度数据中提取出关键信息成为一大难题。

（2）实时性要求提高：市场变化速度加快，传统静态预测模型无法及时响应需求波动。

（3）数据处理效率低：大数据处理需要耗费大量人力和时间，传统的预测系统难以适应这一要求。

为了解决上述问题，机器学习技术被引入。机器学习能够分析历史数据，识别多种需求影响因素，生成贴合实际的需求变化趋势；同时，它可以快速处理和分析海量数据，捕捉非线性关系，挖掘隐藏特征，甚至适应实时变化的数据动态，确保预测结果的可靠性和高效性。

基于以上背景，本节将以大数据竞赛平台（Kaggle）上的食品供应链企业（G公司）为研究对象，使用机器学习技术进行优化，为需求预测问题提供科学的解决方案。

### 4.4.2 案例实践

为了改善企业供应链需求预测中存在的问题，本案例使用机器学习技术对 G 公司的供应链需求进行分析预测，具体步骤如下。

**1. 确定预测目标和数据源**

（1）研究目标：本次研究的目标是基于 G 公司过去 3～7 周的历史数据，预测第 8 周的需求情况。

（2）数据来源：数据的获取涵盖多维特征（如销售仓库、分销路线、客户群体、产品类型等）的历史数据，并通过数据仓库和数据湖技术存储结构化与非结构化数据，为分析奠定基础。这些数据不仅包括销售记录，还应涵盖市场趋势、季节性变化和促销活动等信息，以便全面理解需求模式。

**2. 收集和处理数据**

（1）数据收集：全面整合供应链的多源数据，包括物流记录、历史销量及市场动态等，构建高维度、多特征的数据集。

（2）数据处理：通过去重、缺失值填补、异常值检测等方法确保数据的完整性和一致性。同时，筛选出与需求量高度相关的六个关键变量——时间周数、销售仓库、分销路线、客户群体、产品类型和需求量，作为后续建模的核心输入变量。

**3. 构建预测模型**

结合大数据的复杂性与需求预测的目标，本研究选择 XGBoost、随机森林、支持向量机三种机器学习模型进行对比与优化。

（1）XGBoost 可以进行大规模并行运算的集成树模型，在处理大规模数据时表现卓越，能够捕捉数据的非线性关系，对噪声具有较强鲁棒性，具有良好的拟合能力。初始模型的参数设置为 0.001 的学习率和 50 次迭代，同时，模型使用 80% 的样本数据训练决策树，并使用逻辑回归进行目标参数评价工作，以确保模型的准确性和稳定性。

（2）随机森林对于冗余变量具有较高的耐受性，在高维数据分析中具有良好的稳定性，尤其擅长处理数据缺失、数据噪声和多样化特征。初始模型使用 200 棵决策树，其中决策树的最大深度为 10。

（3）支持向量机在捕捉数据局部特征方面表现出色，可以快速对目标数据集进行建模分析，适用于小样本和非线性关系建模。初始模型使用径向基回归作为内核，内核独立参数调整为 0，模型最大的迭代次数为 –1。

#### 4. 参数优化与模型组合

1）参数优化

（1）XGBoost 通过网格搜索法优化关键参数。经过优化后，学习率取值为 0.1，最大决策树深度取值为 4，决策树个数选择为 400。

（2）随机森林采用随机搜索法对模型的参数进行优化设计，逐步尝试不同变量值下模型的均方误差，选取最优的变量值。

（3）SVM 利用灰狼优化算法调整模型的内核系数和正则化系数，其中设定灰狼优化算法参数时，内核系数和正则化参数取值范围为[0.01，100]。

2）模型组合

本研究综合了三种不同预测模型的预测结果，以构建多个复合预测模型。通过调整各个模型的加权系数，我们优化了这些复合模型的性能。在验证集上表现最佳的复合模型被选为最终的预测模型用于实际应用。

#### 5. 模型评估

采用以下指标评估模型性能：

（1）MAE 评估模型的整体预测能力。

（2）RMSE 评估模型在极端情况下的表现。

（3）$R^2$ 评估模型的预测能力。

评估结果如表 4-2 所示，在单一模型中，XGBoost 和随机森林表现最佳；在组合模型中，融合了三种模型预测结果的组合模型 1 效果最优。

表 4-2　模型的评估结果

| 模　　型 | MAE | RMSE | $R^2$ |
| --- | --- | --- | --- |
| XGBoost | 2.28 | 10.08 | 0.926 5 |
| 随机森林 | 2.30 | 10.30 | 0.928 7 |
| 支持向量机 | 2.72 | 11.92 | 0.889 9 |
| 组合模型 1 | 1.53 | 10.26 | 0.935 8 |
| 组合模型 2 | 1.12 | 10.44 | 0.930 6 |
| 组合模型 3 | 1.24 | 10.46 | 0.914 4 |
| 组合模型 4 | 1.60 | 10.60 | 0.987 8 |

因此，预测团队选择综合三个模型预测结果的组合模型 1 作为最终的需求预测模型，并利用该模型对未来的需求进行预测。

### 4.4.3　案例分析

#### 1. 研究结论

通过大数据和机器学习技术在需求预测方面的应用，得到以下结论。

（1）大数据的赋能作用：大数据技术通过提供多维度、多层次的信息基础，显著增强了需求预测的广度和精确度。同时，数据仓库和数据湖技术的进步优化了大数据的存储与处理流程，进一步提高了数据分析的效率。

（2）机器学习的必要性：一方面，XGBoost 模型在单一模型当中凭借其强大的拟合能力和鲁棒性在预测性能上表现最佳；另一方面，组合模型充分整合了各单一模型的优势，大幅提升了预测精度，验证了机器学习在复杂数据场景中的应用价值。

（3）参数优化的重要性：案例中研究团队针对模型特点使用网格搜索和灰狼优化等不同方法显著提高了模型的预测精度和泛化能力，降低了过拟合风险。

### 2. 实际意义

本案例的实践成果为食品供应链管理在供应链效率、市场响应能力及行业技术方面提供了实际意义。

（1）提升供应链效率：通过利用大数据和机器学习技术，企业能够对历史销售数据、市场趋势、季节性变化等进行深入分析，从而实现对未来市场需求的准确预测。这种更精准的需求预测帮助企业减少库存积压和缺货风险，优化资源配置。

（2）增强市场响应能力：实时预测模型使企业能够快速应对市场需求的变化，企业能够对供应链进行实时监控和预警，及时调整生产和库存计划以适应市场变化，提升客户满意度，增强企业的竞争力。

（3）推动行业技术升级：本研究展示了大数据与机器学习技术在供应链管理中的巨大潜力，为行业数字化转型提供了成功案例，鼓励更多企业采用先进技术，实现供应链管理的优化和升级。

拓展阅读 4.4　基于数据空间的需求预测研究

本案例强调了大数据和机器学习技术在需求预测中的核心作用。大数据的加入拓展了预测的视角，而机器学习技术则解决了数据处理的复杂性与动态性问题。两者的结合不仅提升了供应链的整体管理水平，还为供应链领域的研究与实践提供了重要启示。

（资料来源：智慧能源研究所相关论文[①]。）

**问题：**

1. 讨论大数据技术如何通过提供多维度、多层次的信息基础，显著增强需求预测的广度和精确度。

2. 分析 XGBoost、随机森林和支持向量机三种机器学习模型在需求预测中各自的优势，并讨论组合模型能够提升预测精度的原因。

3. 讨论参数优化在提高机器学习模型预测精度和泛化能力中的作用。

## 课后习题

1. 影响供应链需求预测的因素有哪些？
2. 请选择一种供应链需求预测方法进行简单介绍。
3. 在大数据时代背景下，供应链需求预测的方法经历了哪些变化？

---

① 孙堃. 基于机器学习的食品供应链需求预测研究[D]. 华北电力大学，2020.

## 即测即练

自学自测  扫描此码

# 第5章

## 大数据时代的供应商管理

### 学习目标

1. 理解供应商管理的基本理论。
2. 熟悉供应商评价的方法。
3. 熟悉供应商管理中的大数据分析技术的原理和应用。
4. 掌握大数据时代的供应商管理的基本流程。

在数字化浪潮时代，商业环境深度变革，大数据渗透企业运营各环节，供应商管理也随之革新。大数据开启了供应商管理的新境界，企业借此挖掘海量多元实时数据，洞察供应商各方面，构建精准评价体系，筛选适配合作供应商，监测供应链绩效，预警供应链风险并助力供应链合作协同。本章将深入探索大数据在供应商管理中的应用，剖析其理念、流程及其对方法的重塑，阐述前沿技术应用和模型应用等，结合案例展示效益与经验，为读者提供具有可操作性的思路与方法借鉴。

### 导入案例

#### 华为：以大数据赋能供应商管理，铸就供应链卓越竞争力

华为作为全球领先的通信技术企业，拥有庞大复杂的供应链体系。面对复杂多变的供应链环境，华为通过大数据实现了高效的供应商管理。

华为构建了全面的供应商数据平台，整合了包括供应商的基本信息、交易历史、质量管控记录、交付能力等数据。在供应商选择阶段，利用大数据分析供应商的财务健康状况、行业声誉和技术创新能力。例如，通过挖掘财务报表和市场反馈数据，筛选出财务稳定、信誉良好的供应商，降低合作风险。

在合作过程中，华为凭借大数据实时监控供应商的交付表现。通过分析运输物流数据和交付时间记录，精准预测交付延迟风险。曾有供应商因产品质量波动被大数据系统标记，华为迅速与其沟通，要求整改，同时利用数据协助供应商找到问题根源，改进生产流程。

另外，华为和优质供应商共享市场需求预测等大数据，推动协同创新。比如在 5G 技

术产品研发中，通过共享技术发展趋势和客户对新技术的期望等数据，与供应商共同开发高性能的 5G 通信设备组件。

通过大数据驱动的供应商管理，华为提升了供应链的韧性和灵活性，产品质量和交付效率也显著提高，同时降低了采购成本，增强了在全球通信市场中的竞争力。

（资料来源：https://www.huawei.com/cn/news，笔者根据华为新闻官网相关资料整理所得。）

# 5.1　供应商管理基本理论

## 5.1.1　供应商分级理论

供应商分级理论是对供应商进行分类管理的有效方法，通过将有限的管理资源集中在关键供应商，可提升供应商群体能力，降低因供应商问题导致的供应中断风险，优化供应链效率，实现共赢。

下面是四种常见的供应商分级分类方法：

**1. 按物资类型分类**

（1）直接物料供应商：直接物料供应商是指向企业直接提供用于生产产品的原材料、零部件等物料的供应商。这些物料经过加工或组装后，成为企业最终产品的一部分。例如，汽车制造商的直接物料供应商包括钢铁生产商（提供钢材用于车身制造）、轮胎制造商、发动机零部件供应商等。直接物料供应商处于供应链的最上游，是整个供应链的起点。其提供的物料质量、价格和交付及时性直接影响后续生产环节的顺利进行。对于许多企业来说，直接物料的供应是生产的关键因素。如果直接物料供应商出现问题，如供应中断、质量不合格等，可能会导致企业的生产停滞，对整个供应链产生重大影响。

（2）间接物料供应商：间接物料供应商是指向企业提供非直接用于产品生产的物料或服务的供应商。这些物料通常用于支持企业的日常运营、维护、管理等活动，而不是最终产品的一部分。例如，办公用品供应商（提供纸张、文具等）、清洁和卫生用品供应商、包装材料供应商等都属于间接物料供应商。虽然间接物料不直接参与产品生产，但它们对于企业的正常运营至关重要。间接物料供应商为企业提供各种必要的支持服务和物资，确保企业的各项活动能够顺利进行。同时，间接物料供应商可以根据企业的实际需求进行快速调整和响应，这有助于企业在面对市场变化和内部需求波动时，保持运营的灵活性。

（3）服务类供应商：服务类供应商是指向企业提供各种服务而不是实体产品的供应商。这些服务可以涵盖多个领域，包括但不限于物流服务、信息技术服务、咨询服务、金融服务、人力资源服务等。例如，一家物流公司为企业提供货物运输、仓储等服务；一家软件公司为企业提供软件开发、系统维护等信息技术服务；一家管理咨询公司为企业提供战略规划、流程优化等咨询服务。通过提供专业的服务，服务类供应商可以为企业创造价值，提高企业的竞争力。例如，高效的物流服务可以降低企业的运输成本和库存成本；优质的信息技术服务可以提高企业的运营效率和管理水平。它们与直接物料供应商和间接物料供应商相互配合，共同构成完整的供应链体系。

**2. 按采购金额和风险分类**

以采购物料的分类为分析基础，用采购金额和供应风险两个维度，我们可以建立采购品类与供应关系的矩阵模型，将供应商分为四类，如图 5-1 所示。

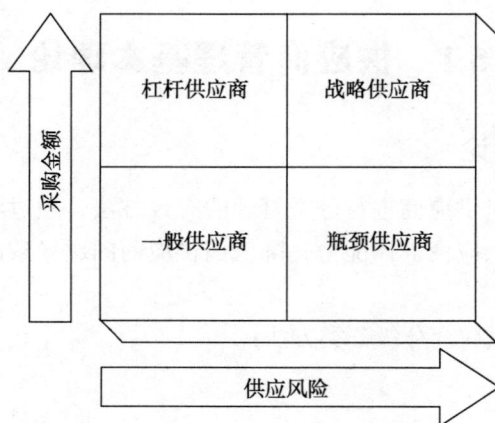

图 5-1　按采购金额和风险分类

（1）杠杆供应商：这类供应商提供的产品或服务通常在市场上比较容易获得，采购量相对较大，具有较高的财务价值。同时，由于提供的产品或服务标准化程度较高，替换供应商较为容易，供应风险较低。杠杆供应商在供应链中处于相对较为常规的位置，因此，在采购谈判中，采购方可以利用其采购金额大的优势，通过竞争性选择供应商、集中采购、招标采购等方式，获取更多的供应商"增值服务"，确保获得最好的价格和供货条款。

（2）战略供应商：这类供应商提供的产品或服务对于采购方的核心业务至关重要，且通常具有较高的技术含量或独特性。同时，由于供给稀缺或运输困难等，战略型供应商提供的产品和服务具有较高的供应风险。战略型供应商在供应链中处于核心地位，采购方和战略型供应商之间力量均衡，相互依赖性较高。因此，采购方需要通过与其建立长期稳定的合作关系和利益共享关系，确保供应链的稳定性和长期价值。

（3）一般供应商：这类供应商提供的产品或服务对采购方的业务影响较小，且市场上供应充足，可替代性强，供应风险低，对企业的利润影响也较小。一般供应商在供应链中处于相对次要的地位，但仍然是供应链中不可或缺的一环。采购方可以通过联合采购、采购外包等方式，减少对此类物料的采购和管理费用投入。

（4）瓶颈供应商：这类供应商提供的产品或服务支出低，但在市场上比较稀缺，可替代性低，采购方在采购这些产品或服务时，往往面临供应受限、价格较高等问题。瓶颈供应商在供应链中处于较为脆弱的位置，采购方对瓶颈供应商的依赖程度较高，但在交易中往往缺乏议价能力。因此，采购方需要特别关注与这些供应商的关系维护，通过数量保险合同、供应商管理库存等策略来确保供应链的连续性和减少供应中断的风险，同时，积极寻找替代品和潜在供应商，以降低对单一供应商的依赖。

### 3. 按供应商的运营绩效和战略潜力分类

基于科尔尼模型，从战略潜力和运营绩效两个维度，可以将供应商分为 6 种类型，分类结果如图 5-2 所示。

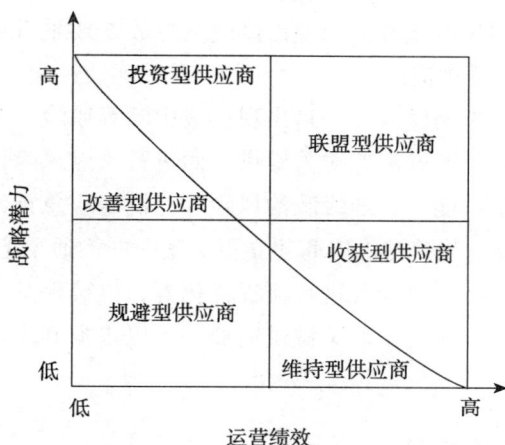

图 5-2　按供应商的运营绩效和战略潜力分类

（1）联盟型供应商：联盟型供应商是指具有高潜力且表现较好的供应商。这类供应商在供应链中占据核心地位，是供应链战略的重要组成部分。买卖双方共享信息、资源和风险，共同开发产品和市场，进而推动创新，提高供应链的整体竞争力和市场响应速度。

（2）投资型供应商：投资型供应商是指具有高潜力但当前表现不佳的供应商。这类供应商在供应链中的地位可能较低，但具有提升的潜力，需要企业投入资源以提升其绩效。企业可通过投资和支持来提升供应商的质量和交付能力，增强供应链的稳定性。

（3）收获型供应商：收获型供应商是指绩效良好但增长潜力有限的供应商。这类供应商在供应链中占据稳定但非核心的地位。采购方对收获型供应商的投入较少，仅维持现有业务，保证供应商持续提供优质稳定的产品和服务。

（4）维持型供应商：维持型供应商是指绩效一般，对企业而言既非关键也非不可替代的供应商。这类供应商在供应链中的地位较为边缘化。采购方仅与其保持基本的供应关系，不进行额外的投资或发展。

（5）改善型供应商：改善型供应商是指绩效不佳，需要企业协助改善供应情况的供应商。这类供应商在供应链中的地位一般，存在改进空间。采购方可以通过合作和支持来帮助供应商提升绩效，以满足其需求。

（6）规避型供应商：规避型供应商是指潜力低且表现差的供应商。这类供应商在供应链中存在较大风险，企业应尽量避免与其合作，减少依赖，同时积极寻找替代供应商，以降低供应链风险。

#### 4. 按"80/20"规则分类

"80/20"规则又称帕累托法则、关键少数法则，即通常情况下，80%的结果是由20%的因素所决定的。在供应链链条上，它往往体现在80%的产品或服务是来自20%的供应商，80%的风险问题是由20%的供应商所引起的。

按照采购金额、采购数量等指标对供应商进行排序，我们往往会发现大约80%的采购额来自20%的供应商，那么这些供应商就是关键供应商。例如，一家企业经过统计分析发现，其80%的原材料采购金额流向仅占供应商总数20%的几家大型供应商，这几家大型供应商就被确定为关键供应商。

关键供应商对企业的影响巨大，一旦出现供应中断等风险，可能会给采购方带来严重后果。因此，一方面，采购方需要对关键供应商进行重点风险评估和管理，包括评估供应商的财务稳定性、生产能力、地缘政治风险等，制定应急预案以降低供应中断的风险；另一方面，采购方应当与关键供应商建立更加紧密的沟通渠道，共同制订发展计划，向关键供应商提供技术支持，协助其进行流程优化等，以确保其能够持续稳定地为企业提供高质量的产品和服务。而对于非关键供应商，可以根据其表现和自身需求，有选择地进行发展和培养。

### 5.1.2 供应商综合评价理论

#### 1. 定义

1）供应商综合评价

供应商综合评价是指利用一套指标评价体系，对供应商在多个维度上的表现进行全面、系统的评价。通过收集相关数据和信息，运用特定的评价方法和模型，对供应商在各个指标上的表现进行量化打分或定性评价，最终得出一个综合评价结果以反映供应商的整体实力和合作价值。

2）供应商综合评价阶段

（1）供应链初期：供应商的选择。供应商选择处于供应链构建的初期阶段，在这个时期，企业要根据自身的战略规划、产品或服务需求等来寻找合适的供应商。供应商选择，即企业为了获取高质量的产品或服务，同时控制成本并提高效率，而采用特定的方法和标准来筛选最佳供应商。在供应链管理中，供应商选择处于核心地位。供应商的质量将直接影响整条供应链的运作，正确的供应商选择决策能够降低供应中断的风险，保证供应链的稳定运作，从而提升供应链的响应速度和市场竞争力，而不正确的供应商选择决策将"牵一发而动全身"，使得供应链各个环节失调，不仅会给相关主体带来严重的损失，甚至会影响相关主体在市场中的存亡。

（2）供应链中后期：供应商绩效考评。供应商绩效考评是在供应链的中后期，当供应商已经为企业提供产品或服务后，企业需要对其绩效进行考评。供应商绩效考评是指对现有供应商在履行合同和提供产品或服务方面的日常表现进行定期监控和考核。它不仅包括对供应商商品质量的检查，还涉及评估供应商能否按照企业要求按时按质完成订单，以及与其他供应商的比较，发现、发展并巩固优秀的供应商，淘汰绩效差的供应商。供应商绩效考评在供应链管理中占据重要地位，它是企业实现供应链优化和提升竞争力的关键环节。有效的供应商绩效考评可以帮助企业及时发现和解决供应链中的问题，确保供应链稳定可靠。

**2. 供应商评价指标体系**

供应商评价指标体系是一套用于评估供应商综合表现的多维度指标集合。它是供应商综合评价的前提和关键。结合供应链现状和市场环境，制定全面的供应商评价指标体系，有助于企业优化供应商结构，提升供应商管理水平。供应商评价指标体系通常包括三个主要方面，具体如图 5-3 所示。

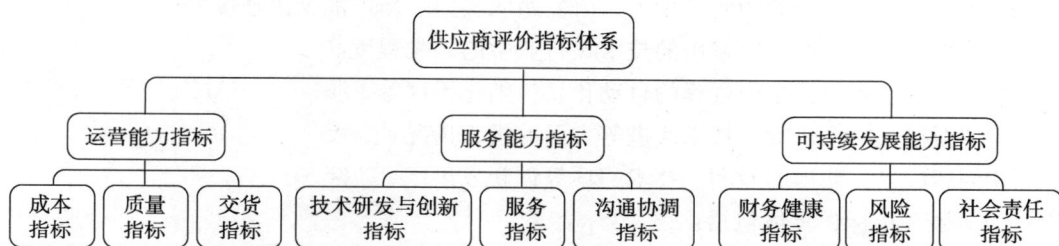

图 5-3　供应商评价指标体系

1）运营能力指标

（1）成本指标，具体包括：

①价格偏差率，即供应商的供货价格与标准价格相差的比值。其计算公式如下：

$$价格偏差率 = \frac{(供应商供货价格 - 标准价格)}{标准价格} \times 100\%$$

②平均价格比率，即供应商的供货价格和市场同档次产品平均价的比值。其计算公式如下：

$$平均价格比率 = \frac{(供应商的供货价格 - 市场平均价)}{市场平均价} \times 100\%$$

③最低价格比率，即供应商供货价格和市场同档次产品的最低价的比值。其计算公式如下：

$$最低价格比率 = \frac{(供应商的供货价格 - 市场最低价)}{市场最低价} \times 100\%$$

（2）质量指标，具体包括：

①质量合格率，即在一次交货中抽检产品合格的数量 $M$ 与总体抽检产品数量 $N$ 的比值。其计算公式如下：

$$质量合格率 = M / N \cdot 100\%$$

②平均合格率，即在某个固定的时间内，多次交货合格率的平均值。其计算公式如下：

$$平均合格率 = (X_1 + X_2 + \cdots + X_n) / n \cdot 100\%$$

③批退率，即退货批量 $L$ 占采购进货批量 $U$ 的比值。其计算公式如下：

$$批退率 = L / U \cdot 100\%$$

④来料免检率，即来料免检的种类数 $P$ 占该供应商供应的产品总种类数 $Q$ 的比值。其计算公式如下：

$$来料免检率 = P/Q \cdot 100\%$$

（3）交货指标，具体包括：

①交货周期：是指自订单开出之日到收货之时的时间长度，常以天（$d$）为单位。

②交货准时率，即准时交货的次数 $K$ 与总交货次数 $W$ 的比值，其计算公式如下：

$$交货准时率 = K/W \cdot 100\%$$

2）服务能力指标

（1）技术研发与创新指标，具体包括：

①研发能力：供应商的研发投入、研发团队实力、新产品推出速度等。

②技术先进性：产品所采用的技术在行业中的领先程度。

③生产工艺水平：生产过程的自动化、精细化程度等。

④创新投入：在研发、技术改进等方面的投入情况。

⑤创新成果：获得的专利、技术奖项等创新成果。

（2）服务指标，具体包括：

①质量管理响应时间：对客户售后问题的响应速度。

②技术支持能力：提供技术咨询、培训等支持的能力。

（3）沟通协调指标，具体包括：

①问题反馈：当出现生产问题、质量问题或其他可能影响交货的情况时，供应商能否及时向企业反馈，并提供详细的问题描述和解决方案。

②日常沟通：供应商是否与企业建立多种沟通渠道，方便企业与其进行日常业务沟通，包括电话、电子邮件、即时通信工具等。

③响应速度：当企业提出问题或需求时，供应商能否迅速做出响应，积极合作。

④团队协作：在合作项目中供应商团队能否与企业团队良好协作，共同完成项目目标。

3）可持续发展能力指标

（1）财务健康指标，具体包括：

①资产负债率：反映供应商的长期偿债能力。

②流动比率：衡量供应商的短期偿债能力。

③盈利能力：如毛利率、净利率等，可以反映供应商的经营效益。

（2）风险指标，具体包括：

①合同履行风险：评估供应商能否按照合同约定履行其义务，包括产品质量、交货期、价格等方面的约定。

②劳动法规遵守：供应商是否遵守劳动法规，如劳动合同签订、工资支付、工作时间等。

③政治经济风险：供应商所在国家或地区的政治稳定性、经济状况等因素也可能带来风险。

④自然灾害风险：供应商所在地是否容易遭受自然灾害，如地震、洪水、台风等。

（3）社会责任指标，具体包括：

①环保认证：是否获得相关的环保认证。

②节能减排措施和效果：在生产过程中采取的节能减排举措，碳排放指标。

③社会责任履行情况：如员工福利、公益活动和 ESG 指标等。

### 3. 评价的方法

评价方法是指用于对特定对象进行价值判断、性能评估、成效衡量等的一系列手段、技术和流程。它包括定性评价方法和定量评价方法。定性评价方法通常依靠主观判断、经验分析、案例研究等方式来描述和评估对象的特点和价值；而定量评价方法则运用数据统计、数学模型等手段，以数值的形式来反映对象的状况和表现。选择恰当的评价方法是决策过程的关键。

拓展阅读 5.1　评价方法的基本原理与计算

在本节中，将分别介绍确定指标权重的方法和评价的分析方法。涉及具体方法的原理与计算，读者可以参考拓展阅读 5.1。

1）确定指标权重的方法

（1）层次分析法。层次分析法（Analytic Hierarchy Process，AHP）是将复杂决策问题解构为目标层、准则层与方案层构成的递阶层次结构。在各层次内，依据 1～9 标度法（见表 5-1）对元素（指标重要程度）进行两两比较，构建判断矩阵；借助计算判断矩阵的最大特征值及其对应的特征向量，完成层次单排序，同时通过一致性检验保障结果的可靠性与逻辑性；最终，综合各层次（子指标）单排序结果，开展层次总排序，精准得出各指标相对于目标的权重数值，为企业后期的综合打分提供依据。

表 5-1　层次分析法"1～9 标度法"

| 标　度 | 含　义 |
| --- | --- |
| 1 | 表示两个元素相比，具有同样的重要性 |
| 3 | 表示两个元素相比，前者比后者稍重要 |
| 5 | 表示两个元素相比，前者比后者明显重要 |
| 7 | 表示两个元素相比，前者比后者极其重要 |
| 9 | 表示两个元素相比，前者比后者强烈重要 |
| 2，4，6，8 | 表示上述相邻判断的中间值 |
| 1～9 的倒数 | 表示相应两因素交换次序比较的重要性 |

（2）数据包络分析。数据包络分析（Data Envelopment Analysis，DEA）是一种用于评估多个决策单元（Decision Making Unit，DMU）相对效率的方法。它通过比较决策单元的输入和输出数据，确定每个决策单元是否在生产前沿面上，从而判断其效率水平。DEA 通过构建输入（如成本、交货时间）和输出指标（如质量、服务水平）的数据矩阵，将每个供应商视为一个决策单元，利用线性规划模型计算各供应商的相对效率值并同时确定各评价指标的权重。效率值为 1 表示供应商有效，小于 1 则表示无效，权重则反映各指标对效率的贡献程度。DEA 通过优化模型自动分配权重，避免了主观性。

（3）模糊层次分析法。模糊层次分析法（Fuzzy Analytic Hierarchy Process，FAHP）是将模糊数学理论与层次分析法相结合的一种决策方法。层次分析法在进行两两比较判断时，通常采用明确的数值来表示相对重要性，但在实际决策中，人们的判断往往具有模糊性。模糊层次分析法引入模糊数来表示这种模糊判断，使得评价结果更符合实际情况。利用 FAHP 方法确定供应商各评价指标权重时：首先，要构建供应商评价的层次结构，明确划分目标层、准则层和方案层；其次，通过专家打分，利用模糊数表示指标间的相对重要性，构建模糊判断矩阵；再次，通过模糊运算计算各指标的模糊权重，并对其进行去模糊化处理，得到具体的权重值；最后，进行一致性检验，确保判断的合理性。FAHP 通过处理不确定性和模糊性，能够更科学地确定供应商评价指标的权重。

（4）熵权法。在第 4 章中介绍了熵权法的方法内容，不同的是第 4 章将各模型作为"指标"来确定其权重。在本章中该方法仍然适用，读者只需要更换指标内容即可。

（5）夏普利（Shapley）值法。Shapley 值法是一种用于解决合作博弈中利益分配问题的方法。在合作博弈中，多个参与者可以通过合作获得一定的收益，Shapley 值法旨在确定每个参与者在合作中应得的合理份额。具体来说，对于一个有 $n$ 个参与者的合作博弈，Shapley 值法计算每个参与者的边际贡献，并将这些边际贡献按照一定的规则进行加权平均，得到每个参与者的分配份额。利用 Shapley 值法确定供应商各评价指标权重时：首先，要明确所有参与评价的指标集合，将每个指标看作是合作博弈中的一个参与者；其次，对于指标集合的每一个可能的子集组合，计算该子集在评价供应商时所带来的边际贡献，即加入该子集后供应商评价结果的变化量；再次，根据 Shapley 值的计算公式，考虑每个子集出现的概率以及其对应的边际贡献，计算每个指标的 Shapley 值；最后，将各指标的 Shapley 值进行归一化处理，得到的数值就是各评价指标的权重，以此来反映每个指标在整个供应商评价体系中的相对重要性。

（6）基于指标相关性的准则重要性法（Criteria Importance Though Inter-criteria Correlation，CRITIC）。CRITIC 方法是一种客观赋权法，其基本原理是基于评价指标的对比强度和指标之间的冲突性来确定指标的权重。对比强度反映了某个指标在不同评价对象之间的差异程度，差异越大，说明该指标在区分评价对象方面的能力越强，其权重应该越大。冲突性则体现了指标之间的相关性，若两个指标相关性高，说明它们在评价中提供的信息有较大重叠，冲突性小，相应的权重会降低；反之，相关性低的指标冲突性大，权重也会增加。利用 CRITIC 方法确定供应商各评价指标权重时：首先，计算各指标的标准差以衡量其内部对比强度，标准差越大表明指标区分度越高；其次，利用相关系数矩阵评估指标间的冲突性（独立性），相关系数越小代表指标间信息重叠越少；再次，将对比强度与冲突性相乘得到各指标的信息量，信息量越大说明该指标贡献的综合信息越多；最后，对信息量进行归一化处理得到权重。

2）评价的分析方法

（1）综合评分法。综合评分法是一种多指标综合评价方法，首先确定各个评价指标的权重；然后对每个评价对象在各个指标上的表现进行评分；最后将各指标的评分乘以相应的权重并求和，得到评价对象的综合得分。综合得分越高，表明评价对象在整体上表现越好。

（2）多准则决策分析。多准则决策分析是一种用于处理涉及多个相互冲突的决策准则的决策问题的方法。在现实生活中，许多决策问题往往需要同时考虑多个不同的准则，如成本、效益、风险、时间、质量等。多准则决策分析旨在通过系统地分析和比较不同的决策方案在各个准则上的表现，帮助决策者做出最优的决策。

在本节，我们将主要介绍以下六种分析方法：

①多属性效用理论法（Multi-Attribute Utility Theory，MAUT）。多属性效用理论法是将决策问题中的多个属性转化为效用函数，通过对各属性的效用进行综合评估，来确定不同方案的优劣。MAUT 法在供应商评价中的应用过程如下：首先，针对每个指标，依据历史数据、行业标准以及专家经验等，构建能够反映指标值与效用关系的效用函数，量化各指标不同取值对供应商整体评价的贡献程度；其次，确定各指标的权重，体现各指标在评价中的相对重要性；再次，收集各供应商在各项指标下的具体数据，代入效用函数和权重计算每个供应商的综合效用值；最后，根据综合效用值对供应商进行排序，依据排序结果选择出最符合需求的供应商，并对评价结果进行敏感性分析，检验结果的稳定性和可靠性。

②逼近理想解排序（Technique for Order Preference by Similarity to an Ideal Solution，TOPSIS）方法。TOPSIS 法可计算各个方案与正理想解和负理想解的距离，其中与正理想解的距离越近、与负理想解的距离越远的方案越好。通过对这些距离进行综合评估，可以确定各个方案的相对优劣程度。TOPSIS 法在供应商评价中的应用过程如下：首先，确定各指标权重，得到加权标准化矩阵；其次，在此矩阵基础上确定正理想解和负理想解，即各指标的最优值和最劣值组合；再次，计算每个供应商与正负理想解的距离，进而得出相对贴近度；最后，依据相对贴近度对供应商进行排序，根据排序结果选择合适的供应商。

③多准则妥协解排序（VIseKriterijumska Optimizacija I Kompromisno Resenje，VIKOR）方法。VIKOR 法是一种多准则决策方法，用于在多个相互冲突的准则下对有限个方案进行排序和选择。它的基本原理是通过计算每个方案的"群体效用值"和"个别遗憾值"，并综合考虑这两个值来确定方案的排序。VIKOR 法在供应商评价中的应用过程如下：首先，确定各评价指标的权重；其次，计算每个供应商在各指标下与理想解的距离，得到基于各指标的效益型和成本型的差异值，在此基础上分别计算各供应商的群体效用值和个体遗憾值；再次，根据群体效用值和个体遗憾值计算各供应商的 VIKOR 值，该值综合考虑了群体利益和个体满意度；最后，依据 VIKOR 值对供应商进行排序，根据排序结果选择出最适合的供应商。

④偏好排序组织（Preference Ranking Organization Method for Enrichment Evaluations，PROMETHEE）法。PROMETHEE 法是指通过定义各准则下的偏好函数，计算每个方案相对于其他方案的偏好程度，进而对方案进行排序。PROMETHEE 方法在供应商评价中的应用过程如下：第一，确定各评价指标的偏好函数，偏好函数的选择需依据指标特点和实际需求，用于衡量不同供应商在同一指标上的表现差异程度；第二，确定各指标的

权重；第三，根据偏好函数和权重计算各供应商之间的优先关系，构建优先关系矩阵，反映供应商两两之间的优劣关系；第四，基于优先关系矩阵计算每个供应商的正流、负流和净流，正流代表该供应商优于其他供应商的程度，负流代表劣于其他供应商的程度，净流为两者之差；最后，依据净流值对供应商进行排序，根据排序结果选择出最符合需求的供应商。

⑤交互式多准则决策的理想解与现实解排序（Tomada de Decisão Interativa e Multicritério，TODIM）方法。TODIM 方法是通过比较每个方案相对于其他方案在各个准则上的优势和劣势来计算每个方案的综合价值。在计算过程中，考虑了决策者的风险态度，即决策者对收益和损失的不同敏感性。对于收益，决策者通常更加谨慎；而对于损失，决策者则更加敏感。TODIM 方法在供应商评价中的应用过程如下：第一，明确各指标的类型，如效益型、成本型等；第二，确定各指标的权重；第三，针对每个指标计算各供应商之间的优势度，优势度的计算考虑了指标值的差异以及指标的权重等因素，体现了一个供应商相对于另一个供应商在某指标上的优势程度；第四，综合各指标的优势度，计算每个供应商的综合优势度，即通过一定的规则将各指标的优势度进行整合；最后，根据综合优势度对供应商进行排序，依据排序结果选择出最合适的供应商。

⑥线性多属性规划（Linear Programming Techniques for Multidimensional Analysis of Preference，LINMAP）方法。LINMAP 方法假设决策者对方案的偏好可以用一个线性函数来表示，即方案的综合评价值是各准则评价值的线性组合。通过收集决策者对方案的成对比较信息，建立线性规划模型，求解该模型得到各准则的权重，进而计算各方案的综合评价值，根据综合评价值对方案进行排序。LINMAP 方法在供应商评价中的应用过程如下：第一，确定各指标的权重；第二，建立线性规划模型，可以将供应商的综合评价值与决策者对供应商的偏好排序之间的偏差最小作为目标函数，以各指标权重和供应商指标值为变量，同时考虑权重的非负性等约束条件；第三，求解线性规划模型，得到使目标函数最优的各指标权重向量；第四，将求得的权重向量与各供应商的指标值相结合，计算每个供应商的综合评价值；第五，依据综合评价值对供应商进行排序，按照排序结果选出符合需求的供应商。

3）评价的步骤

（1）评价的标准和权重：确定评价标准和权重，即明确那些用于衡量供应商各方面表现的具体指标以及运用恰当的方法赋予各个指标相应数值，以反映其在整体评价中的相对重要性。而关于评价的指标和确定权重的方法在前文已经介绍过，这里就不再赘述了。

（2）数据的收集与整理：数据的收集和整理是在确定了评价标准和权重后，有针对性地收集关于供应商在各个评价指标下的表现的相关信息，并对这些信息进行分类、汇总和分析的过程。

（3）评价与分析：评价和分析是在收集和整理完供应商相关数据后，依据既定的评价标准和权重，对供应商在各个方面的表现进行评估和深入剖析。

（4）评价结果的反馈与改进：评价结果的反馈与改进是将供应商的评价分析结果传达给供应商，并与供应商共同制定改进措施，同时企业自身也根据评价结果对供应商管理策略进行调整优化的过程。通过反馈与改进，能够促进供应商成长，使供应商能够为企业提供更好的产品和服务，最终提高供应链的整体效率和稳定性。

### 5.1.3　供应商关系管理理论

#### 1. 供应商关系的分类

1）交易关系

交易关系是指企业与供应商之间以产品或服务的买卖为核心进行的合作联系关系，企业与供应商之间不存在密切的合作关系。这种关系具有以下特点：

（1）以经济利益为导向：双方的合作主要基于经济利益的考量，企业寻求以合理的价格获得高质量的产品或服务，以满足自身的生产和运营需求，并降低成本、提高效益，而供应商则希望通过销售产品或服务获得利润，实现自身的商业目标。

（2）合作期限短：一般以一次性或短期的交易为主，双方对于长期合作的意愿较低。

（3）沟通与协作较少：双方的互动主要集中在交易过程中，如询价、报价、谈判、签订合同、交付货物和支付款项等环节。在交易之外，双方的沟通和协作相对较少。

2）伙伴关系

伙伴关系是指企业与供应商之间建立的一种长期、稳定、紧密的关系，在这种关系中，双方超越了传统的买卖交易模式。这种关系具有以下特点：

（1）以共同的目标为导向：双方共同确定长期的战略目标，在共同目标的激励下共同成长。

（2）信息共享：企业与供应商之间实现高度的信息共享，包括市场需求预测、生产计划、库存水平、技术发展等方面的信息。

（3）风险共担：企业与供应商共同承担市场风险、技术风险、供应风险等。

（4）合作创新：企业与供应商共同开展技术创新、产品创新和管理创新等。

3）战略联盟关系

战略联盟关系是指企业与供应商之间形成的比伙伴关系更深层次的关系。在这种关系中，双方将彼此视为战略合作伙伴，共同实现双方的长期发展和价值最大化。这种关系具有以下特点：

（1）以共同战略目标为导向。

（2）深度合作与资源共享：企业与供应商在多个层面进行深度合作和资源共享，包括技术研发、生产制造、供应链管理、市场营销等。

（3）风险共担与利益共享：企业与供应商共同承担各种风险，也共同分享合作带来的利益。

#### 2. 供应商关系全生命周期

（1）初始接触阶段：企业开始寻找潜在供应商，或者供应商主动与企业接触，双方初步了解彼此的业务和需求。在这个阶段，企业开启了寻找合适供应商的过程，可能面临信息不准确或夸大的风险，供应商拥有了新的业务机会，但是供应商之间的竞争激烈。

因此，为了规避以上风险，企业应当通过市场调研、行业推荐、网络搜索等方式广泛收集供应商信息，供应商需要积极向企业展示自己的实力和优势，主动了解企业的需求。

（2）考察评估阶段：企业对供应商进行深入考察和评估，以确定其是否符合企业的要求。供应商也在评估与企业合作的潜在价值和风险。在这个阶段，企业能够更加准确地分析出供应商各个方面的实际表现状况，识别出潜在的问题；供应商如果未通过评估，可能会错失很多业务机会。因此，为了规避以上风险，企业应当制定明确的评估指标体系，选择恰当的评价方法对供应商进行评价，深入了解供应商的能力，供应商需要积极配合企业的评估工作，提供真实准确的信息和数据。

（3）合作建立阶段：企业和供应商经过评估后，决定建立合作关系，签订合同并开始业务往来。在这个阶段，企业和供应商一旦签订合作合同，双方需要共同承担合作的风险和相应的责任，一个小的决策失误可能会对双方造成巨大的损失。因此，为了规避以上风险，企业与供应商之间需要通过沟通明确产品质量、交货期、违约责任等条货款，在合作过程中保持密切的沟通往来，及时反馈进度和问题。

（4）稳定合作阶段：企业和供应商的合作关系趋于稳定，业务流程顺畅，合作效果逐渐显现。在这个阶段，企业和供应商之间的合作能够顺利进行，供应链稳定，企业可以定期对供应商进行绩效评估，将评价的结果和改进意见反馈给供应商；供应商根据反馈的内容，及时改进自身问题，提高服务水平。

（5）深度合作阶段：在稳定合作的基础上，企业和供应商之间进一步拓展合作领域，共同探索新的业务机会和发展空间。在这个阶段，企业和供应商之间的合作关系更加密切。在共同的战略目标下，企业应当加大对供应商的技术支持和资源投入支持，供应商需要积极参与企业的战略规划和合作项目，不断提升自身的创新能力和核心竞争力，为企业提供更有价值的产品和服务。

（6）关系调整阶段：企业和供应商由于市场变化、企业战略调整或供应商表现等原因，对合作关系进行调整。在这个阶段，由于企业和供应商之间的合作已经不能更好地满足双方的需求，需要调整现有的关系。然而，如果调整不当，可能会导致供应链中断问题的发生。因此，为了规避以上风险，企业需要根据目前的市场需求以及企业需求等因素，与供应商进行坦诚的沟通，共同探讨调整方案。供应商应当积极配合调整工作，提出合理的解决方案，争取继续合作的机会。

（7）合作终止阶段：企业和供应商认为继续合作不再符合各自的利益时，或者出现不可调和的矛盾时，双方合作关系终止。伴随而来的可能是供应链中断，影响生产或服务的正常进行。供应商失去业务订单，可能会对其经营造成一定的影响。因此，为了规避以上风险，企业应当按照合同约定处理好终止合作的相关事宜，并积极寻找新的供应商来确保供应链的稳定。供应商需要配合企业完成终止合作的各项工作，妥善处理遗留问题。同时，双方应当各自总结合作过程中的经验教训，为未来的发展提供参考。

### 3. 供应商关系的影响因素

1）外部环境

（1）市场变化：随着供应链市场的变化，企业结合自身发展的需求，对于供应商的关注点也可能会发生变化，进而使得当前企业与供应商之间的适配度下降，与供应商的合作关系发生改变。

（2）行业发展趋势：技术进步、市场需求变化、政策法规调整等，使得企业必须及时调整供应商关系管理策略，以适应市场变化。

（3）宏观经济环境：经济增长、通货膨胀、汇率波动等，会影响供应商的成本和价格，进而影响企业的采购成本，可能会引发供应商关系的变化。

2）企业自身

（1）战略目标：企业的长期发展战略和短期经营目标会直接影响对供应商的选择和关系管理策略。如果企业注重成本控制，可能会选择价格较低的供应商，但可能在质量和服务方面有所妥协；如果企业追求产品创新和差异化，就需要与具有技术实力和创新能力的供应商建立紧密合作关系。

（2）内部沟通：如果部门内、部门间各子部门沟通不顺畅，可能会导致对供应商的问题处理不及时、不全面，进而影响供应商的信任。

（3）财务状况：良好的财务状况可以确保企业按时支付货款，为供应商提供资金保障。如果企业财务状况不佳，可能会出现拖欠货款、延迟付款等情况，影响供应商的资金周转，降低供应商的合作意愿。

3）供应商

（1）服务水平：优质的服务可以提高企业的生产效率和客户满意度，增强企业的竞争力。反之，如果供应商的产品质量不稳定或服务不到位，会给企业带来损失，影响双方的合作关系。

（2）技术创新：具有创新能力的供应商可以为企业提供先进的产品和技术解决方案；反之，不具备或者创新能力较弱的供应商不能够满足企业的需求，则会被企业淘汰。

（3）沟通协作。如果供应商能够积极与企业沟通，及时回应企业的需求和问题，共同解决合作中出现的问题，有助于增强双方的信任和合作关系；反之，如果供应商沟通不畅、合作意愿不强，可能会导致误解和矛盾的产生，影响合作的顺利进行。

**4. 供应商关系管理策略**

供应商关系管理策略并非孤立存在，而是在不同阶段呈现出差异化的实施逻辑。基于大数据技术，下面将对供应商接触、合作及关系调整阶段的管理策略展开系统性阐述。

1）供应商接触阶段

（1）企业可以从内部的采购系统、供应链管理软件、质量检测报告中获取与供应商之间的历史交易数据，同时可以利用网络爬虫等技术从行业网站、社交媒体、新闻平台等渠道收集外部数据。

（2）企业可以运用数据分析算法对供应商数据进行评估，如通过聚类分析将具有相似特征的供应商分组，以便快速筛选出符合企业需求的供应商类别，利用统计分析或者智能算法等分析不同供应商的价格规律等。

2）供应商合作阶段

（1）企业应建立预警系统，当供应商的表现出现异常时，如交货期延迟、质量问题增多、价格波动较大等，及时发出警报，以便企业采取相应的措施。例如，当供应商的交货期延迟超过一定阈值时，系统自动向企业的采购部门和生产部门发送预警信息，以便调整生产计划和采取应急措施。

（2）基于大数据分析企业的销售数据和市场趋势，预测未来的需求，并将需求预测结果与供应商共享，帮助供应商合理安排生产计划，提高供应的准确性和及时性。

（3）通过供应商绩效考评，将评估结果反馈给供应商，促使供应商改进不足之处。同时，根据绩效评估结果调整与供应商的合作策略，如增加或减少采购量、调整价格条款、提供技术支持等。

3）供应商关系调整阶段

（1）运用大数据分析技术分析历史交易数据、沟通记录、合作项目等信息，评估供应商与企业的合作满意度和信任度，根据关系分析的结果，制定相应的关系维护策略。

（2）利用大数据分析供应商面临的各种风险，如财务风险、市场风险、供应中断风险等，评估风险发生的可能性和影响程度，从而制定风险应对策略。

（3）基于大数据分析技术，企业可以与供应商之间实现深度信息协同，分析供应商对于企业的价值。对于分析结果显示具有战略价值的供应商，应与其建立长期稳定的战略合作伙伴关系。

# 5.2　供应商管理中的大数据管理

供应商管理中的大数据管理是指在供应商管理情境下，通过系统化的数据整合、存储、处理和分析方法，对涉及供应商相关的海量、多样、高速产生且具有一定复杂性的数据进行全面管理的过程。这些数据包括供应商所处地区的政策法规、经济形势、自然灾害风险等外部环境数据，市场对供应商的评价、行业报告中的相关内容等市场信息，以及供应商的基本信息、交易数据、绩效数据等内部运营数据。通过系统化的数据收集与分析，企业可构建数据驱动的供应商管理体系，实时优化供应商的选择，评估与合作策略，从而提升供应链的稳定性与响应效率。接下来，我们将依据大数据管理在供应商管理中的实施情况，具体介绍其功能和作用。

## 5.2.1　数据收集与监控

在供应商管理中，数据收集是第一步，是构建高效、精准供应商管理体系的基石。通常来说，供应商数据来源并不单一，包括内部业务系统、供应商自身提供的数据、外部渠道数据等。

内部业务系统核心由企业资源计划（Enterprise Resource Planning，ERP）系统、制造执行系统（Manufacturing Execution System，MES）、客户关系管理（Customer Relationship Management，CRM）系统组成。ERP 系统存储了大量与采购业务相关的数据，如采购订单信息（包括订单编号、采购日期、供应商名称、产品或服务详情、价格、数量等）、库存数据以及财务数据等。对于生产型企业，MES 则记录了生产过程中的详细数据，这些数据对于评估供应商提供的原材料或零部件在生产线上的使用情况至关重要。CRM 系统更多提供与供应商间接相关的数据，如客户对产品质量的反馈可能与供应商提供的原材料质量有关，通过分析客户投诉中涉及产品质量的部分，可以追溯到供应商环节。

供应商自身提供的数据包括供应商的生产能力数据（如生产线数量、设备产能、员工数量等）、质量控制数据（如产品检验报告、质量认证体系文件等）、财务报表等。

外部数据平台可能包含行业数据和行业报告、社交媒体、政府监管数据等。其中，行业数据如市场份额分布、行业平均成本、技术发展趋势等，有助于企业了解不同供应商在行业中的地位和竞争力；消费者在社交媒体和各种产品评论平台上的反馈可能涉及供应商提供的产品或服务，这些信息可以帮助企业从用户角度了解供应商的口碑；政府部门发布的关于企业的注册信息、信用评级、环保合规情况等数据也属于重要的数据来源，有助于企业了解供应商的企业责任和社会责任的履责情况。那么，如何快速且准确地获取这些数据，并将数据做好归类处理呢？这就要用到相关的大数据分析技术了。接下来，我们将介绍一些常用的大数据分析技术。

**1. 数据收集**

对于供应商内部业务系统（如 ERP、MES、CRM 系统等），我们可以通过标准化的接口，实现企业内部系统与供应商系统之间的数据传输，这种方式可以确保数据的准确性和及时性，减少人工干预带来的错误。

而对于外部公开数据以及一些文本或语音形式的自然语言，我们可以分别采取网络爬虫技术和自然语言处理。

1）网络爬虫技术

网络爬虫技术又称为网页蜘蛛，它可以模拟人类在浏览器中的操作，从互联网上的各种网页中提取数据，如文本、图片、链接等。在供应商管理中，可以使用爬虫技术，通过预先设定的主题和规则来收集与供应商相关的特定信息，提高数据收集的效率和针对性。在收集行业新闻时，企业可以利用网络爬虫收集供应商所在行业的新闻资讯，包括行业政策变化、新技术研发、市场竞争态势等方面的信息。例如，通过爬取行业权威媒体网站、行业协会网站等新闻页面，及时了解原材料价格波动的新闻，这对于企业与供应商进行价格谈判和成本控制非常重要；在监测产品价格时，企业可以利用网络爬虫监测不同供应商和不同渠道的价格信息。例如，在电商平台上，通过爬取产品页面的价格数据，企业可以实时了解市场上同类产品的价格范围，以及自己的供应商价格是否具有竞争力，这有助于企业在采购决策中争取更有利的价格条件；在查询供应商信用和资质时，企业可以利用网络爬虫从政府监管部门网站、第三方信用评级机构网站等采集供应商的信用信息和资质认证情况。例如，爬取工商局网站上的企业信用信息公示系统，获取供应商的信用评级、行政处罚记录等内容，帮助企业对供应商的合法性和信誉进行监督和评估。

2）自然语言处理

自然语言处理是通过运用各种技术和算法，使计算机能够像人类一样对文本或语音形式的自然语言进行分析，包括语法分析、语义理解、情感分析等多个层次。在供应商管理中，我们可以在以下五个方面用到自然语言处理。

（1）供应商信息处理：面对大量来自供应商的文档，如产品说明书、质量报告、合同文件等，企业可以运用自然语言处理技术对这些文档进行自动分类和提取关键信息。例如，通过对产品说明书的文本分析，提取产品的规格、性能参数、使用方法等信息，并将其存储到数据库中，方便企业查询和比较不同供应商的产品。

（2）供应商新闻与资讯跟踪：在利用网络爬虫技术收集完关于供应商的新闻咨讯后，我们可以运用自然语言处理技术进行内容分析。例如，分析新闻报道中的事件对供应商的财务状况、市场声誉、产品供应能力等方面的影响，通过语义理解判断可能会对其生产造成的影响，从而提前采取应对措施。

（3）邮件和即时通信分析：通常来说，企业与供应商之间会通过电子邮件和即时通讯工具进行大量的沟通，沟通的过程或结果对企业的后续决策具有较大的价值。企业可以运用自然语言处理技术分析这些沟通记录，发现沟通中的问题和关键信息。例如，通过情感分析判断沟通双方的情绪状态，是否存在冲突或误解，或者通过语义理解提取沟通中的重要决策、承诺或问题点。如果发现沟通记录中频繁出现对产品质量的争议，企业可以及时介入解决。

（4）供应商绩效评估报告解读：企业可以运用自然语言处理技术帮助解读报告中的关键绩效指标的描述、变化趋势分析以及供应商的改进措施等内容。例如，通过语义理解提取报告中关于产品质量改进计划的具体内容，评估供应商对质量问题的重视程度和改进方案的可行性。

（5）行业口碑监测：通过情感分析，分析行业论坛、社交媒体、新闻媒体等渠道中关于供应商的信息，企业可以了解供应商在行业内的形象和声誉。例如，在一个行业论坛上，分析众多业内人士对某供应商的评价帖子，判断该供应商在行业中的竞争力和受认可程度。如果发现行业内对某供应商的负面评价逐渐增多，企业可以提前做好应对措施，如寻找替代供应商或者与现有供应商共同改善形象。

**2. 数据监控**

数据监控是指对数据的生成、采集、存储、处理和使用等各个环节进行持续观察、测量和评估的过程。在供应商管理中，企业可以通过设定合适的监控指标、监控频率，以及异常情况报警等，加强对供应商的管理。

（1）监控指标：在对供应商绩效进行监控时，企业可以通过设定交货准时率、产品质量合格率、价格稳定性等监控指标，监控供应商产品交货、质量、价格等波动情况。

（2）监控频率：监控频率主要分为实时监控和定期监控。就实时监控来说，企业可以对一些关键指标，如供应商的交货状态等，通过实时数据监控系统进行监控。一旦出现异常情况，系统立即发出警报，相关人员能够及时采取措施；就定期监控来说，企业可以对一些相对稳定的指标，如供应商的绩效数据、市场数据等，每周或每月对供应商的绩效数据进行一次统计分析，每季度对行业数据进行一次更新和评估。

（3）异常情况报警：当监控指标出现异常时，系统通过多种方式，如电子邮件、短信、系统内部消息等，给相关人员发送警报。例如，当供应商的交货准时率连续两周低于设定的阈值（如 70%）时，系统自动向采购部门负责人发送电子邮件和短信提醒，告知异常情况。

## 5.2.2　数据处理与特征工程

### 1. 数据处理

采集到的大量数据通常需要经过处理与转换，才能为模型或方法所用。其处理与转换的方法在第 2.3.2 小节已经提到，在供应商数据方面仍然适用，读者可自行回顾。

### 2. 特征工程

面对海量数据，我们可以根据文本数据、时间序列、图像数据等进行特征提取，通过这些特征，可以辅助后续模型构建。特征选择主要有三种方法：过滤式法、包裹式法和嵌入式法。结合具体实际，企业可以自主选择方法来训练模型。

## 5.2.3　数据分析技术

通过前面的步骤，我们已经建立了一个标准化的庞大的供应商数据库，接下来就是结合企业的需求，运用相关大数据分析技术，分析生成结果，作为企业制定相关管理举措和供应商制定改进计划等行动的依据。在这里，我们将介绍一些常见的大数据分析技术。

### 1. 描述性分析

描述性分析主要用于对数据进行总结和描述，帮助人们快速了解数据的特征、分布和基本规律。下面我们将介绍 3 种常见的描述性分析技术。

1）频数分析

频数分析是一种描述性统计方法，用于统计数据集中每个变量的频数和频率。它通常通过频数表、频率分布表或直方图的形式展示数据的分布情况。在供应商管理中，频数分析可用于以下几个方面：

（1）供应商绩效评估：通过统计供应商在不同绩效指标（如交货准时率、质量合格率、订单完成率等）上的表现频次，可以快速了解供应商在关键绩效指标上的表现分布，识别出表现优秀或不佳的供应商。

（2）供应商分类管理：根据供应商的某些特征（如规模、行业、合作年限等）进行分类统计，帮助企业了解供应商群体的结构，为分类管理提供依据。

（3）风险识别：通过统计供应商在不同风险事件（如交货延迟、质量问题、财务危机等）上的发生频次，识别出高风险供应商，提前制定风险应对措施。

2）交叉表分析

交叉表分析是一种用于研究两个或多个分类变量之间关系的统计方法。它通过构建交叉表（也称为列联表），展示不同变量组合的频数分布，从而分析变量之间的关联性。在供应商管理中，交叉表分析可用于以下几个方面：

（1）供应商绩效与特征的关系：分析供应商的绩效指标与供应商的特征（如规模、

行业、地理位置等）之间的关系，如构建一个交叉表，统计不同规模供应商的交货准时率频数分布，或者分析不同行业供应商的质量合格率。通过交叉表分析，识别出哪些供应商特征与绩效表现相关，从而为供应商选择和管理提供依据。

（2）供应商合作与风险的关系：分析供应商的合作年限、合作项目数量与风险事件之间的关系，如构建一个交叉表，统计合作年限与交货延迟频次之间的关系，或者分析合作项目数量与质量问题频次的关系。通过交叉表分析，识别出合作年限或项目数量与风险之间的关联，优化供应商合作策略。

（3）供应商分类与绩效的关系：分析供应商的分类（如战略供应商、普通供应商、临时供应商）与绩效指标之间的关系，如构建一个交叉表，统计不同分类供应商的质量合格率和交货准时率。通过交叉表分析，优化供应商分类管理策略，确保资源分配到绩效表现更好的供应商类别中。

3）数据可视化

数据可视化是将数据以图形或图像的形式呈现，帮助人们更直观地理解数据的特征、趋势和关系，从而更高效地进行分析和决策。在供应商管理中，通过可视化技术可以将复杂的供应商数据转化为易于理解和分析的视觉表达，帮助企业管理者和相关人员快速洞察数据中的关键信息、趋势和模式。例如，在供应商绩效考评阶段，企业可以运用图表展示供应商绩效指标随着时间的走势，及时发现供应商绩效的变化情况。如果某供应商的交货准

拓展阅读 5.2　供应商质量分析

时率折线呈下降趋势，可能表示其供应稳定性出现问题，企业需要与供应商沟通了解原因并采取相应措施。同样地，在供应链协同阶段，企业可以借助可视化工具展示供应商之间以及供应商与企业之间的关系，了解供应商网络的整体结构。例如，企业可以发现哪些供应商在网络中处于关键位置，而这些关键供应商对于供应链的稳定性可能具有重要影响，企业可以重点维护与它们的关系，同时，也可以通过网络图发现供应商之间潜在的合作机会，进一步推动供应链的协同优化。

**2. 诊断性分析**

诊断性分析是一种用于深入探究数据背后原因和关系的分析方法，其核心目的是回答"为什么"某件事情会发生。该方法通过分析数据中的模式、异常和相关性，帮助用户识别问题的根源，从而为解决问题提供依据。下面我们将介绍 3 种常见的诊断性分析技术。

1）回归分析

回归分析是一种统计方法，用于研究因变量与一个或多个自变量之间的关系，通过建立回归方程来预测因变量的变化。在供应商管理中，可以用于分析供应商的绩效指标（如交货准时率、质量合格率）与相关因素（如供应商规模、合作年限）之间的关系，如建立一个回归模型，以供应商的交货准时率与合作年限和订单数量之间的关系，量化这些因素对交货准时率的影响，进而预测供应商的未来表现，优化供应商选择和管理策略。

2）假设检验

假设检验是一种根据样本数据判断总体参数是否符合某个假设的统计推断方法。

在供应商管理中，假设检验可用于以下几个方面：验证供应商绩效指标是否达到预期标准，例如，设定零假设（H0）为"供应商质量合格率达到 95%"，备择假设（H1）为"质量合格率低于 95%"。通过样本数据计算检验统计量（如 $t$ 值或 $z$ 值），并根据显著性水平（如 $\alpha = 0.05$）判断是否拒绝零假设，从而确保供应商的绩效指标符合企业要求，避免因质量问题导致的供应链中断。

3）异常值检测

异常值检测是识别数据集中与大多数数据显著偏离的点，这些点可能是由于测量误差或特殊事件引起的。

在供应商管理中，该方法可用于通过统计方法（如箱线图、Z-score）或机器学习算法（如 Isolation Forest）检测异常值。例如，分析供应商的交货时间数据，识别出哪些交货时间明显超出正常范围，及时发现潜在的供应链风险，采取措施解决异常问题，确保供应链的稳定性。

**3. 预测性分析**

预测性分析是一种利用数据、统计算法和机器学习技术来识别数据中的模式，并基于这些模式对未来事件或未知结果进行预测的分析方法。接下来，下面我们将介绍 6 种常见的预测性分析技术。

（1）决策树。根据第 2 章对决策树的介绍，我们了解了决策树的原理和实现步骤。在供应商管理中，它可用于供应商风险评估，如根据供应商的财务状况、生产能力、市场声誉等多个因素构建决策树，评估供应商出现供应中断风险的概率。也可以用于供应商分类，如根据供应商的产品质量、价格、服务等因素将供应商分为不同的等级，便于企业采取不同的合作策略。

（2）随机森林。在供应商管理中，它可用于预测供应商的综合绩效，综合考虑供应商的多个绩效指标，通过随机森林模型来预测供应商的综合绩效得分。也可以用于预测供应商市场份额的变化，根据市场竞争因素、供应商自身优势等多个因素进行预测，为企业的采购策略提供支持。

（3）支持向量机。在供应商管理中，它可用于预测供应商的供应能力，根据供应商的设备数量、员工素质、原材料供应等因素，通过支持向量机模型预测供应商能够满足企业订单需求的能力。

（4）神经网络。在供应商管理中，它可用于预测供应商的长期发展趋势，通过分析供应商的内部运营数据和外部环境数据，神经网络可以预测供应商在未来几年内的发展态势，如市场份额的增长或萎缩、技术创新能力的提升或下降等，帮助企业制定长期的供应商合作战略。循环神经网络是一种专门用于处理序列数据的神经网络，它具有内部的循环结构，能够记住之前的信息并将其用于当前的处理。在供应商管理中，它可用于供应商的产品销售预测、交货时间预测等。根据历史的销售数据或交货时间记录，结合外部因素，可利用循环神经网络或其变体来预测未来一段时间内的销售情况或交货时间，帮助企业优化供应链管理和生产计划。

（5）生存分析。生存分析是一种用于分析涉及时间到事件之间的数据的统计方法。在供应商管理的情境中，"事件"可以是供应商出现供应中断、破产、合作关系终止等情况，而时间则是从某个起始点（如合作开始日期、供应商成立日期）到事件发生所经过的时间。生存分析的主要目的是预测事件发生的概率以及事件发生的时间，同时考虑可能影响事件发生的各种因素。

通过生存分析可以预测供应商出现供应中断的时间分布和风险概率。例如，结合供应商的财务数据、生产设备状况、原材料供应稳定性等因素，企业可以利用生存分析模型来预测供应商在未来一段时间内出现供应中断的可能性。根据这些预测结果，企业能够提前制订应急计划。通过生存分析还可以评估供应商的长期绩效稳定性。例如，以供应商持续提供高质量产品和服务的时间作为生存时间，结合供应商的内部管理水平、技术创新能力等因素，企业可以通过生存分析模型来预测供应商能够保持高绩效的时间长度。根据预测结果，企业将选择长期合作的优质供应商，同时对绩效可能下降的供应商提前进行干预。

（6）梯度增强。梯度增强是一种基于集成学习思想的机器学习技术。它通过迭代地训练一系列弱学习器，每个新的弱学习器都致力于纠正前面学习器的错误，最终将这些弱学习器组合起来形成一个强学习器，以提高预测的准确性。在供应商管理中，梯度增强通过收集大量与供应商相关的数据，如交货准时率、产品质量评分、价格波动等，运用梯度增强算法构建预测模型。该模型能够有效分析各数据间复杂关系，精准预测供应商未来的表现，比如预测供应商在后续订单中按时交货的概率、产品质量是否达标，以及价格可能的变动趋势。企业借助这些预测结果，可提前制定应对策略，优化采购决策，选择更优质的供应商，降低采购成本，提升供应链的稳定性和效率。

**4. 指令性分析**

指令性分析是一种基于数据和模型的分析方法，旨在为决策者提供具体的行动建议或决策方案。它结合了描述性分析、诊断性分析和预测性分析的结果，通过优化算法和模拟技术，帮助用户选择最优的行动路径。下面我们将介绍 2 种常见的指令性分析技术。

1）搜索与优化算法

（1）网格搜索算法。网格搜索算法是一种用于超参数优化的穷举搜索方法，通过在预先定义的超参数取值范围内，按照一定的步长构建一个网格，对网格中的每一个超参数组合进行评估，从而找到最优的超参数组合。在供应商管理中，可以用于供应商绩效预测模型优化和供应商风险评估模型优化等。

①供应商绩效预测模型优化。在构建供应商绩效预测模型时，常常有许多超参数需要调整。例如，对于神经网络，通过网格搜索，可以在合理的范围内构建超参数网格，对每个组合进行评估，以预测供应商绩效的准确率或均方误差等为评估指标，找到使模型性能最优的超参数组合，从而提高供应商绩效预测的准确性。

②供应商风险评估模型优化。在供应商风险评估模型中，通过网格搜索算法，在合适的取值范围内对这些超参数进行搜索，以评估模型在供应商风险评估中的准确性为目标，找到最优的超参数组合，提高风险评估的可靠性。

（2）模拟退火算法。模拟退火算法是基于物理退火过程的优化算法，以一定概率接受劣解，有可能跳出局部最优解找到全局最优解。在供应商管理中，模拟退火算法考虑各种调整方案，如改变采购量、更换供应商、调整交货时间等，找到最优调整策略，最小化调整成本和风险，以此来辅助企业进行供应计划的调整优化。

（3）粒子群优化算法。粒子群优化算法是一种群体智能优化算法，模拟鸟群或鱼群觅食行为。算法中有多个粒子（代表潜在解），每个粒子在搜索空间中有自己的位置和速度，粒子根据自己的历史最优位置和群体的历史最优位置更新速度和位置，向最优解靠近。在供应商管理中，粒子位置可以代表供应商管理策略。通过粒子群优化算法，可以优化企业的采购决策，如多个供应商提供不同价格和质量的产品时，以采购成本和产品质量满意度为目标，通过算法可以找到最佳采购方案，包括选哪个供应商和采购多少产品等。

2）模拟与仿真

模拟：通过构建模型来预测和分析系统的行为，基于理论模型和数学方程，设定不同的参数和条件来观察系统的变化。

仿真：通过计算机或其他工具重现实际系统的行为，基于实际系统的数据和特性，构建数学模型或计算机程序来模拟系统的运行。

在供应商管理中，具体应用如下：

（1）供应链网络优化：

①仿真技术：构建供应商网络模型，模拟不同供应商组合、物流路径和库存策略下的供应链运行情况，优化供应商选择和物流路径，降低总成本，提高供应链效率。

②系统动力学：构建存量流量图和因果循环模型，分析供应链中库存波动、需求变化的动态反馈机制，预测长期网络稳定性。

③Flexsim：利用其三维可视化功能，模拟物流路径、仓库布局和运输效率，识别流程瓶颈并优化资源配置。

④智能体仿真：模拟供应商、物流商和客户之间的交互行为（如订单协商、库存共享），评估多主体协作对网络效率的影响。

（2）风险评估与应对：

①仿真技术：模拟供应商可能面临的各种风险（如交货延迟、质量问题、自然灾害等），评估这些风险对供应链的影响，提前制定应对策略，降低风险对供应链的冲击。

②系统动力学：建立风险传播模型，分析风险事件（如原材料短缺）通过供应链的扩散路径和级联效应。

③Flexsim：模拟突发风险事件（如港口关闭）下的供应链中断场景，测试应急预案（如备用物流路径）的响应速度和效果。

④智能体仿真：通过智能体（供应商、客户、物流商）的自主决策行为（如动态调

整订单、切换供应商），模拟风险应对策略的适应性和鲁棒性。

（3）策略测试与优化：

①仿真技术：模拟不同的供应商管理策略（如集中采购、分散采购、供应商合作模式等），评估其对成本、效率和服务水平的影响，在虚拟环境中测试和优化策略，降低实际实施中的风险。

②系统动力学：分析策略的长期动态影响（如集中采购对供应链弹性的削弱），预测潜在问题（如单一供应商依赖风险）。

③Flexsim：构建策略实施后的供应链流程模型（如 JIT 采购模式），量化策略对订单交付周期、库存周转率的影响。

④智能体仿真：模拟供应商之间的竞争或合作行为（如价格谈判、信息共享），评估不同合作模式对供应链整体绩效的促进或抑制作用。

### 5. 其他分析技术

1）聚类分析

聚类分析的目的是将数据集中的数据对象，按照相似性程度划分为不同的群组或簇。例如，在供应商管理场景下，可以基于供应商的产品价格、质量、交货期等特征来进行聚类。聚类后，同一簇内的供应商具有较高的相似性，而不同簇之间的供应商具有较大的差异性。常见的聚类方法有划分方法、层次方法和密度方法。聚类分析在供应商管理中有多种应用场景，具体如下：

（1）供应商分类管理：例如，以供应商的绩效指标为依据进行聚类，企业可以将绩效优秀的供应商归为一类，重点维护和加强合作；将绩效中等的供应商作为需要改进和监督的对象；对于绩效较差的供应商，企业可以考虑减少合作或进行整改。这种分类管理有助于企业合理分配管理资源，提高供应商管理的效率。或者根据供应商提供的产品特征进行聚类，企业可以将提供高质量、高价格产品的供应商聚为一类，这些供应商可能针对高端市场；将提供中低端产品的供应商聚为另一类，用于满足不同层次的市场需求。这样企业可以针对不同类型的供应商制定不同的采购策略和合作模式，如对于高端产品供应商，更注重产品创新和质量控制的合作；对于中低端供应商，可能更关注成本控制和供应稳定性。

（2）市场需求管理：结合市场对产品的需求特征和供应商的供应能力进行聚类分析。例如，根据市场对产品的不同需求层次（如高端定制化需求、大众标准化需求，供应商所能提供的产品档次、定制化服务能力等因素），对市场和供应商进行匹配聚类。这样企业可以更好地了解不同市场细分领域的供应商分布情况，为产品定位和采购决策提供依据，选择最适合目标市场需求的供应商。

（3）风险预警管理：根据供应商面临的风险特征进行聚类。例如，通过分析供应商的财务报表、市场环境变化敏感度、供应链的脆弱性等因素，将具有相似风险特征的供应商聚在一起。这样企业可以针对不同风险类型的供应商群组制定不同的风险应对策略，如对于财务风险较高的供应商群组，加强财务状况监测和付款方式的管控；对于市场风险较大的供应商，共同制订市场波动应对计划。

2）关联规则挖掘

关联规则挖掘是通过分析大量数据集，找出不同项之间的关联性，如找出供应商的各种属性、行为、事件等之间的相关性。关联规则挖掘包括 Apriori 算法和 FP-Growth 算法。

Apriori 算法是最经典的关联规则挖掘算法，在供应商管理中，假设企业有一个供应商交易数据集，通过 Apriori 算法，可以找出频繁出现的供应商和产品类别组合，如"供应商 A 和产品类别 X 的组合频繁出现"，进一步计算置信度和提升度，得到关联规则"如果选择供应商 A，那么很可能采购产品类别 X"，企业可以根据这些规则优化采购策略，在需要采购产品类别 X 时，优先考虑供应商 A。

FP-Growth 算法是一种高效的关联规则挖掘算法。在供应商管理中，FP-Growth 算法可以通过对大量供应商历史订单数据分析来快速挖掘出产品组合购买的关联规则。例如，通过分析发现"如果购买了产品甲和产品乙，那么有较高概率会购买产品丙"，企业可以利用这个规则进行产品捆绑销售或库存管理。如果企业发现供应商提供的产品甲和产品乙的库存较低，而产品丙库存充足，可以考虑与供应商协商补货计划，或者制定促销策略来鼓励客户购买产品丙。

3）社会网络分析

社会网络分析是一种研究社会系统内个体之间关系及其影响的方法。在供应商管理中，企业能够用其找出在供应商网络中处于关键位置的供应商。例如，当企业识别出市场覆盖面广的供应商，可以在选择供应商时优先考虑这些供应商，这类供应商更稳定，并且能够提供多样化的资源。同时，社会网络分析可以帮助企业发现供应商之间潜在的合作机会。例如，通过分析网络结构和关系强度，企业可以找到在产品互补、物流配送等方面有合作潜力的供应商，推动供应商之间的合作，实现供应链的协同优化。通过分析供应链网络，还可以识别供应商的供应商，供应链网络瓶颈、关键节点等，有助于提前管理供应中断风险、评估风险传递，有针对性地缓解供应压力、控制成本，并且能够重点关注和保护关键节点，保障供应链的稳定运行。

## 5.3　大数据时代的供应商管理基本流程

通过第 5.1 节的介绍，读者应该对于供应商管理相关理论和大数据技术有了一定的了解。本节将结合企业实际，完整展示供应商管理基本流程，如图 5-4 所示。

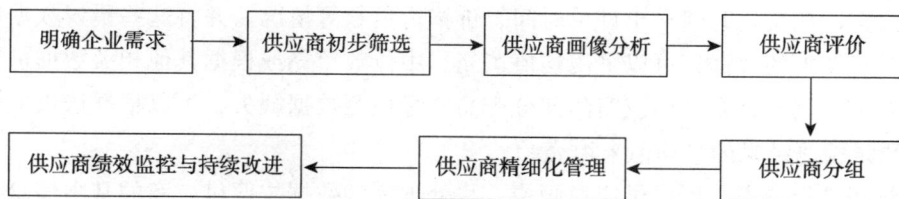

图 5-4　大数据时代的供应商管理基本流程

### 5.3.1 明确企业需求

明确企业需求是供应商管理流程的起始环节。企业在开始寻找合适的供应商之前，需要先明确目前企业供应商管理的现状以及存在的问题，进而明确自身的需求。例如，某企业在选择供应商时主要考虑了供应商的产品、数量、财务情况等方面，然而，在实际经营中常常发生断货缺货的情况。因此，企业在选择供应商时应当着重考虑其交付能力和供货情况，并在供应商评价过程中对交付能力赋予较大的权重。

### 5.3.2 供应商初步筛选

所谓供应商初步筛选，即企业根据自身的标准、战略目标等，对潜在供应商进行第一轮筛选。这一步骤主要是通过对供应商基础信息的收集，快速排除明显不符合要求的供应商，缩小选择范围，为后续更深入地评估和选择奠定基础。

企业面临的潜在供应商可能成百上千，人工统计分析效率低。可以利用网络爬虫技术从政府监管部门网站、第三方信用评级网站、产品价格平台等网站采集供应商的基础信息，如供应商资质、供应商信用评级、价格等。同时，供应商提供的文档也是重要的数据来源。面对大量的合同文件、质量报告等，我们可以运用自然语言处理技术和大语言模型进行文档的自动分类和关键信息提取。

通过上述做法，企业将采集到的供应商的基础信息整合分析，形成供应商基础信息分析报告等，即可依据自身的标准进行初步筛选，淘汰不合格的供应商。

### 5.3.3 供应商画像分析

经过初步筛选后，我们得到了一份真正的潜在供应商名单。接下来，就是要构建各个供应商的画像并进行分析。在第 5.2.1 小节，我们详细介绍了供应商数据来源于内部业务系统、供应商自身提供的数据和外部渠道数据等。

对于内部业务系统，我们可以搭建数据接口，直接将储存在供应商 ERP、MES、CRM 等系统的数据传输至企业内部接口；而对于外部渠道数据，我们仍然可以利用网络爬虫技术等技术深入挖掘供应商相关数据，包括行业新闻资讯、供应商在消费者群体的口碑、供应商在市场中的竞争力等；对于供应商自身提供的文件报告和已经收集到的文本类信息，我们可以通过文本分析和情感分析来解读关键信息，了解供应商的基本情况。

对采集到的数据进行清洗与处理。检查收集到的数据中是否存在明显错误或不符合逻辑的内容，如交货时间早于订单时间、价格为负数等情况，并将这些错误数据删除或修正。对于缺失的数据，可以采用均值填充、中位数填充或根据其他相关数据进行估算填充等方法。例如，若某供应商的部分产品质量检测数据缺失，可以根据该供应商其他产品的质量检测结果的平均值来填充。

将数据进行分类，形成供应商画像。将处理完的数据按照供应商的基本信息、产品信息、供应能力、质量情况等类别进行分类，最终形成供应商画像。

### 5.3.4 供应商评价

在第 5.1.2 小节已经介绍了供应商评价的步骤，接下来我们将按步骤逐步实现供应商评价。

**1. 供应商评价指标体系构建**

基于对企业供应商管理现状以及企业的战略目标的考察，企业可以成立专家小组共同构建供应商评价指标体系。目前，大多数企业主要考虑的指标已经在第 5.1.2 小节中列出，在这里就不再重复赘述了，另外，企业可以在此基础上新增或删减相应的指标，构建出一套适合企业自身的完整的供应商评价指标体系。

**2. 指标的匹配与关联**

在前一个步骤中，我们通过采集数据、数据清洗和处理构建了供应商画像，接下来就是将画像中的信息与评价指标进行匹配和关联。建立供应商画像与各个维度的评价指标的关联关系，例如，画像中的"消费者对于供应商产品的评价"可以与评价指标中的"服务能力指标"相关联；"供应商是否获得相关的质量认证"可与评价指标中的"可持续发展能力指标"相关联。

**3. 数据整合与转换**

将关联后的画像数据按照评价指标的要求进行整合和转换。如果画像中的数据是不同格式或单位的，需要统一标准。例如，画像中交货时间数据可能是日期格式，而评价指标要求的是准时交货率，就需要将日期数据转换为是否准时交货的二元数据（是/否），然后计算准时交货率。对于指标中包含的定性的画像数据，需要转化为定量数据，例如，在画像中所包含的文本信息—客户评价，首先提取"质量好""交货及时""价格合理" 等关键词；其次，建立评分规则为这些关键词赋予分值，如"质量好"赋值为 8～10 分，"质量一般"赋值为 4～7 分，"质量差"赋值为 0～3 分；最后，通过统计关键词的出现频率和分值计算出综合得分，将其转化为量化指标。

**4. 确定指标权重**

在第 5.1.2 小节，我们介绍了层次分析法、数据包络分析、熵权法等七种确定指标权重的方法，具体采取哪一种，读者可从数据特点和决策目的出发，选择合适的方法即可。接着根据计算步骤，计算每个指标的权重。

**5. 供应商评价与分析**

同样地，在第 5.1.2 小节，我们介绍了 TODIM、LINMAP、TOPSIS 等七种评价分析供应商的方法，具体采取哪一种，读者可依据数据的质量、风险偏好、专家意见等，选择合适的方法即可。接着根据计算步骤，计算每个评价对象的综合得分，再对其进行排序和分析，选择最优方案。

### 5.3.5 供应商分组

根据供应商评价的结果和供应商分级理论，可以将供应商分为不同的等级，如优秀、一般、较差等；参考主要影响指标，如风险，可以将供应商分为高风险组和低风险组；从供应能力稳定性维度考量，可分为"强供应稳定性组"和"弱供应稳定性组"；从创新能力方面考量，可分为"创新引领组"和"跟随型组"等。

### 5.3.6 供应商精细化管理

#### 1. 不同类别的供应商管理

基于分组的标准和结果，我们得到了不同的供应商组别名单，接下来企业可以根据不同组别所对应的企业需求进行精细化管理。例如，从风险层面考虑，对高风险组供应商需要建立风险预警系统，并且定期对其进行风险评估，同时积极寻找备用供应商以应对风险发生；对低风险组供应商，企业可以与其保持良好的沟通和合作，持续对其进行绩效考评和激励，维护与供应商的良好合作关系等。

#### 2. 关键供应商识别管理

如果企业的某种关键原材料、零部件或服务只有一个供应商，那么该供应商很可能是关键供应商；如果供应商的产品质量直接决定了企业产品的性能、安全性或合规性，那么该供应商很可能是关键供应商；或者通过社会网络分析，找出在供应商网络中处于关键位置的供应商。当企业识别出关键供应商之后，应当深化与关键供应商的合作关系，共同制订发展计划，实现信息共享与技术创新合作，激励双方为实现共同利益而努力。

#### 3. 供应商预测管理

基于供应商历史销售数据与市场趋势，企业可借助机器学习模型预测产品销量，精准把控采购量与库存水平；结合供应商生产进展，物流运输等数据，预判其交货时间，提前应对潜在延误；通过分析宏观经济与行业动态，预测供应商未来几年的发展态势，提前布局合作策略。这些方法能够助力企业优化供应链管理与生产计划，增强市场竞争力。

#### 4. 供应商关联规则管理

利用算法挖掘出不同供应商之间、供应商与产品之间、不同产品之间的关联规则后，对于关联性较强的供应商，将其视为一个整体单元进行管理，建立信息共享平台，确保企业之间能够实时交换关键信息，减少信息不对称带来的风险，识别这些强关联供应商可能带来的风险，定期进行风险评估，制订风险应急计划；对于关联性较强的供应商与产品，企业可以优化采购策略，采购这类产品时优先考虑与之关联性强的供应商，采取捆绑销售等方式，以优化供应链的资源配置，提升供应链的响应速度。

### 5.3.7 供应商绩效监控与持续改进

要实现供应商绩效监控与持续改进，首先可借助大数据技术，实时跟踪供应商在交货、质量等方面的关键业务数据。基于这些数据，进一步设置智能预警机制，一旦数据偏离正常范围，便能及时发出警报。在此基础上，企业还需定期开展绩效评估，并与供应商进行面对面沟通，深入分析绩效波动的原因。针对评估中发现的问题，与供应商携手共同制订详细的改进计划，同时明确时间节点与责任人，确保计划有序推进。

## 5.4　大数据时代的供应商管理案例研究

本节将为大家带来具体的案例介绍和分析，方便读者深入理解前文所提到的大数据分析技术与方法在供应商管理中的应用。

### 5.4.1　案例背景

作为电力系统中核心的能量转换与传输装置，电力变压器是最为重要的电力设备之一，其稳定运行是保障整个电网可靠性的关键。但就 2019 年市场监管总局对电力变压器产品的抽检结果来看，由于日益激烈的成本竞争，市场上的变压器质量参差不齐，存在质量低下、以次充好、以铝代铜等问题。因此，电网企业必须采用科学的电力变压器供应商评价体系，强化对供应商的监督考核，引导供应商不断提升管理经营能力和电力变压器技术水

拓展阅读 5.3　价值链协同视角下电力装备供应商评价研究

平，以全面提升电力变压器设备的采购质量，持续满足电网企业发展需求。电力变压器供应商评价涉及企业基本信息、变压器产品运行质量以及企业服务水平等多个方面，数据信息庞杂，亟待依托大数据技术进行综合分析，以挖掘出数据的隐含价值，实现更加科学合理的供应商评价。

下面，我们以 A 公司为案例，探讨电力变压器供应商评价方法，辅助公司进行供应商选择。

### 5.4.2　案例实践

在数字化转型和现代供应链建设背景下，为了提高 A 电力公司变压器招标采购工作质量，降低采购风险，提升供应商管理水平，本案例将在供应商评价的建模思路基础上，结合网络爬虫及文本分析技术、聚类分析和相关评价模型等对供应商进行评价排序，得出最优方案，具体步骤如下：

**1. 指标体系构建**

为了构建指标体系，首先，结合现有研究和电网企业需求总结评价体系构建原则，确定评价指标的选取依据。其次，结合包括企业现有统计数据和通过网络爬虫及文本分析可获取的数据在内的多源异构数据，初步确定可量化的具体指标。最后，根据具体情况对指标体系进行调整和优化评价，确定相关指标的量化依据。本案例确定的电力变压器供应商评价指标体系如表 5-2 所示。

**2. 数据采集与数据处理**

数据采集：基于已构建的评价指标体系，收集整理该公司 126 个变压器供应商的相关数据。其中大部分数据，包括企业基本信息、财务信息、工装设备情况和型式试验报告等来源于企业电子商务平台的供应商信息库；变压器设备运行情况、技术参数等信息

表 5-2　电力变压器供应商评价指标体系

| 目 标 层 | 维 度 层 | 指 标 层 | | 指标类型 | 指标属性 |
|---|---|---|---|---|---|
| | | 一级指标 | 二级指标 | | |
| 电力变压器供应商评价 | 企业综合资质（A） | 财务状况（$A_1$） | 资产总额（$A_{11}$） | 定量 | 正向 |
| | | | 资产负债率（$A_{12}$） | 定量 | 正向 |
| | | | 总资产利润率（$A_{13}$） | 定量 | 正向 |
| | | 企业综合资产生产能力（$A_2$） | 厂房总面积（$A_{21}$） | 定量 | 正向 |
| | | | 工装设备数量（$A_{22}$） | 定量 | 正向 |
| | | | 型式试验能力（$A_{23}$） | 定量 | 正向 |
| | | 企业信用（$A_3$） | 企业诚信度（$A_{31}$） | 定量 | 正向 |
| | | | 天眼查评分（$A_{32}$） | 定量 | 正向 |
| | | 社会责任（$A_4$） | 员工人数（$A_{41}$） | 定量 | 正向 |
| | | | 公益捐款（$A_{42}$） | 定量 | 正向 |
| | | | 产品绿色化（$A_{43}$） | 定量 | 正向 |
| | 产品竞争力（B） | 产品运行质量（$B_1$） | 到货抽检合格率（$B_{11}$） | 定量 | 正向 |
| | | | 首次故障时间（$B_{12}$） | 定量 | 正向 |
| | | | 年均故障频率（$B_{13}$） | 定量 | 正向 |
| | | | 年均检修停电时间（$B_{14}$） | 定量 | 正向 |
| | | 关键技术参数（$B_2$） | 负载优势（$B_{21}$） | 定量 | 正向 |
| | | | 空载优势（$B_{22}$） | 定量 | 正向 |
| | | | 顶层油温（$B_{23}$） | 定量 | 正向 |
| | | | 噪声水平（$B_{24}$） | 定量 | 正向 |
| | | 成本（$B_3$） | 设备购置费（$B_{31}$） | 定量 | 正向 |
| | | | 年均运维检修成本（$B_{32}$） | 定量 | 正向 |
| | | | 退役资金回收比例（$B_{33}$） | 定量 | 正向 |
| … | … | … | … | … | … |

则来源于企业生产部门和设备管理部门的统计数据。另外，在获取上述企业内部信息的基础上，通过网络爬虫及文本分析技术收集整理了天眼查评分、企业员工人数和公益捐款情况，数据主要来源于天眼查网站、企业官网、巨潮资讯网、已公布的社会责任报告等。

　　数据处理：删除缺失值较多的供应商，选取 100 个供应商进行分析。对于仍有指标数据缺失的供应商，通过分析与其企业规模相近的供应商情况进行缺失值填补。在完成数据清洗和缺失值填补后，依据给出的指标量化方式形成最终的样本数据集。

**3. 供应商初步筛选**

　　（1）供应商画像分析：电力变压器供应商画像旨在通过对供应商数据的形象化展示辅助电力企业进行供应商评价及选择，优化企业招标采购决策。因此，画像构建的关键是要基于企业实际业务需求和指标数据特征设置不同维度的标签，还原供应商全貌。具体的画像研究思路如图 5-5 所示。

　　（2）供应商聚类分组：在完成电力变压器供应商画像模型构建后，为挖掘出供应商

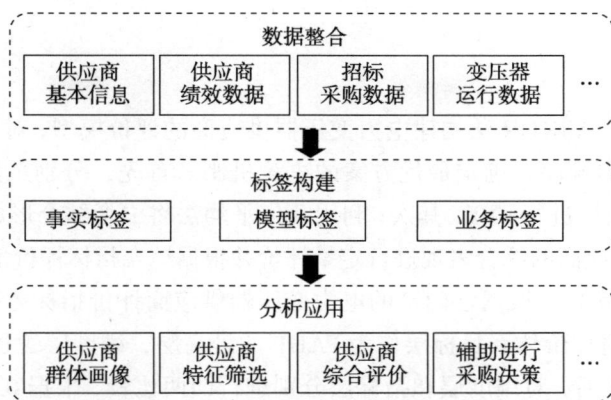

图 5-5　电力变压器供应商具体的画像研究思路

间的隐藏信息，本案例应用 DBSCAN 方法对供应商进行聚类分析，以供应商自身的变压器产品特征为依据对供应商进行分组。聚类分析模型如图 5-6 所示。

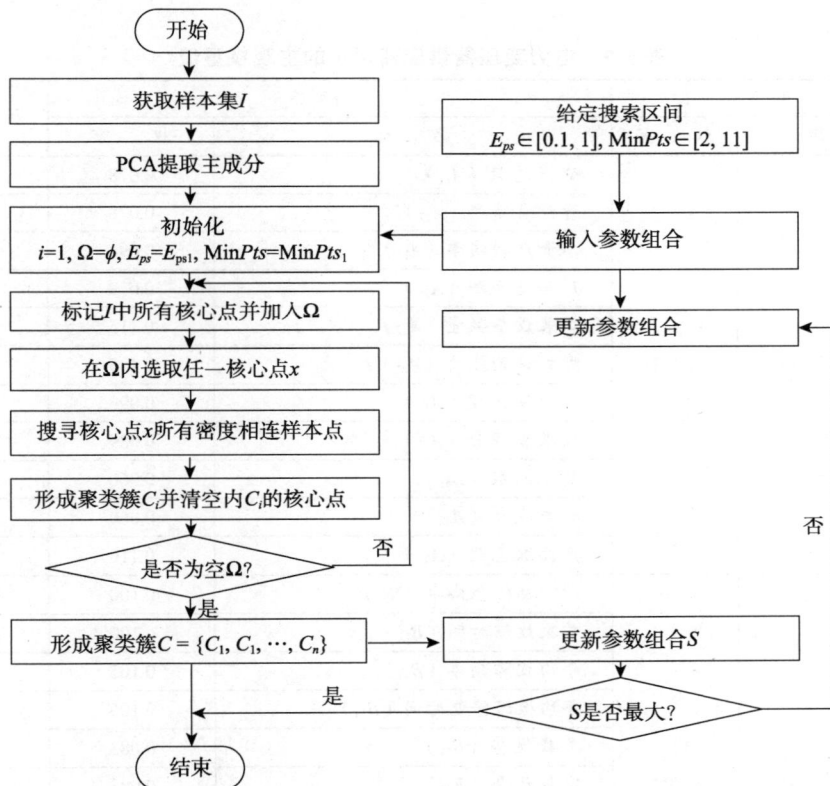

图 5-6　供应商聚类分析模型

（3）供应商初步筛选：将构建的画像模型与聚类模型相结合，依据 DBSCAN 聚类分组结果，分别对不同组供应商产品竞争力相关的标签数据进行统计分析，对不同组供应商电力变压器情况形成初步了解。利用词云可视化展示每组供应商的标签特征，分析不同组供应商的优缺点，选择在产品竞争力方面综合表现较优的一组供应商，实现供应的初步筛选。

### 4. 供应商评价

基于组合赋权和 VIKOR 法构建电力变压器供应商的评价模型，对供应商的综合表现进行量化赋分及优劣排序，确定最优方案的决策机制。首先，分别采用模糊层次分析法和 CRITIC 对评价指标进行赋权；其次，利用几何平均法将二者结合形成组合权重；最后，应用 VIKOR 法对供应商的综合表现进行定量评价并根据综合指标评价值进行供应商排序。

（1）主观权重计算：根据已确定的电力变压器供应商评价指标体系，可确定各层级指标之间的关系，将评价体系目标层作为 FAHP 的最高层，维度层的各因素作为中间层，指标层为最底层。然后，对维度层和指标层分别进行两两比较，根据 0.1～0.9 标度法（数字从 0.1～0.9 递增表示前一因素比后一因素的重要程度依次递增，即 0.1 表示前一因素比后一因素强烈不重要，0.5 表示前后两个因素同样重要，0.9 表示前一因素比后一因素强烈重要），形成相应的模糊互补判断矩阵。最后，计算出电力变压器供应商评价的综合主观权重值，其具体结果如表 5-3 所示。

**表 5-3　电力变压器供应商评价的主观权重值**

| 维度层 | | 指标层 | | 加权权重 |
| 名　称 | 权　重 | 名　　称 | 权　重 | |
|---|---|---|---|---|
| 企业综合资质（$A$） | 0.292 | 资产总额（$A_{11}$） | 0.078 | 0.023 |
| | | 资产负债率（$A_{12}$） | 0.078 | 0.023 |
| | | 总资产利润率（$A_{13}$） | 0.096 | 0.028 |
| | | 厂房总面积（$A_{21}$） | 0.078 | 0.023 |
| | | 工装设备数量（$A_{22}$） | 0.115 | 0.033 |
| | | 型式试验能力（$A_{23}$）） | 0.133 | 0.039 |
| | | 企业诚信度（$A_{31}$） | 0.096 | 0.028 |
| | | 天眼查评分（$A_{32}$） | 0.089 | 0.026 |
| | | 员工人数（$A_{41}$） | 0.060 | 0.018 |
| | | 公益捐款（$A_{42}$） | 0.060 | 0.018 |
| | | 产品绿色化（$A_{43}$） | 0.116 | 0.034 |
| 产品竞争力（$B$） | 0.292 | 到货抽检合格率（$B_{11}$） | 0.100 | 0.029 |
| | | 首次故障时间（$B_{12}$） | 0.100 | 0.029 |
| | | 年均故障频率（$B_{13}$） | 0.105 | 0.031 |
| | | 年均检修停电时间（$B_{14}$） | 0.105 | 0.031 |
| | | 负载优势（$B_{21}$） | 0.083 | 0.024 |
| | | 空载优势（$B_{22}$） | 0.083 | 0.024 |
| | | 顶层油温（$B_{23}$） | 0.083 | 0.024 |
| | | 噪声水平（$B_{24}$） | 0.075 | 0.022 |
| | | 设备购置费（$B_{31}$） | 0.090 | 0.026 |
| | | 年均运维检修成本（$B_{32}$） | 0.100 | 0.029 |
| | | 退役资金回收比例（$B_{33}$） | 0.075 | 0.022 |

| 维度层 | | 指标层 | | 加权权重 |
|---|---|---|---|---|
| 名　称 | 权　重 | 名　　称 | 权　重 | |
| 服务水平（C） | 0.225 | 准时交货率（$C_{11}$） | 0.292 | 0.066 |
| | | 质量服务及时性（$C_{12}$） | 0.242 | 0.054 |
| | | 技术支持和维修质量（$C_{21}$） | 0.225 | 0.051 |
| | | 服务有效性（$C_{22}$） | 0.242 | 0.054 |
| 成长性（$D_1$） | 0.192 | 组件材料水平（$D_{11}$） | 0.119 | 0.023 |
| | | 技术先进性（$D_{12}$） | 0.124 | 0.024 |
| | | 研发投资占比（$D_{21}$） | 0.157 | 0.030 |
| | | 研发人员数（$D_{22}$） | 0.171 | 0.033 |
| | | 专利数量（$D_{23}$） | 0.145 | 0.028 |
| | | 业务信息化覆盖率（$D_{31}$） | 0.150 | 0.029 |
| | | 供应链协同能力（$D_{32}$） | 0.133 | 0.026 |

（2）客观权重计算：首先，对原始数据进行标准化处理，在这一步，应解决各项不同质指标值的同质化比较问题，得到标准化后的部分供应商无量纲评价指标数据。再基于 CRITIC 方法计算出各二级指标的对比强度 $\sigma_j$、冲突系数 $d_j$、信息量 $e_j$ 和最终的指标权重 $w_{cj}$，如表 5-4 所示。

表 5-4　各指标的对比强度、冲突系数、信息量和指标权重

| 指标 | 对比强度 $\sigma_j$ | 冲突系数 $d_j$ | 信息量 $e_j$ | 权重 $w_{cj}$ |
|---|---|---|---|---|
| $A_{11}$ | 0.303 | 31.190 | 9.461 | 0.028 |
| $A_{12}$ | 0.306 | 30.485 | 9.342 | 0.027 |
| $A_{13}$ | 0.349 | 33.210 | 11.592 | 0.034 |
| $A_{21}$ | 0.281 | 31.706 | 8.900 | 0.026 |
| $A_{22}$ | 0.325 | 30.500 | 9.909 | 0.029 |
| $A_{23}$ | 0.354 | 33.168 | 11.748 | 0.034 |
| $A_{31}$ | 0.318 | 32.060 | 10.180 | 0.030 |
| $A_{32}$ | 0.246 | 30.220 | 7.424 | 0.022 |
| $A_{41}$ | 0.311 | 32.810 | 10.194 | 0.030 |
| $A_{42}$ | 0.364 | 30.796 | 11.219 | 0.033 |
| $A_{43}$ | 0.327 | 34.722 | 11.346 | 0.033 |
| $B_{11}$ | 0.311 | 32.353 | 10.060 | 0.030 |
| $B_{12}$ | 0.342 | 31.825 | 10.876 | 0.032 |
| $B_{13}$ | 0.303 | 31.428 | 9.518 | 0.028 |
| $B_{14}$ | 0.343 | 31.677 | 10.852 | 0.032 |
| $B_{21}$ | 0.276 | 30.412 | 8.387 | 0.025 |
| $B_{22}$ | 0.325 | 32.059 | 10.407 | 0.031 |
| $B_{23}$ | 0.345 | 31.791 | 10.968 | 0.032 |
| $B_{24}$ | 0.312 | 33.091 | 10.337 | 0.030 |
| $B_{31}$ | 0.340 | 31.319 | 10.635 | 0.031 |

| 指标 | 对比强度 $\sigma_j$ | 冲突系数 $d_j$ | 信息量 $e_j$ | 权重 $w_{cj}$ |
|---|---|---|---|---|
| $B_{32}$ | 0.320 | 32.225 | 10.322 | 0.030 |
| $B_{33}$ | 0.272 | 30.069 | 8.193 | 0.024 |
| $C_{11}$ | 0.298 | 32.339 | 9.621 | 0.028 |
| $C_{12}$ | 0.297 | 33.943 | 10.084 | 0.030 |
| $C_{21}$ | 0.379 | 32.852 | 12.452 | 0.037 |
| $C_{22}$ | 0.329 | 33.161 | 10.901 | 0.032 |
| $D_{11}$ | 0.370 | 29.567 | 10.928 | 0.032 |
| $D_{12}$ | 0.359 | 31.801 | 11.418 | 0.033 |
| $D_{21}$ | 0.369 | 33.594 | 12.412 | 0.036 |
| $D_{22}$ | 0.342 | 32.410 | 11.071 | 0.032 |
| $D_{23}$ | 0.337 | 32.339 | 10.885 | 0.032 |
| $D_{31}$ | 0.326 | 29.260 | 9.550 | 0.028 |
| $D_{32}$ | 0.306 | 31.690 | 9.708 | 0.028 |

（3）组合权重计算：采用几何平均法计算各评价指标的综合权重。根据上文所述的 FAHP 方法得到主观权重与 CRITIC 方法得到的客观权重，计算组合权重，其计算结果如表 5-5 所示。

**表 5-5　评价指标组合权重表**

| 指标 | 主观权重 $W_f$ | 客观权重 $W_c$ | 组合权重 $W$ |
|---|---|---|---|
| $A_{11}$ | 0.023 | 0.028 | 0.025 |
| $A_{12}$ | 0.023 | 0.027 | 0.025 |
| $A_{13}$ | 0.028 | 0.034 | 0.031 |
| $A_{21}$ | 0.023 | 0.026 | 0.025 |
| $A_{22}$ | 0.033 | 0.029 | 0.032 |
| $A_{23}$ | 0.039 | 0.034 | 0.037 |
| $A_{31}$ | 0.028 | 0.030 | 0.029 |
| $A_{32}$ | 0.026 | 0.022 | 0.024 |
| $A_{41}$ | 0.018 | 0.030 | 0.023 |
| $A_{42}$ | 0.018 | 0.033 | 0.024 |
| $A_{43}$ | 0.034 | 0.033 | 0.034 |
| $B_{11}$ | 0.029 | 0.030 | 0.030 |
| $B_{12}$ | 0.029 | 0.032 | 0.031 |
| $B_{13}$ | 0.031 | 0.028 | 0.030 |
| $B_{14}$ | 0.031 | 0.032 | 0.032 |
| $B_{21}$ | 0.024 | 0.025 | 0.025 |
| $B_{22}$ | 0.024 | 0.031 | 0.027 |
| $B_{23}$ | 0.024 | 0.032 | 0.028 |
| $B_{24}$ | 0.022 | 0.030 | 0.026 |
| $B_{31}$ | 0.026 | 0.031 | 0.029 |

续表

| 指标 | 主观权重 $W_f$ | 客观权重 $W_c$ | 组合权重 $W$ |
|---|---|---|---|
| $B_{32}$ | 0.029 | 0.030 | 0.030 |
| $B_{33}$ | 0.022 | 0.024 | 0.023 |
| $C_{11}$ | 0.066 | 0.028 | 0.044 |
| $C_{12}$ | 0.054 | 0.030 | 0.041 |
| $C_{21}$ | 0.051 | 0.037 | 0.044 |
| $C_{22}$ | 0.054 | 0.032 | 0.042 |
| $D_{11}$ | 0.023 | 0.032 | 0.027 |
| $D_{12}$ | 0.024 | 0.033 | 0.029 |
| $D_{21}$ | 0.030 | 0.036 | 0.034 |
| $D_{22}$ | 0.033 | 0.032 | 0.033 |
| $D_{23}$ | 0.028 | 0.032 | 0.030 |
| $D_{31}$ | 0.029 | 0.028 | 0.029 |
| $D_{32}$ | 0.026 | 0.028 | 0.027 |

（4）供应商评价结果：采用 VIKOR 法对电力变压器供应商的综合表现进行定量评价，计算其群体效益值 $S_i$ 和个体遗憾值 $R_i$，并取 $v = 0.5$ 得到各供应商的综合评价值 $Q_i$。各电力变压器供应商的 $S_i$、$R_i$ 值及其排序结果如表 5-6 所示。

表 5-6  VIKOR 评价计算结果

| 供应商 | $S_i$ 值 | $S_i$ 排序 | $R_i$ 值 | $R_i$ 排序 | $Q_i$ 值 | $Q_i$ 排序 |
|---|---|---|---|---|---|---|
| 1 | 0.475 | 5 | 0.044 | 20 | 0.669 | 15 |
| 2 | 0.488 | 8 | 0.039 | 16 | 0.558 | 10 |
| 3 | 0.563 | 19 | 0.039 | 11 | 0.716 | 18 |
| 4 | 0.529 | 14 | 0.044 | 22 | 0.801 | 21 |
| 5 | 0.554 | 17 | 0.037 | 9 | 0.635 | 13 |
| 6 | 0.483 | 7 | 0.044 | 20 | 0.688 | 16 |
| 7 | 0.454 | 3 | 0.031 | 3 | 0.184 | 2 |
| 8 | 0.612 | 22 | 0.035 | 7 | 0.700 | 17 |
| 9 | 0.404 | 1 | 0.032 | 4 | 0.092 | 1 |
| 10 | 0.542 | 16 | 0.029 | 2 | 0.343 | 5 |
| 11 | 0.501 | 9 | 0.034 | 5 | 0.389 | 6 |
| 12 | 0.510 | 10 | 0.039 | 16 | 0.612 | 11 |
| 13 | 0.516 | 12 | 0.034 | 5 | 0.423 | 8 |
| 14 | 0.588 | 21 | 0.042 | 19 | 0.896 | 22 |
| 15 | 0.483 | 6 | 0.039 | 11 | 0.522 | 9 |
| 16 | 0.534 | 15 | 0.039 | 11 | 0.644 | 14 |
| 17 | 0.555 | 18 | 0.041 | 18 | 0.761 | 19 |
| 18 | 0.517 | 13 | 0.039 | 15 | 0.621 | 12 |
| 19 | 0.461 | 4 | 0.037 | 9 | 0.411 | 7 |
| 20 | 0.586 | 20 | 0.039 | 11 | 0.771 | 20 |
| 21 | 0.512 | 11 | 0.029 | 1 | 0.260 | 3 |
| 22 | 0.431 | 2 | 0.037 | 8 | 0.324 | 4 |

### 5.4.3 案例分析

**1. 研究结论**

通过网络爬虫从外部获取的天眼查评分、企业员工人数和公益捐款情况（数据主要来源于天眼查网站、企业官网、巨潮资讯网、已公布的社会责任报告以及网络搜索），实现了多源异构数据的整合，为全面评价供应商提供了丰富的数据基础。

构建供应商画像标签体系，包含多个一级标签和二级标签。通过对各标签数据的统计分析，利用 Python 等工具按照标签触发规则进行区间划分，将供应商指标数据转换为特征标签，实现对供应商的全面画像，辅助判断供应商产品情况及潜在风险。

引入大数据分析技术分两阶段构建评价模型，改进聚类算法并构建画像模型筛选供应商，评价排序阶段采用组合赋权和 VIKOR 法使评价更合理。

**2. 实际意义**

本案例的实践成果为电力企业供应商管理提供了以下实际意义：

（1）保障设备质量与电网稳定运行：通过科学的供应商评价，企业能够筛选出产品质量高、运行稳定的变压器供应商，从而保障所采购变压器的质量，降低设备故障风险，确保电网的安全稳定运行。

（2）提升供应链管理水平：使用大数据分析技术辅助进行电力变压器供应商的筛选和评价，能够全面评估供应商的综合实力，有助于识别优质供应商，降低采购风险，提高采购决策效率和决策质量。此外，进行供应商画像分析可发现供应商的优势和特点，有助于提升企业的供应链管理水平，辅助企业制定差异化的供应商管理策略。

本案例强调了大数据技术在供应商管理中的核心作用，它能整合多源数据，挖掘隐藏信息，使评价更准确，帮助企业精准筛选优质供应商，提升采购质量；还可以创新评价方法，增强管理效能。这启示企业要重视数据资源管理，培养数据驱动决策意识，持续优化分析模型，引入新技术并结合业务定制，同时加强数据安全保护，确保合规运营，推动供应商管理水平提升。

（资料来源：智慧能源研究所相关论文。[①]）

**问题：**

1. 在上述案例中，如何通过大数据分析确保所选取的供应商在技术创新能力方面能满足企业未来电网发展的潜在需求？

2. 从大数据视角看，A 公司在整合电力变压器供应商各类数据时可能面临哪些数据管理与分析挑战？应如何应对这些挑战以提升供应商评价的准确性和效率？

## 课后习题

1. 根据供应商分级理论，供应商可以分为哪几类？
2. 请选择一种供应商评价的方法进行简单介绍。
3. 简述供应商管理的基本流程。

---

① 李跃. 基于大数据分析的电力变压器供应商评价研究[D]. 华北电力大学（北京），2024.

## 即测即练

自学自测　　扫描此码

# 第 6 章

## 大数据时代的采购和库存管理

◇ **学习目标**

1. 掌握采购管理和库存管理的核心定义与作用。
2. 了解大数据对采购方式和库存管理技术的优化作用。
3. 理解采购与库存协同管理的重要性，了解理论在实际中的运用方式。
4. 掌握如何通过大数据技术来提升供应链效率。

随着大数据技术的迅猛发展，很多领域都出现了它的身影。本章将引导读者了解大数据在采购管理和库存管理中的应用，展示如何通过大数据技术来提升供应链效率。

◇ **导入案例**

### 京东物流：大数据驱动的采购与库存优化管理

京东是中国最大的自营电商平台之一，同时也是全球供应链管理和智能物流的领导者。京东物流体系覆盖从商品采购到用户配送的全链条，通过高效、精准的管理方式满足电商、零售和跨境业务的多元化需求。而在电商行业中，采购和库存管理的效果又直接影响着用户体验和企业利润，尤其是在"双 11""618"等促销季期间，订单量的激增对企业的供应链能力提出了极高的要求。

面对着订单激增压力，京东全面引入大数据技术。通过部署智能化库存管理系统，实时监控全国仓库的商品种类、数量和分布。结合大数据分析技术，提前预测热销商品的需求趋势，在促销高峰期前调整重点区域的库存布局，确保货品充足供应。同时，根据用户的行为数据，结合历史销售数据和市场趋势，构建了需求预测模型。基于该模型辅助制定采购计划，借用 AI 技术分析供应商的交付风险，以此来降低采购成本、优化采购决策。除此之外，供应商还可以在与京东共同搭建的数据协同平台上，实时掌握采购、库存、物流等环节的信息，并据此提前调整生产计划，确保物资按时供应。

通过大数据的优化，京东的库存周转天数降至 29 天，在仓储成本降低的同时，预测的准确率也大幅提升，有效避免了促销期间的断货问题，提高了供应链响应速度和用户满意度。

（资料来源：https://ir.jd.com/，笔者根据京东集团 2024 年一季度财报相关资料整理所得。）

# 6.1   大数据时代的采购管理

采购管理是企业供应链管理活动中的关键部分，采购活动管理水平直接影响公司的成本、生产效率和市场竞争力。随着市场竞争越来越激烈，新兴的采购技术也在快速发展，传统的采购方式已经无法满足企业日益复杂的需求。在此情况下，大数据技术的引入给采购管理带来了全新的思路。

## 6.1.1   采购管理概述

### 1. 采购的含义

采购可以从狭义与广义两方面来理解。狭义的采购，通常指的是企业为了满足生产、经营或消费需要，直接从市场上购买所需物品（包括原材料、零部件、办公用品、设备等）或服务的行为。这种采购行为主要侧重于商品或服务的直接购买，是采购活动最基础、最直接的表现形式。在狭义采购的框架下，企业会根据自身的需求，通过市场调研、供应商选择、价格谈判、合同签订等一系列流程，从供应商处购买所需的物品或服务。这种采购方式具有目标明确、流程清晰、操作简便等特点，是企业日常运营中不可或缺的一部分。

广义的采购是指企业除了以购买的方式占有物品之外，还可以通过其他多种途径如租赁、借贷和交换等来获取物品的使用权或服务，以满足自身的需求。这种定义下的采购活动，不再局限于传统的商品购买行为，而是扩展到了更广泛的资源获取方式。在广义采购的框架下，企业可以更加灵活地运用各种资源，以适应快速变化的市场环境和客户需求。广义采购的概念强调了企业在供应链管理中的主动性和灵活性，要求企业具备更强的资源整合能力和风险管理能力。同时，随着大数据、云计算等信息技术的发展，广义采购的实现方式也更加多样化和智能化，为企业提供了更加便捷、高效的采购解决方案。

在大多数情况下，采购主要是指狭义的采购。

### 2. 采购的重要性

随着市场经济的发展、技术的进步以及竞争的加剧，采购已从简单的商品交易演变为一种能够帮助企业降低成本、提升利润并获取优质服务的核心职能。在企业的产品开发、质量保证、供应链管理和经营管理等多个方面，采购活动都有着重要的影响。

（1）成本控制：采购是企业成本的主要组成部分，通过有效的采购管理，企业可以降低原材料、零部件、设备等物品的采购成本，从而降低整体运营成本。

（2）质量保障：采购的物品和服务质量直接影响企业的产品质量和客户满意度。通过严格的供应商评估与选择、质量监控与检验等采购管理措施，企业可以确保采购的物品和服务符合质量标准，从而保证产品质量和提高客户满意度。

（3）提升效率：采购活动的高效运作可以缩短交货周期，提高生产效率。通过利用信息技术优化采购流程，企业可以缩短采购周期，确保生产所需物品的及时供应，从而提高生产效率。

（4）提高市场竞争力：在激烈的市场竞争中，企业需要通过优化采购管理来降低成本、提高产品质量和服务水平，以吸引更多客户并赢得市场份额。

（5）创新支持：采购活动还可以为企业创新提供支持。通过与供应商的合作与交流，企业可以获取最新的技术、产品和服务信息，为企业的创新活动提供有力支持。

采购在企业运营中扮演着至关重要的角色。有效的采购管理可以降低企业成本、提高产品质量和生产效率、降低风险并增强市场竞争力。因此，企业应该高度重视采购活动，不断优化采购管理策略以实现可持续发展。

### 3. 采购的分类

采购的分类如图 6-1 所示。

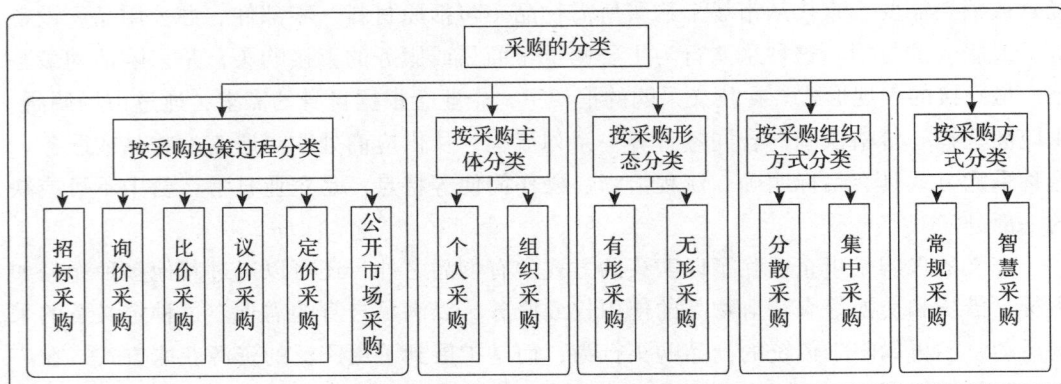

图 6-1　采购的分类

1）按采购决策过程分类

（1）招标采购。招标采购是指通过制定采购标准和程序，公开邀请潜在供应商提交书面投标，选择最有利于采购方的供应商并最终与之签订合同的一种采购方式。

（2）询价采购（询价现购）。询价采购（Request For Quotation，RFQ），是一种采购策略，其核心是通过向供应商发送详细的采购请求，以获取多个供应商的报价和响应，比较不同供应商的产品、服务、价格和交货时间等因素，选择最合适的供应商。

（3）比价采购。比价采购是指采购方通过比较多家供应商的报价、质量、交货期等条件，选择最合适的供应商。其核心在于"比价"，目的是在保证质量和服务的前提下，获得最具竞争力的价格。

（4）议价采购。议价采购是一种非公开的竞争性采购方式，通常用于需求紧急、市场供应商有限或采购品项复杂、技术规格难以标准化的情况。在这种模式下，采购方直接与一个或多个潜在供应商谈判，确定价格、质量、交货期等条款。

（5）定价收购。定价收购通常指的是采购方与供应商事先约定好价格并按照该价格进行采购的行为。这种方式一般适用于长期稳定的合作关系，或者采购品项价格较为稳定、波动较小的情况。

（6）公开市场采购。公开市场采购是指采购部门通过竞争性招标程序，从商业市场机构或零售商等符合资格的供应商处取得货物或服务的过程。公开市场采购通常遵循公开、公平、公正的原则，确保所有合格的供应商都有机会参与竞争，从而获得最优的采购结果。

2）按采购主体分类

（1）个人采购。个人采购是指个人为了满足自身或家庭生活的需要，通过购买方式获取商品或服务的活动。这种采购行为通常涉及较小的规模和金额，且采购决策主要由个人独立做出。

（2）组织采购。组织采购是指企业、机构或组织为了满足其运营或项目需求，通过集中采购的方式获取商品或服务的活动。这种采购行为通常涉及较大的规模和金额，且采购决策需要经过内部审批流程。

3）按采购形态分类

（1）有形采购。有形采购是指通过购买方式获取具有实物形态的商品的活动。这种采购行为主要关注商品的质量、价格以及供应商的信誉和服务水平。有形采购是企业生产运营中不可或缺的一环，对于确保产品质量、提高生产效率具有重要意义。

（2）无形采购。无形采购是指通过购买方式获取不具有实物形态的服务的活动。无形采购的内容包括咨询服务、技术服务和工程发包等，这些服务通常与企业的战略规划、产品研发、生产运营等方面密切相关。无形采购对于提升企业的核心竞争力、推动创新发展具有重要作用。

4）按采购组织方式分类

（1）分散采购。分散采购是指企业将采购权力下放到各个下属单位或部门，由其根据自身需求独立进行采购活动。这种采购方式使得各下属单位能够更灵活地适应不同地区的市场环境变化，快速响应市场需求。

（2）集中采购。集中采购则是指企业设立高度集中的物资采购中心，由该中心统一负责企业的采购活动。这种采购方式通过整合企业分散的采购资源，发挥规模采购优势，获得更加优惠的价格。

5）按采购方式分类

（1）常规采购。企业常规采购的一般模式是在每个月的月末，企业各个单位报下个月的采购申请单及下个月需要采购货物的品种、数量，交采购部门汇总，制订出统一采购计划，并于下月实施采购。采购回来的货物存储于企业的仓库中，满足下月对各个单位的货物供应。

（2）智慧采购[①]

①订货点采购：订货点采购是一种基于库存水平的采购方法。当库存量降至预定的订货点时，企业会触发采购流程以补充库存至安全库存水平。这种方法适用于需求相对稳定、可预测性较高的物料。

②物料需求计划采购（Material Requirements Planning，MRP）：MRP 采购是基于生产计划生成的物料需求计划进行的采购。它考虑了产品的生产结构和工艺路线，以及各

---

① 王槐林，刘昌华. 采购管理与库存控制[M]. 4 版. 北京：中国财富出版社，2013.

物料之间的数量关系和时间顺序，从而计算出各物料的需求量和需求时间。这种方法有助于企业实现精确的物料需求预测，减少库存积压和缺货风险，提高生产效率。

③准时化采购（Just-In-Time Procurement，JIT 采购）：JIT 采购强调在恰当的时间、恰当的地点，以恰当的数量和恰当的质量提供所需的物料。它要求供应商与企业之间建立紧密的合作关系，以实现快速响应和准时交货。

④电子商务采购：电子商务采购是利用电子商务平台进行的采购活动。它通过互联网技术和电子商务平台，实现了采购过程的数字化、自动化和智能化。

⑤带量框架采购：带量框架采购是指需求方在明确采购需求的前提下，通过公开招标等方式确定一批供应商及其产品，并与之签订带量框架采购协议。在协议有效期内，根据公司相关项目实际需求，从带量框架采购协议供应商处采购协议产品，并按照协议价格进行结算，直至协议到期或金额、数量分配完毕。

拓展阅读 6.1　带量框架采购详解

### 4. 采购管理的含义

（1）采购管理的概念。采购管理（Purchasing Management，PM）是指对采购业务过程进行组织、实施与控制的管理过程。它涵盖了从采购计划的下达、需求及采购单生成、询比价管理、筛选或检验入库，到采购发票的收集以及采购结算的全过程。在这个过程中，企业需要对采购过程中供应链的各个环节状态进行跟踪、监督，以实现对企业采购活动的科学管理。

（2）采购和采购管理的区别。采购，作为企业生产经营活动中的重要环节，是指企业为了满足生产或销售需求，通过一系列流程从市场上获取所需物资或服务的行为。它关注的是具体的购买行为，包括选择供应商、签订合同、接收货物或服务等。而采购管理则是一个更为宽泛和深入的概念，它不仅涵盖了采购行为本身，还包括对采购活动的计划、组织、指挥、协调和控制。采购管理是一种管理活动，既包括对采购活动的管理，也包括对采购人员和采购资金的管理等。它着眼于整个采购流程的优化和效率提升，旨在确保企业能够以最低的成本、最高的质量、最快的速度获取所需的物资或服务。

### 5. 采购管理的基本目标

（1）有效控制采购成本：采购管理的首要目标是实现采购成本的有效控制。这不仅仅意味着在价格上寻求最低点，还要在保证质量和供应稳定性的前提下，通过精心的策略规划和供应商谈判，达成最经济的采购方案。

（2）确保及时供应：采购管理需要确保所需物资或服务的及时供应，以满足企业的生产计划和市场需求。通过建立稳定的供应链和供应商合作关系，采购管理能够降低供应中断的风险，确保生产流程的顺畅进行。

（3）优化采购流程：采购管理致力于优化采购流程，提高采购效率，缩短采购周期。通过简化流程、采用信息化手段等方式，采购管理能够降低管理成本，提升采购活动的响应速度和灵活性。

（4）保证采购品质：采购管理要求所采购的物资或服务必须达到一定的质量标准，

以满足企业的生产需求和客户要求。通过严格的供应商评估、质量检验和质量管理跟踪等措施，采购管理能够确保采购品质的稳定性和可靠性。

（5）提升供应链可持续发展能力：随着全球经济的发展和竞争的加剧，供应链的可持续发展能力已成为企业采购管理的核心目标之一。采购管理需要注重全面的可持续发展考量，从采购过程中最大程度地保护环境、促进社会和谐、支持经济发展，实现经济效益、社会效益和环境效益的良性互动。

**6. 采购管理的内容**

（1）需求分析。需求分析是采购管理的起始点，它要求企业深入了解各部门的实际需求，包括所需物资的种类、数量、规格、质量以及交货时间等。通过准确的需求分析，企业能够制订出更加科学合理的采购计划，为后续的采购活动奠定坚实基础。

（2）供应商管理。供应商管理在采购管理中占据核心地位。它要求企业从众多供应商中筛选出符合企业要求并能够提供高质量、低成本、及时交付产品和服务的合作伙伴。

（3）制订采购计划。制订采购计划是采购管理的重要环节。它要求企业根据需求分析的结果，结合企业战略、市场趋势、预算限制等因素，制订出详细、可行的采购计划。通过制订采购计划，企业能够确保采购活动的有序进行，提高采购效率和质量。

（4）实施采购计划。实施采购计划是将采购计划转化为实际行动的过程。它要求企业按照采购计划的要求，与供应商签订采购合同，下达采购订单并跟踪采购活动的执行情况。

（5）采购监控管理。采购监控管理是确保采购活动质量和效率的关键环节。它要求企业对采购全过程进行实时监控和管理，包括质量检查、进度控制、成本控制等方面。通过采购监控管理，企业能够及时发现并解决采购过程中的问题，确保采购活动的顺利进行和采购目标的实现。

（6）采购分析与改进。采购分析与改进是采购管理的持续改进过程。它要求企业对采购活动进行回顾和总结，分析采购过程中的成功经验和不足之处。通过采购分析，企业能够识别出采购流程中的瓶颈和问题，提出改进措施和建议，为企业的长期发展提供有力保障。

采购管理的具体流程如图 6-2 所示。

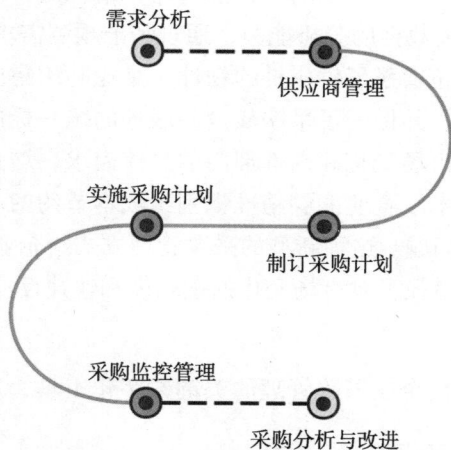

图 6-2　采购管理的具体流程

### 6.1.2　大数据时代的采购方式

#### 1. 智能采购系统

在现代供应链管理领域，智能采购系统的问世优化了传统的采购流程。它融合了大数据和人工智能等技术，形成了一套先进的采购管理解决方案。它可以利用随机森林、岭回归等方法，对历史销售数据、市场趋势、季节性波动和其他相关影响因素进行深入分析，预测未来一段时间内的商品需求[①]。也可以利用主成分分析、线性判别分析等方法，对供应商的历史表现、交货时间等关键指标进行综合评估，帮助企业筛选出优质的供应商，确保供应链的稳定性和可靠性。同时，智能采购系统对订单生成、审批、跟踪和交付等环节的自动处理，也大大减少了人为错误和时间延误。该系统通过不断收集和整合来自各个采购环节的数据，借用大数据分析技术进行分析，不仅提高了采购效率、降低了采购成本、优化了资源配置，还提升了企业的市场竞争力和可持续发展能力。随着技术的不断进步，智能采购系统将继续向更精准、更广泛集成和更智能决策支持的方向发展。

#### 2. 预测性采购

在当今快速变化的市场环境中，预测性采购作为一种基于大数据分析和预测技术的先进采购策略，越来越受到企业的关注。通过逻辑回归、神经网络等方法，对企业内部的采购记录及外部的市场趋势、消费者行为等因素进行深度挖掘和分析，将看似杂乱无章的数据转化为富有价值的信息，从而为采购决策提供科学的依据与支持。预测性采购的关键在于对预测模型的构建，这些模型通常采用时间序列分析、机器学习算法等手段来预测未来的需求走势，其预测的精准程度远超传统的经验判断。通过预测性采购，企业可以更好地安排采购计划，减少不必要的库存成本，提高采购效率和供应链的反应速度。这种效率的提升不仅能直接节省成本，还能让企业在市场竞争中占据明显优势。在需求波动频繁、市场充满不确定性的情况下，预测性采购能够帮助企业快速适应市场变化，进而保证了供应链的稳定和灵活。

#### 3. 集中采购与分散采购相结合

在大数据技术的推动下，集中采购与分散采购相结合的模式正成为现代企业采购管理的新范式，充分利用了大数据的分析能力，通过精准预测需求，不仅优化了采购计划，确保了资源的合理分配，还增强了供应链的韧性。企业利用集中采购的规模效应，降低单位成本，提高议价能力，并保证了采购质量和服务的统一标准。而分散采购的灵活性则使得企业能够快速响应市场变化和内部部门的具体需求，增强了采购的灵活性和适应性。通过独立成分分析技术，企业能够精准识别出成本节约的关键节点，减少浪费，也避免了库存过多或不足的问题。这种新型的采购管理方式给企业带来了显著的竞争优势，不仅提升了运营效率，还增强了对市场变化的敏感度和快速反应能力。

#### 4. 电子采购平台

电子采购平台作为现代企业采购管理的关键数字化工具，通过高效整合企业的采购

---

① 钟文佳. 基于人工智能的供应链优化采购系统研究[J]. 中国物流与采购，2024（3）：89-90.

需求和供应商资源，对采购流程进行全面的优化，推动采购活动向自动化、智能化管理迈进。在电子采购平台的架构下，企业能够实现从需求识别、供应商选择、价格谈判、订单下达直至合同管理等一系列采购活动的在线操作，不仅简化了采购流程，减少了纸质文档的使用，还大大缩短了采购周期，提高了工作效率。借助平台的数据整合分析能力，企业决策者可以洞察市场趋势，及时调整采购策略。随着大数据、云计算、人工智能等技术的不断发展，电子采购平台正朝着更加智能化、高效化的方向加速发展。未来的电子采购平台将不仅仅是一个交易工具，而是一个集成了高级数据分析、机器学习、人工智能决策支持的综合系统，并引领企业采购管理迈向更加高效、智能的未来。

**5. 供应商协同采购**

供应商协同采购是一种基于供应链紧密合作与信息共享的采购模式，通过优化采购流程、减少不必要的成本、提高操作效率以及增强整个供应链的竞争力，实现了采购活动的智能化、高效化和协同化。在供应商协同采购模式下，企业与供应商之间的关系不再仅仅是简单的买卖关系，而是一种战略合作伙伴关系。双方通过共享市场需求信息、库存数据、生产计划等关键信息，实现了供应链各环节的无缝对接和高效运转。通过协同采购，企业能够与供应商共同制定采购策略，优化库存管理，减少库存积压，从而降低资金占用和仓储成本。同时，在原材料价格波动、市场需求变化等情况下，企业和供应商也能够迅速做出联合响应，调整采购计划和生产安排，确保供应链的稳定性和连续性。在此种模式下，企业能够更好地整合内外部资源，发挥供应链的整体优势，实现成本控制、质量提升、服务优化等多方面的共赢。

## 6.1.3　大数据时代的采购优化策略

**1. 智能化采购决策支持系统**

智能化采购决策支持系统（Intelligent Procurement Decision Support System，IPDSS）是一种集成了人工智能、大数据分析、云计算和决策科学等先进技术的综合性信息系统。它专为采购管理领域设计，旨在通过自动化的数据处理、智能的算法分析和实时的决策支持，帮助企业优化采购流程、提高采购效率、降低采购成本，并提高供应链的竞争力和响应速度。

智能化采购决策支持系统的兴起，根植于市场需求的快速多变与供应链管理的日益复杂，加之大数据与人工智能技术日新月异的进步，以及企业迫切的数字化转型需求。这一系统旨在应对市场的不确定性，通过高效处理和分析海量供应链数据，揭示隐藏的规律和趋势，模拟人类智能思维进行自动化决策与智能优化，从而帮助企业优化采购流程、提升决策精准度、降低运营成本，并提高供应链的响应速度和整体竞争力，同时也是企业在全球化、数字化时代中实现采购管理现代化的关键工具。

这一系统的出现，将为企业采购管理带来革命性的变革和提升，助力企业在激烈的市场竞争中脱颖而出。

**2. 基于历史数据的智能预测采购量**

基于历史数据的智能预测采购量，这一策略的核心在于"历史数据"与"智能预测"

的结合。历史数据作为预测的基础，包含了企业过去的采购记录、销售趋势、库存变动、市场需求波动等关键信息。智能预测则是利用大数据技术和先进的算法模型，对这些历史数据进行深度挖掘和分析，以揭示数据背后的规律和模式。

智能预测采购量的优势在于其前瞻性和精准性。传统的采购计划往往基于经验判断或简单的统计预测，难以准确反映市场的动态变化和企业的实际需求。而基于历史数据的智能预测，则能够实时跟踪市场动态，及时调整采购计划，确保企业能够灵活应对市场变化，降低库存风险，提高采购效率。此外，智能预测采购量还能够帮助企业实现供应链的优化。通过精准预测采购需求，企业可以更加合理地安排生产计划、库存管理和物流配送等环节，提高供应链的响应速度和协同效率。同时，智能预测还能够为企业提供决策支持，帮助企业更好地把握市场机遇，实现可持续发展。

### 3. 多元采购与供应商协同采购

多元采购与供应商协同采购是现代供应链管理中至关重要的环节，它涉及企业如何有效地从多个供应商处采购所需物资，并如何与这些供应商建立紧密的协同关系，以提高供应链的效率和灵活性，降低成本并确保产品和服务的质量。

多元采购是指企业从多个供应商处采购所需物资的策略。这种策略的主要目的是降低采购风险、提高采购效率并降低成本。供应商协同采购是指采购部门与供应商之间建立高效合作关系，共同应对市场变化，优化供应链运作的过程。它强调企业与供应商之间的信息共享、风险共担和利益共享。将多元采购与供应商协同采购相结合，企业可以建立供应商评估和选择机制，实现信息共享和协同工作，开展供应商培训和认证，同时建立风险共担和利益共享机制。

多元采购与供应商协同采购是现代供应链管理中的核心策略，是企业实现采购管理现代化、提高供应链竞争力和响应速度的关键途径。

### 4. 供应链风险管理与采购策略调整

在当今复杂多变的市场环境中，供应链风险管理已成为企业持续运营和竞争优势构建的重要一环。其中，利用大数据分析来识别供应链中的潜在风险并据此调整采购策略，已成为一种先进且有效的管理方法[①]。

通过对海量的供应链数据进行挖掘和分析，企业能够洞察到供应链中潜在的供应中断、价格波动等风险。这些风险可能源于供应商的经营状况、市场需求的变化、物流运输的延误等多种因素，一旦识别出这些风险，企业应立即进行风险评估并根据评估结果，灵活调整采购策略以降低风险对企业的影响。同时，采购策略的调整也应考虑供应链风险管理的需求，确保采购策略的调整能够增强供应链的稳定性、可靠性和成本效益。

利用大数据分析进行供应链风险管理与采购策略调整，是企业提高供应链抗风险能力、确保供应链稳定性和安全性的重要手段。这种管理方法不仅有助于企业应对复杂多变的市场环境，还能够为企业的持续发展和竞争优势构建提供有力支持。

① 蓝发钦，胡晓敏，国文婷，等. 企业供应链风险与纵向并购决策之谜——来自文本挖掘的经验证据[J]. 数量经济技术经济研究，2025，42（1）：116-135.

# 6.2　大数据时代的库存管理

大数据技术的引入不仅改变了传统的采购方式，还为优化采购策略提供了基础。然而，仅仅依靠对采购管理的改进，难以彻底解决供应链中所面临的问题。库存管理作为保障物资流动与维持供应链稳定的重要环节，在大数据技术的推动下，将实现企业资源的优化配置以及运营效率的大幅提升。在本节中，我们将深入探讨如何利用大数据技术来提升库存管理水平。

## 6.2.1　库存管理概述

### 1. 库存的含义

库存是指在生产经营过程中为销售或耗用而储备的物资，这些物资包括但不限于原材料、在制品、半成品、成品等。库存通常存放在仓库或其他指定的地方以备生产或销售之需。库存代表了企业的一部分资产，通常以货币价值来衡量，并涉及原材料的采购、生产计划的制订、成品的销售和配送等多个方面。库存水平不仅反映了企业的生产能力和销售潜力，还直接影响企业的财务状况和盈利能力。

此外，库存还可以被视为一种风险管理工具，通过保持适量的库存，企业可以应对市场需求的不确定性，避免因缺货而导致的销售损失。在供应链管理中，库存管理也是一个至关重要的环节。有效的库存管理可以确保供应链的顺畅运行，降低运营成本，提高客户满意度。通过对库存数据和市场需求变化的分析，企业可以制订更加合理的生产计划和销售策略。

### 2. 库存的作用

库存的重要性体现在多个方面，不仅深刻影响着日常运营的流畅性与效率，而且对企业长远发展的整体战略规划产生了广泛而深远的影响。它不仅是企业资源有效配置与利用的关键一环，更是连接市场需求与生产供应的桥梁，确保了企业能够灵活应对市场变化，维持业务连续性，并在激烈的市场竞争中保持稳健的竞争力。

（1）满足客户需求：库存的充足与合理管理直接关系企业能否及时、准确地满足客户的订单需求。一个高效的库存系统能够确保企业拥有足够的库存量，以应对市场需求的波动，无论是季节性需求高峰还是突发的市场需求增长。这不仅提升了客户满意度，还增强了客户对企业的信任和忠诚度，为企业赢得了良好的市场口碑和品牌形象。通过精准的库存管理，企业能够减少缺货现象，缩短交货周期，从而在激烈的市场竞争中占据有利地位。

（2）平滑生产流程：在生产制造型企业中，库存的合理管理对于保持生产线的连续运行至关重要。原材料、零部件等库存的充足可以确保生产不会因为缺乏必要的物资而中断，从而维持生产效率和产品质量。同时，通过精确预测生产需求，企业可以合理安排库存水平，避免过度库存导致的资金占用和浪费。这种平滑的生产流程不仅提高了企业的生产效率，还降低了生产成本，增强了企业的市场竞争力。

（3）风险管理工具：库存不仅是企业资源的储备，更是一种重要的风险管理工具。面对市场需求的波动和供应链中的不确定性，保持适量的安全库存可以帮助企业抵御潜在的风险。当市场需求突然增加时，企业可以迅速利用库存满足客户需求，避免销售损失；当供应链中断时，库存可以作为缓冲，确保生产不受影响。这种风险管理能力对于企业的稳健发展具有重要意义。

（4）优化资源配置：有效的库存管理可以帮助企业优化资源配置，提高资源利用效率。通过准确预测市场需求、合理安排采购和生产计划，企业可以确保库存与市场需求相匹配，避免资源浪费和库存积压。同时，企业还可以根据库存情况调整生产计划，优化生产流程，降低生产成本。这种资源配置的优化不仅提高了企业的运营效率，还为企业创造了更多的利润空间。

（5）提升竞争力：高效的库存管理对于提升企业的竞争力具有重要作用。通过缩短交货周期、提高客户满意度，企业可以赢得更多的市场份额和客户的信任；通过降低库存成本和提高运营效率，企业可以在价格和质量方面获得优势，从而在市场竞争中脱颖而出。这种竞争力的提升不仅有助于企业保持市场领先，还为企业带来了更多的商业机会和发展空间。

（6）支持企业战略：库存策略与企业整体战略密切相关。一个符合企业战略目标的库存策略可以为企业的发展提供有力的支持。当企业实施市场扩张战略时，合理的库存布局和物流网络可以确保产品能够快速、准确地送达新市场；当企业实施产品创新战略时，充足的原材料和零部件库存可以支持新产品的研发和生产。这种战略支持不仅有助于企业实现短期目标，还为企业长期发展奠定了坚实的基础。

库存对企业运营和战略具有重要影响。因此，企业应该重视库存管理，采用先进的库存管理系统和技术手段，提高库存管理的效率和准确性，以确保企业的稳健发展。

### 3. 库存的分类
库存的分类如图 6-3 所示。

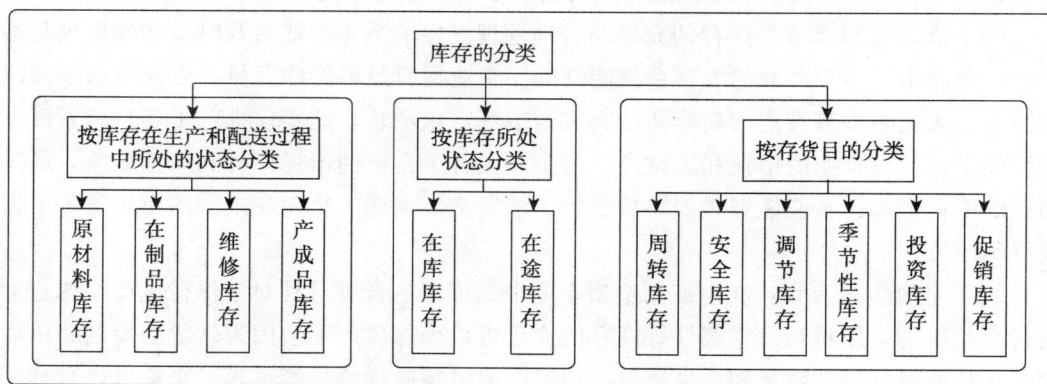

图 6-3　库存的分类

1）按库存在生产和配送过程中所处的状态分类

（1）原材料库存：用于生产加工过程中未经过加工或部分加工的原材料。

（2）在制品库存：在生产过程中，各阶段加工完毕但尚未成为产成品的所有制品。

（3）维修库存：也称为维修备件库存，用于设备维修的零部件和消耗性物品。

（4）产成品库存：生产加工过程已完成，等待销售的产品。

2）按库存所处状态分类

（1）在库库存：是指存储在企业仓库中的库存，是存货的主要形式。

（2）在途库存：是指生产地和储存地之间的库存，这些物资或正在运载工具上、处于运输状态，或在中途临时储存地、暂时处于待运状态。如果运输距离长、运输速度慢，在途库存甚至可能超过在库库存。

3）按存货目的分类

（1）周转库存：也称为经常库存，是指企业在正常的经营环境下为满足日常的需要而建立的库存。存货量受市场平均需求、生产批量、运输中的经济批量、资金和仓储空间、订货周期、货物特征等多种因素的影响。

（2）安全库存：为应对不确定因素（如供应不稳定、需求波动、大量突发性订货、交货期突然延期等）而准备的缓冲库存。安全库存与市场需求特性、订货周期的稳定性密切相关。市场需求波动越小或需求预测准确，订货周期确定，所需的安全库存越少。如果企业能对市场做出完全准确的预测、订货周期固定，就可以不必保有这部分库存。

（3）调节库存：用于调节供应和需求之间的时间差或地域差的库存。

（4）季节性库存：为满足季节性需求波动而准备的库存，如夏季对空调机的需求所建立的库存。

（5）投资库存：不是为满足当前需求而持有的库存，而是出于其他原因，如价格上涨、物料短缺等而囤积的库存。

（6）促销库存：在企业促销活动期间，一般会出现销售量一定幅度的增长，为满足这类预期需求而建立的库存，称为促销库存。

**4. 库存管理的含义**

库存管理是一个综合性的管理过程，它涉及企业运营中的多个环节，包括采购、生产、销售、物流等多个部门。具体而言，库存管理是指企业为了支持其日常运营和未来发展，对库存物品（包括原材料、在制品、产成品、维修备件、包装物和低值易耗品等）的数量、种类、存放地点、库存周转率以及库存成本等进行全面规划、组织、监督和控制的一系列活动。

库存管理是企业运营中不可或缺的一部分，它直接关系企业的生产效率和成本控制，影响着企业的市场竞争力和可持续发展能力。企业需要高度重视库存管理，不断优化库存策略和管理流程，以适应市场变化和客户需求的变化，实现企业的长期稳定发展。

**5. 库存管理的基本目标**

（1）满足客户需求：确保企业有足够的库存以满足客户的订单需求，避免因缺货而导致的销售损失和客户满意度下降。这是库存管理的首要任务，也是企业保持市场竞争力的关键内容。

（2）降低库存成本：通过合理的库存规划和控制，减少库存持有成本，包括存储费用、保险费用、维护费用、税费以及资金占用成本等。降低库存成本有助于提高企业的盈利能力和市场竞争力。

（3）提高库存周转率：加快库存物品的周转速度，减少库存积压和过期损失，提高库存的利用效率。高库存周转率意味着企业能够更好地利用资金和资源，实现更快的资金回笼和更高的投资回报率。

（4）平衡库存风险：避免库存过多或过少的风险。库存过多会增加持有成本，占用资金，而库存过少则可能导致缺货和失去销售机会。通过精确的库存预测和灵活的库存策略，企业可以在保证供应的同时，将库存风险控制在可接受的范围内。

库存管理的基本目标是在确保满足客户需求的前提下，通过优化库存结构、提高库存周转率、降低库存成本等手段，实现企业的资源优化配置和运营效率提升。同时，库存管理还需要关注缺货和过剩库存的风险，通过合理的库存策略和预警机制，减少因库存问题导致的销售损失和客户满意度下降。

### 6. 库存管理的内容

（1）库存计划：这是库存管理的起始点，涉及对未来市场需求的预测，并根据预测结果制订采购计划，以确保库存既能满足市场需求，又不会过度积压。库存计划需要综合考虑销售预测、生产周期、采购周期、库存周转率等多个因素。

（2）采购管理：根据库存计划，进行原材料或商品的采购。采购管理包括供应商的选择、采购量的确定、采购价格的谈判等。有效的采购管理可以降低采购成本，提高采购效率，并确保采购的原材料或商品符合企业的质量要求。

（3）入库管理：对采购来的商品进行验收、分类、上架等操作，确保商品的安全存储。入库管理需要建立完善的验收标准和流程，以确保入库的商品数量准确、质量合格。

（4）存储管理：对库存商品进行合理存放，包括货位的分配、库存的盘点、库存的保管等。存储管理需要确保库存商品的安全、完整和易于查找，同时还需要关注库存商品的保质期和过期处理等问题。

（5）出库管理：根据销售订单或生产计划，进行商品的拣选、打包、发货等操作。出库管理需要确保出库的商品数量准确、质量完好，并按时送达客户或生产部门。

（6）库存控制：通过设置安全库存、再订货点等参数，控制库存的水平，避免库存过多或过少。库存控制需要综合考虑市场需求、生产周期、采购周期等多个因素，制定合理的库存策略。

（7）库存分析：定期对库存进行分析，包括库存周转率、库存结构、库存积压等。库存分析可以为企业提供决策依据，帮助企业优化库存管理策略，降低库存成本。

（8）库存优化：根据库存分析的结果，调整库存策略，包括采购策略、存储策略、销售策略等。库存优化旨在提高库存的利用效率，降低库存成本，提升企业的市场竞争力。

随着信息技术的发展，许多企业开始使用 ERP 系统、WMS 系统等信息系统来辅助库存管理。这些系统可以实时监控库存水平、优化库存结构、提高库存周转率，并为企业提供准确的库存数据和分析报告，帮助企业更好地进行库存管理决策。

### 6.2.2　大数据时代的库存管理方式

#### 1. 实时库存监控系统

实时库存监控系统是现代仓储管理的关键工具，是一个集成了传感器、RFID、无线通信技术和先进管理软件的综合解决方案，它能够实时、准确地追踪和监控库存的动态变化。通过部署在仓库内的传感器和 RFID 标签，系统能够自动采集货物的数量、位置、状态等关键信息，并通过无线通信技术实时传输至云端或本地服务器进行处理。这一系统不仅具备实时监控、精准定位、自动更新库存数据和预警通知等核心功能，还显著提高了库存管理的精确性和时效性。通过实时掌握库存情况，企业能够优化生产和销售计划，避免库存积压和缺货现象，从而提高库存周转率，降低库存成本等。随着物联网、人工智能和机器学习等技术的不断发展，实时库存监控系统将更加智能化和自动化，能够利用历史数据和算法模型对未来的库存需求进行准确预测，实现自动补货和库存调整等功能，进一步减少人为错误，提高管理效率。

#### 2. 预测性库存管理

预测性库存管理技术是一种集成了时间序列分析、机器学习等先进算法的数据分析工具，它在库存管理领域的应用尤为突出。通过线性回归、LASSO 回归、岭回归等技术，深入挖掘历史销售数据、市场趋势、促销活动等多维度信息，构建精准的预测模型，以实现对未来库存需求的科学预测。它的优点在于其能够显著提高库存预测的准确性。传统的库存预测方法往往依赖于经验判断或简单的统计模型，难以捕捉市场需求的复杂性和不确定性。而大数据时代的预测性分析技术则能够综合考虑多种影响因素，如历史销售数据、市场趋势等，从而构建出更加精准的预测模型。这不仅有助于企业提前调整库存策略，避免库存积压或短缺的风险，还能优化库存结构，提高库存周转率，降低库存成本。并且随着市场环境的变化和企业业务的发展，库存需求的影响因素可能会发生变化。而预测性分析技术能够不断学习和适应新的数据模式，进而保持预测的准确性。

#### 3. 自动化仓储与拣选系统

自动化仓储与拣选系统是现代仓储管理领域的一项重要技术革新，它融合了自动化立体仓库、自动导引车（Automated Guided Vehicle，AGV）及智能拣选机器人等先进设备，并配套智能软件，实现了仓储作业的高度自动化和智能化[①]。该系统不仅大幅提升了货物存取和拣选的效率，通过自动化设备快速、准确地完成任务，减少了人工操作的依赖，还显著降低了人力成本及因人为因素导致的错误率。智能拣选机器人利用条形码或 RFID 技术精准识别货物信息，确保拣选的准确性；自动化立体仓库优化了存储空间，提

---

① 倪震飞. 智能仓储中的机器人自动化技术应用与发展趋势[J]. 中国储运，2024（9）：165-166.

高了库存管理能力；智能软件对库存进行实时监控和精细化管理，提供数据分析与可视化报告，帮助企业优化仓储策略，进一步提升运营效率。这一系统广泛应用于电商物流、制造业、零售业等多个领域，有效应对了高效、准确仓储作业的需求，是推动仓储管理现代化、智能化的关键力量。

### 4. 供应链协同库存管理

供应链协同库存管理是一种创新的库存管理模式，它通过引入大数据、人工智能等先进技术，利用供应链管理系统等平台，实现了供应商、制造商、分销商等供应链各节点间的信息共享与深度协同。这一模式不仅显著提升了供应链的透明度，使得各节点企业能够实时掌握库存状态、订单处理进度等关键信息，从而及时应对市场变化和客户需求；而且极大地增强了供应链的协同性，促使各节点企业在共同目标的指引下，打破壁垒，实现跨部门、跨企业的无缝协作，共同制订并执行更为精准的库存计划和策略。该模式赋予了企业快速响应市场变化的能力，使其能够迅速调整库存策略，抓住市场机遇，进而提升客户满意度和忠诚度。

### 5. 库存预警与应急响应机制

库存预警与应急响应机制是现代企业库存管理的核心策略，它深度融合了大数据技术的应用，实现了库存管理的智能化和精细化。通过 ERP、WMS 等系统自动采集和整合库存、销售、采购周期等关键数据，利用大数据分析技术设定合理的预警指标与阈值，构建精准的预警模型。这些模型能够基于历史数据和市场需求预测，实时分析库存数据的波动趋势，准确预测未来的库存状况，从而在库存量低于安全库存水平时自动触发预警。当预警被触发时，系统会自动向相关责任人发送包含详细预警信息和建议应对措施的通知，确保相关人员能够迅速了解情况并做出决策。这一机制不仅显著降低了缺货风险，提高了供应链的可靠性和韧性，还通过大数据的应用，实现了库存管理的智能化和精细化，为企业带来了更高的运营效率和市场竞争力。

### 6. 库存成本分析与优化

库存成本分析与优化是运用大数据分析技术的关键策略，旨在深入挖掘和全面审视库存成本的各项数据。通过整合多源数据，对库存成本的构成进行细致分析，明确成本增加的关键因素。在此基础上，利用关联性分析等手段，揭示库存成本的变化趋势及其与销售、市场需求等因素的内在联系，为优化决策提供科学依据。根据分析结果，企业可以有针对性地制定优化措施，以减少高成本库存占比，降低仓储费用。同时持续监控库存成本的变化情况，定期利用大数据分析技术对优化效果进行实时评估，并根据评估结果及时调整优化策略，确保库存成本得到有效控制。

## 6.2.3　大数据时代的库存优化策略

### 1. 需求预测驱动的动态库存控制

需求预测驱动的动态库存控制是现代供应链管理中一种高效且具有前瞻性的策略。它利用大数据分析技术的强大能力，对历史销售数据、市场趋势、季节性和节假日因素等进行全面而深入的综合分析①。这种分析不仅考虑了过去的销售模式，还融入了当前市场环境的动态变化，从而构建出一个准确且可靠的需求预测模型。在这个预测模型的基础上，企业可以更加科学地调整库存水平。在需求高峰到来之前，企业能够提前增加库存，确保有足够的商品供应给消费者，满足市场需求，避免缺货带来的销售损失和客户不满。同时，在需求低谷或淡季，企业则可以适当减少库存，避免库存积压和不必要的资源浪费，降低库存成本。通过该策略，企业不仅能够实现库存的精细化管理，还能够有效减少牛鞭效应的影响，提高供应链的响应速度和灵活度，更好地适应市场变化。

**2. 库存分类与差异化管理**

利用大数据进行库存分类与差异化管理是现代库存管理的重要趋势，企业需要从多个数据源（如 WMS、ERP 系统等）收集库存相关数据，包括出入库记录、库存变动、销售趋势等。接着，利用大数据技术对库存商品进行科学分类。针对不同类别的库存商品，企业采取不同的管理策略，以实现差异化管理。在库存分类与差异化管理的过程中，大数据方法发挥着至关重要的作用。数据挖掘技术能够发现数据中的隐藏模式和趋势，为库存分类提供科学依据。机器学习算法则能够基于历史数据预测未来需求，为补货计划和销售策略的制定提供决策支持。统计分析方法则用于评估库存管理效果，如计算库存周转率、缺货率等关键指标。大数据关联规则可以分析识别出多种物资之间的相关性，以调整存储布局，将相关性强的物资存放在相邻位置，从而减少拣选时间和提高作业效率。根据生存分析方法来分析备品备件的需求周期和新设备的更新需求，令企业提前做好资金和库存准备，避免因设备更新导致的生产中断。最终管理者借助数据可视化技术，通过直观的图表和仪表盘展示数据分析结果，可以快速把握仓库运营状况。

**3. 基于数据挖掘的库存异常检测**

基于数据挖掘的库存异常检测是一种高效、精准的管理手段，它不仅依赖于传统的统计分析方法，还融合了机器学习、深度学习等先进技术。除此之外，这些技术能够更准确地识别复杂数据中的异常模式，提高检测的准确性和效率。基于数据挖掘的库存异常检测旨在识别出库存变动中的异常现象。这些异常可能包括库存量的异常增加、异常减少或长时间滞留等，它们往往预示着市场需求的变化、供应链的中断、生产计划的调整或内部管理的问题。例如，库存的异常增加可能意味着市场需求正在下降，或者供应链中出现了某种瓶颈导致货物积压；而库存的异常减少则可能预示着市场需求激增，或者存在内部盗窃、管理不善等问题。长时间滞留的库存则可能表明销售策略不当或产品过时。通过数据挖掘技术，企业可以对这些异常模式进行自动识别并生成警报或报告。这为企业提供了及时发现问题并采取针对性措施的机会，从而调整库存策略，优化供应链管理并降低潜在的经济损失。

**4. 多库存点与多级库存优化**

多库存点与多级库存优化是现代供应链管理中的重要策略，旨在通过合理的库存布

---

① 张滟. 基于库存分类与需求预测的 L 跨境电商公司海外仓库存优化研究[D]. 浙江大学，2024.

拓展阅读 6.2　多级库存优化

局和调配，降低库存成本，提高供应链的响应速度和整体效能。这一策略的核心在于优化资源配置，确保供应链的顺畅运行。在多库存点布局方面，企业通常根据市场需求、物流成本、交通便利性等因素，在中央仓库、区域仓库和前端门店之间建立合理的库存分布。这种布局有助于减少长途运输的成本和时间，提高供应链的灵活性和响应速度。在多级库存优化方面，企业通过对原材料库存、在制品库存和成品库存的精细化管理，确保生产的连续性和稳定性，避免过多的库存积压和资金占用。通过大数据分析，企业可以实时监控各级库存的状态和变化趋势，预测未来的市场需求和供应链风险，从而制定更加精准的库存策略。同时，要定期对库存管理策略进行评估和调整，以适应市场变化和客户需求的变化。

# 6.3　大数据时代的采购与库存协同管理

通过上一节的学习，我们深刻认识到大数据技术对库存管理各个环节所产生的深远影响。然而，仅仅对库存管理的优化无法有效应对复杂多变的市场环境。采购与库存作为供应链管理中息息相关的重要环节，其协同管理是提升企业竞争力的关键所在[①]。本节将重点探讨采购与库存协同管理的重要性，以及大数据技术如何推动这一协同模式的发展。

## 6.3.1　采购与库存协同管理的重要性

### 1. 优化成本控制

采购与库存的协同管理在优化成本控制方面发挥着关键作用，它是企业实现精益运营、提高经济效益的关键一环。在实时库存监控的助力下，企业能够精确掌握库存动态，避免库存积压带来的资金占用和额外成本。利用大数据技术对市场进行分析和预测，如原材料和设备的价格等，企业能够提前感知到变化趋势，从而选择最佳的采购周期、制订合理的采购计划，有效避免了过度采购，进一步降低了运营成本。采购部门与供应商建立长期稳定的合作关系，也是协同管理框架下的重要一环。通过与供应商建立互信、共赢的合作关系，采购部门能够获得更优惠的采购价格、更稳定的物资质量和更及时的供货服务。这种合作关系不仅有助于降低采购成本，提高采购效率，还能够增强供应链的可靠性和稳定性，避免因供应链中断而带来的经济损失。同时，这种合作关系也能够减少企业因频繁更换供应商而带来的额外成本和时间损失。企业应当高度重视采购与库存的协同管理，不断优化管理流程，提升管理效率，以实现成本控制的持续优化和经济效益的不断提升。

### 2. 提升供应链效率

采购与库存的协同管理在提升供应链整体效率方面发挥着举足轻重的作用，也是现

---

① 丁加训. 供应链视角的 J 公司采购和库存协同优化研究[D]. 宁波大学，2020.

代企业管理中的一项重要策略。通过实现库存信息与市场需求预测的实时共享，采购部门得以迅速掌握库存动态和市场趋势，从而能够更快地做出精准、前瞻性的采购决策。这种信息的透明化和即时性大大缩短了供应链的反应时间，使得企业能够迅速应对市场波动，满足客户需求。在协同管理的推动下，供应链的灵活性和适应性得到了显著增强。面对多变的市场环境，企业不再受限于传统的供应链模式，而是能够根据实时数据灵活调整采购和库存策略。这种灵活性不仅提升了企业的市场竞争力，还使得企业能够快速抓住市场机遇，实现业务的快速增长。同时，在协同管理的框架下，企业能够更精确地评估各环节的资源需求，从而合理分配资源，避免资源浪费和效率低下。这种优化不仅提高了供应链的效率和效益，还为企业带来了更高的资源利用率和更低的运营成本。

### 3. 增强市场竞争力

采购与库存的协同管理在提升企业市场竞争力方面扮演着至关重要的角色，也是现代企业管理战略中的核心要素之一。协同管理不仅关注成本控制，还致力于提升企业的产品质量。通过严格的库存管理和质量控制措施能够确保产品符合高标准的质量要求，减少次品率和退货率，进一步提升企业的市场竞争力。这些努力共同塑造了企业的品牌形象和口碑，使企业在消费者心中建立起可靠、优质的形象。采购与库存的协同管理还赋予了企业快速响应市场变化的能力。在瞬息万变的市场环境中，企业能够迅速捕捉到市场趋势和消费者需求的变化，通过调整采购策略和库存水平，快速推陈出新，以满足消费者的多样化需求。这种敏捷性和灵活性使企业能够抓住市场机遇，抢占先机，从而在激烈的市场竞争中脱颖而出，占据更大的市场份额并实现可持续发展。

### 4. 促进合规化管理

采购与库存的协同管理也有助于促进企业的合规化管理。这一协同机制不仅优化了企业内部的资源配置，还为企业打造了一个更加严谨、透明的运营环境。通过建立完善的采购和库存管理制度，企业能够明确界定各个相关部门的职责和权限。这种明确的分工避免了工作重叠和责任不清的问题。员工在清晰的工作流程指导下，能够更高效地完成各项任务，从而提高了整体的工作效率。在协同管理的框架下，企业还加强了内部控制，确保采购和库存流程的每一个环节都符合法律法规和企业规定。这包括建立严格的审批制度、定期审查采购和库存数据，以及制定严格的惩罚措施等。这些内部控制措施的实施，不仅增强了企业的合规性，还提高了员工对合规要求的重视程度。通过定期的培训和宣传，员工能够深入了解采购和库存流程中的合规要求，并在实际工作中严格遵守相关法律法规和企业规定。这种全员参与的氛围不仅提高了企业的合规水平，还为企业树立了良好的社会形象。构建合规、透明的采购和库存管理体系，不仅有助于提升企业的运营效率和市场竞争力，还为企业的可持续发展奠定了坚实的基础。

## 6.3.2　采购与库存协同管理存在的问题

### 1. 采购与库存管理相分离

采购管理和库存管理是紧密相连的，都是企业生产中不可或缺的环节。不过，有些公司可能没意识到这一点，导致这两者在实际操作中分开了，这样就影响了管理效果。如果采购工作没有库存数据的支持，相关人员很难掌握库存情况，采购计划也容易失去依据，这可能会引发重复采购、库存不足或者浪费成本等问题，从而削弱采购功能的实际效果。

如果库存管理脱离了采购管理，那么整体效率就会明显下降。在采购过程中了解真实的库存情况是基础步骤，通过综合分析这些数据来制订计划是一种有效的方法。这两者分开不仅阻碍了正常的管理工作，还对企业整体运营造成不利影响。作为企业经营的重要部分，如果采购和库存管理水平下降，会对其他业务环节产生连锁反应，严重冲击公司的正常运作[①]。

### 2. 缺乏一体化和信息化管理

从供应链管理的角度来看，要把采购和库存紧密高效地结合在一起绝非易事。这需要通过先进的信息交流方式和深度合作策略，不断增强两者之间的联系与融合。这种融合不仅能让供应链上下游更顺畅地对接，还能大幅提升整体运营效率和反应速度。不过，现实中很多企业在推进这个过程时，却面临着信息化水平不足的挑战，这严重影响了采购和库存高效联合管理的实现。

企业在信息化建设中可能存在以下三个问题：首先，信息基础设施比较薄弱。许多公司的硬件、网络设备以及相关基础设施都没达到全面信息化管理所需的标准，这直接导致了信息采集、存储、处理和传输效率低下，很难满足现代供应链快速响应的需求。其次，现有的信息管理系统也不够完善，有些系统功能设计上存在局限性，使得信息传播不畅、处理效率低，而且信息质量和准确性也达不到实际业务运作中的高标准要求。最后，专业的信息化人才短缺也是企业在这方面的一大软肋。由于缺乏具备专业技能的人才，公司员工在使用信息工具、理解信息理念以及推动项目落地等方面能力有限，这会直接导致信息化建设进展缓慢甚至停滞。

### 3. 采购与库存管理模式松散

很多企业普遍存在的问题就是采购与库存管理模式松散，这种无序的管理模式会导致采购与库存之间的协同管理变得困难、各环节之间的衔接变得不顺畅，进而影响整个管理体系。由于缺乏系统性的管理，企业在资源配置、成本控制以及运营效率等多个维度上都受到了不同程度的束缚。对于市场需求无法准确预测往往导致采购计划与实际需求不符，要么是资源过剩，造成库存积压和资金占用；要么是资源不足，影响生产进度和市场供应。协同管理机制的缺失亦是一个核心问题，企业内部各部门的工作流程缺乏标准化和规范化，导致工作重复、责任不清、决策迟缓，进而导致了信息流通不畅、沟通效率低下，使得采购与库存之间难以形成有效的联动。这种脱节不仅导致了资源的浪费，还使得管理成本持续攀升，严重阻碍了企业的运营效能。

---

① 吴迪. 基于供应链管理环境下的采购和库存管理研究[J]. 商展经济，2021（15）：58-60.

### 6.3.3　大数据时代的采购与库存协同管理提升措施

**1. 加强信息化建设**

为了提升企业的运营管理效率，企业应积极引入更加先进的信息管理系统，如 PMS、WMS、ERP 等系统，以更好地促进采购与库存的协同管理。这些系统就像企业的大脑，能够实时追踪物料的进出情况、准确记录存储信息、详细显示库存数量以及最新的采购订单状态，从而确保相关数据能够既准确又实时更新，以此支持管理层做出决策。

在此基础上，企业还需要充分利用大数据技术，打破"信息孤岛"，实现采购和库存部门之间的数据集成与共享。通过大数据技术，两部门能快速获取到最新的采购和库存变动信息，从而做出更加精准、及时的决策。为此，建立一个数据仓库或数据湖就是切实可行的选择，它们可以整合来自不同业务系统和渠道的大量数据，通过清洗和整合后，为采购与库存的协同管理提供一个全面、统一且易于访问的数据平台。

企业还应当引入实时的数据分析与监控机制，用先进的分析工具对大量采购与库存数据进行深入挖掘，实现快速响应。这有助于企业及时发现供应链中的潜在问题，捕捉市场的变化趋势以抓住稍纵即逝的商业机会。

**2. 推动一体化管理**

为了更好地实现采购与库存协同管理，提升采购与库存管理的效能，企业需全面细致地审查现有的采购与库存管理流程，识别并剔除那些冗余、低效的步骤，最后依据实际情况制定一套标准化的操作流程。标准化的实施不仅能够确保每位员工在执行任务时有章可循，更能有效减少因个体差异所引发的操作失误，从而显著提升整体工作质量与效率。

同时，企业也要对供应商建立一套完善的绩效评估体系，该体系可以帮助企业清晰地了解每位供应商的优势与不足，为后续的供应商选择与合作策略提供有力的数据支持。此外，大数据技术的运用更是可以帮助企业深入挖掘供应商可能存在的风险点，让企业能够提前采取措施，确保供应链的安全和稳定。这种基于数据的深度合作，不仅能够有效提升整体运营效率，还能在激烈的市场竞争中为企业赢得更多宝贵的主动权。

**3. 加强人才培养与团队建设**

人才培养与团队建设永远是企业发展最重要的一环，在大数据时代更是如此。企业应该重视员工在大数据技术方面的培训，确保每位员工都能掌握数据分析和应用的基本技能。这不仅仅是为了提高个人的职业能力，更是为了推动整个企业的创新和发展。通过系统性的培训和学习，员工能够更好地应用大数据技术，从而在采购与库存协同管理中发挥更大的作用，帮助企业实现管理模式上的创新与优化。

采购和库存作为供应链管理中的两个关键环节，它们之间的协作效果将直接影响公司的整体运作水平。因此，企业应该建立一个跨部门合作机制，以确保采购部门和库存部门之间保持紧密联系并进行有效沟通。这不仅可以增进彼此之间的了解与信任，还能及时发现并解决协作过程中遇到的问题，共同推进采购与库存协同管理。

### 6.3.4 大数据时代的采购与库存协同管理流程

大数据时代的采购与库存协同管理流程如图 6-4 所示。

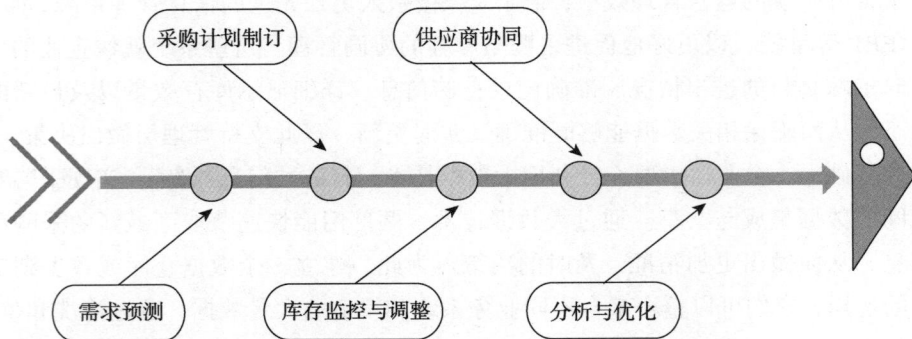

图 6-4　大数据时代的采购与库存协同管理流程

#### 1. 需求预测

通过广泛而深入地收集历史数据、客户行为模式等多维度信息，构建了一个全面且丰富的数据资源库，运用数据清洗与整合技术，如基于 ETL（抽取、转换、加载）流程的工具，对数据进行清理、去重和标准化处理，有效剔除无效和异常数据，从而确保数据的准确性与一致性。在此基础上，借助大数据分析技术，如机器学习算法中的随机森林模型，用于预测客户需求，或者基于关联规则挖掘的 Apriori 算法，揭示产品间的购买关联，深入挖掘数据中潜藏的规律与趋势，为采购计划的制订提供了科学而可靠的依据。

#### 2. 采购计划制订

在需求预测的基础上，采购部门需要结合当前的库存情况和市场供需状况，制订一个详细的采购计划。通过应用时间序列预测模型（如 ARIMA 或 LSTM），可以更准确地预测未来的需求趋势，从而为物料种类和数量的确定提供科学依据。借助自然语言处理技术分析历史合作记录和合同文本，快速了解供应商的履约能力，并将供应商按可靠性和效率分类，帮助采购团队选择最佳的合作伙伴。在制订采购计划时，也要充分考虑整个供应链可能面临的风险，可以利用蒙特卡罗模拟方法对供应链面临的风险进行建模，评估不同应对方案的效果，从而为采购决策提供更加全面和可靠的支持。

#### 3. 库存监控与调整

为了保持库存的稳定和合理，我们需要建立一个实时的库存监控系统，该系统可以通过物联网技术采集仓库中的库存数据并进行快速计算和分析，实时显示当前的库存状态、周转率等关键指标，同时应用支持向量机、决策树等方法对历史数据进行分析，动态调整安全库存和预警阈值的设置，以更精准地适应不同季节或市场变化。在进行库存调整时，也可以通过 LSTM 神经网络和遗传算法对市场需求和供应链条件进行全面评估，从而制定更加科学和灵活的调整策略，确保库存维持在合理范围内。

#### 4. 供应商协同

通过建立信息共享机制，利用区块链技术搭建一个透明、安全的共享平台，与供应商定期交流采购计划和库存信息。区块链的分布式账本功能可以确保信息在传递过程中不可篡改，增强双方的信任。自然语言处理技术可以对供应商提供的报告和沟通记录精准分析，快速发现潜在问题，查看是否有交货延迟或质量波动的情况。对所采购货物进行审查时，可以利用图像识别算法对货物的外观质量进行快速检测，以确保符合采购标准。如果出现交货延迟或质量问题等异常情况，需要及时跟供应商沟通并妥善处理，以保证采购活动能够顺利进行。

#### 5. 分析与优化

定期对采购和库存数据进行深入而全面的分析，可以挖掘其中隐藏的问题并通过优化策略降低成本。对于供应不稳定、需求波动大的物料，可以应用 ARIMA 模型或 LSTM 模型来预来测需求趋势并结合供应链风险评估算法，动态调整采购计划。对于积压严重、周转率低的物料，可以通过数据可视化工具展示库存积压的分布和趋势，利用线性规划模型进行优化，以减轻不必要的库存负担。基于库存分析结果，结合企业实际情况和市场变化调整策略，从而持续提升库存周转率并进一步降低库存成本，实现库存管理的智能化和高效化。

# 6.4　大数据时代的采购和库存管理案例研究

## 6.4.1　案例背景

随着市场规模的不断扩大，Q 企业的环网柜业务越发增加，客户需求在不断上升，这导致了部分型号的环网柜交付出现延期情况。其中在某月的延误订单中，一半以上的是因为原料不能及时供应导致的。Q 企业作为电力设备制造企业，对于原材料和原料的需求也有极大的依赖性。原料采购工作占据采购活动的一大部分，这表明原料采购环节是企业生产活动的重要组成部分。成品设备所需的零部件和原材料众多，采购流程复杂，合理的采购活动必须明确各个部门的需求，并且与各个业务部门进行充分的沟通交流。

原材料采购的环节主要是业务部门如机加车间、开关组部件车间、制造部等向采购部门发送物料请求，再由采购人员根据物料请求单、库存情况、资金预算和市场情况等信息制订合适的采购计划并形成采购订单。但是实际情况往往会出现物料短缺的情况。业务人员在领取物料的时候，发现物料库存短缺或者没有库存时才向采购部门发送物料请求单。这种情况会导致物料无法及时供应，拖延成品设备生产运行效率。由于物料短缺，甚至可能导致生产被迫中断，迫使企业承担巨额恢复生产的费用，还可能面临供应中断造成销售机会损失，从而影响企业的盈利能力。

为了解决上述问题，本节将以 Q 电力设备制造企业为研究对象，基于企业实际情况，构建电力设备采购需求数据集，采用机器学习以及深度学习算法进行更准确的测算，为原料采购问题提供科学的解决方案。

## 6.4.2　案例实践

为了解决供应链管理采购环节中存在的问题，本案例使用机器学习技术对 Q 企业的原材料采购需求进行分析预测，具体步骤如下：

### 1. 确定研究目标与数据来源

研究目标：从数据集中收集与电力设备业务相关数据，划分训练集和测试集，分别构建 LSTM、XGBoost、RF、SVR 和岭回归等模型，挖掘出与电力设备需求的变化规律并对电力设备需求量进行预测。

数据来源：基于 Q 电力设备制造企业中 2018—2022 年与环网柜设备相关数据。

### 2. 数据收集与处理

数据收集：内部数据分别来自企业业务部门中的销售管理部、物资部、销售信息中心、采购管理中心等多个部门，外部数据来源于 Wind 数据库和前瞻数据库。

数据预处理：针对数据集中的异常值，利用 $3\sigma$ 原则进行识别，即将高于或者低于平均值三个标准差的数据进行剔除。同时，为了避免数据量纲对预测结果的影响，使得预测模型更快更好地收敛，采用 min-max 法进行归一化处理，将数据映射到[0，1]区间内。

### 3. 模型构建

基于环网柜预测需求量、设备清单、企业实际采购和库存信息，构建原料采购优化模型。首先，将 Q 企业一个月的采购计划划分为四周；其次，明确每周的采购成本、库存成本等；最后，确定模型的库存约束、资金约束和非负约束条件。

1）目标函数。

以降低原料的采购成本和库存持有成本为目标，构建目标函数。

$$\text{Min}Z = \sum_{k=1}^{m}\sum_{i=1}^{n}(P_i \times x_i^k + HC_i \times W_i^k)$$

2）约束条件

（1）最大库存约束。企业库存中原料的总量不能超过库存最大容量。

$$\sum_{i=1}^{n}W_i^k \leqslant W_{\max}$$

（2）安全库存约束。企业原料的库存量应大于对应的安全库存量。

$$W_i^k \geqslant SS_i^k$$

（3）流动资金约束。企业各阶段采购成本应小于当前阶段的采购流动资金。

$$\sum_{i=1}^{n}P_i \times X_i^k \leqslant j$$

（4）非零约束。第 $i$ 种原料、第 $ki$ 阶段的采购量不能为负数。

$$X_i^k \geqslant 0$$

3）转移方程。

各阶段原料采购量的确定依据采购前一阶段各原料的库存情况，则在 $k$ 阶段每种原料的采购量转移方程为：

$$W_i^k = W_i^{k-1} + \alpha x_i^k - \beta c_i^k$$

**4. 模型评估**

基于以上构建的原料采购优化模型，以及企业采购业务和库存业务对应的真实数据，通过 Python 软件中的 geatpy 库进行搭建求解算法。在原料状态转移方程中，为了提升采购优化模型的鲁棒性，增加了原料采购量和消耗量的随机因素 $\alpha$ 和 $\beta$，上下限分别为 0.9, 1.2。

## 6.4.3　案例分析

**1. 研究结论**

采购优化模型结果分析，见图 6-5、表 6-1。

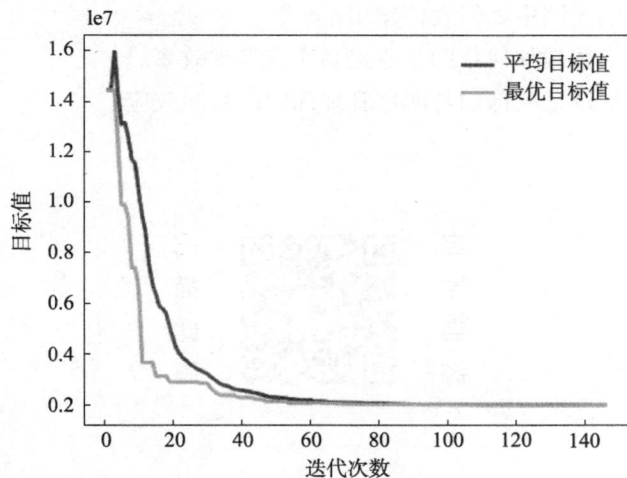

图 6-5　算法迭代效果

**表 6-1　原料各阶段采购优化结果**　　　　（单位：件）

| 原　　料 | 阶　　段 | | | | |
| --- | --- | --- | --- | --- | --- |
| | 第一周 | 第二周 | 第三周 | 第四周 | 总量 |
| 不锈钢板 | 246 | 1 311 | 1 | 1 040 | 2 597 |
| 防尘帽 | 4 682 | 2 491 | 273 | 1 139 | 8 583 |
| 支柱 | 414 | 1 980 | 10 | 1 | 2 403 |
| 支撑杆 | 1 565 | 10 614 | 165 | 423 | 12 766 |
| 电磁锁 | 1 220 | 138 | 2 | 3 | 1 361 |

将优化结果与本月 Q 企业实际采购情况对比：优化前，本月五种原料的采购总量为 27 710 件，总成本为 250 万元。优化后总成本为 199 万元，节约成本约为 51 万元。

**2. 实际意义**

利用 Q 企业真实数据集对构建的原料采购优化模型进行模拟和分析，证明该模型可以帮助企业降低采购成本和库存成本。该模型在制订本周采购计划的同时，考虑对下一阶段库存成本的影响，以及采购流动资金、最大库存和安全库存约束。最终，利用遗传算法对模型进行快速求解，结果表明采购模型的经济性和实用性。

（资料来源：智慧能源研究所相关论文。[①]）

问题：

1. 案例中使用了 LSTM、xGBoost、RF 等多种机器学习算法进行需求预测，你认为这些模型各自的优势是什么？

2. 在案例中提到，Q 企业的数据来源包括内部和外部数据。请简述内部数据和外部数据各自的特点。

## 课后习题

1. 大数据在采购预测中如何发挥作用？

2. 请简要说明大数据如何帮助企业提高库存管理效率。

3. 大数据如何促进采购部门与库存管理部门的协同效应？

## 即测即练

自学自测　　扫描此码

---

① 聂志峰. 多价值链协同的 Q 电力设备制造企业原料采购优化[D]. 华北电力大学（北京），2023.

# 第 7 章

## 大数据时代的运输配送管理

◇ **学习目标**

1. 理解运输配送与运输配送管理的概念与区别。
2. 掌握运输配送优化建模的分析流程。
3. 理解大数据时代运输配送模型建立的特点。
4. 掌握大数据时代运输配送模型的求解方法。

在当今数字化进程加速推进的时代，大数据已然成为引领各行各业创新发展的关键驱动力。运输配送作为供应链体系中的关键环节，直接关联着货物能否高效、精准地从供应地流转至需求地。传统的运输配送模式在面对日益增长的业务量、多样化的客户需求以及复杂多变的市场环境时，逐渐显露出其局限性。随着大数据技术的蓬勃发展，海量的数据资源为运输配送的优化带来了前所未有的挑战与机遇。本章通过对大数据时代运输配送知识的系统学习与深入讲解，帮助读者建立智能化、高效化且可持续发展的运输配送知识体系。

◇ **导入案例**

### "菜鸟"：大数据时代的智能运输配送典范

在当今数字化时代，大数据技术已成为推动行业变革的关键力量，物流行业尤其如此。作为全国最大的物流平台之一，"菜鸟"网络在大数据技术的应用上展现了卓越的领导力，为物流行业的创新与发展树立了标杆。

"菜鸟"庞大的业务规模涉及海量的订单数据与广泛的地理覆盖范围。在如此复杂的业务体系下，高效且精准的运输配送是满足客户期望、维持企业竞争力的关键因素。在电商高峰期，"菜鸟"通过分析历史销售数据、用户行为等信息，利用大数据技术预测未来一段时间内的物流需求。这种预测帮助"菜鸟"提前准备运力资源，使得"菜鸟"能够合理分配资源，避免因需求激增导致的配送延误。在快递送货上门环节，"菜鸟"将"物流多模态AI的认知决策技术"全面应用到物流决策过程中，提升消费者物流体验。"菜鸟"的"楼栋码"技术手段帮助快递员提前根据消费者的楼栋进行包裹分拣，使送货上门人效提升

10%。"菜鸟"的"天网"雷达预警功能，从原有主要城市核心节点，预警细化到重点城市的末端网点，实时监控物流运输过程中的风险因素，提前预警和处理潜在的安全隐患。

大数据技术在运输配送领域成了推动企业运营变革、提升供应链效能的核心驱动力。大数据驱动下的供应链更具有灵活性与可靠性，大数据技术的应用在激烈的市场竞争环境中为企业构筑起坚实的竞争优势壁垒，推动整个运输配送领域朝着智能化、高效化的方向持续演进与发展。

（资料来源：https://www.cainiao.com，笔者根据阿里巴巴"菜鸟"官网相关资料整理所得。）

# 7.1 运输配送管理概述

运输配送作为现代物流体系的重要组成部分，承担着连接生产与消费、实现商品空间位移的关键职能。随着经济全球化和社会信息化的不断深入，运输配送业务在范围、规模和复杂性上都有了显著提升，控制运输配送成本和提升效率是提升企业竞争的关键。本节旨在对运输配送管理进行概述：首先，介绍运输、配送以及运输配送管理的基本概念，运输配送与运输配送管理的区别；其次，我们将探讨运输配送管理的目标；最后，分析运输配送管理面临的挑战。通过本节的学习，读者将对运输配送管理有一个系统的认识，为深入学习后续章节打下坚实的理论基础。

## 7.1.1 运输配送管理概述

### 1. 运输的概念

运输是指用特定的设备和工具，将一定形状、质量、体积的物体，从一个地点向另一个地点安全地按时运达的物流活动。它是在不同地域范围内，以改变物体的空间位置为目的对物体进行的空间位移。通过这种位移创造商品的空间效益，实现其价值，满足社会的不同需要。运输是物流的中心环节之一，也是现代物流活动最重要的一个功能。

### 2. 配送的概念

配送是指将货物从供应点通过运输、储存、装卸搬运、包装、流通加工、配送加工、信息处理等物流活动，以适当的成本、时间、数量和状态，安全、准确地送达到客户指定地点的过程。

### 3. 运输配送管理的概念

运输配送管理是指为了实现产品从生产地到消费地的有效转移，而开展的规划、组织、指挥、协调和控制等管理活动，通过对运输、仓储、装卸、搬运、配送等环节进行系统化管理，以确保货物在正确的时间，以正确的状态、最低的成本送达正确的地点的一系列活动。

### 4. 运输配送与运输配送管理的区别

运输配送与运输配送管理虽紧密相关，但在概念和实践层面存在显著差异。运输配送过程侧重于货物的实际流动，涉及运输工具的选择、路线规划、货物装卸以及配送顺序等，旨在确保货物安全、高效、准时地从生产者转移至消费者。相比之下，运输配送管理则是对运输配送活动的系统化监督与控制，包括计划、组织、指挥、协调和控制等管理职能，旨在优化配送过程，实现成本效益和服务水平的最大化。

总之，运输配送与运输配送管理的区别在于：运输配送是具体的操作过程，而运输配送管理则是对这一过程的管理和监督。运输配送关注货物的物理移动，而运输配送管理则着眼于整个配送系统的效率和效果。运输配送是运输配送管理的一部分，属于管理活动的执行层面，而运输配送管理则需具备战略规划和决策能力，更侧重于对配送活动的整体控制和优化。

## 7.1.2　运输配送管理的目标

### 1. 效率目标

（1）降低运输配送成本：通过优化运输路线、选择合适的运输方式和配送策略，减少运输配送过程中的直接和间接成本，实现效益最大化。

（2）提高运输配送速度：缩短运输配送时间，提高货物在供应链中的流通速度，减少在途时间，以满足紧急订单或即时配送的需求。

（3）提升装载率：优化货物装载方案，提高运输工具的装载率，减少空载运输和无效运输，降低单位运输成本。

### 2. 服务目标

（1）提高服务水平：确保运输配送服务的可靠性和准时性，提升客户的满意度和忠诚度，增强企业的市场竞争力。

（2）增强配送灵活性：提供多样化的配送服务，满足不同客户群体的个性化需求，包括定制化的配送时间、地点和方式等。

（3）实现信息透明化：通过物流信息系统的建设和应用，实现运输配送过程的实时跟踪和查询，提高供应链的信息透明度。

### 3. 可持续性目标

（1）降低环境影响：采用环保的运输工具和配送方式，减少运输配送过程中的能耗和污染物排放，实现绿色物流。

（2）优化资源配置：通过合理的运输配送规划，优化配置物流资源，减少资源浪费，提高资源利用效率。

### 4. 安全目标

（1）确保货物安全：在运输配送过程中采取有效措施，防止货物损坏、丢失或被盗，确保货物安全无损地到达目的地。

（2）保障人员安全：遵守相关安全规定，提供安全的工作环境和条件，预防运输配送过程中的安全事故发生。

### 7.1.3　运输配送管理的挑战

尽管上述这些目标为运输配送管理提供了清晰的方向和评估标准，但在实际操作过程中，物流企业往往需要面对一系列复杂且多变的外部环境与内部管理挑战。这些挑战不仅影响运输配送效率和服务水平的提升，而且直接关系成本控制和企业竞争力的维持。因此，为了更好地实现运输配送的目标，我们必须深入分析这些挑战，以促进运输配送系统的持续改进和优化。

**1．成本控制挑战**

在物流企业的运营管理中，运输成本的控制是提升整体竞争力的关键环节。运输成本通常包括燃料费、车辆折旧、人工费、维护费等多个方面，它们在物流总成本中占据较大比例。如何在保证服务质量的前提下有效降低这些成本，是物流企业必须面对的重要挑战。

为了应对成本控制挑战，企业需要采取多种策略，如优化运输路线以减少空驶和绕行、选择合适的运输方式和运输工具、利用信息技术提高装载效率等。同时，通过建立成本监控体系，实时跟踪和分析成本构成，可以发现成本控制的潜在问题并采取相应措施。

**2．运输效率挑战**

提高运输效率是实现快速配送和优化客户体验的基础。然而，在实际操作中，交通拥堵、路线选择、货物装载等因素都可能成为影响运输效率的瓶颈。

面对运输效率的挑战，物流企业应选择最佳的运输配送路径和网络。企业需要利用先进的优化算法和技术，结合实时交通状况，动态规划运输路线。同时，优化货物装载策略，提高车辆的空间利用率，减少运输次数。此外，通过引入智能交通系统和管理工具，可以提高运输过程的透明度和可追踪性，从而提升整体效率。

**3．服务水平挑战**

随着市场竞争的加剧，客户对配送服务的要求日益提高。准时配送、货物状态的实时追踪、灵活的退换货政策等，都成为了客户评价服务水平的标准。提升服务水平，不仅能够增强客户满意度，还能为企业带来更多的业务机会。

物流企业可以通过建立完善的客户服务系统，提供快速响应和个性化服务。同时，利用物联网和大数据技术，可实现对货物状态的实时监控，确保配送过程的透明化和及时性。这些方法都能够有效满足客户多样化、个性化的需求，从而提高服务水平。

**4．货物安全挑战**

货物安全是运输配送管理中的另一个重要挑战。在运输过程中，震动、潮湿、温度变化等因素都可能导致货物受损，这不仅会给企业带来经济损失，还可能损害企业声誉。

为了确保货物安全，企业需要采取一系列措施，如选择合适的包装材料和方法以保护货物免受物理损害。同时，针对特殊货物如易腐品或危险品，需要采取专门的运输和储存措施。此外，定期的车辆维护和员工培训也是确保货物安全的关键。

**5. 环境可持续性挑战**

随着全球对环境保护的重视，物流企业也面临着实现环境可持续性的挑战。运输配送过程中的碳排放和环境污染问题，已经成为企业社会责任的一部分。实现绿色物流，减少对环境的影响，也是物流企业长期发展的必然选择。

企业可以采取多种措施如优化运输网络以减少无效运输，通过采用节能环保的运输工具等来实现环境的可持续性。同时，通过建立碳排放监测和减排体系，可以持续跟踪和改善企业的环境表现。通过这些努力，物流企业不仅能够提升企业形象，还能在未来的市场竞争中占据有利位置。

# 7.2　运输配送优化建模分析流程

在优化运输配送问题的过程中，最重要的是建立合适的模型，这些模型应反映各要素之间的相互关系、相互作用。建立好模型后可以通过模型代替现实的问题系统进行试验，用以解决运输配送的实际运作流程中的某些问题，从而提高运输配送效率，降低物流成本。虽然在不同条件下建立的模型不同，但优化建模的过程始终离不开问题识别与目标确定、数据收集与分析、模型选择与建立、模型求解与验证、结果分析与优化这几个关键步骤[1]。以下是对每个步骤的详细阐述。具体步骤如图 7-1 所示：

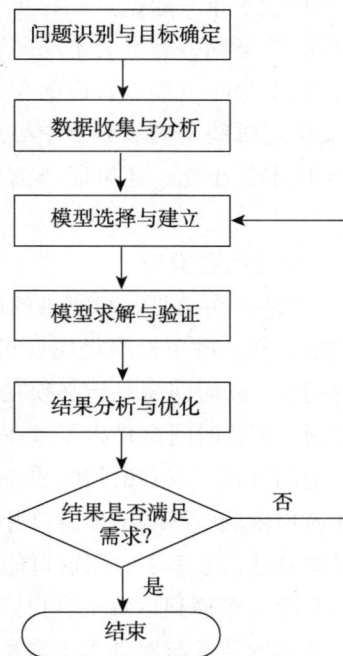

图 7-1　运输配送优化建模分析流程

---

① 李文锋，张煜. 物流系统建模与仿真[M]. 2 版. 北京：中国科技出版传媒股份有限公司，2018.

## 7.2.1 问题识别与目标确定

问题识别与目标确定是运输配送优化建模的第一步，它直接关系模型的有效性和实用性。在正式建模之前，要明确回答"为什么要建模"和"建模是为了解决什么问题"等问题。只有回答好这些问题，在后续步骤中才能对症下药，找出解决问题的最优方法。

### 1. 问题识别

在运输配送问题建模中，问题识别是建模过程的起点，正确识别问题的类型是运输配送问题建模的重要基础。根据不同的划分标准，运输配送问题可以划分不同的问题类型。根据起讫点的数量划分，可以分为单一起讫点的运输配送问题和多起讫点的运输配送问题；根据时间约束划分，可以分为有时间窗的运输配送问题和无时间窗的运输配送问题；根据车辆的类型划分，可以分为单车型的运输配送问题和多车型的运输配送问题等。

1）根据起讫点数量划分的运输配送问题类型

（1）单一起讫点的运输配送问题通常指的是从一个中心点出发，访问一系列的客户点并为每个客户点提供货物配送服务，最后返回到这个中心点。其核心目标是在满足一定的约束条件下寻找成本最低的运输路线。该类型问题的特点包括：①只有一个中心点，所有车辆从该点出发并返回该点。②需要决定访问客户的顺序。③通常涉及路径优化、成本最小化（如行驶距离、时间、燃料消耗等）。

（2）多起讫点运输配送问题相较于单一起讫点问题更为复杂。在这个问题中，存在多个中心点，每个中心点都有自己的车辆，需要为不同的客户点提供服务。该类型问题的特点包括：①有多个中心点，每个中心点都有自己的车辆和运营成本。②每个中心点服务的客户点可能不同。③需要决定哪些车辆从哪个中心点出发，访问哪些客户点，以及访问的顺序。④目标函数除了成本最小化，还可能包括平衡各中心点的作业量、最大化资源利用率等。

2）根据时间约束划分的运输配送问题类型

（1）有时间窗的运输配送问题是指在满足客户需求的同时，还要在特定的时间窗口内完成配送任务的车辆路径规划问题。时间窗口可以是硬时间窗或软时间窗。硬时间窗是指必须在规定的时间内送达货物，否则会有惩罚。而软时间窗是指尽量在规定的时间内送达货物，但允许有一定的延迟。该类型问题的特点包括：①必须遵守每个客户的时间窗口限制，不能早于窗口开启时间到达，也不能晚于窗口关闭时间到达。②由于时间窗口的限制，问题的求解变得更加复杂，需要考虑车辆到达每个客户的时间以及如何合理安排路线。③时间窗问题通常与服务水平紧密相关，准时送达能够提高客户满意度。

拓展阅读 7.1 运输配送问题的常见类型

（2）无时间窗的运输配送问题是指在满足客户需求的同时，不涉及具体时间窗口约束的车辆路径规划问题，主要目标是最小化配送成本。该类型问题的特点包括：①由于没有时间窗口的限制，车辆可以在任何时间访问客户，规划相对灵活。②问题相对简单，因为没有时间约束，可以使用较简单的算法求解，如最近邻算法、节约算法等。③主要目标是优化行驶距离和成本，而不是时间效率。

3）根据车辆的类型划分的运输配送问题类型

（1）单车型的运输配送问题。单车型运输配送问题是指所有配送任务由单一类型的车辆来完成。在这种情况下，所有车辆具有相同的容量、成本和运行特性。问题的目标通常是最小化总行驶距离、总配送成本或总配送时间，同时满足所有客户的需求。该类型问题的特点包括：①由于所有车辆都是同一类型，因此问题相对简单，规划和调度较为直接。②车辆的运营成本（如燃料费、司机工资等）是一致的，便于成本计算。③所有车辆资源相同，不需要考虑不同车辆之间的资源分配问题。

（2）多车型的运输配送问题。多车型运输配送问题是指配送任务由不同类型的车辆来完成，这些车辆在容量、成本、速度等方面存在差异。问题的目标是在满足客户需求的同时，优化不同类型车辆的分配和使用，以最小化总成本或提高服务质量。该类型问题的特点包括：①需要考虑不同车辆的容量、成本和运行特性，规划更为复杂。②需要根据不同车型的特点进行资源优化，以实现成本效益最大化。③除了成本外，可能还需要考虑服务质量、环境影响等多个目标。

**2. 目标确定**

在完成问题类型的识别后，要明确该问题想要实现的目标。通过明确这些目标，能够为后续的模型构建和优化策略提供明确的方向，从而更好地解决运输配送问题。根据不同的问题类型和问题复杂度，通常会建立不同的目标。在运输配送问题中，通常要实现的目标包括成本最小化、路程最短化、时间最优化等，详细的目标类型分类可以见 7.2.3 第 2 小节模型建立的流程中的确定目标函数这一步骤。

## 7.2.2　数据收集与分析

**1. 数据收集**

数据收集是运输配送优化建模的基础。运输配送优化模型需要大量的实际数据作为支撑，包括客户需求、运输距离、运输时间、成本等。这些数据是模型参数设定的依据，确保模型能够真实反映现实情况，提高模型的准确性和可靠性。另外，数据收集有助于实现实时监控与动态调整。总之，数据收集是运输配送优化建模的基础，它为模型的构建、验证、调整和实时监控提供了必要的信息支持，是提高运输配送效率、降低成本、提升服务质量的关键。

在运输配送优化建模时收集的常见数据类型有以下几个方面：

（1）客户需求数据是运输配送优化的核心数据之一，它包括客户的位置、需求量、需求时间窗口、服务级别要求等。这类数据对于确定配送路线、车辆装载、服务优先级至关重要。具体来说，客户需求量数据影响车辆装载规划需求，需求时间窗口数据影响着配送服务能否满足客户需求，而服务级别要求（如是否允许延迟送达）则影响配送策略。这些数据通常需要通过历史订单、市场调研或客户直接提供来收集。

（2）运输资源数据。运输资源数据涉及配送过程中可用的运输工具和设施，包括车辆类型、车辆容量、车辆维护情况、车辆污染物排放信息、新能源车续航里程和充电时段电力排放系数、司机信息等。这类数据对于计算配送成本、优化车辆调度至关重要。例如，车辆类型和容量数据决定了哪些货物可以一起配送，而车辆运行成本和维护情况则影响了整体配送成本和效率。这些数据通常来源于运输部门、车辆管理系统或第三方物流服务提供商。

（3）地理信息数据包括配送中心位置、客户位置、道路网络、交通状况等。这些数据对于计算配送距离、估计行驶时间、规划最优路线至关重要。例如，道路网络和交通状况数据可以帮助模型避免拥堵区域，选择最短或最快的路线。这些数据可以通过地理信息系统、卫星导航系统或交通管理部门获取。

（4）运输货物数据是运输配送优化中不可或缺的一环，涵盖了货物的具体属性和特殊要求。此类数据包括货物品类、重量、体积、价值、堆叠和装载指标、温度和湿度控制需求等。具体而言，货物品类和重量数据对于车辆装载方案的设计至关重要，而体积信息有助于优化空间利用率。货物价值数据则影响保险覆盖和风险管理的决策。此外，特殊货物的温度和湿度控制需求也会对配送路径和方法的规划产生直接影响。此类数据通常通过供应链管理系统、库存控制系统或直接从制造商和供应商处收集。

（5）成本数据。成本数据涉及配送过程中的所有费用，包括运输成本、仓储成本、装卸成本、包装成本、保险费用、惩罚成本等。这些数据对于成本效益分析和预算控制至关重要。例如，运输成本数据帮助确定不同配送方案的成本数据；而惩罚成本可以影响车辆路径的选择，使运输配送在规定时间内完成任务。这些数据通常来源于财务报表、成本会计系统或物流成本分析报告。

（6）运输条件数据。运输条件数据涉及影响配送操作的外部环境因素，包括天气状况、季节性变化、环境限制、交通法规、安全规定以及必要的通行证和许可证要求。例如，恶劣天气条件可能要求调整配送时间或选择更为稳健的运输方式。交通法规和安全规定的遵守则是确保运输过程合法性和安全性的基本要求。此类数据通常通过天气预报服务、交通管理部门和行业法规数据库等渠道获取。

（7）风险数据。风险数据涉及运输配送过程中可能遭遇的潜在风险，包括货物损坏风险、运输延误风险、事故风险以及供应链中断风险等。这些数据有助于评估不同配送策略的风险水平并据此制定风险缓解措施。例如，货物损坏风险的评估可能促使采用更为坚固的包装材料或调整装载方法。此类数据通常通过风险管理工具、历史事故记录分析或第三方风险评估报告来收集。

**2. 数据分析**

数据分析在运输配送优化建模中扮演着至关重要的角色。数据分析有助于揭示数据背后的规律和趋势。常见的数据分析工具和方法可见第 2 章的详细介绍。通过对收集到的客户需求数据、运输资源数据、地理信息数据等进行深入分析，可以发现运输配送中的模式规律、周期性变化情况以及潜在的关联性。这些规律和趋势的识别对于预测未来需求、制订长期配送计划以及优化资源分配具有重要意义。另外，数据分析能够帮助识别问题和瓶颈。通过对比历史数据与当前运营情况，可以及时发现运输配送过程中的效率低下环节、成本高昂区域或服务质量问题。总之，数据分析在运输配送优化建模中起着重要作用，是确保建模成功和提升运营效率不可或缺的一环。

### 7.2.3　模型选择与建立

数据收集与分析为后续建模提供了基础，在此基础上，如何选择和建立合适模型是运输配送优化管理的关键。模型选择与建立是确保结论科学性和可靠性的基础。一个恰当的模型能够准确捕捉数据特征，反映变量间的内在关系，从而为研究者提供有效的分析工具。若模型选择不当可能导致研究结果偏离真实情况，降低研究的可信度。

**1. 模型选择**

1）模型选择的影响因素

在选择模型时，要深入分析哪些因素会影响模型的选择，这有助于提升模型对特定背景或应用场景的适应性。运输配送优化模型的选择是一个多目标综合决策过程，在选择模型时需要考虑以下因素。

（1）目标的设定。明确模型要解决的问题是选择模型的前提。在实际活动中，企业可能追求成本最小化、时间最短化或服务质量最优化等目标。在大多数情况下，企业的目标不止一个，要同时完成多个目标。单目标问题相对简单，而多目标问题则需要平衡多个相互冲突的目标。

（2）规模和复杂度。规模和复杂性也是不可忽视的因素，小规模问题可能适用精确算法，而大规模或复杂网络问题则需要启发式算法。

（3）模型的可操作性和灵活性。选择模型时必须符合相关法律法规，同时要考虑到实际操作中的各种限制，如车辆类型、装载规则、交通法规等。另外，模型是否能够灵活地适应不同的约束条件或参数变化也是模型选择时要考虑的一个重要因素。

（4）计算资源。模型的求解可能需要大量的计算资源，需要考虑可用的硬件和软件资源。而对于实时或近实时决策支持系统，求解时间是一个重要的考虑因素。

（5）确定性问题和不确定性问题：这是决定模型选择的重要因素。对于确定性问题，可以选择线性规划等确定性模型；而对于不确定性问题，则需要考虑随机规划或者模糊规划模型。

2）常见的模型类型

在详细分析了模型选择的影响因素之后，我们对运输配送领域中的模型选择有了更为深刻的理解。这些影响因素均是我们选择运输配送模型时必需考量的关键点。本文将探讨常见的运输配送模型类型，即最大流问题、最小费用流问题和最短路问题。

（1）最大流问题。最大流问题是一种组合最优化问题，就是要讨论如何充分利用现有资源，使运输的流量最大，达到最佳的效果。在运输配送系统中，最大流问题就是要求从配送中心可以发多少车辆，同时还要不超过任何一条车辆途经路段的容量限制，而且每个节点的进出流量守恒。

设 $c_{ij}$ 为弧（$i$，$j$）的容量，$f_{ij}$ 为弧（$i$，$j$）的流量。容量是弧（$i$，$j$）单位时间内的最大通过能力，流量是弧（$i$，$j$）单位时间内的实际通过量，流量的集合 $f = f_{ij}$ 称为网络的流。$s$ 为始点，$t$ 为终点，始点 $s$ 到终点 $t$ 的总流量记为 $v = v(f)$。

最大流问题可以使用下述数学模型表示：

$$\max v = v(f)$$

$$\text{s.t.} \begin{cases} \sum_j f_{ij} - \sum_j f_{ji} = \begin{cases} v(f), i = s \\ -v(f), i = t \\ 0, i \neq s, t \end{cases} \\ 0 \leqslant f_{ij} \leqslant c_{ij}, \text{所有弧}(i, j) \end{cases}$$

（2）最小费用流问题。上面我们介绍了最大流问题，尚未考虑到通过每条弧上的流的费用问题，但在许多实际问题中，费用是一个很重要的因素。例如，在运输问题中，人们总是希望在完成运输任务的同时，寻求一个使总的运输费用最小的运输方案。这就是下面要介绍的最小费用流问题。所谓最小费用流问题就是从始点到终点如何以最小费用输送。

设 $c_{ij}$ 为弧（$i$，$j$）的容量，$p_{ij}$ 为通过弧（$i$，$j$）的单位流的费用，$f_{ij}$ 为弧（$i$，$j$）的流量。

最小费用流问题可以用如下数学模型表示：

$$\min \sum p_{ij} f_{ij}$$

$$\text{s.t.} \begin{cases} \sum_j f_{ij} - \sum_j f_{ji} = \begin{cases} v(f), i = s \\ -v(f), i = t \\ 0, i \neq s, t \end{cases} \\ 0 \leqslant f_{ij} \leqslant c_{ij}, \text{所有弧}(i, j) \end{cases}$$

（3）最短路问题。最短路问题是最小费用流问题的一个特殊形式，其核心目标是在指定网络中两节点间找一条距离最短的路径。最短路不仅仅指一般地理意义上的距离最短，还可以引申到其他的度量，如时间、费用、线路容量等。

设 $x_{ij}$ 为弧（$i$，$j$）是否走的决策变量，当 $x_{ij} = 1$ 时，表示经过该弧；当 $x_{ij} = 0$ 时，则表示不经过该弧。最短路问题可以使用下述数学模型表示：

$$\min \sum f_{ij} x_{ij}$$

$$\text{s.t.} \begin{cases} \sum_j f_{sj} - 0 = 1, f_{sj} \text{为供应点} \\ 0 - \sum_i f_{it} = -1, f_{it} \text{为需求点} \\ \sum_j f_{ij} - \sum_i f_{ij} = 0, i \neq s, \ t \\ 0 \leqslant f_{ij} \leqslant c_{ij}, \text{且} x_{ij} = 0,1, \text{所有弧}(i, j) \end{cases}$$

**2. 模型建立**

完成了模型选择后，我们需要构建一个既能准确反映数据特征，又能有效解决研究问题的数学模型。因此，接下来的关键步骤是从选定的模型框架过渡到具体的模型建立。在明确完问题的类型与优化目标基础上，模型建立的具体流程主要包括确定决策变量、明确模型假设、确定目标函数、建立约束条件四个方面。

1）确定决策变量

在运输配送问题中，决策变量通常代表需要做出决策的量或参数，它们是优化模型中的关键组成部分。决策变量通常表示决策过程中需要确定的量，即模型求解的目标，它们的变化将直接影响优化结果，主要包括车辆的数量、配送路线的选择、货物装载量等。参数则是模型中的已知常数，为模型提供了具体的环境和条件限制，包括客户需求量、车辆容量、运输成本、距离等。正确识别和定义变量与参数对于构建一个有效的优化模型至关重要，它们决定了模型的适用性和求解的复杂性。

2）明确模型假设

模型假设是对现实世界问题的一种简化，它使得复杂的问题能够在可控的范围内被分析和解决。在运输配送优化中，模型假设可能包括车辆类型和容量的一致性、需求的确定性、不考虑交通拥堵、服务时间窗的固定性等。这些假设有助于明确模型的边界条件，但同时也可能导致模型与实际情况存在偏差。因此，模型假设需要谨慎设定，以确保模型既不过于复杂难以求解，也不失现实意义和实用性。

3）确定目标函数

目标函数是运输配送优化模型的核心，它定义了模型优化的方向和目标，其核心思想是通过数学表达式来量化模型的优化目标。在运输配送模型中，目标函数反映了决策者希望达到的主要目标，如成本最小化、时间最短化或服务水平最优化。根据决策者的目标数量要求，目标函数也可以分为单目标函数和多目标函数。目标函数的选取应当与企业的战略目标和运营目标相一致，以确保模型的应用能够带来实际效益。常见的目标函数有以下五种类型：

（1）成本最小化目标函数：成本最小化目标函数是运输配送模型中最常见的一种目标函数，其核心目的是在满足所有运输需求的前提下，尽可能地降低运输配送的总成本。该目标函数通常包括运输成本、装卸成本、管理成本等多个成本项。具体公式可以表示为：

$$\min M = \sum (运输成本) + \sum (装卸成本) + \sum (管理成本) + \cdots$$

其中，$M$ 代表总成本。

运输成本可能涉及燃油费、车辆折旧、司机工资等；装卸成本可能包括装卸工人工资、设备使用费等。通过优化路线规划、车辆分配和货物装载策略，可以实现成本的最小化。

（2）路程最短化目标函数：路程最短化目标函数关注的是如何在运输配送过程中减少总行驶距离，从而降低燃油消耗、车辆磨损和运输时间。该目标函数适用于那些行驶成本与距离成正比的情况。具体公式表示为：

$$\min N = \sum (\text{行驶距离})$$

其中，$N$ 代表总路程。

通过优化配送路线，避免重复行驶和无效绕行，可以实现路程的最短化。这一目标函数有助于提高配送效率，减少环境污染。

（3）时间最优化目标函数：时间最优化目标函数旨在缩短运输配送过程中的总时间，包括行驶时间、装卸时间等。该目标函数适用于对时间敏感的货物配送，如生鲜食品、急救物资等。具体公式表示为：

$$\min T = \sum (\text{行驶时间}) + \sum (\text{装卸时间}) + \cdots$$

其中，$T$ 代表总时间。

通过合理安排配送顺序、选择快速路线和高效的装卸方法，可以实现时间最优化。

（4）服务水平最大化目标函数：服务水平最大化目标函数关注的是提高客户服务质量，包括准时配送、货物完好无损、优质服务等。该目标函数通常通过客户满意度、配送准时率和货物完好率等指标来衡量。具体公式表示为：

$$\max S = \sum (\text{客户满意度}) - \sum (\text{配送延迟率}) - \sum (\text{破损率}) - \cdots$$

其中，$S$ 代表服务水平。

通过优化配送策略，提高服务水平，可以实现客户满意度的最大化，从而增强企业竞争力。

（5）多目标优化目标函数：多目标优化问题的核心在于同时优化多个相互冲突的目标函数。目标间往往存在此消彼长的竞争关系，提升某一目标的性能可能导致其他目标性能下降。例如，降低成本的同时可能会降低顾客满意度，成本最小化和顾客满意度最大化目标不能同时实现。其目标函数可以表示为：

$$\min / \max Z_1, Z_2, Z_3, \cdots$$

其中，$Z_1, Z_2, Z_3$ 等分别代表不同的目标函数，每个目标函数可能是实现最小化（min）或最大化（max）。多目标优化问题通常需要使用加权和方法、帕累托优化等方法来找到一组折中解，这些解在各个目标之间达到平衡。在运输配送等实际场景中，多目标优化能系统性地协调成本、时效、能耗、服务质量等关键因素，避免单一目标导向的片面性，最终实现综合效益的全局最优化。

4）建立约束条件

在运输配送模型中，约束条件的建立是必不可少的，因为它们确保了模型的实用性和现实性。约束条件反映了现实世界中的限制和规则，它使得模型不仅在数学上可行，而且在实际操作中也具有指导意义。没有约束条件的模型可能会得出理论上最优但实际中不可行的解决方案。在运输配送优化模型中通常建立的约束条件有以下五种类型：

（1）供需平衡约束：供需平衡约束确保了模型中的供需关系是平衡的，即配送的资源（如货物、车辆）能够满足所有客户的需求。这意味着配送至每个客户点的货物量必须大于等于其需求量，以确保没有客户的需求被忽视。供需平衡约束可以表示为：

$$\sum (\text{配送量}) \geqslant \sum (\text{客户需求量})$$

（2）车辆约束：车辆约束是运输配送模型中的重要组成部分，它反映了配送车辆在实际操作中的物理限制和能力限制。车辆约束的设定至关重要，因为它直接影响配送方案的可行性和效率。车辆约束中常见的约束类型有以下五种：

①载重约束：这是车辆约束中最基本的一种约束，它规定了车辆的最大载重量，即车辆在任何时候装载的货物总重量不能超过这个限额，这确保了车辆在行驶过程中不会超载，避免安全隐患和违反交通法规。

②容积约束：与载重约束相似，容积约束涉及车辆的最大容积限制，即车辆装载的货物总体积不能超过车辆的最大容积，从而确保车辆能够容纳所有货物，避免因超容而导致的运输效率降低。

③行驶距离约束：车辆有一定的行驶距离限制，其限制通常与油箱容量或电池续航能力有关。这个约束能够确保车辆在完成任务时不需要中途加油或充电，提高配送的连续性和效率。

④车辆数量约束：在车辆资源有限的情况下，需要限制使用的车辆数量，这有利于充分利用车辆资源，有效控制成本。

⑤车辆类型约束：不同类型的车辆可能适合不同的配送任务，车辆类型约束规定了某些路线或任务只能由特定类型的车辆完成。例如，重型货物需要使用重型车辆，冷链货物需要使用冷藏车辆。

（3）时间窗约束：时间窗约束是运输配送模型中的一个关键约束条件，它规定了货物必须在特定的时间窗口内送达客户地点。在物流和供应链管理中，时间窗约束对于确保客户满意度和服务水平至关重要。此约束确保了运输配送服务在客户期望的时间内完成，避免了过早或过晚到达所带来的不便和潜在成本。

（4）成本约束：成本约束限制了在运输配送过程中可以发生的最大成本。在供应链管理中，成本控制是提高盈利能力和市场竞争力的关键，因此，在模型中加入成本约束至关重要。成本约束通常需要通过精细化的成本分析和高效的运输配送规划，结合数学优化方法来实现成本最优化。

（5）服务水平约束：服务水平的高低直接影响客户满意度、企业声誉和市场份额。服务水平约束通常包括一系列与客户体验相关的指标，如配送准时率、货物完好率、订单履行速度、客户响应时间等。

## 7.2.4　模型求解与验证

模型求解与验证是运输配送优化过程中的核心环节，它确保了所建立的数学模型能够有效地解决实际问题。在求解阶段，根据问题的规模和复杂性，选择合适的算法，如精确算法、启发式算法以找到问题的最优解或满意解。求解过程中，算法会处理模型的约束条件和目标函数，通过迭代搜索来优化决策变量。对于问题类型比较简单、规模较小的模型，通常采用精确算法求解，而常用的精确算法包括分支定界法、动态规划、列生成法和割平面法等方法[①]，在这里简要讲述分支定界法和动态规划法。

---

[①] 蒋华伟，郭陶，杨震. 车辆路径问题研究进展[J]. 电子学报，2022，50(2)：480-492.

### 1. 分支定界法

分支定界法是一种用于解决整数规划和混合整数规划问题的算法，其主要思想是将问题分解为更小的子问题，并通过限制解的范围来逐步逼近最优解。这种方法结合了深度优先搜索和广度优先搜索的策略，通过系统地探索问题的解空间来找到最优解或最优解的近似。分支定界法的主要步骤如下：

（1）松弛问题求解。忽略整数约束，此时求解的问题变为整数规划的松弛问题。如果松弛问题的最优解本身就是整数解，那么这个解就是原问题的最优解。

（2）分支。如果松弛问题的最优解包含非整数值，算法会选择一个非整数变量进行分支。分支的过程就是将原问题分为两个子问题，每个子问题对应原问题的一个子集。在第一个子问题中，将选定的变量上界设置为小于其松弛解的最大整数值；在第二个子问题中，将选定的变量下界设置为大于其松弛解的最小整数值。

（3）定界。在分支之后，对每个子问题进行求解并确定一个界限。这个界限可以是子问题的目标函数值，也可以是基于其他信息得到的更紧的界限。如果子问题的界限表明它不可能产生比当前已知最优解更好的解，那么这个子问题就可以被剪枝，不再进一步探索。

（4）递归和迭代。对未被剪枝的子问题重复上述分支和定界的步骤，直到满足停止条件，如所有的子问题都被解决或者剪枝，或者达到了预设的迭代次数或时间限制。

（5）解的选择。在整个分支定界过程中，算法会记录下所有找到的整数可行解。最终，算法会选择目标函数值最优的整数解作为问题的最优解。

### 2. 动态规划

动态规划是一种用来解决一类最优化问题的算法思想，其核心思想是将一个复杂的问题分解成若干个子问题，通过综合子问题的最优解来得到原问题的最优解。动态规划的求解步骤如下：

（1）定义问题。明确问题的目标。

（2）确定状态。通常可用一个或多个变量来表示当前的状态。

（3）确定决策。在当前状态下，选择下一个要访问的节点或进行的操作。

（4）确定状态转移方程。根据问题的性质，确定状态之间的转移关系。

（5）确定边界条件。确定问题的边界条件，即问题的初始状态和终止状态。

（6）计算最优解。根据状态转移方程和边界条件，从初始状态开始，逐步计算每个状态的最优值。通常使用递归或迭代的方法，从简单状态向复杂状态推进。

（7）构建最优解。在计算出每个状态的最优值后，通过回溯的方式，从终止状态开始，根据状态转移方程和最优值，逐步找到最优的决策序列。

（8）输出结果。输出最终最优解。

验证阶段则是对求解结果的检验，包括数据验证、模型合理性验证、敏感性分析、实验验证和算法性能验证。数据验证确保输入数据的准确性，模型合理性验证通过比较实际与模拟结果来评估模型的有效性，敏感性分析检查模型对参数变化的反应，实验验证则是在现实环境中测试模型的实用性，而算法性能验证则是通过比较不同算法来评估求解效率和质量。这一过程保证了模型求解的准确性和可靠性，为决策者提供了科学的依据。

### 7.2.5　结果分析与优化

结果分析与优化是运输配送优化建模的最后阶段，它对模型求解得到的最终结果进行深入探讨和优化。首先，结果分析包括对优化方案的具体指标进行评估分析，如总成本、行驶距离、服务水平、资源利用率等，通过量化分析了解模型在不同方面的表现。在优化方面，根据分析结果对模型进行调整和改进，包括但不限于调整模型参数、改变约束条件或采用更高效的算法。优化的目标是提高解决方案的实际可行性、降低成本、提升服务质量或增强模型的鲁棒性。结果分析与优化是一个迭代过程，它帮助决策者深入理解模型决策背后的逻辑并在实际应用中不断调整和提升模型性能，提升运输配送效率。

# 7.3　大数据时代的运输配送模型分析

随着信息技术的飞速发展，大数据已成为推动各行各业创新的重要驱动力。在运输配送领域，大数据的应用尤为显著，它为运输配送模型的构建与优化提供了丰富的数据支撑和全新的分析视角。传统的运输配送问题多依赖于历史经验和简化假设，往往采用经典的运筹学模型进行求解。相较之下，大数据驱动下的运输配送问题则充分利用了现代信息技术和大数据分析手段，使得问题处理更加精细化、实时化和个性化。本节将深入探讨大数据驱动下的运输配送模型与传统的运输配送模型展现出的差异与优势，以及大数据驱动下运输配送问题的建模流程和求解方法。

### 7.3.1　大数据时代的运输配送模型与传统模型的对比

在当今信息化时代，运输配送行业正面临着前所未有的变革机遇。随着大数据技术的迅猛发展，运输配送模型正从传统的静态、经验驱动模式转变为动态、数据驱动的模式。这种转变不仅为运输配送领域带来了新的管理理念和操作方法，而且在实际应用中展现出显著的优势。以下是对两者的详细对比分析。

**1. 理论基础与决策机制**

传统运输配送模型通常基于确定性数学规划，如线性规划、整数规划等，这些模型依赖于预设的参数和假设条件，往往忽略了现实世界中的不确定性和动态变化。相比之下，大数据驱动的运输配送模型基于数据驱动的方法，如机器学习、人工智能等，能够处理大规模、高维度、非结构化的数据，从而更准确地模拟现实世界的复杂性。大数据模型通过实时数据分析，实现了从经验驱动向数据驱动的决策转变。

**2. 效率优化**

在效率优化方面，传统模型往往依赖于静态的优化算法，这些算法在处理实际问题时存在一定的局限性，难以应对突发事件和动态变化。大数据驱动的模型则能够实时捕捉和响应运输配送过程中的各种变化，如交通状况、货物需求等，通过动态调整配送策略，显著提高运输效率和服务水平。

**3. 适应性**

传统运输配送模型的适应性较差，一旦外部环境发生变化，模型可能需要重新构建和调整。而大数据驱动的模型具有高度的适应性，能够通过不断学习和更新数据，自动调整模型参数以适应不断变化的市场和环境条件。

**4. 数据利用与集成**

大数据驱动的运输配送模型能够充分利用多种数据源，包括实时交通数据、天气数据、客户行为数据等，实现数据的深度融合和集成。传统模型往往只能处理有限的数据类型，难以实现数据的全面利用。

### 7.3.2　大数据时代的运输配送模型目标确定

大数据驱动下的运输配送模型与传统模型在目标设定上存在显著差异，其目标是对传统运输配送模型目标的深化和扩展，旨在构建一个更加智能、高效和客户导向的运输配送体系。以下是大数据驱动下的运输配送模型追求的 5 个目标类型。

**1. 动态适应性目标**

与传统模型相比，大数据驱动的运输配送模型更加注重动态适应性，其目标是在不断变化的市场环境和运输条件下，实时调整配送策略和计划。这包括对突发事件（如交通堵塞、天气变化）的即时响应，以及对需求波动的快速适应，确保运输配送系统的灵活性和鲁棒性。

**2. 前瞻性预测目标**

大数据模型的目标之一是利用历史和实时数据的前瞻性预测能力。这与传统模型的事后分析相比，更强调对未来趋势的预测和提前规划。通过机器学习和时间序列分析，模型能够预测货物需求、运输成本、资源利用率等关键指标，从而提供主动式决策支持。

**3. 个性化服务目标**

大数据驱动模型追求的个性化服务目标与传统模型的标准化服务有着本质区别。该目标通过分析客户行为、偏好和特定需求，提供定制化的配送解决方案。这种个性化不仅体现在配送速度和方式上，还体现在服务内容和服务时间的定制上。

**4. 系统协同优化目标**

大数据模型强调系统协同优化目标，这与传统模型单一环节优化的思路不同。大数据模型通过整合供应链各个环节的数据，追求整个物流网络的协同效应，包括供应商、仓库、运输车辆、配送点等在内的多节点协同，以实现整体效率的最大化。

**5. 数据驱动决策目标**

大数据驱动模型的核心目标是实现数据驱动的决策制定，这与传统模型基于经验和直觉的决策方式相区别。通过深度挖掘和综合分析大数据，模型能够提供更加精确和科学的决策支持，降低人为错误，提高决策的效率和准确性。

### 7.3.3　大数据时代的数据收集与分析

在大数据时代，运输配送过程中的各个环节都会产生大量的数据，如何将这些数据收集起来并分析数据之中的规律，为问题优化建模奠定基础，是一个至关重要的问题。如何使用大数据技术收集和分析与运输配送相关的数据具有重要的研究意义。

**1. 数据收集**

数据是模型的血液，没有准确的数据，模型就无法准确反映实际情况，也无法提供有效的决策支持。在大数据时代，我们收集数据的技术方法越来越多样，收集的数据量也越来越庞大。在运输配送模型中，主要收集的数据信息包括货物信息、实时车辆信息以及交通路况信息等。本部分我们将详细介绍收集这些数据信息的大数据技术。

1）货物信息收集技术

（1）传感器技术。传感器技术在运输配送中扮演着至关重要的角色，它通过各种传感器收集关键数据，提供实时、准确的信息支持。常见的传感器主要有以下类型：温度传感器用于监测货物在运输过程中的温度变化，可以确保货物在规定的温度范围内运输，避免因温度波动导致的货物损坏；湿度传感器用于监测货物在运输过程中的湿度变化，湿度控制对于某些易受潮的货物（如电子产品、药品等）至关重要；重量传感器用于监测货物在运输过程中的重量变化，这有助于企业实时了解货物的状态，如是否发生损坏、丢失等；位置传感器用于监测货物在运输过程中的位置信息，这有助于企业实时追踪货物，提高货物的监控能力；在实际应用中，传感器技术可以与其他技术（如 RFID、GPS 等）相结合，实现货物信息和地理信息的全面收集。通过这些技术，我们可以实时获取货物的状态和车辆的位置信息，为运输配送提供准确的数据支持。同时，这些数据也可以为运输配送模型的建立和求解提供关键的输入数据，帮助企业实现运输配送的优化管理。

（2）RFID 技术。RFID 技术是一种非接触式的自动识别技术，它通过无线电波识别并读取特定标签的信息。RFID 技术广泛应用于物流、供应链管理、制造业、零售业等领域，尤其在运输配送模型中发挥着重要作用。RFID 技术可以为每件货物贴上唯一的电子标签，实时监控货物的位置和状态，确保货物在运输过程中的精确定位和监控，一旦出现异常移动或位置偏离，系统会立即发出警报，通知相关人员采取措施。结合温度传感器，RFID 技术能够实现对冷藏、冷冻货物的全程追踪与监控，企业可以实时掌握货物的温度、湿度及位置信息，确保货物在运输过程中始终保持最佳状态。在配送环节的最后阶段，RFID 技术与无人机、无人车等智能配送设备相结合，能够实现货物的精准识别与定位，确保货物准确无误地送达客户手中。

2）地理信息收集技术

（1）全球定位系统。全球定位系统（GPS）是一种基于卫星定位技术的导航系统。

GPS 通过一系列卫星向地面发送信号，用户通过接收器接收这些信号并计算出自己的位置、速度和时间。GPS 工作原理是利用卫星发出的无线电信号进行定位。GPS 的定位精度受到多种因素的影响，包括卫星数量、信号传播条件、接收器质量等。GPS 具有实时定位、广泛覆盖、低成本、便捷性等优点，但在实际应用中也面临一些挑战，如信号遮挡、多路径效应、卫星信号干扰等。

GPS 技术广泛应用于运输配送领域中，特别是在车辆定位和导航方面。通过在车辆上安装 GPS 接收器，企业可以实时监控车辆的位置、速度和行驶轨迹。这有助于优化配送路线、提高运输效率和降低运营成本。

（2）地理信息系统。地理信息系统（GIS）是一种以地理空间信息为基础，用于收集、存储、管理、分析和展示空间数据的计算机系统。GIS 系统由四个主要部分组成：硬件、软件、数据和人员。GIS 工作原理是利用计算机系统处理地理空间数据。通过收集和存储地理空间数据，GIS 可以创建地图和空间模型用于分析和展示地理信息。GIS 技术可以将地理空间数据与其他非地理空间数据相结合，进行空间分析和决策支持。

在运输配送领域中，GIS 技术可以应用于以下场景：通过 GIS 技术分析配送中心的地理环境、交通条件、客户分布等因素，帮助企业选择最佳的配送中心位置；通过在货物包装上粘贴 RFID 标签并结合 GIS 技术，企业可以实时追踪货物的位置和状态，提高货物的监控能力；利用 GIS 技术提供实时的地图数据和导航服务，可帮助企业优化配送路线和时间，提高运输效率等。

（3）北斗卫星导航系统。北斗卫星导航系统（BeiDou Navigation Satellite System，BDS）是中国自主研发的全球卫星导航系统。北斗系统致力于为全球用户提供高精度、可靠、连续的定位、导航和时间服务。通过北斗系统，企业能够实现对车辆的实时监控与管理，进行智能化的路线规划和导航，精确追踪货物配送状态，动态调整车辆调度以优化资源，确保时间同步和数据采集的准确性，并且在紧急情况下快速响应和预警潜在风险。BDS 的应用不仅极大地提高了物流运营的效率和安全性，而且为物流行业向智能化、精准化转型提供了坚实的技术支撑，推动了整个运输配送服务质量的全面提升。

拓展阅读 7.2　智能交通是什么样的？

**2. 数据分析**

在完成了运输配送数据的收集工作之后，我们获得了大量原始数据，这些数据蕴含着丰富的信息，亟待通过深入分析来揭示其内在规律。在此基础上，接下来将转向数据分析的探讨，重点关注如何运用大数据技术对运输配送数据进行分析，以期发现数据中的关键特征，并为优化配送策略、提高运输效率提供科学依据。

1）实时数据流处理技术

实时数据流处理技术作为大数据处理领域的一个重要分支，专注于处理和分析持续产生的高速数据流。该技术具备实时响应、高效处理、可伸缩性以及即时反馈等核心特性，能够实现对数据流中隐含价值的即时挖掘与利用。实时数据流处理技术通过一系列算法和模型，对输入的数据流进行过滤、转换、聚合等操作，从而提取出关键信息，为决策提供实时支持。在运输配送领域，实时数据流处理技术发挥着至关重要的作用。通过集成 GPS、RFID 等技术，实时数据流处理技术可以实时收集货物的位置数据，并通过算法对数据进行处理和分析，从而实现对货物状态的实时监控。实时数据流处理技术还可以通过集成交通信息、天气数据等外部数据源，实时分析各种因素对运输路径的影响，并通过智能算法和模型，计算出最优的运输路径。

2）数据挖掘技术

数据挖掘技术作为一种强大的数据分析工具，涵盖了多种算法和方法，其中包括分类、预测、关联规则挖掘等关键手段。这些技术能够深入剖析海量的运输配送数据，从中提取出有价值的信息和潜在的模式，为优化运输策略提供坚实的支撑。例如，使用分类技术可以将复杂的运输配送数据划分为不同的类别，更加精准地识别各类货物的特点和需求，从而为其量身定制不同的运输策略，确保运输过程的安全性和高效性。应用预测技术可以基于历史数据和当前趋势，对未来的运输需求进行科学合理的预测。这些预测结果不仅能够为运输计划的制订提供有力的依据，还能够帮助我们提前调整运输资源，以应对可能出现的运输高峰或低谷，确保运输系统的稳定性和可靠性。关联规则挖掘技术则能够揭示不同运输环节之间的潜在联系。通过挖掘货物类型、运输方式、运输时间等多个维度之间的关联关系，我们能够发现一些隐藏的规律和趋势。

3）空间分析技术

空间分析技术是一种用于研究地理空间数据的技术。它通过分析地理空间数据的分布、形态和关系，揭示地理现象的空间特征和规律。在配送路线的优化方面，空间分析技术能够基于历史运输数据、道路网络结构以及实时交通状况，构建出精确的空间模型。通过这一模型，我们可以直观地看到不同配送路线之间的优劣差异，识别出潜在的拥堵路段和瓶颈区域。在此基础上，我们可以制订出更加科学合理的配送计划，有效缩短配送时间，降低运输成本，提升客户满意度。此外，空间分析还广泛应用于评估运输配送对环境的影响。通过构建空间影响评估模型，我们可以量化分析运输过程中产生的排放量、能源消耗以及噪声污染等环境问题。这为我们制定环保策略、推动绿色运输提供了科学依据。

这些数据分析技术在运输配送数据分析中的应用，不仅有助于揭示数据背后的规律，还能为企业提供有效的决策支持。然而，在实际应用中需注意不同技术的适用性和局限性。因此，需要结合具体场景和需求，选择合适的数据分析技术。通过不断优化和调整，数据分析技术将为提升运输配送管理水平和经济效益提供有力支撑。

## 7.3.4　大数据时代的运输配送模型建立

大数据驱动下的运输配送模型的建立流程与传统的运输配送模型建立流程相比，虽然核心步骤都是确定决策变量、明确模型假设、确定目标函数、建立约束条件四个方面，但也有明显区别和优势，它能够更好地适应运输配送过程中的复杂性和动态性，提高配送的效率和可靠性，为物流企业提供更为科学和有效的决策支持。

**1. 精细化定义决策变量**

在大数据环境下，决策变量的定义更为精细化和动态化。传统的运输配送模型通常以静态的车辆数量、固定路线等为变量，而大数据驱动的模型则能够根据实时数据动态调整这些变量。

**2. 全面化明确模型假设**

大数据驱动的模型假设可以综合考虑更多的因素，如交通状况、客户需求变化等，这使得模型更加全面和精准，能够为运输配送提供更科学的决策支持，而传统模型的假设相对简单，可能忽略一些重要的影响因素，导致决策的局限性。

**3. 多维度构建目标函数**

大数据驱动下的运输配送模型在目标函数的构建上也更为全面，且具有多维度的特点。除了传统的成本最小化、时间最短等目标外，还可以考虑客户满意度、服务质量、环境影响等多方面的因素。这种多维度的目标函数构建，使得模型能够更全面地反映运输配送过程中的各种利益相关者的需求和期望。

**4. 智能化设置约束条件**

在约束条件的设置上，大数据驱动的模型能够利用先进的数据挖掘和机器学习技术，对约束条件进行智能化的识别和设置。例如，通过分析历史配送数据，可以自动识别出配送过程中常见的约束条件，并根据实际情况对这些约束条件进行动态调整。此外，还可以利用大数据分析预测未来可能出现的约束条件，如交通拥堵、天气变化等，提前进行规划和应对，从而提高模型的适应性和灵活性。

## 7.3.5 大数据时代的运输配送模型求解

在完成了数据收集与分析工作以及运输配送模型的建立之后，我们已为求解问题奠定了坚实的基础。接下来，将进入运输配送模型求解的核心阶段。传统的运输配送问题求解方法，如线性规划、整数规划等，虽然在理论上能够获得最优解，但在处理大规模、实际问题时往往存在计算复杂度高、求解速度慢等局限性。为此，研究者们开始探索更为高效的求解策略，其中基于启发式算法的方法因其独特的搜索机制和实用性，逐渐成为解决运输配送问题的重要手段。本小节将详细介绍使用启发式算法和混合算法求解大规模的运输配送问题[①]。

**1. 基于启发式算法的运输配送模型求解**

1）遗传算法

遗传算法（Genetic Algorithm，GA）是一种模拟自然选择和遗传学原理的搜索和优化算法。它是由美国密歇根大学的约翰·霍兰德（John Holland）在 20 世纪 70 年代初期提出的。遗传算法借鉴自然选择和自然进化的原理，对适应度高的个体进行保留，组成

---

① 蒋华伟，郭陶，杨震. 车辆路径问题研究进展[J]. 电子学报，2022，50(2)：480-492.

新的群体，新群体既继承了上一代的信息，又优于上一代。该算法的主要步骤包括种群初始化、选择、交叉、突变和适应度评估等过程[①]。遗传算法的求解步骤，如图 7-2 所示。

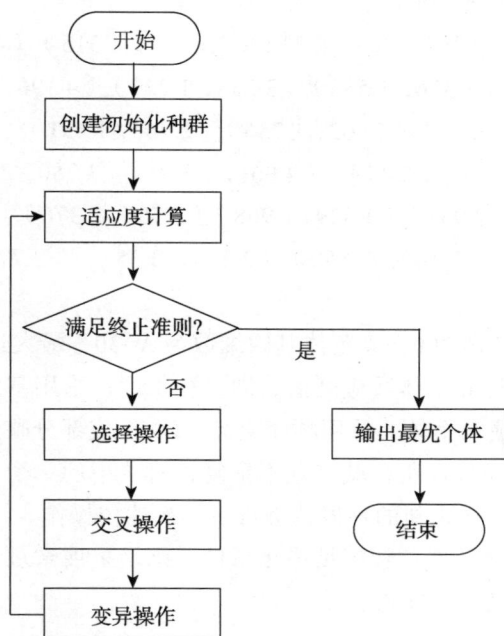

图 7-2　遗传算法的求解步骤

　　遗传算法在运输配送领域的应用主要包括路径优化、装载优化、资源分配以及多目标优化等方面，其优势在于具备全局搜索能力、并行性、鲁棒性、通用性和易于实现的特点。这些特性使得遗传算法能够有效跳出局部最优解，并行处理多个解，对初始解依赖性不强，适用于多种优化问题。然而，遗传算法也存在一些缺点，如收敛速度可能较慢、需要通过试错不断调整参数、计算量大等。因此，在实际应用中，遗传算法的使用需要根据具体问题进行权衡，尤其是在处理复杂问题时，其优势与局限性均需考虑。

　　在了解完遗传算法的基本原理后，接下来以旅行商问题为例，展示使用遗传算法求解旅行商问题的代码过程，此处使用 MATLAB 进行求解。

　　（1）旅行商问题。旅行商问题是一个经典的组合优化问题，其核心思想为：一个商品推销员要去若干个城市推销商品，该推销员从一个城市出发，需要经过所有城市后回到出发地，应如何选择行进路线以使总的行程最短？具体的理论描述如下：

　　假设有 $n$ 个城市，用 $C=\{1,2,\cdots,n\}$ 表示城市集合。对于每对城市 $i,j\in C$，有一个非负的距离 $d(i,j)$。旅行商问题要求找到一个遍历所有城市的序列 $P=(p_1,p_2,\cdots,p_n)$，其中 $p_i\in C$ 且 $p_i\neq p_j$ 对于所有 $i\neq j$，使得路径的总长度 $L(P)$ 最小，即

$$L(P)=d(p_1,p_2)+d(p_2,p_3)+\cdots+d(p_{n-1},p_n)+d(p_n,p_1)$$

① 张勇，贺国先. 基于遗传算法的生鲜水果冷链物流配送路径优化研究[J]. 中国储运，2024(7)：96-97.

现假设有一个旅行商人要拜访全国 30 个城市，他需要选择要走的路径，路径的限制是每个城市只能拜访一次，而且最后要回到原来出发的城市。对路径选择的要求是：所选路径是所有路径之中的最小值。

全国 30 个城市的坐标为（1 304，2 312）、（3 639，1 315）、（4 177，2 244）、（3 712，1 399）、（3 488，1 535）、（3 326，1 556）、（3 238，1 229）、（4 196，1 044）、（4 312，790）、（4 386，570）、（3 007，1 970）、（2 562，1 756）、（2 788，1 491）、（2 381，1 676）、（1 332，695）、（3 715，1 678）、（3 918，2 179）、（4 061，2 370）、（3 780，2 212）、（3 676，2 578）、（4 029，2 838）、（4 263，2 931）、（3 429，1 908）、（3 507，2 376）、（3 394，2 643）、（3 439，3 201）、（2 935，3 240）、（3 140，3 550）、（2 545，2 357）、（2 778，2 826）。

（2）仿真过程：

①初始化种群数目 $NP$=200，染色体基因维数为 $N$=30，最大进化代数 $G$=1 000。

②产生初始种群，计算个体适应度值，即路径长度；采用基于概率的方式选择进行操作的个体，对选中的成对个体，采用顺序交叉（OX）或部分映射交叉（PMX）等交叉操作，确保交叉后的路径包含所有城市且不重复；对选中的单个个体，随机交换其一对城市坐标作为变异操作，产生新的种群，进行下一次遗传操作。

③判断是否满足终止条件：若满足终止条件，则结束搜索过程，输出优化值；若不满足终止条件，则继续进迭代优化。

（3）代码实现：

```
clear all;
close all;
clc;
% 初始化参数
C=[1304 2312;3639 1315;4177 2244;3712 1399;3488 1535;3326 1556;
    3238 1229;4196 1044;4312  790;4386  570;3007 1970;2562 1756;
    2788 1491;2381 1676;1332  695;3715 1678;3918 2179;4061 2370;
    3780 2212;3676 2578;4029 2838;4263 2931;3429 1908;3507 2376;
    3394 2643;3439 3201;2935 3240;3140 3550;2545 2357;2778 2826];
                            %30个省会城市坐标
N=size(C,1);                        %TSP问题的规模,即城市数目
D=zeros(N);                         %任意两个城市距离间隔矩阵
% 求任意两个城市距离间隔矩阵
for i=1:N
    for j=1:N
        D(i,j)=((C(i,1)-C(j,1))^2+(C(i,2)-C(j,2))^2)^0.5;
    end
end
NP=200;                     %免疫个体数目
G=1000;                     %最大免疫代数
f=zeros(NP,N);              %用于存储种群
F = [];                     %种群更新中间存储
for i=1:NP
    f(i,:)=randperm(N);     %随机生成初始种群
end
R = f(1,:);                 %存储最优种群
len=zeros(NP,1);            %存储路径长度
fitness = zeros(NP,1);      %存储归一化适应度值
gen = 0;
```

```
% 遗传算法循环
while gen<G
    % 计算路径长度
    for i=1:NP
        len(i,1)=D(f(i,N),f(i,1));
        for j=1:(N-1)
            len(i,1)=len(i,1)+D(f(i,j),f(i,j+1));
        end
    end
    maxlen = max(len);
    minlen = min(len);
    % 更新最短路径
    rr = find(len==minlen);
    R = f(rr(1,1),:);
    % 计算归一化适应度
    for i =1:length(len)
        fitness(i,1) = (1-((len(i,1)-minlen)/(maxlen-minlen+0.001)));
    end
    % 选择操作
    nn = 0;
    for i=1:NP
        if fitness(i,1)>=rand
            nn = nn+1;
            F(nn,:)=f(i,:);
        end
    end
    [aa,bb] = size(F);
    while aa<NP
        nnper = randperm(nn);
        A = F(nnper(1),:);
        B = F(nnper(2),:);
    % 交叉操作
    W = ceil(N/10);        % 交叉点个数
    p = unidrnd(N-W+1);      % 随机选择交叉范围，从p到p+W
    for i =1:W
        x = find(A==B(p+i-1));
        y = find(B==A(p+i-1));
        temp = A(p+i-1);
        A(p+i-1) =B(p+i-1);
        B(p+i-1) = temp;
        temp = A(x);
        A(x) = B(y);
        B(y) = temp;
    end
    % 变异操作
    p1 = floor(1+N*rand());
    p2 = floor(1+N*rand());
    while p1==p2
        p1 = floor(1+N*rand());
        p2 = floor(1+N*rand());
    end
    tmp = A(p1);
    A(p1) = A(p2);
    A(p2) = tmp;
    tmp = B(p1);
    B(p1) = B(p2);
    B(p2) = tmp;
    F = [F;A;B];
    [aa,bb] = size(F);
end
end
```

```
        if aa>NP
            F = F(1:NP,:);          % 保持种群规模为NP
        end
        f = F;                      % 更新种群
        f(1,:) = R;                 % 保留每代最优个体
        clear F;
        gen = gen+1;
        Rlength(gen) = minlen; %#ok<SAGROW>
    end
    % 绘制图形
    figure
    for i = 1:N-1
        plot([C(R(i),1),C(R(i+1),1)],[C(R(i),2),C(R(i+1),2)],'bo-');
        hold on;
    end
    plot([C(R(N),1),C(R(1),1)],[C(R(N),2),C(R(1),2)],'ro-');
    title(['优化最短距离：',num2str(minlen)]);
    figure
    plot(Rlength)
    xlabel('迭代次数')
    ylabel('目标函数值')
    title('适应度进化曲线')
```

代码结果如图 7-3 和图 7-4 所示，由于每次的初始位置不定，所以每一次的迭代结果

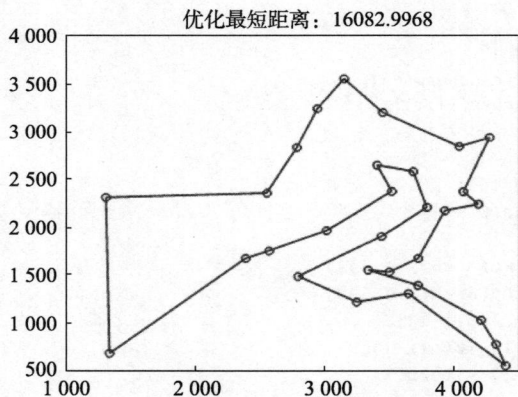

图 7-3　优化最短距离

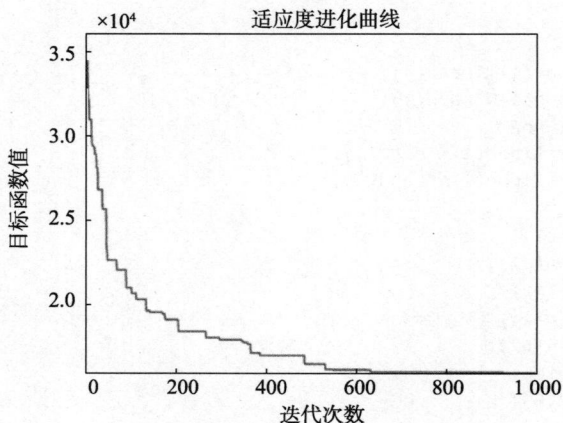

图 7-4　适应度进化曲线

也会有所不同，这里仅展示其中一次的迭代结果。

2）蚁群算法

蚁群算法（Ant Colony Optimization，ACO）是一种模拟自然界蚂蚁觅食行为的搜索算法，由意大利学者马克·多里戈（Marco Dorigo）在 1992 年提出。蚁群算法主要用于解决组合优化问题，如旅行商问题、车辆路径问题等。其基本原理是蚂蚁在觅食过程中会释放一种叫作信息素的物质，这种物质会随着时间而挥发。蚂蚁在选择路径时，倾向于选择信息素浓度较高的路径，并且会沿途留下信息素，从而加强这条路径的信息素浓度。随着时间的推移，较短的路径上的信息素浓度会越来越高，从而吸引更多的蚂蚁选择这条路径，最终大多数蚂蚁都会找到最短路径[1]。蚁群算法的求解流程如图 7-5 所示。

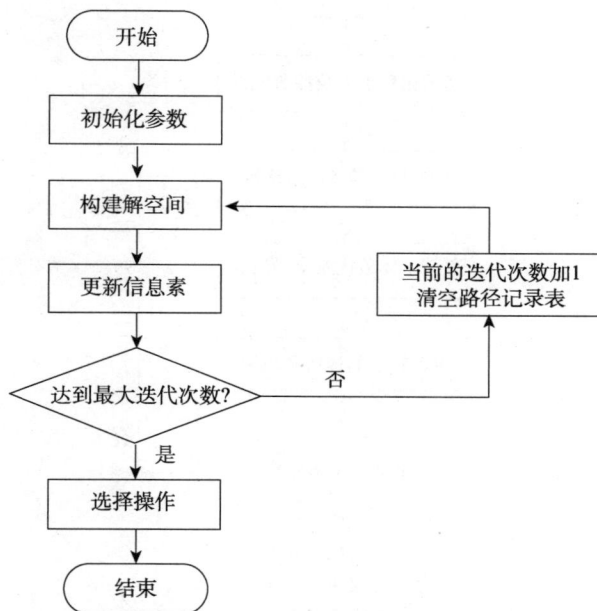

图 7-5　蚁群算法的求解流程

蚁群算法作为一种全局优化算法，能够有效地处理运输配送中的路径规划问题。该算法能够适应配送环境的变化，如交通状况、路线封锁等，动态调整配送路径，提高配送效率和响应速度。在多车辆、多配送点的情况下，蚁群算法可以帮助优化车辆资源分配，减少空驶率，降低运输成本。蚁群算法本质上是一种并行算法，对初始路径的要求不高，具有较强的鲁棒性，能够适应不同的配送环境和条件下的问题求解。但是由于信息素的正反馈机制，蚁群算法在初期收敛速度较慢，需要较长时间来积累信息素才能找到最优解。另外，在搜索空间较大时，该算法可能会陷入局部最优解。

3）粒子群算法

粒子群算法（Particle Swarm Optimization，PSO）是一种基于群体智能的优化算法，由埃伯哈特（Eberhart）和肯尼迪（Kennedy）在 1995 年提出。该算法受到鸟群觅食行为

---

① 马楠，王龙飞. 基于蚁群算法的卷烟物流配送路径优化研究[J]. 科技和产业，2024，24(22)：323-328.

的启发，通过模拟鸟群或鱼群等生物群体的社会行为来进行问题求解。在粒子群算中，每个解决方案被视为搜索空间中的一个"粒子"，每个粒子代表了问题的潜在解。粒子在搜索空间中飞行，通过跟踪两个"极值"来更新自己的位置和速度：个体极值（Pbest）和全局极值（Gbest）。个体极值是粒子自身所找到的最优解，而全局极值是整个粒子群中所有粒子所找到的最优解。PSO 以其简单、并行、鲁棒和易于实现的特点，在连续空间的优化问题中表现出色[①]。粒子群算法的求解流程如图 7-6 所示。

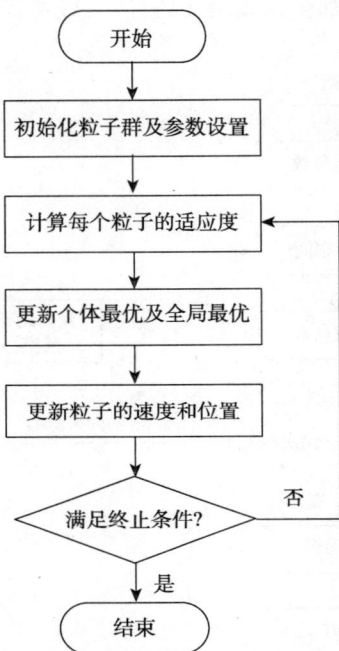

图 7-6　粒子群算法的求解流程

　　粒子群算法在运输配送领域具有广泛的应用，主要用于解决车辆路径问题、货物装载问题以及配送中心的选址等。其优点在于算法结构简单、参数少、易于实现，并且具有较强的全局搜索能力，能够在大规模问题中快速收敛。然而，粒子群算法也存在一些缺点，如容易陷入局部最优，导致解的质量不高；另外，算法在后期的收敛速度可能会变慢，且对于不同的问题需要调整参数以获得更好的性能。

　　在运用启发式算法求解运输配送问题的过程中，其显著优势在于能够迅速地生成较为满意的解决方案，这一点在处理复杂的大规模问题时尤为突出。启发式算法通过其高效的搜索策略，能够在较短的时间内逼近最优解，从而显著降低计算成本。同时，该算法对于问题的复杂约束表现出良好的处理能力，确保所得解的可行性，并在多目标优化中实现多个目标的有效平衡。尽管如此，启发式算法亦存在不容忽视的局限性。首要问

---

①　朱利. 基于粒子群算法的农产品物流车辆路径问题[J]. 中国储运，2023(1)：102-103.

题是，它无法提供绝对最优解的保证，解的质量在很大程度上依赖于算法的具体构造和参数设置，而这些参数的优化往往需要通过反复试验来完成。此外，针对特定的运输配送问题，启发式算法可能无法提供足够精确的解决方案，这可能会对配送效率及成本控制产生不利影响。因此，在采用启发式算法时，需在求解速度与解的质量之间进行审慎的权衡。

**2. 基于混合算法的运输配送模型求解**

在面对大规模的运输配送模型的求解过程中，单一算法往往面临着求解精度与计算效率之间的权衡难题。为了克服这一挑战，研究者们提出了混合算法策略，以期在保持高求解精度的同时，提升计算效率。

混合算法的核心思想是将两种或两种以上的算法相结合，通过相互之间的协同作用，实现对复杂问题的有效求解。混合算法在运输配送模型的求解中展现了其独特的优势。在运输配送模型中，混合算法能够充分利用不同算法在搜索能力、收敛速度和全局优化等方面的优势，从而提高求解质量。此外，混合算法还能够根据不同算法的特点和优势，灵活调整算法之间的组合方式，以适应不同类型的运输配送问题。

在使用混合算法求解运输配送问题时，主要包括以下几个步骤：

（1）算法选择。根据运输配送模型的特点，选择适合的算法进行混合。常见的组合包括遗传算法与蚁群算法、蚁群算法与粒子群优化等。这些组合能够充分发挥各自算法的优势，从而提高求解质量。

（2）算法融合。在混合算法中，各组成部分的融合方式至关重要。融合方式可以是在算法迭代过程中交替使用不同算法，也可以是将一个算法的输出作为另一个算法的输入。

（3）参数调优。混合算法的参数设置对求解结果有显著影响。因此，需要通过实验或优化方法确定各算法的最佳参数组合。参数设置包括算法的迭代次数、种群大小、交叉率、变异率等。通过对参数的调整和优化，可以进一步提高混合算法的求解质量和效率。

混合算法在运输配送模型求解中具有以下优势：一是能够有效平衡局部搜索和全局搜索，减少陷入局部最优的风险；二是通过算法间的互补，提高求解的效率和精度。然而，混合算法也存在一定的局限性，如算法复杂度高、参数设置困难等。

基于混合算法的运输配送模型求解方法，通过巧妙结合不同算法的特点，为运输配送问题的优化提供了新的思路和方法论。实践证明，混合算法在处理复杂的大规模运输配送问题时表现出了良好的性能。然而，如何设计更加高效、稳定的混合算法，以及如何针对具体问题选择合适的算法组合，仍需进一步研究和探索。

# 7.4　大数据时代的运输配送案例研究

## 7.4.1　案例背景

随着新零售业的崛起和互联网技术的不断发展，同城即时配送行业面临着前所未有的机遇和挑战。消费者对服务时效性的要求越来越高，尤其是在快节奏的城市生活中，人们更加依赖极速、准时的配送服务。另外，大量订单的涌入导致配送能力与需求之间的矛盾日益突出，尤其是在早中晚高峰期，大量用户需求产生时，易出现即时配送能力较弱、大量商品不能按时送达的问题，这直接影响了客户的体验和满意度，也增加了企业的运营成本。

传统的车辆路径优化算法在解决大规模即时配送问题时存在明显的局限性。一方面，算法的求解时间随着问题规模的增大而呈指数式增加，难以在短时间内获得满意的解；另一方面，传统的算法大多只考虑配送路径的长度而忽略了客户时间窗和满意度等因素，导致优化结果无法满足实际需求。

大数据技术为同城即时配送优化提供了新的思路和方法。聚类分析作为一种重要的数据挖掘方法，可以有效地将大规模数据集划分为多个具有相似特征的子集，从而降低问题规模，提高求解效率。改进的蚁群算法可以更好地考虑客户时间窗和满意度，实现更优的路径规划。

在此背景下，本节以百度地图选取的实际地点为研究对象，模拟了同城即时配送的场景，使用聚类—蚁群算法两阶段算法进行优化，以期通过优化配送路径，降低配送成本，提高客户满意度。

## 7.4.2 案例实践

为了改善供应链管理的运输配送环节中的配送路径优化问题，本案例将使用先聚类后规划的两阶段算法分别来求解单一门店多用户和多门店多用户这两种情况下的大规模车辆路径问题，具体步骤如下：

### 1. 单一门店的大规模配送问题

（1）问题描述：假设客户在线上下单，由附近的线下门店配货并将商品送至客户处，所有参与配送的车辆为统一型号的小型电动车。使用百度地图选取111个实际地点作为研究对象，其中仅有1个为门店，100个地点为客户需求点，其余10个为配送车辆。这1个门店为100个处不同地理位置的客户提供配送服务，车辆在完成配送服务后无需返回门店，门店合理规划10台配送车辆的行驶路径，实现配送过程产生的总成本最小。

（2）数据收集：使用百度地图开发者平台提供的API接口，收集包括门店、配送车辆、客户在内的共111处地点信息数据，并将门店、配送车辆和客户进行单独编号。

（3）算法设计：首先，根据门店中配送人员和车辆的数量对客户进行K-means聚类，将整个配送区域内的100个客户分为若干个小型配送区域；其次，对划分出的每个小型配送区域，在已知各实际地址经纬度数据的基础上，使用API接口计算各地点时间的实际行驶距离，构建距离矩阵；最后，分别进行基础蚁群算法和改进蚁群算法实例实验并对比实验结果。

（4）结果分析：将基础蚁群算法和改进蚁群算法求解的结果与随机分配结果相对比，对比结果如表7-1和表7-2所示。

### 2. 多门店的大规模配送问题

（1）问题描述：假设10个处在不同地理位置的门店为100个处在不同地理位置的客

表 7-1　三种路径规划方案的行驶距离以及各种时间

| | 行驶距离（米） | 总占用时间（分钟） | 总超过时间（分钟） | 每辆车平均用时（分钟） |
|---|---|---|---|---|
| 随机分配 | 173 480 | 18.3 | 1 452.1 | 60.62 |
| 基础蚁群算法 | 44 281 | 21.4 | 14.9 | 16.90 |
| 改进蚁群算法 | 47 516 | 21.4 | 4.9 | 17.98 |

表 7-2　三种路径规划方案的各项成本及总成本　　　单位：元

| | 固定成本 | 距离成本 | 时间占用成本 | 超时惩罚成本 | 总成本 |
|---|---|---|---|---|---|
| 随机分配 | 50 | 173.480 | 54.9 | 6 024.3 | 6 302.680 |
| 基础蚁群算法 | 50 | 44.281 | 64.2 | 89.4 | 247.881 |
| 改进蚁群算法 | 50 | 47.516 | 64.2 | 29.4 | 191.116 |

户提供配送服务，每个门店由一台配送车辆进行配送，门店收到订单后，由离其最近的一台配送车辆到店取货，取完所有商品后开始配送。

（2）数据收集：使用百度地图 API 接口获得 10 个门店、10 台配送车辆和 100 个客户需求点的地理位置信息。

（3）算法设计：首先，根据门店数量对 100 个客户进行 Voronoi 聚类，即将配送区域中 100 个客户分为 10 个小型配送区域，每个门店负责该区域的配送任务；其次，对划分出的每个小型区域，在已知各实际地址经纬度数据的基础上，使用 API 接口计算各地点时间的实际行驶距离，构建距离矩阵；最后，分别进行基础蚁群算法和改进蚁群算法实例实验并对比实验结果。

（4）结果分析：将基础蚁群算法和改进蚁群算法求解的结果相对比，对比结果如表 7-3和表 7-4 所示。

表 7-3　两种路径规划方案的行驶距离以及各种时间

| | 行驶距离（米） | 总占用时间（分钟） | 总超过时间（分钟） | 每辆车平均用时（分钟） |
|---|---|---|---|---|
| 基础蚁群算法 | 31 410 | 1 | 17.1 | 10.60 |
| 改进蚁群算法 | 35 460 | 1 | 11.0 | 11.96 |

表 7-4　两种路径规划方案的各项成本及总成本　　　单位：元

| | 固定成本 | 距离成本 | 时间占用成本 | 超时惩罚成本 | 总成本 |
|---|---|---|---|---|---|
| 基础蚁群算法 | 50 | 31.41 | 3 | 102.6 | 187.01 |
| 改进蚁群算法 | 50 | 35.46 | 3 | 66.0 | 154.46 |

## 7.4.3　案例分析

### 1. 研究结果分析

本案例通过构建以总成本最低为目标的数学模型，并采用聚类—蚁群算法两阶段算法进行求解，研究结果表明：聚类方法有效地降低了问题规模，使得每个门店负责其邻近区域的配送任务，任务分配更加合理，而改进的蚁群算法能够更准确地反映车辆在实际道路上的行驶情况，能够更合理地规划配送路径，从而降低配送成本，缩短配送时间，提高客户满意度。

**2. 理论意义**

（1）扩展了车辆路径问题研究范围：本案例将聚类分析应用于多门店配送场景，丰富了 VRP 问题的研究内容，为解决大规模、多门店配送问题提供了新的思路和方法。

（2）提出了改进的蚁群算法：本案例针对传统的蚁群算法进行了改进，在状态转移概率公式中引入时间窗权重，优先配送期望时间更短的客户，并使用实际行驶距离代替欧氏距离，提高了路径规划的精度和效率。该改进算法为解决带时间窗的 VRP 问题提供了新的思路。

**3. 实际意义**

（1）为物流企业提供建议：本文的研究成果可以为物流企业优化即时配送提供理论指导和实践参考，帮助企业降低配送成本，提高配送效率和客户满意度，从而提升企业的竞争力。

（2）提高配送效率和客户满意度：两阶段方法能够有效降低配送成本，缩短配送时间并提高客户满意度，从而提升企业的整体运营效率和服务水平。

本案例提出的两阶段优化策略，为解决同城即时配送问题提供了新的思路和方法。该研究不仅丰富了 VRP 问题的研究内容，而且为物流企业优化即时配送提供了理论指导和实践参考，具有重要的理论意义和实际意义。未来研究可以进一步完善模型，并探索其在实际应用中的可行性，以推动同城即时配送行业的发展。

（资料来源：《基于聚类分析的同城即时配送优化策略研究》。[1]）

**问题**

1. 在大数据运输配送中，如何利用聚类分析来提高车辆路径优化的效率？
2. 改进的蚁群算法在解决即时配送问题时，相比传统蚁群算法有哪些优势？

## 课后习题

1. 分析运输配送管理面临的挑战。
2. 简述运输配送优化建模的分析流程。
3. 运输配送问题中通常收集的数据有哪些？可以使用什么收集技术？

## 即测即练

自学自测　　扫描此码

① 沈夏婵. 基于聚类分析的同城即时配送优化策略研究[D]. 武汉：华中科技大学，2022.

# 第 8 章

# 大数据时代的供应链质量管理

## 学习目标

1. 理解供应链质量管理的核心内容，包括预测、预警、追溯及改进循环。
2. 学会通过数据量化分析各环节问题，制定改进策略。
3. 了解如何利用大数据技术预测潜在的产品质量问题，提高产品质量管理的效率。
4. 掌握利用大数据技术预测质量问题、构建预警系统及追溯体系的方法。
5. 了解如何通过全程追溯确保每个环节质量可控，提高供应链的透明度和可追溯性。
6. 理解质量管理对企业成本控制、品牌价值提升及可持续发展的意义。

在当今数字化浪潮中，大数据已深度渗透至供应链质量管理的各个环节，成为企业提升竞争力的关键利器。蒙牛乳业借助数字化平台实现质量管控与成本节约，电力行业运用大数据进行变压器故障预测及生产过程追溯，诸多案例都彰显出大数据的强大效能。在市场竞争白热化、消费者需求日益严苛的当下，深入探究大数据时代的供应链质量管理，对企业实现可持续发展、赢得市场青睐意义非凡。

## 导入案例

### 蒙牛：依托数字化与质量追溯，夯实乳业领先地位

蒙牛乳业（集团）股份有限公司（以下简称"蒙牛"）秉承"点滴营养、绽放每个生命"的使命，推行"T信赖、O卓越、P首选"的质量方针，构建了4Q质量管理体系。蒙牛的食品供应链通过全程安全控制体系，实现了食品安全监管的准确预警、科学决策、有效控制。

自2002年起，蒙牛开始信息化部署提升的探索，并于2015年全面启动数字化战略。通过自主研发的"乳与乳制品智能制造链条中质量检验数字化平台"，蒙牛实现了技术的国际先进水平，为传统食品制造企业的数字化转型提供了成功实践，主要做法如下：

（1）引入多系统联动全流程产品质量控制数字化技术，实现14个数字化平台间配合联动控制产品全流程质量水平。

（2）自主开发信息化管理平台技术，实现质量控制计划自动执行、质量标准自动判

定、随机抽检功能软件开发、质量检测数据全程追溯。

（3）实验室数据记录实现全自动，标准化管理提升技术能力监督，实现检验异常信息预警、实时传递管理信息指令。

（4）物料准入验证系统研究，通过信息化与自动化技术有效结合，实现全程信息化系统实现全程电子记录可追溯。

质量大数据与追溯平台建立了 13 个算法模型，实现数据的自动预警、分析、实时传输，实现全产业链质量控制检测数据的追溯。节约人工成本 2 000 万元/每年、运营成本576.72 万元/每年、低碳环保成本 100 万元/每年。

蒙牛的数字化转型和质量追溯体系的创新实践，不仅降低了成本，提高了运营效率，还为乳业企业智慧化转型和中国乳业高质量发展提供了重要示范。通过大数据风险预警和质量溯源，蒙牛确保了产品质量，增强了消费者信任，实现了企业的可持续发展。

（资料来源：https://www.cqn.com.cn/pp/content/2023-11/13/content_8999065.htm，笔者根据中国质量新闻网相关资料整理所得。）

# 8.1　大数据时代的供应链质量管理概述

## 8.1.1　大数据时代的供应链质量管理介绍

### 1. 质量管理的定义

质量管理是指通过系统性方法对产品和服务全生命周期的规划、控制与优化过程。

传统模式下，企业通常依赖人工抽样检验和事后问题追溯，如通过抽检部分产品进行质量评估。而大数据技术的引入，推动质量管理向智能化、全流程化转型。通过在供应链各环节部署物联网设备和智能传感装置，企业可实时采集原材料、生产、物流等环节的海量数据，结合数据分析平台对全样本质量信息进行整合与挖掘。这种变革使得供应链质量管理从被动应对转向主动预防，大幅降低突发性质量事故的发生概率。

### 2. 供应链质量管理的目标

供应链质量管理的核心目标聚焦于全流程质量效能提升，具体体现在以下三个维度：

（1）预测性缺陷防控：通过机器学习分析生产、物流多环节数据，构建质量风险预测模型，提前识别潜在问题。例如，在电子行业利用设备振动数据预测焊接不良的概率，在缺陷发生前调整工艺参数，使缺陷率最小化。

（2）实时化预警响应：建立动态质量监控看板，对关键节点（如仓储温湿度、装配精度）设置智能预警规则。构建工艺参数与成品质量的关联模型，当检测数据触发阈值时，系统自动推送告警并启动应急预案，将质量事故处理时效从小时级缩短至分钟级，显著提升产品一致性。

（3）端到端追溯闭环：通过唯一标识码串联供应链各环节数据，实现质量问题分钟级溯源。对客户反馈文本进行情感分析，可精准定位设计缺陷，缩短改进周期，体现质量管理的同时将客户价值最大化。

### 3. 供应链质量管理的作用

大数据时代的供应链质量管理为供应链带来三重价值重构：全链路透明化、风险防控前置化和运营决策科学化。

### 4. 供应链质量管理的意义

①质量管理推动了企业核心竞争力转型，使质量数据成为比有形资产更重要的战略资源。例如：汽车行业通过用户使用数据反向优化研发标准，使新产品更贴合市场需求；②加速行业标准升级，国际质量标准体系已新增数据治理能力认证，要求企业具备质量数据的采集、分析与应用能力；③促进可持续发展，在能源行业通过分析生产能耗与产品质量的关联性，优化工艺参数降低碳排放，同时减少原材料浪费。

### 5. 大数据质量管理国内外发展现状

（1）质量管理的研究与实践起源于 20 世纪初的工业革命，其发展脉络可分为四个阶段。20 世纪 20 年代的质量检验阶段以泰勒的科学管理理论为核心，通过标准化流程与事后检验控制产品质量。随着工业规模扩大，统计质量控制（Statistical Quality Control，SQC）在 20 世纪 40 至 50 年代兴起，戴明、朱兰等学者引入抽样检验与统计方法，提出 PDCA 循环和质量管理七大工具，推动质量管控从事后检验转向过程控制。20 世纪 60 年代后，费根鲍姆提出全面质量管理（Total Quality Management，TQM），强调全员参与和全流程优化，日本企业通过戴明奖和丰田生产方式（Toyota Production System，TPS）进一步将质量文化融入生产实践。进入 21 世纪，质量管理进入数字化阶段，六西格玛、精益生产与大数据、人工智能技术深度融合，通用电气等企业依托工业互联网平台实现预测性质量分析与实时决策，标志着质量管理迈入智能化时代。

（2）国内发展现状：中国质量管理起步较晚，但通过借鉴与创新实现了快速发展。20 世纪 50 至 70 年代，国内主要采用苏联模式的产品检验方法，但缺乏系统性理论指导。改革开放后，企业引入全面质量管理理念和 ISO 9000 国际标准，海尔等企业通过"零缺陷"管理模式实现质量突破。21 世纪以来，国家发布《质量发展纲要》，推广卓越绩效模式，华为、格力等企业借助物联网和人工智能技术构建智能质量追溯系统，显著提升产品可靠性。在政策层面，"质量强国"战略加速了智能制造与数据技术的融合，如航天科技集团通过质量大数据平台实现全流程监控，体现了国内质量管理从学习模仿到自主创新的跨越式发展。

## 8.1.2　大数据时代的供应链质量管理内容

### 1. 大数据时代的质量管理技术与方法

1）统计与分析技术

（1）统计过程控制：基于数理统计方法对生产过程进行实时监控，识别异常波动，确保质量稳定性。常用的工具包括控制图、过程能力分析等。

（2）试验设计：通过量化分析工艺参数，优化生产流程，寻找关键影响因素并建立预测模型，提升质量与效率。

（3）测量系统分析：评估测量设备的精度和稳定性，确保数据可靠性，减少因测量误差导致的质量误判。

2）数字化与智能技术

（1）工业物联网与大数据分析：实时采集生产数据，通过算法挖掘质量趋势和潜在问题，支持动态决策。

（2）人工智能与机器学习：构建预测模型，实现缺陷自动识别（如机器视觉检测）、设备预测性维护，减少人工干预误差。

（3）数字孪生技术：模拟物理生产系统，优化设计阶段质量参数，提前预判潜在风险。

3）质量工程技术

（1）潜在失效模式与后果分析：识别产品过程中可能的失效模式，制定预防措施，降低风险发生概率。

（2）产品质量先期策划：结构化方法确保产品设计阶段即满足客户需求，减少后期变更成本。

（3）生产件批准程序：验证生产流程和工装的可靠性，确保批量产品符合技术要求。

4）质量管理方法

（1）六西格玛（Six Sigma，$6\sigma$）：追求接近零缺陷的质量目标，通过 DMAIC 模型，按照定义、测量、分析、改进、控制流程持续改进。

（2）全面质量管理（TQM）：全员参与的全生命周期管理，强调以客户为中心、持续改进和系统化方法。

（3）5S 现场管理：通过整理、整顿、清洁、标准化和素养，优化生产环境与流程，减少浪费和差错。

**2. 大数据时代的供应链质量预测**

（1）企业可以利用大数据，通过深入挖掘产品历史数据和生产过程中的实时数据来预测潜在的质量问题。这种方法不仅能够帮助企业提前发现并预防质量问题以减少损失，还能提升产品质量，增强客户对品牌的信任度，从而提高市场竞争力。

（2）在大数据供应链质量预测中，信息监测是至关重要的环节。通过建立全面的监测系统，企业可以实时跟踪产品的原料处理、输送保存和加工制造等环节的数据。通过对这些数据的分析，企业可以及时发现供应链中的异常情况，如生产过程中的质量问题或物流过程中的延误，从而迅速采取措施进行调整和优化。另外，企业需要确保数据的完整性和保密性，防止数据泄露或未授权访问，保证数据的长期存储和可追溯性。

**3. 大数据时代的供应链质量预警**

预测与预警的区别：预测是预警的基础，预警则是预测的延伸和应用。相比于质量预测的核心是尽可能排除异常值的干扰、维持生产合格率的稳定，质量预警虽然也依赖于预测手段，但它的重点在于判断数据是否偏离正常范围并决定是否发出警报。

（1）在大数据供应链中，建立一个高效的预警系统对于企业来说至关重要。这样的系统能够实时监控产品运行状态，通过分析历史数据和实时数据及时发现潜在的质量问题。

（2）在应急处理中，企业需要制定详细的应急预案，以应对可能出现的各种质量问题。这些预案应包括快速反应机制、责任分配、资源调配以及与相关方的沟通协调策略。当预警系统监测到潜在风险时，企业应立即启动应急预案，迅速组织跨部门团队进行问题分析和决策。同时，企业还应定期对应急预案进行演练和评估，确保能够在真实情况下高效执行。通过这样的应急处理机制，企业能够最大限度地减少质量问题带来的负面影响，保障供应链的连续性和企业的市场竞争力。

**4. 大数据时代的供应链质量追溯**

大数据供应链质量追溯是指利用大数据技术，对产品从原材料采购、生产、加工、包装、运输到销售的全过程进行追踪和记录，确保产品信息的透明度和可追溯性。通过建立完善的追溯体系，企业可以迅速定位问题产品，及时采取措施防止问题扩散，同时增强消费者对产品的信任。构建追溯体系需要整合各种数据资源，包括批次信息、供应商信息、生产日志、物流信息等，确保数据的完整性和准确性。此外，追溯体系还应具备灵活性，以适应不断变化的市场需求和监管要求。

（1）产品退换货管理：在大数据技术支持下，企业能够实现对退换货流程的精确监控和高效管理。通过追溯系统，企业可以快速识别退换货产品批次，分析退换货原因，从而及时调整生产和供应链策略，减少未来类似问题的发生。此外，大数据分析还可以帮助优化库存管理，减少不必要的库存积压。透明的追溯信息也让客户更加信任企业，因为他们可以清楚地了解退换货流程和产品状态，从而增强购买信心。最终，通过建立完善的退换货管理机制，企业能够提高质量管理的响应速度和处理效率，进一步提升客户满意度和忠诚度。

（2）客户投诉处理：通过建立一个全面的客户投诉数据库，企业可以记录每一次投诉的详细信息，包括投诉内容、处理过程和结果。利用大数据分析工具，企业可以深入分析投诉数据，识别出热点问题和趋势，从而在产品设计和服务流程上进行改进。

（3）质量改进循环：企业可以建立一个基于客户反馈的质量改进机制，确保每一次客户投诉都能转化为产品或服务改进的机会。首先，企业需要定期回顾和分析客户投诉数据，找出问题的根本原因。其次，根据分析结果制定相应的改进措施，并将其纳入企业的质量管理体系中。

## 8.1.3　大数据时代的供应链质量管理评价

在对若干个企业进行质量评价时，产品合格率指标之间常常差异不大，而优秀的质量管理才是既保证产品质量，又保证企业获得利润以及持续发展的根基，更重要的是，企业的质量管理反映的是企业全面的管理水平，这在不同企业间的差异是很大的。如何全面客观地反映企业的质量管理水平呢？通常，对于企业进行评价可以分为第一方评价、第二方评价和第三方评价三种。

第一方评价即被调查企业根据调查方的要求，提交证明企业自身资质和实力的证明材料。但这种评价方法，无论是产品合格率还是企业的质量管理材料，其可信性都会大打折扣。

第二方评价则是供应链评价需求方根据自身的要求对供应商进行的评价。评价指标中价格是比较容易得到，不需过多调查。其他指标的评价中，我们可以把供应商分为两类：一类是企业原有的供应伙伴，产品合格率和交货是比较容易评价的，但是技术能力和柔性是需要进一步对其进行调查分析才能够得到的；另一类是新的待选供应商，其四个方面的指标都是需要进行全面调查分析的。对于供应商众多的企业来说，进行大量的第二方评价是十分困难而且成本高昂。

而第三方评价，是由公正独立的第三方进行企业的质量管理水平评价。如 ISO 9000 质量管理体系认证制度，就是典型的第三方质量管理体系评价。供应链评价过程以及其中的质量管理水平评价，同样需要客观的第三方评价。

供应链评价要反映供应链整体的竞争力。一个指标要能够很好地区分开不同个体之间的差异，则该评价指标才发挥了评价的作用。产品合格率指标在很大程度上不能区分开企业之间的差别，而质量管理水平调查得分的结果，可以很好地区分开企业之间的差别。所以在供应链评价时，应该对供应链上企业的质量管理能力进行全面的考核评价，而不是简单使用单一的产品合格率等质量结果指标[①]。

## 8.2　大数据时代的供应链质量预测

### 8.2.1　大数据时代的供应链质量预测概述

#### 1. 供应链质量预测的定义

供应链质量预测是通过整合和分析海量、多源、实时的大数据（包括历史生产数据、物联网传感器数据、用户反馈、供应链信息等），构建智能预测模型，对产品全生命周期质量状态进行动态评估和风险预警的过程。其核心在于利用大数据技术（如分布式计算、流数据处理）挖掘隐含的质量关联规律，结合机器学习算法实现从"事后检验"向"事前预测＋事中干预"的转变。

#### 2. 供应链质量预测的目标

（1）精准预测：通过高维数据建模捕捉复杂非线性关系，提升预测精度。企业可以提前发现产品潜在的质量问题，从而减少产品缺陷率，提高产品合格率。

（2）全链路优化：打通研发、生产、供应链数据闭环，驱动工艺参数调优、供应商质量评估等决策，帮助企业建立一个持续改进的质量管理体系，增强企业的市场响应速度和竞争力，实现质量的持续提升和客户满意度的最大化。

#### 3. 供应链质量预测的作用

（1）风险前置化：通过时序分析预测设备退化趋势，提前更换关键部件。

---

① 赵玉忠. 我国制造业质量管理影响要素分析与评价[D]. 天津：天津大学，2011.

（2）资源节约：通过预测模型，企业能够在产品生命周期内对潜在问题进行早期干预，降低废品率。

（3）个性化质量管控：基于用户使用数据提供差异化维保方案。通过优化产品设计和生产流程，快速响应市场变化，增强产品的市场适应性和竞争力。通过持续的质量预测和改进，企业能够建立起良好的品牌形象，赢得消费者的信任和忠诚。

拓展阅读 8.1　基于集成学习的智能制造质量预测研究

### 4. 供应链质量预测的意义

供应链质量预测的意义在于帮助企业从传统的事后质量控制转向事前预防，推动制造业从"经验驱动"向"数据驱动"转型。

## 8.2.2　大数据时代的质量预测实施流程

质量预测流程如图 8-1 所示。

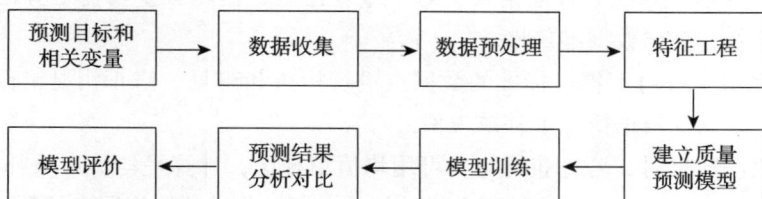

图 8-1　质量预测流程

### 1. 确定预测目标和相关变量

预测目标应该是具体、明确且可衡量的，以便于后续的数据收集和分析工作。例如，如果我们想要预测某个产品的市场需求，那么预测目标可以设为未来一年内该产品的销售量。

选择的变量应该是与预测目标有显著相关性的因素，能够对预测结果产生影响。例如，在预测产品市场需求的情况下，相关变量可能包括市场趋势、消费者偏好、竞争对手情况、价格变动、季节性因素等。

需要注意的是，如果多个变量之间存在高度相关性，可能会导致模型的不稳定和预测结果的不准确。

### 2. 数据收集

数据收集：从多个来源收集数据，包括但不限于历史销售数据、客户反馈、产品使用日志、市场趋势报告等。这些数据的收集应确保全面性和时效性，以便能够捕捉到影响产品质量的各个因素。

第 2.3.1 小节中我们已经详细介绍了手动、自动化和半自动化三类主要的数据收集技术，下面我们将举例说明每种方法分别适用于哪些具体的数据和行业：

（1）手动收集：适用于市场调研、教育、医疗等行业，处理定性数据（如意见、看法、感受等描述性文字）、小规模的定量数据（如简单的计数，像参加某活动的人数等）。

（2）自动化收集：适用于互联网、制造业、交通等行业，处理大规模的定量数据（如各种数值型数据，且数据量通常较大）、实时数据（能够反映事物在某一时刻的状态）。例如：实时传感器数据采集系统，通过物联网设备获取产线温度、压力、振动等实时过程参数，与历史质量检测数据形成闭环数据流。在制造业场景中需特别关注设备运行状态数据的动态采集。

（3）半自动化收集：适用于建筑、农业、物流等行业，处理部分定量数据（如一些可通过设备初步采集的数值型数据）与部分定性数据（如对采集数据的初步描述或分类）的结合，且数据量相对适中。

### 3. 数据预处理

（1）数据集成：数据集成是将不同数据源、格式和结构的数据整合为统一整体的过程。它解决数据格式差异和重复记录问题，确保数据集的完整性和一致性。针对格式差异，编写转换脚本，如统一日期格式。对于重复记录，使用去重功能或算法，如根据产品编号识别重复，确保数据准确性。

（2）数据清洗：对不符合标准的数据点进行检查和修复。修正明显错误的数值，如负数产品价格，以及根据情况填补缺失值。

数值型数据缺失时，若分布均匀，可用均值填补法，计算平均值后填补缺失数据。

数据偏态分布时，中位数填补更合适。例如，居民收入数据使用中位数填补缺失值。

分类数据缺失时，根据同类数据分布趋势插补。例如，客户性别数据，按现有比例随机分配缺失性别。

（3）数据转换：建立实时数据标准化通道，对在线检测数据实施滑动窗口标准化处理，确保动态数据与历史数据的特征空间一致性。

### 4. 特征工程

数据特征工程是指从原始数据中提取、转换和构造对数据分析和模型构建有价值的特征的过程。

（1）特征构造：以零售业为例，结合销售量和季节性因素构造新特征。首先，收集整理历史销售数据和时间信息，确定季节周期，如月份或季度。通过计算季节周期内平均销售量、增长率等指标，结合原始数据创建反映季节性趋势的新特征。

若发现第四季度销售量显著增长，可创建"第四季度销售趋势"特征。若当前时间在第四季度，根据历史数据增长情况赋值，如增长50%则特征值为1.5，持平则为1。

此方法增强模型分析能力，提供前瞻性决策依据，提升模型解释力和预测精度。

（2）特征选择：特征选择可通过多种方法实现，如相关性分析，计算特征与目标变量的相关系数，低相关性特征可被舍弃。递归特征消除是另一种方法，通过逐步训练模型并移除影响最小的特征，直至性能不再提升。数据分析工具和编程语言库，如 Python 的 scikit-learn，可辅助特征选择过程。特征选择有助于简化模型，提升效率和可解释性，使算法更透明易懂。

### 5. 建立质量预测模型

在质量预测领域，存在着多种不同的模型，每一种模型都对应着不同的预测方法。这些模型各有其特点和适用场景，能够帮助我们更好地进行质量预测。表 8-1 是一些常见的质量预测模型及其对应的预测方法，这些方法在实际应用中具有广泛的应用价值。

表 8-1　常见的质量预测模型适用表

| 预测模型 | 模型介绍 | 适用行业 | 适合数据类型 | 优　点 | 缺　点 |
|---|---|---|---|---|---|
| 线性回归 | 通过拟合自变量和因变量之间的线性关系来预测因变量的值 | 经济学、生物统计学、医学、工程 | 连续型数据，线性关系明显 | 简单易懂，计算效率高，可解释性强，适用范围广，可用于特征选择 | 对非线性关系拟合不足，对异常值敏感，对共线性敏感，不适用于离散型因变量 |
| 时间序列分析 | 分析历史数据，揭示潜在的模式和季节性变化，提供数据驱动预测 | 金融、气象、医疗等 | 时间序列数据，如销售、气象数据 | 简单易用，计算效率高，能处理趋势和季节性模式 | 对于复杂的非线性关系表现较差，长期预测的表现有限 |
| 支持向量机 | 通过寻找最优超平面分类或回归 | 房地产价格预测、能源消耗预测等 | 高维数据，非线性关系数据 | 处理非线性问题能力强，对高维特征的预测效果较好 | 参数选择复杂，调参时间较长，对于大规模数据训练时间较长 |
| 神经网络 | 模拟人脑神经元的连接，学习数据中的复杂模式 | 金融市场预测、图像处理 | 大规模数据集，复杂非线性关系数据 | 处理复杂非线性关系，在大数据集上表现优异，具有强大学习能力 | 需要大量数据进行训练，训练时间长、资源消耗大，模型复杂性高 |
| 随机森林 | 通过构建多个决策树来提高预测的准确性和稳定性 | 股票市场预测、气象数据预测等 | 大规模数据集，高维数据 | 通常具有较高的预测准确性，可以有效防止过拟合，对数据的噪声不敏感 | 计算复杂度较高，训练时间较长，模型较为黑箱，不易解释 |
| 贝叶斯网络 | 基于贝叶斯定理，通过构建概率图模型来表示变量之间的依赖关系 | 金融风险评估、医疗诊断等 | 概率型数据，适用于存在因果关系的数据 | 能够处理不确定性，模型具有较强的可解释性，可以利用先验知识进行推理 | 参数估计复杂，对数据量要求较高，模型构建难度较大 |
| 马尔科夫 | 基于马尔科夫性质，通过状态转移概率预测未来的状态 | 金融市场分析、自然语言处理等 | 序列数据、状态转移数据 | 模型简单，易于理解和实现，能够捕捉数据的短期依赖关系 | 假设状态转移具有马尔科夫性，可能无法捕捉长期依赖关系，对初始状态和转移概率的估计敏感 |
| 混合 | 结合多种模型的优点，通过混合不同的分布来提高预测精度 | 金融时间序列分析、生物信息学等 | 多源数据，混合分布数据 | 灵活性高，能够综合不同模型的优点，提高预测精度 | 模型复杂度高，参数估计和模型选择较为困难，计算成本较高 |

### 6. 模型训练

机器学习和深度学习技术为我们提供了强大的工具来构建预测模型，但要确保这些模型既强大又可靠，模型训练与验证是必不可少的步骤，在第 4.3.3 小节我们已经详细介绍了模型训练的步骤。

### 7. 预测结果分析对比

通过对预测结果进行详细的分析和对比，我们可以更好地理解各种数据和模型的表现。这可以通过计算各种性能指标（如均方误差、平均绝对误差、准确率等）来实现。通过对比不同模型的预测结果，我们可以评估各个模型的优劣，找出最可靠的预测方法。例如，如果一个模型在多个时间段内的预测误差都较低，那么它可能是更可靠的选择。通过对比不同模型的预测结果，我们可以识别出哪些因素对预测结果有显著影响，并据此调整未来的预测模型。具体方法包括参数调整、特征选择、模型融合等。

**8. 模型评价**

为了确保预测模型的可靠性和有效性，我们需要对模型进行详细的评价。

1）性能指标

除了在第 4 章介绍的均方误差、$R^2$（决定系数）、平均绝对误差外，性能指标还有：

（1）准确率：在分类任务中正确预测的比例。准确率越高，模型的分类能力越强。设 TP（True Positive）为模型正确预测为正例的样本数，TN（True Negative）为模型正确预测为反例的样本数，FP（False Positive）为模型错误预测为正例的样本数，FN（False Negative）为模型错误预测为反例的样本数。计算公式如下：

$$准确率(A) = \frac{TP + TN}{TP + TN + FP + FN}$$

（2）召回率：在分类任务中，真正例被正确识别的比例。召回率越高，表示模型识别真正例的能力越强。计算公式如下：

$$召回率(C) = \frac{TP}{TP + FN}$$

（3）F1 分数：综合考虑准确率和召回率的平衡指标。F1 分数越高，表示模型在准确率和召回率之间达到了较好的平衡。计算公式如下：

$$F1分数 = 2 \times \frac{A \times C}{A + C}$$

（4）AUC-ROC 曲线：用于评估二分类模型的性能。通过绘制"真正例率（True Positive Rate，TPR）和假正例率（False Positive Rate，FPR）"得到的曲线下面积。AUC（Area Under Curve）的值越大，表示模型的区分能力越强。计算公式如下：

$$TRP = \frac{TP}{TP + FN}$$

$$FPR = \frac{FP}{FP + TN}$$

2）交叉验证

为了确保模型的稳定性和泛化能力，可以使用交叉验证方法。常见的交叉验证方法包括：K 折交叉验证、留一法交叉验证、时间序列交叉验证。

3）模型稳定性测试

模型稳定性测试是为了确保模型在不同条件下的表现一致，具体方法包括：

（1）参数敏感性分析：调整模型的关键参数，观察模型性能的变化。如果模型性能对某些参数非常敏感，可能需要重新调整这些参数。

（2）数据扰动测试：对数据集进行轻微的扰动（如添加噪声、删除少量样本等），观察模型性能的变化。如果模型性能在数据扰动后仍保持稳定，说明模型具有较强的鲁棒性。

（3）时间窗口测试：对于时间序列数据，可以使用不同的时间窗口进行训练和验证，观察模型在不同时间段内的表现。如果模型在不同时间段内的表现一致，说明模型具有较好的时间稳定性。

## 8.2.3　大数据时代的质量预测应用

### 1. 制定市场策略

通过对市场数据的深入分析，利用大数据供应链产品质量的历史性能和质量预测，企业可以制定出更加精准和有效的市场策略。例如，根据产品质量特性在产品开发、定价策略、市场推广等方面作出更明智的决策。

此外，质量预测还可以帮助企业识别潜在的风险，例如，通过预测未来的需求增长点或潜在的市场衰退期，企业可以提前做好生产与库存管理，制定合理的销售策略，从而在激烈的市场竞争中占据有利地位。

### 2. 产品使用与保养

通过预测分析，企业能够提前识别潜在的故障风险并采取预防性维护，以减少突发故障的发生。此外，大数据分析有助于确定最佳的维修和保养时间点，避免过度或延迟维护而产生的额外成本。通过收集和分析维修保养过程中的数据，企业能够持续优化维修流程，延长产品使用寿命，实现成本节约和提升客户满意度。

（1）定制化保养：每位客户的需求都是独一无二的，基于产品质量预测，企业能够提供更加个性化的保养服务。通过分析不同客户和不同产品的使用情况，企业能够制订个性化的保养计划，满足客户的特定需求。无论是定期检查、清洁、润滑，还是更换易损件，企业都能提供针对性的保养服务，确保客户的产品始终处于最佳状态。例如，对于使用频率较高的设备，可以提供更频繁的保养服务；对于使用环境较为恶劣的设备，可以提供更加严格的保养措施。这样可以确保设备始终处于最佳运行状态，延长其使用寿命。

（2）预防性维护：通过分析产品运行数据，企业能够预测哪些部件可能即将发生故障，并在故障发生前进行维护，从而避免设备停机或减少停机时间。这种预防性维护不仅提升了设备的可靠性和使用寿命，还为客户节省了大量时间和金钱。

（3）配件供应服务：设备制造商提供的配件供应服务，确保客户能够迅速更换故障部件，保障所购买的机械和设备顺畅运行，这有助于维持生产运行的连续性。

### 3. 个性化服务

（1）加工改制服务：加工改制服务是指企业根据客户需求，对已售出的设备、器具等商品进行部分再加工改制的一种质量管理方式。随着科技的快速发展，产品更新换代周期加快，企业可以通过加工改制满足客户的新需求，同时也为企业增加收入开辟新途径。加工改制服务的内容包括以旧改新、以小改大、修旧利废、改进外观、改进型号。

（2）技术培训服务：企业为确保客户能够高效操作和维护所购买的产品，提供了一系列技术培训服务。这些服务包括对技术操作人员、维修保养人员和机器设备管理人员的专业培训，涵盖产品的原理、技术特性、操作流程、维护方法和故障排除技巧。通过这些培训，客户能够深入理解产品，掌握必要的操作和维护技能，从而使产品发挥出最大的效能。同时，这也有助于企业在客户中树立良好的声誉，为开拓新的市场机会打下坚实的基础。

### 4. 质量控制与改进

在大数据质量预测的背景下，质量控制与改进是确保产品符合高标准、满足客户需求的关键环节。以下将详细探讨实时监控、工艺优化以及其他创新方法，以实现更高效、更全面的质量管理。

（1）实时监控是确保生产质量的重要手段。通过在生产线上部署传感器和物联网（IoT）设备，企业可以实时收集温度、湿度、压力等关键数据。这些数据不仅反映了生产环境的当前状态，还能与历史数据进行对比分析，从而揭示潜在的质量问题和异常模式。借助实时监控，企业能够迅速响应生产过程中的异常情况，及时采取措施进行干预，防止缺陷产品的产生，确保产品质量的稳定性和可靠性。

（2）工艺优化是提高产品质量的关键策略。通过对生产过程中的各种参数进行深入分析，企业可以识别出影响产品质量的关键因素并据此优化生产工艺。例如，调整温度、压力、化学成分比例等参数，以减少产品缺陷率，提高产品的一致性和可靠性。工艺优化不仅能提升产品质量，还能帮助企业减少资源浪费，降低成本，实现经济效益的最大化。

（3）智能预警与预测分析是大数据质量预测中的另一项重要技术。通过分析历史数据和实时监控数据，企业可以建立预测模型，预测未来可能出现的质量问题。一旦预测到潜在风险，系统将自动触发预警机制，提醒相关人员及时采取措施进行干预。这种智能预警与预测分析不仅能提前发现质量问题，还能为企业提供决策支持，帮助企业在质量管理方面作出更加明智的选择。

（4）质量控制与改进是一个持续的过程。企业需要建立持续改进的文化和机制，鼓励员工积极参与质量改进活动，提出改进建议。同时，企业还应实施闭环管理，对质量问题和改进措施进行跟踪和评估，确保改进措施的有效实施和持续改进的效果。

### 5. 供应链管理

供应链是由企业间相互提供原材料、零部件、产品、服务的供应商、制造商、分销商、零售商和顾客等组成的经营网络。供应链的概念涵盖了从原材料到零部件，再到成品的制造过程和产品的运输分销过程，以物料流动为主要特征，以信息流动为支撑。图8-2所示是典型供应链环境下产品质量的形成过程[①]。

对供应商所提供原材料的表现数据进行深入的分析和评估，我们可以全面了解其在提供产品或服务方面的质量和交货能力，将供应商综合量化评分。我们可以与在行业中

---

① 麻书城，唐晓青. 供应链质量管理特点及策略[J]. 计算机集成制造系统，2001，7(9)：32-35.

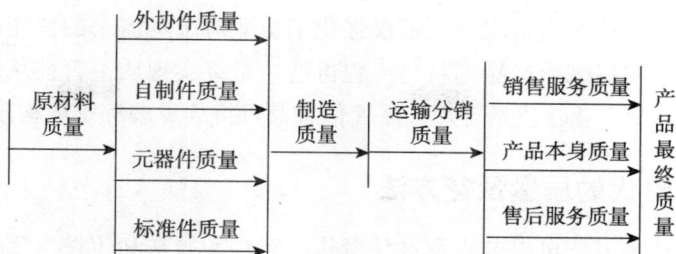

图 8-2　供应链环境下产品质量的形成过程

表现最为出色、最值得信赖的供应商进行合作，减少因供应商问题导致的生产延误风险，在激烈的市场竞争中保持优势。

# 8.3　大数据时代的供应链质量预警

## 8.3.1　大数据时代的供应链质量预警概述

### 1. 供应链质量预警的定义

质量预警是基于大数据技术构建的动态监控体系，通过实时采集生产全链路数据（工艺参数、设备状态、环境指标等），结合历史质量缺陷模式库，利用智能算法实现质量风险的即时识别与分级预警。

### 2. 供应链质量预警的目标

（1）提高产品质量稳定性：通过对生产过程中的各个环节进行实时监控，及时发现可能导致产品质量波动的因素，从而采取措施确保产品质量的稳定性。

（2）降低返工和废品率：通过预警机制，提前发现潜在的质量问题，及时进行调整和改进，从而减少返工和废品的产生，降低生产成本。

（3）提升客户满意度：通过确保产品质量的稳定性和可靠性，提升客户对产品的满意度，增强客户对品牌的信任和忠诚度。

（4）优化生产流程：通过对产品质量数据的分析，找出生产过程中的瓶颈和不足，不断优化生产流程，提高生产效率和产品质量。

（5）确保合规性：确保产品质量符合国家和行业的法规与标准，避免因质量问题引发的法律风险和经济损失。

（6）提高市场竞争力：通过高质量的产品，提升企业在市场中的竞争力，吸引更多客户，扩大市场份额。

### 3. 供应链质量预警的作用与意义

质量预警通过整合生产全链路数据并构建智能分析模型，系统性实现了质量风险的前置化识别与动态管控。其核心价值在于将离散的质量问题转化为可量化、可追溯的决策依据，驱动企业从被动应对转向主动预防，通过实时监控与预测性干预降低质量波动，优化资源效率。同时，质量预警体系打通研发、生产、供应链的数据壁垒，推动跨环节协同优化，形成持续改进的质量闭环，不仅强化了企业对市场需求的快速响应能力，更通过数据资产的深度挖掘赋能产品创新与流程再造，最终实现质量管控从成本消耗向价值创造的战略升级，为企业在质量合规、品牌信誉及可持续发展等维度构建长期竞争优势。

## 8.3.2　大数据时代的质量预警方法

常用的质量预警方法可以分为定量预警法、定性预警法和定性与定量相结合预警法三类。

### 1. 定量预警法

定量预警法根据基本原理和数学模型的不同可以分为时间序列预警法、因果关系预警法以及综合预警法。时间序列预警法的基本原理是连续性原理，根据预警变量历史数据所构成的时间序列，对预警对象的未来状态和发展趋势进行定量测算，确定预警对象的警情，为进一步预警分析做好准备，主要包括移动平均法、指数平滑法、简单平均法、趋势外推法、模型法、季节变动法、马尔科夫法等。因果关系预警法的基本原理是联系性原理，分析预警目标与相关事物、现象之间的因果关系，根据预警因变量与自变量之间的数量关系对预警对象的发展趋势和未来状态进行定量测算，据此确定警情，进入预警系统程序，主要包括单方程回归分析法、多方程回归分析法等。综合预警法将时间序列预警法的结果和因果关系预警法的结果进行适当比较、归纳、综合等分析以期获得更准确的预警结果。

### 2. 定性预警法

定性预警法是指预警者过去和现在的观察资料依靠个人和集体的智慧、经验主要利用主观判断的方式方法对事物、现象的发展趋势和未来状态进行预警分析的方法。常用的定性分析法有相关类推法、专家会议法、个人判断法等。定性预警法的基本做法就是征询专家意见，其特点是即使利用相同的资料信息，不同的预警者由于受到背景、知识、经验、认识、心态等因素的制约也可能做出不同的判断。因此，预警的结果常常因人而异。在无法获得历史数据或历史数据连续性假定不成立的条件下，定量预警法难以使用，一般采用定性预警法。

### 3. 定性与定量相结合预警法

拓展阅读 8.2　产品质量安全风险预警与应急处置研究

这是介于定量预警法和定性预警法之间的一种方法，基本思想是将定量分析和定性分析有机结合起来，综合予以运用。指数法预警就属于半定量预警的一种，该方法的优点就是综合了单一定性预警和定量预警的优势，能够更加灵活地将系统中的复杂性指标因素转化为简单的具体量化指标，对风险的程度给出数值区间描述，避免了原来只能够给出主观描述性模糊区间标准的不足[1]。

① 刘战豫. 产品质量安全风险预警与应急处置研究[D]. 中国矿业大学，2011.

### 8.3.3　大数据时代的质量预警实施流程

质量预警的实施流程则包括数据信息采集分析、预警指标体系构建、预警模型构建、预警信息研判以及质量安全风险预警。

在实施流程上，质量预测更注重模型的建立和数据分析，而质量预警则侧重于实时监控产品运行状态，通过分析历史数据和实时数据，及时发现异常指标并通过预警系统将分析结果传达给相关人员，以便采取预防措施。具体实施流程如图 8-3 所示。

图 8-3　大数据时代的质量预警实施流程

**1. 数据信息采集分析**

通过产品质量安全监测预警系统，在数据收集和分析的基础上，检索和监测产品供应链各环节的海量数据，包括质量信息、主体信息、地理环境信息、加工流通信息、物流信息、监管信息、检验数据信息、舆论信息以及消费者反馈信息。对产品质量安全数据进行深入挖掘，落实生产、流通、服务、监管的主体责任，实现系统化、全要素、全过程的监测跟踪，必要时将发布预警，从而降低潜在损失。

**2. 预警指标体系构建**

1）构建指标体系的原则和标准

（1）系统性：我们需要确保所选指标之间相互关联、彼此补充，共同构成一个协调统一的整体。在供应链管理中，这意味着从供应商到最终客户的每一个环节都要被考虑到，确保整个链条上的信息流动畅通无阻。

（2）可操作性：选择易于收集和计算的数据作为评价依据至关重要。这不仅提高了效率，也增强了结果的可信度。如果团队成员能够轻松获取并理解这些数据，他们就能更快地做出反应，调整策略，从而提高整个供应链的响应速度和灵活性。

（3）代表性：所选指标应当能够准确描绘出供应链的核心特征及其面临的主要挑战。通过选取具有代表性的指标，我们可以更好地把握供应链的整体状况，及时发现潜在问题并采取相应措施。

（4）动态性：世界在不断变化，供应链也不例外。因此，我们的指标体系也需要具备一定的灵活性，能够随着外部环境的变化和内部需求的发展而调整。

（5）科学性：指标的选择和设计应基于坚实的理论基础和丰富的实践经验。这意味着我们要参考行业最佳实践，同时结合自身的具体情况，确保每一步都建立在可靠的基础上。这种科学的方法不仅能增强指标体系的有效性，还能为未来的改进提供坚实的基础。

2）影响产品质量安全的因素分析

在大数据供应链中，确保产品质量安全至关重要。从原材料采购到最终消费者手中的每一个环节，都可能影响产品的安全。下面以农业生产中的关键因素为例，进行详细分析。

（1）原材料的质量控制。

严格筛选：选择高质量的原材料是保证产品安全的第一步。企业应与可靠的供应商合作，并对原材料进行严格检测。

重金属污染：土壤中的重金属如砷、镉、铬、汞等，可能通过农作物进入食物链。这些元素主要来源于农药和化肥残留、工业废弃物以及受污染的灌溉水。一旦积累到一定水平，会对消费者健康构成威胁。

有机物污染。有机污染物包括工业废水、农业化肥和农药、生活污水等。这些物质进入土壤和水体后，会破坏生态平衡，通过食物链累积，对人类健康造成威胁。

（2）生产工艺与设施管理。

精确控制：生产过程中的每一个步骤都需要严格监控，以防止任何潜在的风险。这包括对温度、湿度、压力等参数的控制。

设备维护：定期检查和维护生产设备，确保其处于最佳状态，减少故障和污染风险。例如，定期清洗和消毒生产设备可以有效防止交叉污染。

环境监管：保持生产环境的清洁和卫生，防止病原体和其他污染物的侵入。良好的通风系统和严格的卫生标准是必不可少的。

（3）加工过程中的质量控制。

添加剂使用：合理使用食品添加剂，并确保其符合国家和行业标准。过量或不当使用添加剂可能导致产品不安全。

交叉污染预防：加强加工设备的清洁和消毒，避免不同产品之间的交叉污染。例如，生食和熟食应分开处理。

员工培训：提高员工的操作技能和卫生意识，确保他们了解并遵守所有安全规定。定期培训和考核可以帮助员工保持高标准的工作习惯。

（4）仓储物流。

环境控制：确保仓库和运输车辆的温度、湿度等条件符合产品储存要求。例如，冷藏食品应存放在适当的温度下，避免高温和潮湿环境。

包装质量：使用合适的包装材料和方法，防止产品在运输过程中受损或受到污染。

物流监控：实时监控运输过程中的环境条件，确保产品在整个物流环节中的安全性。

（5）销售环节的质量保障。

物流条件：确保产品在运输过程中不受温度、湿度等环境因素的影响，特别对于易变质的产品。使用冷链物流和温控包装可以有效延长产品保质期。

销售人员的责任：销售人员应具备足够的专业知识，正确指导消费者使用和储存产品。销售人员需要了解产品的特性和储存要求，避免误导消费者。

标签信息的准确性：提供准确无误的产品标签和说明书，避免误导消费者。标签上应清晰标注生产日期、保质期、成分列表等重要信息。

（6）消费环节的质量反馈。

正确地使用和储存：消费者应按照说明书正确使用和储存产品，以延长产品寿命并确保其安全。例如，冷藏食品应存放在冰箱中，避免高温和潮湿环境。

反馈机制：建立有效的消费者反馈渠道，及时处理投诉和建议，不断改进产品质量。企业应积极倾听消费者的声音，及时解决他们的问题。

选择信誉良好的品牌：消费者应选购信誉好的商家和品牌，避免购买假冒伪劣产品。选择知名品牌可以降低购买到不合格产品的风险。

3）产品质量安全监测预警指标体系

结合上文对产品供应链各个环节中影响质量安全的风险因素的总结，根据相关原则和检测标准并参考实际环节，构建了一个基于大数据的质量安全监测预警指标体系框架。这个体系旨在通过实时监测与分析，及时发现潜在风险，为供应链各环节提供有力的决策支持。以农作物为例，我们对农作物指标体系进行了分析，如表 8-2 所示。

**表 8-2　农作物指标体系分析**

| 环 节 | 指 数 | 指 标 |
|---|---|---|
| 生产环节 | 水质环境指标 | 污染物（悬浮物和颗粒物、有机物、无机离子）<br>酸碱度（pH 值）<br>微生物（病毒、细菌、寄生虫等） |
| | 空气环境指标 | 固体颗粒物（粉尘、沙尘、霾等）<br>气态化合物（丙酮、三氯乙烯、四氯化碳等） |
| | 操作台环境指标 | 重金属（镉、铅、砷、汞等）<br>静电放电、噪音和振动 |
| 加工环节 | 添加剂使用量 | 食品添加剂（色素、香精、抗氧化剂、防腐剂等）<br>非法添加剂（硫黄、工业盐、矿物油、吊白块等） |
| | 加工环境条件 | 气体供应（氧气、氮气等特种气体）<br>温度湿度控制 |
| | 储藏条件 | 微生物污染（黄曲霉素、赭曲霉素、赤霉烯酮等）<br>药品用量（重蒸剂、虫害鼠害药物）<br>储藏环境温湿度 |
| 销售环节 | 包装条件 | 物理因素（振动和冲击）<br>包装材料所含有毒物质<br>包装材料密封性 |
| | 运输技术水平 | 运输环境温湿度<br>运输环境密闭型 |
| | 消费者评价反馈 | 产品外观质量（色泽、完整度）<br>产品食月价值（口感、气味）<br>产品包装（泄漏、破损）<br>产品生物质量（虫、霉变） |

**3. 预警模型构建**

1）明确目标与应用场景

我们需要确定预警模型的具体目标和应用场景。例如，该模型可以用于金融风险预警、自然灾害预警或公共卫生事件预警等。明确目标后，我们才能有针对性地收集相关领域的历史数据和实时数据。这些信息能够涵盖时间序列资料、空间资料、文字资料等多种类别。

2）数据预处理

具体方法同第 8.2.2 小节中数据预处理一致。

3）选择合适的算法和模型框架

定量预警法：利用数学模型和统计分析挖掘历史数据，确定关键质量指标与相关因素的量化关系。例如，在制造业中通过回归分析预测产品尺寸偏差与生产设备参数的关系，提前发现设备异常。时间序列分析用于分析产品质量指标随时间的波动规律，设定阈值触发预警。适用于数据规范、质量指标可量化、历史数据丰富的行业，如电子制造、机械加工、化工等。

定性预警法：依靠专家经验和主观判断分析难以量化的因素。例如，在时尚设计行业，专家通过观察潮流走向、消费者偏好等因素，评估服装款式市场接受度和潜在质量风险。在软件开发行业，根据项目经验和用户反馈，判断新功能的易用性问题和兼容性风险。适用于新兴行业、创意产业或数据难以量化的领域，如服装设计、文化艺术、软件开发等。

定性与定量相结合预警法：结合定量分析和定性分析，综合评估产品质量风险。如在农业生产中，通过定量分析土壤养分含量、农药残留量等数据，结合专家对气候、病虫害趋势的判断，利用指数法预警给出农产品质量风险的数值区间描述。该方法适用于具有一定复杂性且既有定量数据又有定性因素影响的行业，如农业、环境科学、部分生物医药研发等。

4）预警级别的分类

警限是一种测度，是相对于警情程度而言的一个概念。警限是衡量目标对象是否可以正常运行的标准和准则，也是根据目标对象所出现的情况大小和严重程度进行判断的依据。"五点量表法"是目前统计学方法中应用最广、使用最普遍的一个数学方法，它在等距离平量法中，是操作最简单的一个评估方法。可把预警指标体系的警度分成五个级别，预警指标的警限分别对应的是：轻微、较轻、一般、较重、严重[1]。

5）预警指标的阈值设定

（1）历史数据分析法：分析过往大量相关数据的分布特征，如均值、标准差等，确定阈值。如根据产品次品率历史数据的正态分布，用均值加一定倍数标准差作为预警阈值。

（2）行业标准参照法：依据所在行业标准、规范及最佳实践设定阈值，确保企业合规并及时发现风险。如环保废气排放依行业标准设预警阈值。

（3）专家经验判断法：召集企业内部专家凭借专业知识和经验确定阈值。如新产品研发中无历史数据的指标可由专家依经验设定并后续调整。

（4）模拟测试验证法：利用模拟软件或试验环境，设置不同阈值测试，根据响应效果确定合适阈值。如物流配送时效预警通过模拟不同场景确定配送延迟阈值。

（5）动态调整优化法：因环境动态变化，建立定期回顾调整机制，依业务、市场、技术等因素适时调整阈值。如生产工艺改进后降低次品率预警阈值。

---

① 李文琼. 基于互联网的产品质量安全风险预警研究[D]. 中国矿业大学，2014.

#### 4. 预警信息研判

将采集信息与之前指标体系中各部分数据的阈值进行对比，然后对于临界和已经超出阈值的特征值进行预警。识别潜在的风险点，并及时向相关部门或个人发出警报，从而实现风险的早期发现和预防。

#### 5. 预警信息发布

1）检测发现后首次预警流程

数据收集与分析：通过监测系统、情报网络、社交媒体和新闻报道等渠道收集数据并进行初步分析。

警情生成：当数据分析结果显示存在潜在风险时，生成首次预警信息。

即时通报：通过短信、邮件、企业内部系统等方式，将预警信息及时发送给相关部门和人员。

初步应对：通知相关人员启动初步应对措施，如暂停生产、检查设备、核实信息等。

2）应急处置过程中的预警流程

实时监测：继续对相关数据进行实时监测，以获取最新的情况变化。

动态更新：根据监测结果，不断更新预警信息，包括新的风险点、处置进展和建议措施等内容。

多渠道发布：通过多种渠道（如短信、邮件、企业内部平台、公告板等）发布更新信息，确保信息的全面覆盖。

协调行动：协调各部门和人员的行动，确保应急处置工作的顺利进行。

3）应急处置后的预警流程

事后评估：对应急处置过程进行全面评估，分析成功经验和不足之处。

总结报告：编写详细的总结报告，记录事件经过、处置措施及效果。

后续预警：基于总结报告，发布后续预警信息，提醒相关人员注意类似风险并提出预防措施。

培训与改进：组织培训活动，提高员工的风险意识和应急处置能力；根据总结报告中的建议，改进预警系统和应急处置流程。

### 8.3.4　大数据时代的质量预警应用

#### 1. 信息监测与预警

监测是对事物或现象进行及时跟踪、密切关注，以时间为单位进行监视、测量、测度、衡量等，观察其发展变化，目的是收集数据、获得信息[①]。监测活动的执行者通常是拥有相应权限的单位或个人，而监测的对象则是具体的事物或现象。通常情况下，监测对象若出现问题，可能会导致损失或灾难性后果。根据不同的标准，产品质量安全监测可以分为多种类型，包括：管理性监测与技术性监测；定性监测与定量监测；定期监测与非定期监测；强制性监测与推荐性监测；委托监测与非委托监测；跟踪监测与一次性

---

① 孔繁涛. 畜产品质量安全预警研究[D]. 中国农业科学院，2008.

监测等。我国对产品质量安全监测工作极为重视，学术界已经进行了全面深入的研究，政府部门也制定了相应的监测计划，并从立法层面对监测活动进行了规范。

预警系统是建立在持续观察的基础上的，而这些观察又依赖于我们设定的特定指标。通过观察产品质量安全的关键指标，结合逻辑思考和数据分析，我们就能实现产品质量安全的预警。要进行产品质量安全的预警，首先得监测相关的风险因素，没有这些监测，预警就无从谈起。

### 2. 维修服务

维修服务是指企业在客户使用过程中出现故障或损坏时，所提供的修复工作。高质量的维修服务不仅能缓解客户的心理压力，减轻经济负担，还能确保商品在客户手中发挥最大效用，树立良好的企业形象，吸引回头客，扩大市场份额。此外，企业还能通过维修服务获取宝贵的产品使用反馈，进一步改进产品质量。

企业在提供维修服务时，主要采取以下几种方式：

（1）定点维修：设立固定的维修场所，配备相应的设施和技术人员。这种方式便于客户寻找，维修质量有保障，但需要较大的投入。

（2）上门维修：派遣维修人员前往客户所在地进行修理。这种方式响应速度快，方便客户，但可能难以携带大型或复杂的维修设备。

（3）巡回维修：主动前往用户处检查产品使用状况并进行维修。这种方式能提供更周到的服务，但需要较大的开支。

（4）委托维修：委托当地同类企业的维修部门或专业修理部门代为修理。这种方式节省了维修人员和费用，但可能影响服务质量。

### 3. 风险预警的应急处置

产品质量安全风险的突发事故，除了可以在事前实施有效的监控和预警，把事故的警情消灭在萌芽状态外，还可以在事中和事后积极开展应急救援与处置，尽量降低事故的危害性和防止次生危害的发生。产品质量安全风险预警的应急处理就是明确在突发性产品质量安全事故中"做什么、谁来做、怎么做"，并做好相应的策略和资源准备[①]。

应急机制就是在紧急情况下，企业能够迅速、有序地采取措施，减少损失、保护人员安全和环境，并尽快恢复正常生产秩序的一系列程序和策略。

（1）风险评估：在企业运营过程中，识别潜在的紧急情况非常重要。这些紧急情况可能包括：自然灾害，如地震、洪水、台风等；设备故障，如电力中断、机械故障等；化学泄漏，如有害化学物质的泄漏等。评估每种紧急情况对人员、设备和环境可能造成的风险，有助于企业提前做好应对准备，减少潜在损失。

（2）制定应急预案：根据风险评估的结果，企业需要制定相应的应急预案。预案应详细列出报警程序，确保在紧急情况下能够迅速通知所有相关人员；明确疏散路线，确保人员能够安全、有序地撤离危险区域；提供紧急联系人信息，以便在紧急情况下能够及时联系到相关人员和机构。预案应涵盖各种可能的紧急情况，确保在任何情况下都有

---

① 刘战豫. 产品质量安全风险预警与应急处置研究[D]. 中国矿业大学，2011.

应对措施。

（3）培训和演练：为了确保应急预案的有效性，企业应对所有员工进行应急响应培训。培训内容应包括应急预案的具体内容、员工在紧急情况下的职责和应对措施等。通过培训，员工能够了解并熟悉应急预案，提高应对紧急情况的能力。此外，企业还应定期进行应急演练，检验预案的有效性和员工的反应能力。演练可以模拟各种紧急情况，让员工在实际操作中熟悉应对流程，提高应急处置能力。

（4）设备和资源准备：为了应对紧急情况，企业必须确保有必要的应急设备和资源。这些设备和资源包括灭火器、急救包、防护服等。企业应定期检查和维护这些设备和资源，确保其随时处于可用状态。此外，企业还应根据实际情况，不断更新和补充应急设备和资源，以满足不断变化的需求。

（5）沟通和协调：在紧急情况下，有效的沟通和协调非常重要。企业应建立有效的内部和外部沟通机制，确保在紧急情况下信息流通畅通。内部沟通机制应确保所有相关人员能够迅速获取紧急信息，协调一致地采取应对措施。外部沟通机制应与当地政府和紧急服务部门建立联系，以便在必要时获得支持和协助。通过有效的沟通和协调，企业能够更好地应对紧急情况，减少潜在损失。

（6）记录和报告：记录所有应急响应行动是企业应急机制的重要组成部分。记录内容应包括行动的执行、效果和任何不足之处。通过记录，企业能够详细掌握应急响应的全过程，为后续的改进提供依据。根据记录的结果，企业应对应急预案进行更新和改进，以提高应对紧急情况的能力。报告机制应确保所有相关人员能够及时了解应急响应的进展和结果，以便采取进一步的措施。

（7）法律和合规性：企业应急机制必须符合当地法律和行业标准的要求。企业应定期审查法律和标准的变化，更新应急机制以保持合规性。合规性不仅能够避免法律风险，还能够提高企业在紧急情况下的应对能力。企业应密切关注相关法律法规的变化，确保应急机制始终符合最新的法律要求。

（8）持续改进：应急机制不是一次性的活动，而是一个持续改进的过程。企业应根据演练和实际情况的反馈，不断优化和改进应急机制。持续改进能够确保应急机制始终处于最佳状态，提高应对紧急情况的能力。

# 8.4　大数据时代的供应链质量追溯

## 8.4.1　大数据时代的供应链质量追溯概述

### 1. 供应链质量追溯的定义

在大数据时代背景下，质量追溯指的是运用尖端的信息技术，通过搜集、存储、分析及处理大量数据信息，实现对产品从原材料采购、生产加工、仓储物流直至最终销售的整个流程的实时监控与追踪。这种追溯系统能够详细记录每个环节的关键信息，确保产品质量的透明度和可追溯性。

### 2. 供应链质量追溯的目标

质量追溯的主要目标是确保产品的安全性和可靠性，增强企业的市场竞争力。通过应用大数据技术，企业能够实现对产品生产过程的精细化管理，及时发现并解决生产过程中的问题，减少因质量问题而发生的事故。此外，追溯系统还能帮助企业迅速定位问题产品，并采取措施进行召回或处理，以最大程度降低损失和影响。最终，通过提升产品质量和安全性，提升消费者的信任度和满意度。

### 3. 供应链质量追溯的作用

首先，它帮助企业实现对产品质量的全面监控，确保每个环节都符合标准要求，从而提升产品的整体质量水平。其次，追溯系统提供详尽的数据支持，帮助企业进行科学决策，优化生产流程，提高生产效率。通过大数据分析，企业能更好地理解市场需求和消费者偏好，调整产品功能定位以满足消费者的个性化需求。最后，产品质量追溯系统还能增强消费者信心，提升品牌形象，为企业带来更多的市场份额和经济效益。

### 4. 供应链质量追溯的意义

质量追溯保障了消费者的知情权，可让消费者在购买产品时清楚了解产品的来源、成分和生产过程，从而作出更明智的消费选择。追溯系统明确了各参与方的行为和责任，加强了对产品质量安全的过程监控。这有助于提升企业的社会责任感，使企业主动加强产品质量和安全的管理，推动整个行业的健康发展。产品质量追溯系统为政府监管部门提供了有力的技术支持，帮助其更有效地进行市场监管，维护市场秩序，促进社会的和谐稳定。

## 8.4.2 大数据时代的供应链质量追溯体系

### 1. 系统设计原则

（1）全面性：具体来说，产品制造质量是由主机装配企业、零部件供应商和原材料供应商保证的；运输和销售过程中的质量分别是由运输服务提供者、分销商、零售商保证的；而售后服务质量是由售后服务提供者保证的。因此，供应链环境下的产品质量保证功能，分布在整个供应链范围内。

（2）高效性：确保在发生质量问题时能够迅速定位问题源头，及时采取措施，减少损失。

（3）易用性：即系统操作简便，便于相关人员快速掌握和使用。

（4）安全性：确保追溯信息的保密性和完整性，防止数据泄露或被篡改。

（5）灵活性和可扩展性：以便随着技术进步和市场需求的变化进行相应的调整和升级。

### 2. 追溯系统技术

（1）第7章已经详细介绍了收集运输配送中相关数据的方法，如传感器技术和RFID技术。

（2）运输过程中的追溯定位技术。第7章已经详细介绍了全球定位系统GPS，地理信息系统GIS和北斗卫星导航系统BDS。通过使用先进的定位系统、RFID无线射频识别技术以及各种传感器网络，运输公司能够精确地追踪货物的每一个移动，从而为客户提供准确的货物位置信息。

（3）存储、零售的追踪管理技术是现代商业运营中的重要组成部分。产品存储及零售环节的定位技术是通过 EAN.UCC 全球定位数码来完成的。EAN.UCC 系统是一个全球开放的物流信息标识和条码标识系统，它为商品在全球范围内的追踪和管理提供了统一的标准。这一追踪管理技术不仅能够确保产品从生产到销售的每个环节都被精确追踪和监控，从而大大增强了供应链的透明度和可追溯性，而且还能够实时反映库存状况，帮助企业优化库存管理，减少损耗，提升整体运营效率。特别是在食品安全和药品监管等关键领域，追踪管理技术的应用更是不可或缺，它确保了产品的质量和安全，保护了消费者的健康和权益。

### 3. 质量安全可追溯体系构建——以农产品为例

标识系统、中央数据库、档案记录和网络系统是组成一个完善的可追溯系统的四个最关键的要素，缺一不可。

（1）标识系统。在一个完善的追溯系统中，标识是构建该系统的前提条件及在系统运行时最为重要的管理信息。通过对农产品的基本信息进行标识，便可以将农产品供应链上的各个关键环节串联起来。通常具备良好的可读性、简便性、能持久使用、对农产品没有危害及没有较高成本问题等特性的标识，是建设农产品追溯系统的首选。通过将可追溯的标签或标识，加载到要实施追溯的农产品上是实现系统溯源管理的一个重要方法。系统用户只需在中央数据库中对标示着（标签）的编码进行检索，便可以得到所查找的农产品的详细信息和繁殖、培育、生产过程中的投入品使用的相关记录，这样既有助于生产者确定农产品的流向，也便于系统用户和消费者对农产品进行管理和追踪。

（2）中央数据库。往往记录在纸张上的信息很难满足追溯到农产品出生产地、投入品使用情况和各环节相关负责人之类的快速追溯的需求。构建农产品追溯系统所需的另一个最基本要素就是产品中央数据库。系统中要创建农产品个体的生产、运输、收购、加工、包装和销售等各环节的信息数据库，中央数据库中要尽可能详细和全面地包含供应链上各环节上农产品的所有信息。另外，庞大的中央数据库中的数据必须便于迅速采集并储存。而且，数据的收集绝不能影响生产商和加工商的生产技术，应做到所有系统用户都能够高效快速地使用中央数据库中的数据，且不会对生产商的商业机密数据造成影响。与此同时，还必须尽可能地降低所完成的数据收集成本。综上所述，建立起农产品供应链上各关键环节相关信息的庞大的中央数据库是实现农产品可追溯的关键所在。

（3）档案记录。供应链上各关键控制点的可追溯信息，均要实施备案以便构建生产经营档案。档案记录是农产品追溯系统建设中的基础信息。档案记录可选择以纸质文本文档或是电子文档的形式存储和备份，以便对相关信息进行核对。在追溯系统中要求所有可追溯信息要有纸质文本文档，它是保证生产和加工商真实地记录消费者所关心的各环节农产品信息的重要证明材料，也是电子档案的基础。应设专人负责对档案进行管理和备份，并由

拓展阅读 8.3　ERP 质量追溯

专人负责将档案信息录入相应的数据库中。完整、翔实和可靠的档案记录是产品可追溯系统成功实施的基础保障。而农产品因其生产周期相对较短，为确保追溯的可行性和有效性，其有关档案记录应保存一定期限。

（4）网络系统。网络系统在实施追溯中发挥了至关重要的作用。供应链上各个关键环节的信息通过网络这座桥梁紧密地连在了一起，局域网、城域网等有线网络技术和3G、Bluetooth、GPRS等无线网络通信技术以及互联网技术为农产品可追溯系统提供了良好的支撑。网络通信系统有力地保障了中央数据库的使用及相关信息的追溯[1]。

### 8.4.3 大数据时代的供应链质量追溯实施流程

#### 1. 数据收集与整合

（1）实时数据收集：利用物联网技术，实时收集从原材料采购、生产、仓储到销售的各个环节的数据。这包括原材料来源、生产过程中的每一个步骤、仓储环境监控以及销售过程追踪，确保数据的全面性和实时性。

（2）唯一身份标识：通过条形码、RFID、二维码等标识技术，为每个产品赋予唯一的身份标识。这些技术的应用使得产品信息的追踪和管理更加精确和高效。

（3）数据整合：整合企业内部ERP、SCM、CRM等系统数据，以及外部市场、客户反馈等信息。通过数据整合，企业能够获得一个全面的视图，更好地理解产品在市场中的表现和客户需求。

#### 2. 数据存储与管理

（1）大数据存储平台。建立大数据存储平台，可确保数据的安全、稳定存储。该平台需要具备高可靠性，以应对海量数据的存储需求。

（2）分布式数据库和云存储。使用分布式数据库和云存储技术，可提高数据处理能力和可扩展性。这些技术的应用可以有效处理大规模数据，并且随着数据量的增长，系统能够灵活地进行扩展。

（3）数据预处理。实施数据清洗、去重、标准化等预处理工作，可保证数据质量。高质量的数据是进行有效分析的基础，因此数据预处理工作至关重要。

#### 3. 质量追溯与监控

（1）质量追溯系统。建立质量追溯系统，实现产品从生产到消费的全过程追踪，可帮助企业快速响应市场和消费者的需求，同时在发生问题时能够迅速定位和处理。

（2）实时监控与预警。利用大数据分析结果，可对生产过程进行实时监控和预警。实时监控和预警机制可以减少生产过程中的缺陷和错误，提高生产效率和产品质量。

（3）精准召回。当发生质量问题时，能够快速定位问题源头，实现精准召回。快速准确的问题定位和召回机制对于维护企业声誉和消费者信心至关重要。

#### 4. 决策支持与优化

（1）决策支持信息。将质量追溯分析结果转化为决策支持信息，可辅助管理层进行

---

[1] 郭溪川. 蜂蜜质量安全追溯系统研究[D]. 北京：中国农业科学院，2009.

决策。通过分析产品质量数据，管理层可以做出更加明智的决策。

（2）持续优化。根据质量追溯数据，持续优化产品设计、生产工艺和供应链管理。通过不断优化，企业可以提高生产效率，降低成本，同时提升产品质量。

（3）提高客户满意度。通过持续改进，可提高产品质量，增强客户满意度和市场竞争力。产品质量的提升直接关系客户满意度和企业的市场竞争力，因此，持续改进是企业长足发展的关键。

**5. 客户反馈与服务**

（1）客户反馈分析：利用大数据技术分析客户反馈，了解客户需求和市场动态。通过分析客户反馈，企业可以更好地理解市场趋势和客户需求，从而调整产品和服务。

（2）客户服务：建立客户服务平台，提供个性化的产品质量信息查询和质量管理。客户服务平台可以增强客户体验，提高客户满意度和忠诚度。

（3）闭环管理：通过客户反馈，可进一步完善产品质量追溯体系，形成闭环管理。客户反馈是质量追溯体系中不可或缺的一部分，通过不断吸收客户反馈，企业可以持续改进产品质量和追溯体系。

## 8.4.4 大数据时代的供应链质量追溯应用

### 1. 产品退换货管理

通过建立完善的质量追溯系统，企业能够有效地追踪产品的生产、流通和销售过程中的每一个环节，确保产品从原材料采购到最终交付给消费者手中的每一步都可追溯、可监控。这样的追溯机制不仅有助于提高产品质量，而且在产品出现问题时，能够迅速定位问题源头，及时采取措施，减少损失。同时，它也为消费者提供了信心保障，当消费者购买的产品出现质量问题时，企业可以依据质量追溯信息，快速响应消费者的退换货需求，确保消费者权益不受损害。

在质量追溯体系的框架内，处理产品退换货的流程涵盖以下关键步骤：

（1）详尽记录退换货产品的批次信息、生产日期、检验报告等，以确保产品信息的可追溯性；

（2）对退换货产品执行严格的质量检验，分析退换货原因，明确是产品质量问题还是其他因素所致；

（3）依据质量检验结果，对满足退换货条件的产品执行退货或换货操作，并及时更新库存与销售记录；

（4）针对退换货过程中识别的问题，迅速调整生产流程和质量控制策略，以预防类似问题的重复发生，进而提升产品退换货管理的效率。

### 2. 客户投诉处理

（1）保障消费者权益：在质量追溯体系下，企业应确保客户投诉得到及时和有效的处理。建立透明高效的客户投诉处理机制至关重要，这包括设立专门的客户服务热线、在线投诉平台以及明确的投诉处理流程，确保消费者的声音能够被听到并得到重视。

（2）持续改进产品与质量管理：当消费者提出投诉时，企业应迅速做出反应，并利用其产品质量追溯系统迅速锁定问题的根源。同时，企业应主动与消费者沟通，及时通报投诉处理的最新进展和最终结果，以增强消费者的信任。这种做法不仅有助于迅速解决问题，减少消费者的不便，而且为企业提供了改进产品和管理质量的宝贵机会。企业应定期汇总和分析客户投诉，通过持续的改进措施，提高产品的整体质量，优化服务流程，进而提升消费者的满意度和忠诚度。

### 3. 质量改进循环

（1）产品问题根源分析：想要找到产品缺陷的根本原因，需要对原材料、生产工艺、设备状况以及操作人员技能等方面进行综合评估。利用故障树分析和 5Whys 等工具，可以深入挖掘问题的根源，为后续的改进措施提供依据。

（2）优化生产流程。在确定了问题的根源之后，下一步是优化生产流程。这涉及对现有生产流程的重新设计和调整，以消除或减少导致缺陷的因素。可以采用精益生产和六西格玛等方法，通过减少浪费、优化资源配置、提高生产效率和质量控制来实现流程的优化。同时，引入自动化和智能化技术，可以进一步提高生产过程的稳定性和可控性。

（3）持续监控产品质量。优化生产流程后，持续监控产品质量是确保改进措施有效性的关键。通过建立实时监控系统，可以对生产过程中的关键参数进行实时跟踪和分析。这包括对设备运行状态、生产环境、操作人员行为等进行实时监控，确保生产过程始终处于受控状态。同时，通过定期的质量审计和检查，可以及时发现潜在质量问题，并采取相应纠正措施。

（4）优化产品质量预测模型。为了进一步提高产品质量管理的效率和效果，可以优化质量预测模型。通过引入机器学习和大数据分析技术，可以更准确地预测质量趋势和潜在风险。基于历史数据和实时数据建立预测模型，可以对产品质量进行事前预警和干预，从而减少质量问题的发生。此外，通过不断更新和优化模型，可以提高预测的准确性和可靠性。

通过以上四个环节的循环迭代，产品质量追溯下的质量改进循环可以持续地提升产品质量，确保企业在激烈的市场竞争中保持优势。

### 4. 物流网络优化

物流网络服务的优化旨在提升服务效率和顾客满意度，通过可追溯系统的数据分析，对现有物流网络进行深入分析，识别潜在的改进点，利用自动化设备及物流信息系统进行优化。这一过程包括精心设计物流网络结构、优化运营模式配置，并在确保物流服务质量的同时努力降低成本。规划时需综合考虑多种因素，如运输成本、时间效率和服务质量，以保障物流的高效运作和服务品质，实现物流的信息化和智能化。

## 8.5 大数据时代的供应链质量管理案例研究

在大数据环境下，供应链管理的各个环节都得到了显著的提升，特别是在质量预测、质量预警和质量追溯方面。通过应用先进的数据分析技术和机器学习算法，企业能够更有效地管理产品质量，提高客户满意度并增强市场竞争力。本章将通过两个案例来详细说明大数据在供应链质量管理中的应用。

## 8.5.1　基于二次采样和集成学习方法的变压器故障预测

### 1. 案例背景

电力变压器作为电力系统核心设备，其质量直接关系电网供应链的稳定性。在设备全生命周期中，供应商质量管理、生产制造环节控制、物流安装环境监控等供应链环节的质量缺陷，都可能演变为运行阶段的潜在故障。通过整合供应链各环节数据构建预测模型，可实现质量风险的前馈控制。

### 2. 问题分析

变压器故障预测问题可以归结为一个二分类问题，其中需要处理的关键挑战如下：

①供应链数据异构性：供应商生产标准差异、设备安装环境多样性、运维记录分散性导致数据特征复杂化。

②质量风险样本稀缺：缺陷设备数据占比不足 1%，传统抽样方法易忽视长尾供应商风险。

③跨环节协同不足：生产端（设备参数）、物流端（环境指标）、运维端（负载数据）尚未形成统一质量评估标准。

### 3. 解决问题的流程、方法与数据

1）流程

（1）数据整合：打通供应商管理系统（生产参数）、物流监控平台（温湿度振动数据）、运维数据库（负载/故障记录），构建覆盖"生产—交付—使用"的全链条质量数据集。

（2）特征重构：筛选 30 项供应链核心指标，新增供应商历史缺陷率、运输环境合规度等供应链特征，强化质量溯源能力。

（3）数据采样：使用二次采样方法平衡数据集，减少过拟合风险。

（4）模型构建：构建基于 Stacking 集成学习的故障预测模型，结合 SVM、RF 和人工神经网络（Artificial Neural Network，ANN）等基学习器。

（5）模型训练与评估：使用平衡后的数据集训练模型，并使用测试集评估模型性能。

2）方法

（1）二次采样：结合欠采样和过采样方法，如 RUS-RUS、RUS-SM、RUS-SMT 等，以平衡数据集。

（2）Stacking 集成学习：结合多个异质基学习器（SVM、RF、ANN）和一个元学习器（SVM），以提高预测精度。

3）数据

（1）原始数据集：包含 51 181 条记录，其中故障样本 516 条，无缺陷样本 50 665 条，如图 8-4 所示。

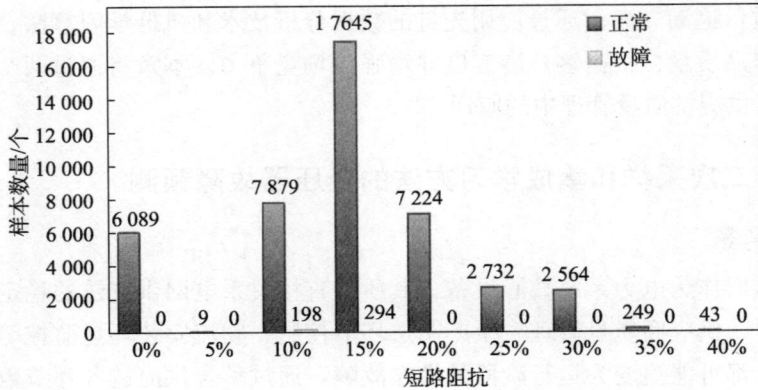

图 8-4　短路阻抗高压中压正常样本与故障样本分布直方图

（2）属性特征：包括设备属性、环境、负载等 30 个属性特征，如表 8-3 所示。

**表 8-3　变压器属性特征表**

| 属性类别 | 属 性 特 征 |
| --- | --- |
| 设备属性 | 设备名称、所属地市、生产厂家、电压等级、绕组型式、调压方式、冷却方式、绝缘介质、短路阻抗高压中压、短路阻抗高压低压、短路阻抗中压低压、空载损耗、中压侧容量、低压侧容量、额定容量、额定频率、役龄、是否有故障、故障情况、故障发生时间、缺陷发现日期、设备投运日期 |
| 环境 | 用途、安装位置、使用环境 |
| 负载 | 负载损耗满载、负载损耗高压低压、负载损耗高压中压、负载损耗中压低压 |

#### 4. 研究结果与价值

实证结果表明：使用 SMOTH-SMOTH 二次采样方法，结合 SVM 元学习器和[SVM，RF，ANN]基学习器，模型准确率最高，达到 97.74%，F1 值为 0.919 7。

该研究实现了从传统故障预测向供应链质量管理的范式转换，通过构建跨系统数据融合的预测模型，不仅提升了设备可靠性，更形成了覆盖供应商选择、生产过程控制、物流质量保障的全链条质量管控方案，为电力设备供应链的数字化转型提供了创新实践。

#### 5. 研究价值

（1）提高预测精度：通过二次采样和集成学习模型，显著提高了变压器故障预测的准确率。

（2）解决数据不平衡问题：有效地处理了数据不平衡问题，避免了过拟合，增强了模型的泛化能力。

（3）智能化电力设备管理：为电力企业提供了一种新的变压器健康状态监测工具，有助于实现电力设备管理维护的智能化，降低故障风险，保障电网安全稳定运行。

### 8.5.2　基于工业互联网的电力行业智能制造过程追溯体系构建

#### 1. 案例背景

随着《中国制造 2025》战略的推进，电力行业对产品质量的要求日益严格。在电力二次设备制造中，传统生产模式因信息孤岛导致质量数据割裂，质量问题难以闭环追溯，制约了质量管理的精细化和标准化。例如，元器件检验、焊接工艺、系统调试等环节的质量参数分散在不同系统中，无法形成统一的质控分析，导致质量波动无法实时预警，出厂产品存在潜在风险。

南京南瑞继保电气有限公司以质量管理为核心目标，提出基于工业互联网的智能制造质量追溯体系，旨在通过全流程数据贯通，构建覆盖产品全生命周期的质量管控闭环。

### 2. 解决问题的流程、方法与数据

1）流程

（1）建立追溯体系：通过工业互联网实现生产过程数据的全面采集，构建一个覆盖产品全生命周期、涵盖所有质量要素的追溯体系。这个体系能够确保从原材料采购到最终产品交付的每一个环节都可追踪、可监控。

（2）数据采集与分析：利用物联网技术，通过标准通信协议（如 OPC、ModBus）获取设备数据，进行数据采集、存储、清理和优化。这一步骤确保了数据的准确性和实时性，为后续的数据分析和决策提供了坚实的基础。

（3）信息流与实物流融合：通过消除信息流的断层和孤岛，提高生产过程的柔性能力和追溯信息关系。这一步骤是实现生产效率和产品质量提升的关键，它确保了信息流与实物流的无缝对接，使得生产过程更加透明和可控。

（4）质量追溯实施：刻码身份认证，指的是使用印刷电路板上的特定编码进行身份验证；二维码读取，是指通过扫描二维码来获取信息；工业联网，涉及将设备或系统连接到网络，以便于信息的交换和共享。这三个步骤结合起来，可以构成一个安全且高效的身份验证流程，实现设备数据与条码的绑定关联。它确保了产品从生产到交付的每一个环节都能够被准确地追踪和验证，从而保障了产品的质量和安全。

2）方法

（1）工业互联网技术：构建智能制造工业互联网系统，实现设备层、采集层、数据处理层、应用层和展示层的互联互通。

（2）大数据分析技术：对采集的数据进行挖掘和应用，提供决策支持。

3）数据

（1）生产过程数据：包括元器件检验测试、特定编码焊接、生产测试、系统调试、出厂检验数据等。

（2）设备运行状态数据：通过传感器和控制系统，实时采集设备的运行状态。

（3）追溯信息：包括辅料信息、元器件信息、设备信息、过程参数信息、人员信息、温湿度环境信息等，如图 8-5 所示。

### 3. 研究结果

构建覆盖原材料、生产、检验、交付的全流程质量追溯体系，首次实现电力设备制造中"人—机—料—法—环"多维质量数据的统一管理，支持质量问题的精准定位。

提高了产品质量追溯的准确性和管理效率，通过电子化记录、可追溯性标识、过程

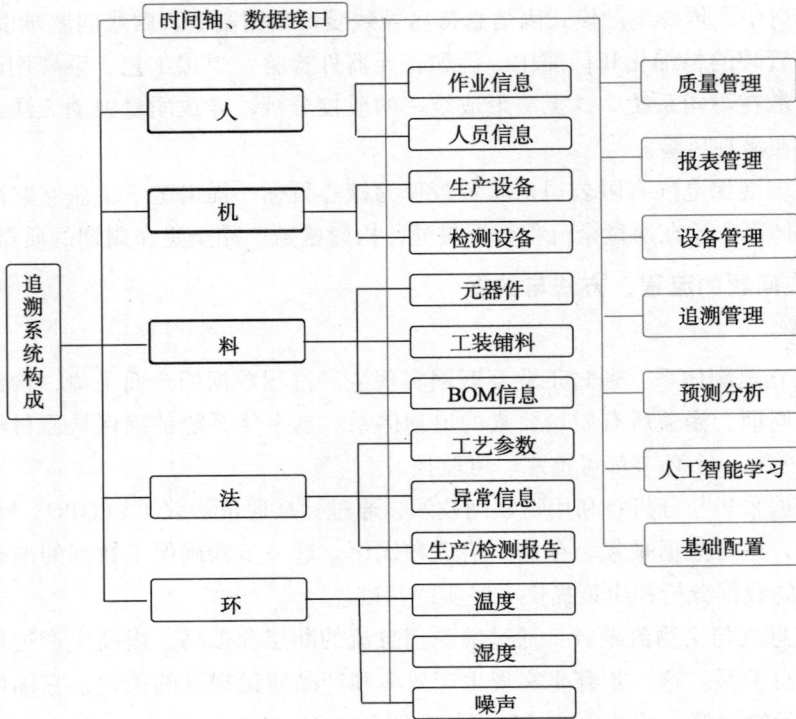

图 8-5　智能制造过程质量追溯系统构成

参数监控，强化了质量管理体系的执行刚性。

基于实时数据采集与分析，系统可自动识别生产过程中的参数偏离（如焊接温度异常、调试电流超限），推动质量管理从事后追溯向事中预警延伸。

**4. 研究价值**

验证了工业互联网技术在电力设备制造质量管理中的可行性，通过数据驱动打破信息孤岛，为行业实现"全要素、全流程、全链条"质量管控提供实践路径。

优化生产流程：通过数据驱动的决策支持，优化生产流程，提高生产效率。

满足电力行业对设备安全性与可靠性的严苛要求，通过可验证的质量追溯记录增强客户对产品质量的信任，同时为应对国际认证提供数据支撑。

（资料来源：智慧能源研究所相关论文[①]、《基于工业互联网的电力行业智能制造过程追溯体系构建》。[②]）

**问题**

1. 在第 8.5.1 小节基于二次采样和集成学习方法的变压器故障预测案例中，分析该方

---

① 侯赛，成润坤，刘达. 基于二次采样和集成学习方法的变压器故障预测[J]. 智慧电力，2024，52(7)：40-47.

② 彭学军，鲍军云，李良飞，等. 基于工业互联网的电力行业智能制造过程追溯体系构建[J]. 东北电力技术，2022，43(3)：13-16.

法相较于传统单一采样和预测方法的优势，并阐述其在实际电力企业中的应用价值。

2. 以第 8.5.2 小节基于工业互联网的电力行业智能制造过程追溯体系的应用与优化为背景，请分析该企业在实施智能制造过程追溯体系过程中可能遇到的主要问题，并结合第 8 章的内容提出相应的解决方案。

## 课后习题

1. 如何利用大数据技术预测潜在的产品质量问题？
2. 产品质量追溯系统的主要目标是什么？
3. 大数据时代的质量预警系统有哪些作用？

## 即测即练

自学自测　　扫描此码

# 第 9 章

## 大数据时代的供应链风险管理

### 学习目标

1. 了解供应链风险以及供应链风险管理的基本概念。
2. 明确供应链风险管理环节。
3. 掌握大数据技术在供应链管理中的应用。
4. 熟悉常见的供应链风险管理工具和技术。

本章将围绕大数据时代的供应链风险管理展开，通过阐述供应链风险管理基础概念，深入剖析大数据在供应链风险管理各环节的应用，结合实践案例，助力读者掌握大数据技术在供应链风险管理中的运用。

### 导入案例

#### 大数据提升供应链风险应对能力——海尔公司案例

海尔，作为全球领先的家电制造品牌，其成功不仅依赖于创新的产品设计和全球化战略，还得益于其在供应链管理方面的持续优化。自 2015 年起，随着大数据、云计算和物联网等技术的快速发展，海尔逐步将这些前沿技术融入应链管理中，通过全面数字化平台的构建，提升了从原材料采购到产品销售全过程的风险管控能力，增强了对市场波动的快速响应。

2018 年，海尔面临外部市场环境变化、原材料价格波动等因素，导致部分产品生产成本上升，进而影响整体供应链的稳定性。在此情况下，海尔迅速运用大数据分析工具，结合智能预测算法，对全球原材料市场的供应情况进行了实时监控。通过分析全球各地的生产与运输数据，海尔及时调整了生产计划，优化了原材料的采购策略，有效应对了突如其来的供应链风险。

2019 年，海尔一家重要的核心零部件供应商发生突发性质量问题，导致大量产品无法按时交付，严重影响了公司的供应链运作。对此，海尔通过整合多方大数据资源，加强了对供应商的实时监控，建立了一个全面的供应商风险评估模型。这一模型不仅涵盖了财务健康状况、生产能力和质量控制等多个维度，还结合了社会信用信息以及历史供应记录，从而有效降低了供应商风险，避免了类似的突发事件再次发生。

通过这些举措，海尔大大提升了供应链的灵活性和透明度，也增强了其在不确定市场环境中的竞争力。大数据技术的引入，使得海尔能够在全球范围内迅速响应消费者需求变化，并能够灵活调整生产与物流方案，有效减少库存积压和生产成本。随着未来智能制造与大数据技术的进一步发展，海尔有望在全球家电行业中进一步巩固其领先地位，继续优化供应链管理，提升市场应变能力。

（资料来源：https://m.sohu.com/a/814702439_267471，笔者根据海尔公司相关报道整理所得。）

# 9.1 供应链风险管理基础

## 9.1.1 供应链风险概述

### 1. 供应链风险的定义

供应链风险是指在供应链系统运行过程中出现的各种不确定性因素，这些因素可能导致供应链无法正常运作，造成各节点企业经济损失，使企业难以实现既定目标[1]。

供应链风险可以分为两大类：关系风险和绩效风险。关系风险主要源于供应链中各企业之间沟通不足，导致相互之间的信任缺失，从而产生合作障碍。绩效风险则是指与合作关系无关的所有可能引发供应链整体失败或成本增加的风险因素，包括但不限于市场需求波动、原材料供应不稳定、物流延迟等问题。

简而言之，供应链风险是一种潜在的威胁，它利用供应链系统的脆弱性，对供应链系统的稳定性造成冲击，给供应链上下游企业乃至整个供应链体系带来严重损害。

### 2. 供应链风险的主要类型

本书结合国内外学者的研究文献及供应链的特性，将供应链风险按以下几种方法划分[2]，如图 9-1 所示。

1）按风险主体划分

供应链包括多个主体以及主体之间相互作用的环节。典型的供应链包括原材料供应商、产品生产商、产品销售商等。因此，按照风险主体划分，供应链风险主要包括供应链中节点企业存在的风险，具体包含以下四点：

（1）原材料供应商风险。

a. 供应稳定性：供应商供货是否稳定，是否存在断供风险。

b. 质量问题：原材料质量是否符合标准，是否影响后续生产。

c. 价格波动：原材料价格的波动是否对成本控制产生压力。

d. 交货时间：供应商交货是否准时，是否存在延误风险。

---

① 李雪琴，胡永仕. 供应链风险识别、评估与缓解研究综述[J]. 物流技术，2023，42（2）：122-126+141.
② 高猛猛，蒋艳. 基于 ANP-灰色聚类方法的供应链风险影响因素研究[J]. 经济数学，2020，37（3）：36-41.

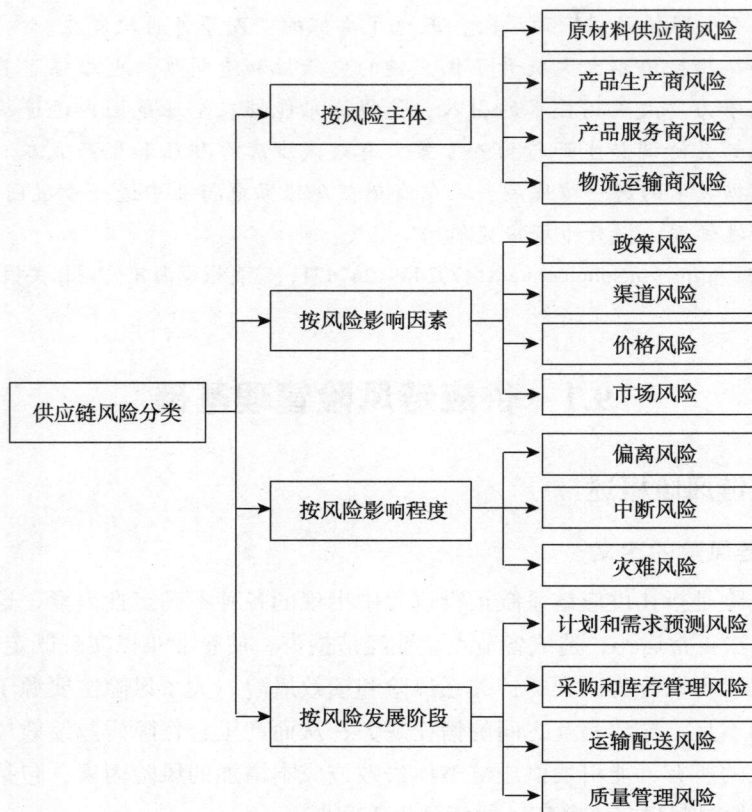

图 9-1　供应链风险分类

（2）产品生产商风险。

a. 生产效率：设备故障、工人技能不足等是否影响生产效率。

b. 质量控制：生产过程中的质量管理是否严格，是否存在产品瑕疵。

c. 产能限制：生产能力是否足够满足市场需求波动。

d. 技术更新：是否能够适应市场技术升级和创新的需求。

（3）产品服务商风险。

a.市场需求：市场需求的变化对销售的影响。

b.销售渠道：销售渠道的多样性和有效性，是否存在渠道单一或依赖的问题。

c.库存管理：库存水平是否合理，是否存在过度库存或库存不足的情况。

d.客户关系：与客户的沟通和关系维护，是否存在客户流失的风险。

（4）物流运输商风险。

a. 运输效率：物流效率是否能够满足供应链需求，是否存在延误风险。

b. 运输安全：货物在运输过程中的安全问题，如损坏、丢失等。

c. 成本控制：物流成本是否合理，是否对整体利润构成威胁。

d. 信息系统：物流信息系统是否完善，能否实时追踪货物状态和管理。

2）按风险影响因素划分

供应链中涉及多个节点企业，节点企业之间会发生多方面的业务往来，因此导致风险因素比较复杂，有政策风险、渠道风险、价格风险等。具体如下：

（1）政策风险。

a. 法律法规：国家和地区的法律法规变化对供应链的影响，如环保法规、税收政策等。

b. 政府干预：政府对市场的干预，如进出口限制、关税调整等。

c. 政治稳定性：政治局势的稳定性，尤其是对于跨国供应链，政治动荡可能导致供应链中断。

（2）渠道风险。

a. 渠道多样性：渠道单一或依赖性过高是否影响市场覆盖。

b. 渠道管理：渠道效率和效果，是否存在冲突或管理失控的情况。

c. 渠道覆盖：销售渠道是否能够覆盖目标市场，满足销售需求。

（3）价格风险。

a. 原材料价格：原材料价格波动对生产成本及利润的影响。

b. 产品价格：市场定价变化对消费者需求和竞争优势的影响。

c. 汇率波动：对于跨国供应链，汇率波动对成本和利润的影响。

（4）市场风险。

a. 市场需求：需求波动或不可预期变化对供应链的冲击。

b. 竞争态势：市场竞争是否威胁供应链的稳定性和持续性。

c. 消费者行为：消费者的购买行为和偏好变化，对产品销售的影响。

3）按风险影响程度划分

按风险影响程度可将供应链风险分为三种：偏离风险、中断风险和灾难风险。

（1）偏离风险。偏离风险的产生源于一个或多个关键参数的变化。这些参数包括成本需求、交付提前期等。当这些参数偏离其预期值或均值时，尽管供应链的基本结构不会发生根本性改变，但仍会带来显著影响。这类风险主要体现在以下几个方面：需求和供应的波动、采购成本和产品成本的波动以及交付提前期和运输时间的不确定性。

（2）中断风险。中断风险是指由人为因素或自然因素引发的不可预料事件，导致某种产品、仓库或运输资源在特定时间内无法正常获取，从而对供应链系统造成根本性影响的一类风险。这类风险通常以突发性和高破坏性为特征，可能使供应链中断甚至瘫痪，其后果可能波及整个链条的运作。

（3）灾难风险。灾难风险通常指的是由不可预测的灾难性事件引起的系统性中断，这些事件通常会导致供应链网络暂时停滞，极端情形下甚至出现无法恢复的彻底停滞。这类风险不仅影响单个企业，还可能对整个行业乃至国家的经济产生深远影响。典型的灾难风险包括自然灾害、恐怖主义袭击、重大公共卫生事件等。

4）按风险发展阶段划分

（1）计划和需求预测风险：在现代供应链管理中，供应链计划和需求预测阶段的风险是企业面临的重要挑战，直接影响其运营效率和市场响应能力。首先，市场环境的动态变化引发了需求预测的风险，包括不可预测的市场波动、消费者偏好的快速变化和竞争对手的策略调整，这些因素使得历史数据和统计模型的有效性大幅削弱。其次，供应商的可靠性也是关键风险来源，供应商的生产延迟、质量问题及财务困境均可能导致供应中断，尤其在复杂的多层次供应链结构中，信息传递的延迟或失真将加剧这一问题。

（2）采购和库存管理风险：供应链采购和库存管理阶段也面临着诸多风险。采购阶段的风险主要包括供应商的不确定性、原材料价格波动和供应链中断等因素，这些不确定性不仅可能导致成本的增加，还可能影响生产计划的落实及客户交付时间的承诺。同时，在库存管理阶段，企业可能面临库存积压和缺货两方面的风险，前者可能造成资金占用和过时损耗，而后者则可能导致客户流失及市场机会的丧失，影响企业的市场声誉。

（3）运输配送风险：供应链运输配送阶段同样面临多种风险，包括运输风险、环境风险、信息风险和法律风险。运输风险主要涉及货物损失、破损、延误及运输工具故障，这些问题会直接影响交货期和客户满意度；环境风险则由自然灾害和气候变化引发，如极端天气事件的频发和日益严格的环境保护法规可能导致运输中断；信息风险包括数据泄露、信息不对称及系统故障；而法律风险主要体现在运输合同和关税政策等合规性问题，任何违规行为都可能导致罚款或诉讼。

（4）质量管理风险：供应链在质量管理阶段面临多种风险，这些风险主要源于特定环节的复杂性和不确定性。常见的风险包括：客户需求的不确定性，如退货、维修或更换产品的数量和频率波动；服务响应能力不足，可能导致客户满意度下降甚至客户流失，以及运输和物流环节的不确定性。此外，服务质量不达标或客户投诉处理不当，可能带来声誉风险和额外成本。这些风险若得不到有效控制，将对供应链整体运作和客户关系产生负面影响。

### 3. 供应链风险的特征

企业在供应链风险管理中，必须形成强大的洞察力，对事务进行精准分析和预判，即使在无法规避时，也能准确分析出最佳的风险控制思路，制订出有效的风险处理计划。只有全面了解供应链风险的特征，才能采取更具有针对性的管理手段规避风险。

（1）风险的不确定性：供应链实际运行过程中涉及众多参与者，而每个参与者都可能掌握不同的信息，且这些信息的准确性与完整性无法保证。此外，因为每个参与者所面临的内外部环境各不相同，也导致其行为具有不可预测性。

各类复杂因素的叠加，使得管理者难以准确预测供应链运作过程中风险发生的类型、时间和影响程度，无法采取有效的规避手段。

（2）风险的动态和复杂性：供应链管理的风险涉及很多层面。在对风险进行管控的过程中，企业需要协调、沟通多方面的问题。供应链越长，所涉及的合作企业越多，供应链的流转环节就会越多，风险管理就会越复杂。受关联因素的影响，风险处于动态变化的状态。

在供应链风险的变化过程中，轻微风险若未经过人为干预可能自行消弭，然而更多时候却是，轻微的风险在关联传导中变得愈发复杂，影响也愈加恶劣。

（3）风险的传导性：供应链是一个涵盖从产品开发、生产制造直至市场流通的复杂系统，这一过程需要多个节点企业的共同参与和紧密协作。在这一协同网络中，供应链的风险因素能够随着供应链流程在企业间流转与累积，从而对整条供应链的风险状况产生深远影响。根据供应链的时间顺序和运行过程，各节点的工作形成串联或并联的混合网络结构，供应链的整体效率、成本和质量指标依赖于节点指标，由于每个节点都存在风险，供应链的整体风险由每个节点的风险转移而来。

（4）风险的韧性：供应链风险的韧性，也称为弹性或鲁棒性，是指供应链在面对风险和干扰时，能够吸收冲击、快速恢复并继续运作的能力。供应链韧性的核心要素包括以下几点：①抗风险能力，供应链能够提前识别潜在风险，并通过多样化供应商布局、冗余库存和分散式仓储等措施，降低风险暴露；②响应能力，面对危机时，供应链可以迅速采取行动，如切换供应渠道、调整生产计划或重组运输方案，以减少冲击影响；③适应能力，供应链能够在恢复的过程中灵活调整策略和资源配置，以适应新的市场环境和需求变化；④协同能力，供应链各环节之间的信息共享和协同作业能力，使其能形成统一应对方案，提升整体韧性。

（5）风险的必然性：自然灾害与社会环境中出现的战争、冲突等，都是一种不以人们的主观意志为转移的客观存在，因而它们决定了供应链风险的产生具有客观性。虽然供应链是作为一个整体来应对市场竞争，但供立链环节中的企业仍是市场中的独立经济实体，彼此之间仍存有潜在利益冲突和信息不对称。在这种不稳定的系统内，各节点企业通过不完全契约方式来实现企业之间的协调，因而供应链必然存在风险性。

## 9.1.2　供应链风险管理概述

在全球化与技术进步的背景下，供应链的复杂性日益增加，企业面临的风险种类和层级也不断扩展。从自然灾害、经济波动到供立商违约和技术故障等，各种不确定性因素都可能影响供应链的正常运作。为了应对这些潜在的威胁，供应链风险管理成为了现代企业管理中不可或缺的一部分。

供应链风险管理不仅仅是识别和应对外部风险，更是优化供应链结构、增强供应链韧性的关键手段。通过对供应链各环节可能遇到的风险进行全面分析，企业可以提前预警，并采取措施降低风险发生的概率，甚至在风险发生后迅速恢复正常运营。因此，科学有效的供应链风险管理体系，能够提高企业在复杂多变的市场环境中的适应性和竞争力，确保其长期稳定运营。

在这一小节中，我们将深入探讨供应链风险管理的内涵、意义、特征以及风险管理策略，以期帮助读者了解企业如何在日益复杂的供应链环境中实现更好的风险控制和资源优化。

### 1. 供应链风险管理内涵与意义

供应链风险管理研究如何有效地管理供应链中的中断和不确定性。更准确地说，供应链风险管理是与供应链中的合作伙伴单独或者协作地应用风险管理工具来处理由供应链中活动或资源引起的风险和不确定性，并且这个过程不是将风险因子控制在完全为"0"的状态，而是将风险的影响降为最低。因此，供应链风险管理决定了供应链同步供应和需求的能力。这是一个多步骤的过程，包括识别风险、风险评估、风险控制、风险监管和风险反馈。

有效的供应链风险管理不仅能帮助企业识别和评估潜在风险，还能通过制定相应的预防措施和应急计划，降低风险发生的概率和影响程度，保障供应链的顺畅运行，支持企业的可持续发展。

**2. 供应链风险管理的特征**

（1）预防性：预防性是供应链风险管理的核心特征之一。它强调在风险发生之前采取预防措施，以减少潜在损失的可能性。通过提前识别和评估潜在风险，企业可以制定相应的预防策略，以降低风险发生的概率。例如，通过市场调研和历史数据分析，预测原材料价格波动，企业可以提前锁定价格或储备库存，以避免价格飙升时的成本增加。

（2）系统性：供应链风险管理是一个系统性的过程，它涉及供应链中的所有环节和参与者。这意味着风险管理需要跨部门、跨组织合作，确保每个环节都能识别、评估和应对风险。系统性还要求风险管理策略能够整合供应链中的商流、信息流、物流和资金流，形成一个协调一致的风险管理框架。系统性特征意味着风险管理需要覆盖供应链的所有环节。

（3）动态性：由于供应链环境的不断变化，供应链风险管理也必须具有动态性。这意味着风险管理策略和措施需要能够适应市场变化、技术进步和政策调整等因素。动态性要求企业能够灵活调整风险管理计划，以应对新出现的风险和挑战。例如，面对全球贸易政策的变化，企业可能需要调整其全球采购策略以应对关税的变动或贸易壁垒的设立。

（4）战略性：供应链风险管理具有战略性，因为它直接影响企业的长期目标和可持续发展。企业需要将风险管理纳入其战略规划中，确保风险管理与企业的总体目标和战略相一致。这包括在战略决策中考虑风险因素，以及在战略实施过程中监控和管理风险。战略性特征强调风险管理与企业战略的一致性。例如，若企业的战略目标是扩大国际市场份额，那么风险管理策略就需要包括如何应对不同国家的法律法规和文化差异。

（5）可持续性：随着企业对环境和社会影响的关注日益增加，供应链风险管理也需要考虑可持续性。这意味着在管理风险的同时，企业还需要考虑其对环境和社会的影响，确保供应链的长期可持续性。例如，通过选择环保材料和节能生产流程，企业可以减少因环境法规变化带来的风险，同时也可以提升企业的社会责任形象。

**3. 供应链风险管理环节**

供应链风险管理通常涉及多个环节，如图 9-2 所示，从供应商管理到物流配送，再到最终的客户交付，每一个环节都可能成为风险的来源。有效的风险管理能够帮助企业在供应链的各个环节中识别潜在的风险因素，并采取相应的控制措施，从而保障企业运营的稳定性。

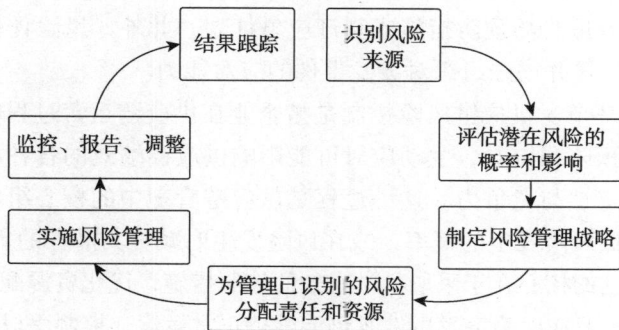

图 9-2　供应链风险管理环节

（1）风险识别环节：在供应链风险管理中，风险识别是系统性发现和记录可能影响供应链运作目标实现的潜在威胁的过程，是风险管理的关键起点。通过明确供应链范围并识别外部风险（如自然灾害、市场波动等）、内部风险（如生产故障、库存管理不当等）、关系风险（如合作伙伴破产、合同违约等）以及信息风险（如网络攻击、数据泄露等），企业能够分析这些风险的可能影响并建立全面的风险清单。

风险识别的工具主要包括风险矩阵、SWOT 分析、PEST 分析以及情景分析等模型，通过有效的风险识别，企业能够主动识别出可能对业务产生影响的风险因素，从而提前做出反应，减少或避免潜在损失。

（2）风险评估环节：风险评估是项目管理和决策过程中的关键环节，它包括对潜在风险的识别、分析和评估。在项目管理中，风险评估帮助项目团队理解可能影响项目成功的不确定性因素，而在企业决策中，它则有助于识别可能影响企业战略目标实现的内外部因素。风险评估的核心在于量化风险的可能性和潜在影响，以便制定有效的风险管理策略和应对措施。常见的风险评估矩阵如图 9-3 所示。

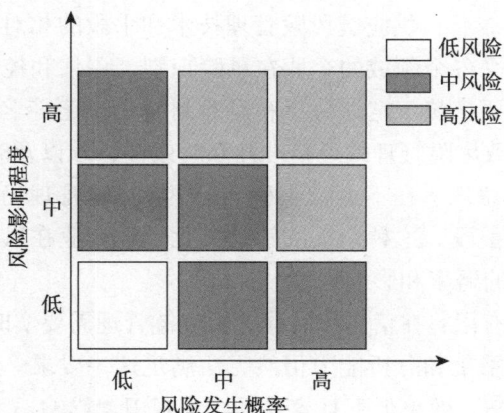

图 9-3　风险评估矩阵

风险评估的过程不仅要求对风险进行定性分析，还要求进行定量分析，以便于对风险进行排序和优先级划分。通过风险评估，管理者可以更好地理解风险的性质、来源和潜在后果，从而采取适当的预防措施或制订应急计划。此外，风险评估还有助于优化资源分配，提高决策质量并增强组织对突发事件的应对能力。

（3）风险控制环节：供应链风险控制是指企业在供应链运营过程中，通过系统化的风险识别、评估、预防和应对，主动应对可能影响供应链绩效的各种不确定性因素，从而保障供应链的稳定性与竞争力。这一过程是供应链管理中的核心组成部分，旨在通过综合的管理措施降低风险发生的概率，或在风险发生时减轻其潜在的负面影响。

供应链风险控制的核心在于采取科学有效的控制措施，优化资源配置，减少风险对供应链的干扰，确保企业在面临突发事件时仍能维持正常运营。控制手段不仅仅包括减少风险发生的概率，还应着重于减缓或消除风险事件对供应链稳定性与绩效的负面作用。这种控制措施的实施需要依赖企业内部的风险管理能力和对外部环境动态变化的及时响应。

（4）风险监控与反馈环节：在供应链风险管理中，风险控制与风险监控、反馈是紧密相连的两个环节。风险控制侧重于制定和实施措施，以预防、缓解或应对已识别的潜在风险，而风险监控与反馈则关注控制措施的执行效果及风险状态的实时变化，两者相辅相成。有效的风险控制为供应链的稳定运行提供保障，而持续的风险监控与反馈则确保控制措施能够动态调整，适应供应链环境的变化。

通过构建闭环管理体系，企业不仅可以最大程度地降低风险的发生概率，还能在风险出现时迅速反应，将其负面影响降至最低。

**4. 供应链风险管理挑战**

在全球化和数字化加速发展的背景下，供应链风险管理正面临着前所未有的挑战。以下是当前供应链相关企业在风险管理领域存在的主要问题和限制。

（1）风险环境日益复杂：现代供应链所处的风险环境复杂多变。随着全球化进程的深入，供应链的跨国运行范围扩大，各种新型风险不断涌现。这些风险往往具有高度的复杂性、动态性和不确定性，不仅涉及单一企业，还可能影响整个供应链生态系统。

（2）管理技术相对滞后：供应链风险管理技术和手段的相对滞后进一步加剧了风险管理的难度。尽管近年来各个领域的企业在风险识别、评估和控制领域取得了一些技术进步，但许多企业仍主要依赖于定性分析和经验判断，缺乏科学的定量分析工具和预测模型。这种技术短板导致风险管理缺乏精准性和时效性，难以及时发现潜在问题。

（3）缺乏未雨绸缪意识：在不少企业和组织中，风险管理仍局限于事后补救，而非战略性、预防性的管理手段。这种消极的管理文化导致企业在风险发生前缺乏足够的准备，增加了供应链中断的概率和影响程度。

（4）数据处理能力有限：在信息化时代，供应链管理需要实时处理大量复杂的数据；然而，许多企业的数据采集和分析能力仍然无法满足这一要求。传统风险管理方法主要依赖人工分析和经验判断，效率低下且容易受到主观因素影响。

# 9.2 基于大数据的供应链风险管理流程

大数据技术凭借其强大的数据处理、分析和预测能力，为应对这些挑战提供了新的思路和解决方案。本节将深入探讨大数据技术如何贯穿供应链风险管理的各个环节，实现风险管理的优化与升级。

具体而言，大数据技术在风险识别阶段，能够基于海量数据，运用先进算法与模型，精准捕捉供应链中潜在的风险因素，为后续的风险管理奠定坚实基础。进入风险评估环节，大数据技术通过对风险因素的深度剖析与量化处理，为风险分级与优先级排序提供了科学依据。在风险控制阶段，大数据技术则能依据评估结果，迅速制定并实施针对性的风险应对策略，有效抑制风险扩散与升级。而在风险监控过程中，大数据技术则持续监测风险状态，确保风险始终处于可控范围[①]。

这一风险管理闭环体系，不仅提升了风险管理的精确性与高效性，而且为企业决策者提供了全面、及时的风险信息支持，增强了企业的风险应对能力与市场竞争力。通过大数据技术的深度应用，供应链风险管理实现了从被动应对向主动防控的转型升级，为企业的可持续发展注入了强劲动力。图 9-4 是供应链风险管理的实施流程。

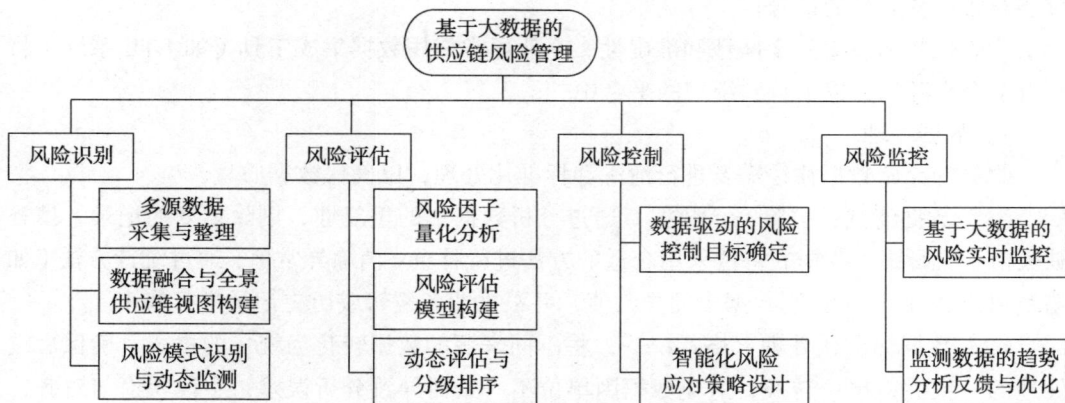

图 9-4　供应链风险管理的实施流程

## 9.2.1　基于大数据的风险识别

风险识别是供应链风险管理的起点，基于大数据的风险识别流程主要是通过多源数据的收集、清洗、整合和动态监测，全面定位潜在风险源。大数据为供应链风险识别提供了精准的分析依据，不仅可以识别当前显现的风险，还能预测潜在的威胁，帮助企业更好地应对复杂多变的市场环境[②]。

### 1. 多源数据收集与处理

在风险识别的初始阶段，收集多维度数据并对其适度处理是构建全面供应链风险管理体系的关键步骤。企业需要从多个来源获取数据，以便准确识别潜在的风险源和风险触发点。

---

① 李刚. 基于大数据分析的供应链风险识别与监控研究[J]. 供应链管理，2020，1（7）：42-52.

② 朱佳莹，陈晓，朱琳臻. 大数据下风险事件库在 F 公司风险识别与评估中的应用[J]. 财务与会计，2022（15）：10-13.

1）数据收集

（1）企业内部系统数据：利用 ERP、WMS 和 MES 分别提取订单信息、财务数据以及供应商信息；库存数据和生产过程中的数据，如库存安全水平、生产进度、设备运转状况和原材料消耗情况。

（2）实时物流信息：货物运输状态，通过 GPS 设备监控运输车辆的实时位置、行驶路线和到达时间；货物安全状况，利用 RFID 标签记录货物进出仓库的信息，追踪其运输过程中的每一步，确保货物未发生丢失或调包情况；环境参数，通过传感器采集货物运输和存储中的环境数据。

（3）企业外部数据：市场动态，通过 Web 爬虫技术抓取行业新闻、市场价格波动、原材料供应情况和竞争对手的策略变化；政策变化，通过政府网站和政策数据库监测税收调整、贸易限制等政策因素；消费者反馈，利用社交媒体数据分析工具（如情感分析算法），从 Twitter、微博等平台抓取消费者评价和舆论趋势，捕捉产品质量或服务体验中可能导致声誉风险的信号。

为确保数据收集的全面性和准确性，企业通常使用数据集成工具（如 ETL 系统）将来自多个来源的数据汇总到统一的平台中。

2）数据处理

收集的原始数据往往需要进行清洗和标准化处理，以确保数据质量。

（1）数据清洗：去除冗余数据，通过分析数据集的重复性，剔除重复的记录；填补缺失值，根据缺失数据的特性采用合适的方法进行补全；消除异常值，通过统计方法（如箱线图或 3σ 原则）识别数据中的异常值，并根据业务逻辑或历史记录进行修正。

（2）数据标准化处理：格式统一，将不同来源的数据转化为统一的格式，确保后续处理的一致性；单位转换，避免数据因单位不一致而导致分析误差；字段映射与对齐，对各数据源的字段名进行统一命名和映射（具体处理方法可见第 2.2 节）。

通过数据清洗和标准化处理，可以有效提高数据的准确性和可用性，同时，优化后的数据能够提升分析结果的可信度，为企业科学决策提供支持。

**2. 数据融合与供应链全景视图构建**

在供应链风险管理中，数据融合是构建全景供应链视图的关键步骤。通过整合内部运营数据与外部环境数据，企业能够形成覆盖供应链全链条的动态可视化视图，从而为风险识别、评估、控制与监控提供高质量的数据支持。

1）数据融合

（1）多源数据整合：数据融合以整合多来源数据为基础，通过主数据管理（MDM）技术和数据治理工具，将不同系统的数据通过统一标准进行对接和整合，确保数据源间的兼容性和关联性；数据关系映射，运用关联规则挖掘技术[①]，对供应链的不同节点建立数据关系映射。例如，使用订单号将生产数据与物流数据关联，或者通过供应商编号匹配不同来源的供应商评价信息。区块链技术确保数据在多源整合过程中的安全性和不可

① 周桐德. 基于关联规则的服装业供应链风险控制研究[D]. 北京：对外经济贸易大学，2022.

篡改，能有效防止数据被恶意篡改，增强数据的可信度。

（2）分层式数据融合架构：构建分层式数据融合架构，根据数据的重要性和实时性需求进行分级。主要包括：实时层，整合实时传感器数据、物流跟踪数据，确保供应链动态可见；近实时层，对接来自市场、政策的更新数据，用于日常监控；历史数据层，存储供应链的长期运行数据，为预测分析和模型优化提供支持。

2）全景视图构建

（1）数据抽取与整合：利用 ETL 工具将整合后的多源数据导入统一的存储平台（如数据湖）；数据建模，运用供应链建模技术，将不同节点（如供应商、制造商、销售商、客户）的数据以多维模型形式组织起来。常见的方法包括网络模型和时间序列模型。

（2）动态更新机制：通过流数据处理框架（如 Apache Kafka、Flink），建立数据动态更新机制，确保供应链全景视图能够实时反映供应链状态，支持决策者快速了解潜在风险点。

（3）可视化设计：①宏观层面：整体供应链运行状态（如供应链效率、库存水平）；②中观层面：关键节点运行情况（如供应商表现、物流状态）；③微观层面：单个风险事件的详细信息（如延迟订单、库存不足）。

采用 Power BI、Tableau 等工具，结合热力图、仪表盘、关系图等可视化形式，直观呈现供应链关键节点的风险和运行状态。最后，将风险数据嵌入全景视图中，通过图标标记、颜色预警等形式突出潜在问题。例如，用红色标记高风险供应商节点，提示该节点需要重点关注。

### 3. 基于机器学习的风险模式识别

融合后的数据不仅消除了孤立信息和冗余数据的干扰，还具备更高的准确性和全面性，通过数据融合技术将多维度信息整合为统一的数据视图后，利用机器学习算法对融合数据进行深入挖掘并进行风险模式识别。

（1）聚类分析识别风险模式：聚类算法（如 K-Means、DBSCAN）通过无监督学习方法，将供应链数据划分为若干相似群体，帮助企业发现隐藏的风险模式。例如，物流延误的模式，根据运输时间、路线、天气条件、车辆状态等特征，聚类出高风险物流路径，识别常见延误原因（如恶劣天气、交通拥堵）。

（2）分类模型预测风险类别：使用分类算法（如决策树、支持向量机、随机森林）对已知风险数据进行训练，构建分类模型，预测新数据中的潜在风险类别。例如，库存不足风险预测，根据历史销售数据、季节性需求波动和库存变化趋势，预测哪些产品可能面临库存不足问题。

（3）异常检测识别异常行为：异常检测算法（如孤立森林、One-Class SVM）能够从供应链数据中发现超出正常范围的异常模式。例如，财务异常中检测异常的应付款项或供应商账单，识别可能的欺诈风险。

（4）时间序列分析动态监测：利用时间序列算法（如 ARIMA、LSTM），分析历史数据的时间依赖性，识别并预测供应链中的动态风险模式。例如，物流延误趋势中分析运输时间序列数据，识别出可能导致延误的时间段或节假日高峰。

#### 4. 动态数据监测与异常信号捕捉

在供应链风险管理中，动态数据监测和异常信号捕捉是实现风险早期预警的重要环节。通过实时监测供应链的关键节点，并运用先进的数据流分析技术（如 Kafka、Flink），企业能够快速捕捉异常信号并及时定位潜在风险点。

1）动态数据监测步骤

（1）关键节点实时监测：动态数据监测首先需要确定供应链中的关键节点，通常包括运输环节，实时监测货物的运输状态并通过传感器和 GPS 设备采集数据；库存环节，动态监控库存水平，跟踪补货频率、出库速度以及库存占用率等指标；生产环节，通过 IoT 设备实时采集设备运行状态、生产进度和订单完成情况等数据；售后环节，实时追踪订单处理状态，包括下单、发货和收货时间点，确保订单按时履行。

（2）异常信号的识别与捕捉：在实时数据流中，通过规则设定和算法模型捕捉异常信号。规则设定，根据业务逻辑设定监测规则。例如，运输时间超过预期的 30%即触发延误预警，库存量低于安全库存线则发出补货提醒。算法识别：运用异常检测算法（如 iForest 算法、在线学习模型）识别复杂异常信号。例如，通过分析历史运输时间序列数据，发现特定时间段的异常延误趋势。

2）异常信号定位与风险点分析

（1）异常信号定位：捕捉到异常信号后，系统会通过数据可视化技术（如实时仪表盘）将异常定位到具体的供应链节点。例如，若物流路径中出现运输延误信号，可通过地图可视化标出异常地点，并结合天气或交通数据分析原因。

（2）潜在风险点分析：捕捉的异常信号通常与供应链风险直接相关。通过深入分析这些信号，可以定位潜在风险点。例如，库存不足风险，可能源于销售预测偏差、补货周期延长或供应商履约能力下降。

### 9.2.2 基于大数据的风险评估

基于大数据的风险评估是通过运用大数据技术对供应链中的潜在风险进行定量化分析、建模和预测。与传统的风险评估方法不同，基于大数据的评估方法能够处理大量且多样化的结构化和非结构化数据，并借助先进的分析模型和算法对未来的风险进行预测，从而为供应链管理者提供更为精确、及时的风险评估。

#### 1. 风险因子量化分析

通过将风险分解为可衡量的因子（如供应商违约率、物流延误概率），并利用统计分析方法、行业基准和历史数据来计算关键因子的量化值，企业能够为风险管理提供可靠的决策依据。风险因子的量化分析主要包括以下步骤：

（1）识别关键风险因子：根据供应链的结构与特点，将整体风险分解为具体且可衡量的因子。常见风险因子包括：供应商违约率，即供应商未按时交货或未达到质量标准的概率；物流延误概率，即运输过程因天气、交通或运营问题导致延误的可能性；库存短缺风险，指某产品库存无法满足需求的发生概率及其可能影响。

（2）定义量化指标：为每个风险因子定义具体的量化指标。例如，供应商违约率＝（过去一年未按时交货次数／总交货次数）×100%；物流延误概率＝（延误运输单数／总运输单数）×100%；库存短缺率＝（发生库存短缺的天数／总运行天数）×100%。

（3）风险因子量化分析：①描述性统计，通过计算均值、方差、分布等指标，揭示每个风险因子的基本特性，如通过计算物流延误的平均时间和延误概率，判断延误的严重程度和频率；②相关性分析，评估各风险因子之间的关联性，如分析供应商违约率与库存短缺率的相关性，发现潜在风险链条；③回归分析，建立风险因子与其影响因素之间的数学模型，用于量化风险因子的驱动因素，如通过回归分析预测物流延误概率受天气、距离、运输方式等变量的影响。

拓展阅读9.1　电力设备供应链风险管理研究

**2. 风险评估模型构建**

通过量化的风险因子，管理者能够明确风险的具体构成和权重。但要实现对风险的全面理解与有效预测，还需要构建风险评估模型。该模型主要由风险概率模型和风险影响模型组成。评估模型的构建以风险因子量化分析结果为基础，结合大数据技术和建模方法，确保了评估结果的准确性和科学性。[①]以下将详细探讨风险概率模型和风险影响模型的构建原理。

1）构建风险概率模型

（1）概率统计模型：利用贝叶斯网络、逻辑回归等模型，分析风险因子之间的因果关系，计算某一事件在特定条件下的概率。例如，供应商违约概率评估，利用历史违约记录与合同执行情况，通过贝叶斯网络预测不同供应商在当前市场环境下的违约可能性。

（2）机器学习模型：通过随机森林、支持向量机等分类模型，将高维数据映射到风险预测的分类任务中，实现精准的概率预测。例如，随机森林模型可以通过训练模型识别哪些风险因子（如运输延误时间、库存波动率等）对供应链的风险预测影响最大。它通过构建多个决策树来提高模型的稳定性和预测的准确性，在多次决策的基础上得到最终风险预测结果。

2）构建风险影响模型

（1）利用仿真技术模拟风险事件对供应链的全局影响：采用 DES、蒙特卡罗模拟模型，通过虚拟环境再现风险事件，量化其对供应链各环节的影响。例如，模拟供应商交付中断对库存水平、生产计划和客户交货周期的全局影响，量化可能的损失范围。

（2）利用财务影响评估帮助企业将风险事件转化为具体的经济成本：利用成本收益分析（CBA）和蒙特卡罗模拟，评估不同风险情境下的财务损失和缓解成本。例如，评估库存不足导致的销售损失、客户流失和品牌声誉下降的经济后果来确定库存短缺造成的财务影响。

---

① 徐爽，蔡鸿明，赵林畅，等. 一种用于农产品供应链风险预测评估的贝叶斯决策树算法模型[J]. 西南大学学报（自然科学版），2024，46（3）：189-200.

这一数据驱动的智能化风险评估方法使企业能够更全面、精准地理解供应链风险的全貌，并在风险管理中实现从静态分析到动态决策的转型。

**3. 动态评估与分级排序**

在完成风险概率与影响评估模型构建后，风险优先级排序是确保管理资源得到最优配置的重要环节。排序的核心在于综合考虑风险的发生概率和影响程度，并通过大数据技术和量化分析工具为企业识别重要风险提供科学依据。

（1）综合评分计算：结合风险发生概率和影响值，通过权重分配计算综合评分。

$$R = P \times (\omega_1 I_{财务} + \omega_2 I_{运营} + \omega_3 I_{品牌})$$

其中，$R$ 为综合风险评分；$P$ 为风险发生概率；$\omega$ 与 $I$ 分别为权重和对各维度的影响值。

（2）动态排序调整与监控：通过大数据技术实现实时监控，动态调整风险优先级。

具体实现方法为利用 IoT 设备、传感器、GPS 等技术实时采集供应链关键节点的变化数据（如运输延误、库存波动）；采用 Apache Kafka、Flink 等实时流处理工具，将动态数据输入模型，更新风险评分和排序结果；最后，通过仿真技术（如 AnyLogic）模拟不同情境下的风险变化，提前优化排序。

## 9.2.3 基于大数据的风险控制

在完成供应链风险评估后，企业需要制定并实施风险应对措施，降低潜在威胁对运营的影响。结合大数据技术和智能化手段，风险控制流程通过透明化、协同化、实时化和智能化管理，不仅可以有效减少供应链风险，还能为持续监控和优化提供强有力的支持。以下是基于大数据的风险控制流程及其实施方式。

**1. 数据驱动下的风险控制目标确定**

1）聚焦高优先级风险

企业首先需要将风险识别和评估阶段的成果系统化整理，利用大数据技术进行分析和归纳，即采用风险识别阶段构建出的风险全景视图，结合风险评估阶段的动态排序结果，通过加权评分法对风险进行优先级排序，如高概率且高影响的供应商履约风险将被标记为优先控制目标。

2）制定风险控制的总体目标

在明确高优先级风险后，接着需要制定整体目标以降低风险发生的可能性或减轻风险的影响程度。主要包括以下两点：

（1）降低高频风险的发生概率：利用时间序列分析模型（如 ARIMA），对物流延误或库存短缺的触发条件进行预测。基于预测结果优化运输路径或库存补货策略，从源头降低风险发生的可能性。

（2）降低高影响风险的损失：借助蒙特卡罗模拟技术，对供应商违约或市场需求波动等高影响风险进行多场景仿真，量化其潜在影响并设计针对性缓解方案。

3）明确分层控制目标，逐步细化实施

（1）战略层目标：通过大数据平台分析全链条数据，优化供应链网络布局，降低关键节点的脆弱性。例如，使用网络优化算法分析供应商分布与运输网络，避免对单一供应商或单一路线的过度依赖。

（2）战术层目标：细化供应链环节的控制目标。例如，在物流环节利用 IoT 设备监控运输车辆位置，结合路径优化算法动态调整路线，确保运输延误率低于要求值；库存管理环节，通过机器学习预测模型优化补货计划，将库存周转率提升至行业最佳水平。

（3）操作层目标：通过动态仪表盘实时展示各环节关键数据，支持现场快速决策。例如，当库存即将低于安全线时，系统自动触发补货流程并发送提醒。

4）动态调整与反馈优化

风险控制目标在实施中需要不断调整以适应供应链环境的变化，这一过程依赖于实时数据和大数据技术的反馈能力。

（1）实时监控与动态调整：系统根据实时流技术采集的最新数据调整控制目标，如在极端天气下实时调整运输路线或增加库存储备，以确保供应链稳定运行。

（2）持续优化与反馈学习：结合强化学习算法和历史反馈数据，优化控制目标和策略。例如，通过分析供应商的过往履约数据动态调整采购比例，将更多订单分配给表现稳定的供应商，同时减少对不稳定供应商的依赖。

**2. 智能化风险应对策略设计**

在明确风险控制目标后，企业需要通过大数据和智能化技术设计针对性的风险应对策略。智能化的策略设计不仅能提升风险应对的效率和精度，还能帮助企业灵活应对供应链中的突发状况。以下是具体过程及实现方法。

1）数据驱动的风险应对方案生成

利用大数据技术整合历史数据、实时数据及外部环境数据，为应对策略的设计提供科学依据。通过机器学习算法（如回归分析、决策树）分析供应链中常见风险事件的原因和应对方法的实施效果；实时数据支持，借助 IoT 设备采集实时运行数据，如运输车辆的位置、订单完成情况和库存水平，根据数据变化动态生成应对方案。

2）针对不同风险类型设计应对策略

根据风险类别的不同特点，应用智能化技术设计个性化的应对措施，例如：

（1）物流延误风险：通过路径优化算法（如 Dijkstra 算法）动态调整运输路线，避免交通拥堵或恶劣天气带来的延误。

（2）供应商违约风险：结合供应商绩效评估模型，动态调整采购分配。例如，对交付稳定性差的供应商降低订单比例，同时增加备用供应商的采购比例。

3）应急响应机制的智能化设计

在高风险情况下，智能化技术可以帮助企业快速启动应急响应机制，减少风险带来的负面影响。

（1）多场景仿真支持：通过仿真技术（如蒙特卡罗模拟），模拟不同应急场景下的应对效果。例如，评估备用供应商启动或区域库存调拨的时间成本和效果并选择最优方案。

（2）自动化应急响应：结合实时数据和规则引擎，系统自动执行应急措施。例如，当原有供应商无法履约时，系统立即通知替代供应商发货并重新分配物流资源。

4）智能优化与持续改进

风险应对策略需要随着实际效果的反馈进行持续优化，以不断提升其适应性和效率。

（1）策略效果监测：通过实时数据监控应对措施的实施效果，如跟踪运输延误的减少幅度或库存周转率的改善。

（2）自适应优化：利用强化学习算法，系统根据反馈数据不断优化应对策略。例如，分析过去的物流调整记录，找到最佳路线优化方法并自动应用到未来运输计划中。

## 9.2.4　基于大数据的风险监控

风险监控是供应链风险管理的关键闭环环节，它通过持续的动态监测和趋势分析，实时跟踪供应链的风险状态，并为未来的管理决策提供数据支持和改进依据。在此过程中，风险监控利用大数据技术和智能分析手段，不仅关注单一风险事件的发生，还通过跨领域的数据整合，进行多维度的风险趋势预测。

### 1. 基于大数据的风险实时监控

实时监控平台和可视化技术通过动态监测供应链运行状态、识别潜在风险点，并直观呈现数据，为决策者提供科学依据。该环节不仅对风险控制的效果进行追踪与评估，还为下一轮风险管理提供优化建议，实现风险管理的闭环优化。主要包括对风险控制措施执行过程的动态监控、可视化效果展示以及方案的反馈和优化。

（1）风险执行动态监控：风险控制措施执行过程的动态监控，如物流调整监控，追踪因风险控制而调整的运输路线是否按计划执行（如新的运输路径、替代物流模式）。利用 GPS 数据和运输状态监控系统，分析运输延误时间的变化趋势；库存优化跟踪，动态监控库存分布的调整效果，如补货到达时间是否满足预期需求。监测库存周转率、缺货率等关键指标的变化，验证库存优化措施的成效。

（2）可视化展示与效果反馈：通过对风险控制效果的量化与图形化呈现，帮助管理者快速理解风险控制效果并调整策略。构建实时更新的仪表盘，展示风险控制相关的核心指标（如运输延误减少率、库存补货完成率）。将控制效果按时间维度动态呈现，帮助管理者跟踪长期变化趋势；利用折线图、柱状图对比风险控制前后各关键指标的变化幅度。通过热力图显示高风险区域的改善情况，直观反映控制措施的实施效果；自动生成控制效果评估报告，包括措施实施情况、改进效果和剩余风险建议，为决策层提供优化依据。

（3）闭环反馈与持续优化：通过对控制效果的分析与反馈，优化未来的风险管理策略，即将实际执行数据与风险控制模型的预测结果进行对比，识别偏差和不足。通过反馈机制更新模型参数（如运输路径优化算法中的时间成本权重）；根据控制效果调整监控平台的风险阈值（如库存警戒线、运输延误阈值）。针对未能充分缓解的风险，优化预警规则和应急响应机制；基于效果追踪结果，系统生成新的风险控制优化建议（如增加安全库存或优化供应商组合），推动供应链风险管理的持续改进。

### 2. 基于长期监测数据的趋势分析与反馈优化

长期监测数据的趋势分析是供应链风险管理的重要环节，它通过对历史数据的积累与挖掘，深入分析风险的发生规律和演变趋势，为企业提供科学的决策支持和持续优化的方向。结合数据挖掘技术，企业能够从复杂的供应链数据中提取关键模式，预测未来风险场景，并设计更具前瞻性的管理策略。

（1）长期监测数据的作用：长期监测数据为供应链管理提供了稳定的参考基准和丰富的历史信息。记录物流、库存、生产和市场变化的长期数据，为分析供应链运行规律奠定基础；通过数据的时序分析，发现周期性变化和潜在风险趋势；基于长期数据的分析结果，企业可以更精准地预测供应链运行中的关键风险点并制定有针对性的优化措施。

（2）趋势分析的关键技术：主要是指通过时间序列分析技术分析供应链数据长期变化趋势以及周期性特征，以此来预测未来趋势；通过关联规则分析模型发现数据集中变量之间的频繁模式和潜在关系，帮助企业理解变量之间的影响机制并根据发现的规则，推荐策略调整方向。

（3）反馈优化的关键技术：根据趋势分析结果，重新设计高峰期的物流网络，如增加临时运输资源或调整配送中心布局；根据趋势数据重新定义监控阈值，通过长期数据反馈优化预警规则，提高风险监测的敏感性和准确性；利用反馈数据校正预测模型的偏差，提高未来风险预测的精准度并结合历史执行效果和实时数据，不断改进库存分配、运输路径规划等核心算法。

## 9.3　大数据时代供应链各环节的风险管理

在大数据应用于供应链管理的各个环节中，数据质量风险普遍存在且至关重要。数据质量风险主要表现为数据不一致、缺失、重复或错误等，这些问题会对供应链各阶段的决策和运营产生严重影响。

其常见类型包括：数据准确性问题，如错误的供应商交货记录；数据完整性问题，如质量数据中产品质量数据遗漏；数据一致性问题，如不同系统中数据不一致。

数据质量风险的识别方法主要包括：数据清洗，通过去除冗余数据、填补缺失值、消除异常值提高数据准确性；数据一致性检查，利用大数据算法对多源数据进行一致性校验；异常检测，运用机器学习算法识别异常数据。

其控制方法包括自动化数据清洗与修复，实时监控并修复数据问题；多源数据交叉验证，确保各数据源信息一致；数据标准化处理，确保数据的一致性和可用性（详细数据处理技术见第 2.2 节）。

在后续各小节涉及数据质量风险时，不再详细展开，仅简要提及。

本节将基于风险识别、评估、控制三个角度，梳理供应链各环节应用大数据技术进行管理时的常见风险管理要点，使读者对大数据在供应链风险管理中的实践应用有更加清晰的认知。

### 9.3.1　大数据时代的需求风险管理

在供应链管理中，需求预测是至关重要的一环。随着大数据技术的应用，需求预测的精度和实时性得到了显著提升。然而，虽然大数据可以帮助我们挖掘市场趋势和消费者需求，但其本身也带来了许多风险。这些风险不仅可能影响需求预测的准确性，还可能对整个供应链的效率产生连锁反应。以下是基于大数据的需求管理中的风险分析。

**1. 需求风险识别**

利用大数据进行供应链需求管理时，风险主要体现在数据质量、需求波动、预测误差等方面。以下是基于大数据进行需求管理时所面临的各类风险：

（1）数据质量风险：如因收集渠道过多造成商品销量数据不一致而导致对市场需求趋势产生误判、监测市场偏好时因某一地区数据缺失造成无法把握消费者需求变化等风险。大数据技术可以帮助识别数据质量风险，包括数据不一致、缺失、重复或错误，通过数据清洗和验证，及时识别因数据质量引发的决策风险。

（2）需求波动性风险：大数据分析基于历史数据和现有的趋势预测未来需求，然而突发的事件（如自然灾害、政治动荡、突发流行病等）可能导致需求剧烈变化，这种外部因素往往难以完全通过数据分析进行预测。

（3）预测模型的误差风险：需求预测模型可能存在误差，尤其在外部环境发生变化时。可以通过回溯测试、交叉验证等大数据技术，计算预测误差的平均值和标准差，识别需求预测模型中的潜在问题。

**2. 需求风险评估**

在识别出潜在的风险后，利用大数据技术对这些风险进行量化评估更为关键。

（1）需求波动性和预测准确性评估：通过大数据技术计算误差指标（如 MSE、MAE 等），评估需求预测模型的准确性和稳定性。另外，还可以通过交叉验证、多模型集成等方法，量化需求预测模型的误差，评估模型在不同情境下的表现；同时，可以结合时间序列分析模型、季节性调整等方法，对历史数据进行建模，量化需求波动幅度。

（2）数据质量评估：利用大数据平台自动扫描并检查数据的完整性，分析缺失、重复或错误数据的比例。通过数据一致性检测，评估不同来源数据之间的一致性，确保数据不会因质量问题影响需求预测；通过异常检测算法（如基于统计的方法、机器学习算法等），自动识别数据中的异常值，量化异常数据的影响，评估其对预测结果的潜在风险。

**3. 需求风险控制**

（1）需求波动、预测误差风险控制：动态调整预测模型，利用大数据技术和机器学习算法，基于实时数据和市场变化自动调整需求预测模型。当市场需求发生剧烈波动时，模型会根据新的输入数据及时更新预测结果。例如，当需求出现突增或突降时，机器学习模型能够快速反应，自动调整预测参数，以应对需求的快速变化。

实时需求监控与预警，通过 IoT 和大数据平台实时监控市场需求的变化，利用实时数据和历史数据对比，自动监测需求波动的异常情况。当需求发生异常时，系统自动发出预警信号，促使供应链管理人员及时采取应对措施。

（2）数据质量问题控制：数据清洗与修复，通过大数据技术建立数据清洗和修复流程，自动识别和处理缺失、重复、错误数据。利用机器学习算法自动补全缺失数据，并通过数据校正和一致性检查，确保数据质量。

数据完整性与一致性管理：结合数据集成平台和数据验证技术，实时监控数据的完整性和一致性，减少因数据不完整或不一致而导致的风险。通过多源数据加权融合，确保每个数据源的权重合理，从而避免因单一数据源的问题影响整体数据质量。

## 9.3.2 大数据时代的供应商风险管理

供应商管理是供应链管理中的关键环节，直接关系产品的质量、供应的稳定性及供应链的流畅性。随着大数据技术的应用，供应商管理能够更加精确、高效，但也面临着与大数据应用相关的新风险。[①]

### 1. 供应商风险识别

（1）供应商财务稳定性风险：供应商的财务不稳定可能导致其无法继续履行合同，甚至破产，最后导致供应链中断。

通过大数据技术分析供应商的财务报表、信用评级、负债率、现金流等关键财务指标，结合行业分析和新闻舆情，识别供应商的财务健康状况和破产风险。

（2）供应商履约风险：供应商未按时交货或产品质量不达标是供应链中最常见的风险之一。通过大数据技术，企业可以实时跟踪供应商的履约情况，预测未来履约风险。识别方法有历史履约数据分析，利用历史数据分析供应商的履约历史，识别并预测供应商履约能力和履约趋势，提前识别可能的履约风险。

供应商绩效评分模型：通过机器学习模型（例如决策树、随机森林）根据供应商的履约情况（如准时交货率、质量合格率等）生成绩效评分。基于绩效评分，企业可以识别出高风险供应商并进行预警。

（3）供应商依赖风险：若企业过度依赖某个供应商，当该供应商出现问题时，可能会导致整个供应链的性能下降甚至中断。大数据技术可以帮助企业识别哪些供应商是关键供应商，从而评估依赖风险。

供应商依赖度分析：通过对采购数据、供应商提供的原材料或商品占比、供应商地理位置等多维度数据进行分析，评估企业对单一供应商的依赖程度。例如，使用聚类分析和风险集中度模型，将所有供应商根据其对企业供应链的影响力进行分类，量化每个供应商的依赖风险。

供应链网络分析：通过分析供应链网络中各供应商之间的关系，识别出关键供应商和供应链中最重要的节点。例如，利用图论和网络分析算法，如 PageRank、中心性分析等，识别出供应链流程中的核心节点，帮助企业识别对单一供应商的依赖风险。

---

[①] 张林，张子如. 供应链风险管理中供应商风险防范策略研究[J]. 中国航务周刊，2024（28）：82-84.

**2. 供应商风险评估**

（1）供应商财务稳定风险评估：通过分析供应商的财务数据（如收入、利润、现金流、负债等），结合行业数据、市场状况以及信用评分，评估其财务稳定性。大数据技术可以帮助评估供应商在未来面临的财务压力以及潜在破产风险。使用财务分析模型（如Z-score 破产模型）结合大数据平台的实时财务监控工具，评估供应商的财务健康状况，并使用多元回归分析和信用评分模型量化风险。

（2）供应商履约风险评估：预测供应商未来可能的履约问题，量化履约风险对供应链的影响。履约趋势分析，使用时间序列预测模型（如 ARIMA）计算供应商的准时交货率、拒单率等指标，评估其履约能力的变化趋势；利用传感器、GPS 数据和 RFID 技术，实时获取供应商交付状态，评估潜在延误的可能性。结合机器学习（如 SVM）对交货数据进行分类，识别高风险供应商。

（3）供应商依赖风险评估：旨在量化企业对单一供应商的依赖程度，并评估潜在的供应链中断风险。通过分析采购金额、供应量比例等数据，计算单一供应商的依赖系数。同时，使用聚类算法（如 K-means）对供应商分组，识别出具有较高依赖风险的供应商，并在此基础上进行集中度分析，采用集中度指数（HHI）衡量供应商在供应链中分布的集中度，最后应用图论分析供应链网络，进一步识别出对供应链稳定性具有重大影响的高依赖供应商。

**3. 供应商风险控制**

（1）供应商财务风险控制：企业应定期监控合作供应商的财务状况，确保其财务健康。结合大数据技术，使用实时财务监控系统，结合信用评级模型，分析供应商的财务健康状况。最后，使用风险评估工具（如 Z-Score 模型）预测供应商破产风险，采取措施保障供应链稳定性。

（2）供应商履约风险控制：实时监控系统，建立基于大数据的供应商履约监控系统，自动收集供应商的交货进度和质量监测数据，提前识别潜在的履约延迟或质量问题；设立供应商替代机制，建立备选供应商库，通过大数据预测模型，及时推荐性能良好的替代供应商，确保供应链不中断。

（3）供应商依赖风险控制：供应商多元化策略，通过大数据分析，优化供应商选择和采购策略，减少对单一供应商的依赖，降低供应链集中风险。根据供应商的风险等级和市场表现，动态调整供应商组合。

## 9.3.3 大数据时代的采购与库存风险管理

采购和库存管理是供应链中至关重要的环节，它们直接影响着企业的资金流动、供应稳定性及整体运营效率。大数据技术使得采购与库存管理更加精准和高效，但也带来了新的风险。以下是基于大数据的采购和库存管理中存在的风险、评估方法及控制措施。

**1. 采购与库存风险识别**

（1）库存过剩或短缺风险：若库存过剩和库存管理不当，企业则会出现库存积压，这不仅会占用大量资金，还可能导致产品过期、滞销等问题；库存短缺，当库存不足时，企业可能无法满足客户需求，从而导致销售机会的丧失或产品的生产中断。

实时库存监控：通过 IoT 设备和传感器技术，实时获取库存水平数据，并将其与销售数据、生产计划等信息进行对比，识别出库存过多或短缺的潜在风险。

库存周转率分析：利用大数据分析，通过 WMS 计算库存周转率，并分析库存的滞销商品、过季商品等，识别出哪些产品库存周转时间过长可能造成资金占用。

（2）采购预测失误风险：大数据依赖历史数据和算法进行采购预测，若预测模型没有考虑到特殊事件（如市场波动、季节性波动、突发事件等），可能导致采购量不足或过多，影响供应链的稳定性。

需求预测误差分析：结合历史销售数据、市场趋势、消费者行为数据、宏观经济数据等，利用机器学习（如回归分析、决策树等）建立动态的需求预测模型，实时监控预测结果与实际数据的偏差。

（3）供应商交货延迟风险：供应商未能按时交货可能导致企业库存不足、生产中断，甚至影响销售。

供应商履约数据监控，即通过历史数据和实时数据分析供应商的交货能力。若供应商频繁出现交货延迟，系统能及时发出预警，识别供应商的履约风险；供应链协同与数据共享，通过与供应商共享实时数据，确保供应链各方能够及时获取到供应商的生产、库存和运输状态，及时识别信息延迟导致的交货风险。

（4）库存管理系统的技术故障或数据丢失风险：依赖自动化系统的库存管理可能面临技术故障或数据丢失的风险，进而影响库存信息的准确性和及时性。

系统性能监控：使用分布式系统监控工具（如 Zabbix、Prometheus 等）监控库存管理系统的健康状态，及时发现系统故障、数据丢失或延迟等问题。大数据平台能够在数据传输异常、系统响应延迟时发出警报。

### 2. 采购与风险评估

（1）库存波动风险评估：较大的波动可能意味着库存短缺或积压的风险较高。通过大数据平台计算库存数据的标准差，量化库存波动的幅度。例如，使用时间序列分析和风险建模技术，计算历史库存数据的波动性，评估未来库存变化的风险。

（2）采购预测误差的评估：若预测误差过大，可能需要重新调整采购策略。通过对历史预测结果与实际销售数据的对比，评估采购预测的准确性。例如，使用回归分析、机器学习和自适应算法，对历史预测误差进行量化，并评估其对采购计划的影响。

（3）供应商履约风险评估：通过大数据分析供应商的交货历史、质量问题、生产能力等，评估其履约能力的可靠性。高风险供应商可能需要进行替换或加强监控，即使用多维数据分析方法，结合机器学习模型对供应商的履约风险进行评分，动态更新风险评估结果。

（4）库存管理系统的技术故障或数据丢失风险评估：技术故障风险评估，通过分析系统历史运行数据，统计技术故障发生次数，按时间维度剖析规律和趋势，模拟不同故障场景，运用数据恢复技术和验证算法评估对库存信息准确性的影响程度；结合系统架构、维护记录等多维度数据，利用故障树分析和机器学习算法预测业务中断时长。

数据丢失风险评估：依据数据备份和恢复记录及校验算法，计算数据丢失比例；综合数据存储、备份和恢复技术，评估数据恢复可能性及所需的时间成本、人力成本、物力成本。

**3. 采购与库存风险控制**

（1）库存波动风险控制：动态库存管理，基于实时需求预测和库存数据，自动调整库存水平，避免库存过多或短缺；通过库存优化算法（如 ABC 分析、EOQ 模型等），结合大数据平台对销售数据和库存数据的实时监控，自动调整库存量。

（2）采购预测失误风险控制：基于大数据平台，自动化制订采购计划，实时调整采购量，避免预测失误带来的风险；结合需求预测模型、供应商交货能力、库存数据等，使用机器学习和深度学习算法优化采购决策，确保采购量精准。

（3）供应商延误风险控制：通过大数据技术监控供应商表现，及时调整供应商选择，减少对单一供应商的依赖；使用大数据平台实时分析多个供应商的履约能力和风险表现，优化供应商选择与分配策略。

（4）库存系统数据丢失风险控制：建立数据备份与恢复机制，确保库存管理系统和相关数据的安全，避免因技术故障或数据丢失导致决策错误；通过云计算和分布式数据库技术，建立自动化的数据备份与恢复机制，确保数据的完整性和可靠性。

（本小节涉及的动态库存管理、自动化采购等技术的具体实施应用可见第 6.2.3 小节）

## 9.3.4 大数据时代的运输配送风险管理

运输管理是供应链管理中的核心环节之一，它涉及货物从生产地到消费者手中的全过程。随着大数据技术的广泛应用，运输管理变得更加智能化和精准化。然而当大数据在决策中扮演越来越重要的角色时，运输管理中的风险也随之增加。接下来，我们将探讨运输管理中面临的风险及其应对策略。

**1. 运输配送风险识别**

（1）运输延误风险：运输延误是物流运输中的常见风险，可能由多种因素引起，如道路事故、运输设备故障等。运输延误不仅会影响交货时间，还可能导致库存不足、客户满意度下降等问题。

实时交通数据监控：大数据平台可以整合来自交通管理系统、GPS 跟踪设备和交通摄像头的数据，实时监控运输路线上的交通情况，预测可能导致运输延误的交通拥堵、事故或施工等情况。

（2）运输成本波动风险：运输成本（如油价、运费）会因外部因素而产生波动。若运输成本没有得到有效预测和控制，可能会导致供应链整体成本不可控上涨。

油价波动监测：油价是运输成本中最重要的部分之一，油价的波动直接影响运输成本。大数据平台可以实时监测全球及地区性油价的变化，并通过历史油价数据的分析，预测未来油价的波动趋势。

市场需求变化分析：运输需求受季节性、市场需求波动等因素的影响，可利用大数据实时监控技术监测和分析市场需求变化，识别运输需求量波动，进而预测运输成本波动。

（3）运输路线规划错误风险：运输路线的选择对于物流成本和时效性至关重要，若因数据不足或分析错误，选择了非最优路线，将导致运输效率低下、运输时效延误以及增加不必要的成本。

历史路线评估：基于大数据平台，利用数据挖掘技术（如关联规则分析、模式识别等）对历史运输路径的分析，识别哪些路线在实际运营中出现过延误、事故或成本过高的情况，为后续路线选择提供优化依据。

实时路线监控与优化：大数据技术通过整合 GPS 数据、交通流量数据和路况监测数据，能够实时计算最优运输路径，及时识别潜在的路线规划错误。

（4）数据传输错误或延迟风险：在物流运输过程中，涉及大量实时数据的传输，如货物位置、交货时间等。若数据传输延迟、错误或丢失，会影响整个运输管理的效率和准确。

数据传输故障监控：利用实时数据流分析技术，企业可以实时监控数据传输状态；结合网络诊断工具（如延迟检测、错误检测算法），企业可以及时识别传输延迟或数据丢失问题。

**2. 运输配送风险评估**

利用大数据技术对物流运输管理中的风险进行评估和控制是提高供应链效率、降低风险、保障运输安全的关键步骤。以下是利用大数据技术进行物流运输管理中的风险评估和控制的详细说明：

（1）运输延误风险的评估：通过实时交通流量和天气影响分析，利用大数据平台集成实时交通流量、天气数据等信息，评估运输延误的可能性。利用历史数据和交通模式分析，结合天气预报和实时路况数据，预测运输延误的发生概率。

拓展阅读 9.2　关联规则下供应链风险控制研究案例介绍

历史运输数据分析：通过大数据分析历史运输延误记录，使用回归分析、异常检测算法（如基于统计分析的 Z-Score 算法）来识别高风险时间段和路线，评估这些风险因素对运输的潜在影响。

（2）运输成本波动风险的评估：通过油价波动预测，分析影响油价变化的各种因素。使用回归分析和时间序列预测模型（如 LSTM）来分析油价波动趋势，结合全球经济数据对未来油价波动进行预测。

运输需求与运力匹配分析：通过大数据分析市场需求波动（如节假日促销、突发需求等）对运输资源的影响，结合机器学习算法（如神经网络等），分析历史需求和运力数据，以此来评估运输需求的变化对运输成本的影响。

（3）运输路线规划错误风险评估：路线优化风险评估，通过大数据分析历史运输数据，运用 GIS 和数据挖掘技术（如聚类分析）分析历史运输路径，识别高风险路线，评估不同路线的成本、时效性和安全性。

交通和道路状态分析：通过大数据技术实时分析交通流量、道路条件、施工和事故信息，评估当前运输路线的可行性。

（4）数据传输错误或延迟的风险评估：数据传输延迟与丢失的评估，通过网络诊断工具和数据流分析识别数据丢失或延迟的风险点，实时评估数据传输的质量。

数据准确性和一致性评估：利用数据质量管理工具和机器学习算法，分析数据传输的准确性，对所有传输的数据进行一致性和准确性检查和质量评估。

**3. 运输配送风险控制**

（1）运输延误及路线规划失误风险的控制：基于实时交通、天气、道路状况等信息，结合 GIS 和路径规划算法（如 Dijkstra 算法），实时计算最优运输路线，避开交通堵塞区域、天气不利地区等，动态调整运输路线和时段，避开可能的延误点。

预警系统：建立基于大数据的实时预警系统，通过实时数据流分析和预测模型（如机器学习算法），监控潜在延误情况并自动触发警报系统。当运输延误的概率超过设定阈值时，自动通知相关方进行干预和调整。

（2）运输成本波动风险控制：通过大数据平台实现运费计算和预测，根据实时油价、市场需求和运输距离，动态调整运输成本。通过与运输公司和供应商协作，确保运输成本保持在合理范围内。

成本预测和预算管理：建立基于大数据的运输成本预测模型（如回归分析、深度学习等），提前识别可能的成本波动，并为运输部门提供基于大数据的预算管理工具，提前做出预警和资金调整，帮助企业进行有效的预算管理。

（3）数据传输错误或延迟风险控制：数据传输优化与修复，通过大数据技术优化数据传输流程，使用数据流量分析工具和自动化修复算法（如冗余数据传输机制）确保数据及时传输，减少数据丢失，确保数据传输的实时性和准确性。若发现传输错误或延迟，系统能够自动修复。

数据传输监控系统：建立监控系统，实时检测数据传输的状态，结合自动化报警系统，确保数据传输中的每个环节都能即时得到检测与修正。

## 9.3.5 大数据时代的质量风险管理

在供应链中，质量管理直接决定了产品的市场竞争力和消费者的满意度。随着大数据技术的引入，质量管理变得更加精准和高效，但在提高质量控制水平的同时，也带来了新的风险。在此背景下，我们需要分析质量管理中的潜在风险并提出有效的管理策略。

**1. 质量风险识别**

（1）供应商质量风险：供应商提供的原材料、零部件或产品的质量不合格是严重的风险，可能影响最终产品的质量，导致客户投诉和品牌声誉受损。大数据技术可以帮助识别和跟踪供应商的质量问题，但仍然面临着供应商不按约定提供质量合格产品的风险。

供应商质量评估：通过机器学习算法（如决策树、支持向量机等）对历史数据进行建模，分析供应商提供的材料或产品的质量稳定性，并评估未来可能发生的质量问题。

通过客户反馈分析，识别供应商在质量方面的潜在风险。

质量异常预警系统：根据供应商的质量数据（如合格率、退货率、生产缺陷率等），结合 IoT 设备、传感器和 QMS 系统建立自动化质量监控系统，通过异常检测算法及时发现质量波动并发出预警。

（2）生产过程质量波动风险：在生产过程中，质量波动往往是由于生产设备的故障、操作失误、原材料质量问题等引起的。质量波动会导致产品缺陷率升高，影响整体生产效率。

生产线监控与质量追踪：通过传感器和物联网技术实时采集生产线上的数据（如温度、压力、湿度等生产条件），结合质量数据（如尺寸误差、缺陷率等），分析生产过程中质量波动的风险。

生产异常检测与预测：利用机器学习和人工智能算法，通过实时数据流分析，预测生产过程中可能出现的质量波动。通过历史生产数据训练模型，提前发现潜在问题并进行调整。

（3）质量数据隐私和安全风险：质量数据中可能包含敏感的商业信息（如生产工艺、原材料采购信息等），若这些数据遭到泄露或被恶意篡改，会对企业造成重大损失。

数据加密与访问控制：采用端到端加密、角色权限管理、访问日志监控等技术，实时检测和预防数据泄露和未经授权的访问，确保质量数据的安全性。系统可以实时监控数据访问情况，识别任何非法访问或数据泄露的风险。

数据泄露风险监控：通过大数据分析平台，对质量数据的访问和使用进行审计，识别潜在的安全漏洞或数据泄露风险。

**2. 质量风险评估**

（1）供应商质量风险评估：使用回归分析、决策树、随机森林等机器学习算法，通过对供应商提供的历史质量数据、交货质量、客户反馈、退货率等进行分析，评估供应商的质量表现和质量稳定性。

质量投诉分析与客户反馈评估：利用社交媒体分析、客户满意度调查等外部数据来源，通过情感分析技术对客户反馈进行分析，识别消费者对于供应商产品质量的不满情绪，进一步评估供应商的质量风险。

（2）质量波动风险评估：生产过程监控与质量波动分析，利用 IoT 设备实时采集生产数据，如温度、湿度、压力等生产参数，通过大数据分析平台，分析生产过程中的质量波动。

生产异常预测与识别：利用机器学习算法，基于历史生产数据预测生产过程中可能发生的质量波动，如设备故障、操作错误等，结合风险评估模型对这些风险产生的影响进行分析。

（3）质量数据隐私安全风险评估：

①数据隐私风险评估：通过大数据安全管理平台，分析和评估质量数据在存储、传输过程中可能面临的隐私泄露风险。

②数据泄露监测与评估：利用大数据安全监控工具，实时监控质量数据的访问与传

输，及时发现潜在的数据泄露或非法访问行为并对其风险程度进行评估。

**3. 质量风险控制**

（1）供应商质量风险控制：通过供应商质量评分与优化策略，根据评估结果，对供应商进行评分，并根据评分结果采取不同的合作策略。对低评分供应商，采取改进、监督或更换的策略；对高评分供应商，则加深合作。

质量跟踪与及时反馈：建立质量跟踪系统，使用物联网设备、传感器以及 RFID 技术，对供应商产品进行质量跟踪，并对每个供应商的质量进行实时监控和记录，确保产品质量符合标准并能够及时反馈质量问题。

（2）质量波动风险控制：生产流程优化与自动调整，通过实时数据反馈和自适应控制系统，结合大数据分析平台，实时调整生产流程中的参数，减少质量波动，确保产品质量稳定。例如，自动调整生产线温度、压力等关键生产参数。

智能质量管理系统：通过自动化质量检测设备和 AI 系统，实时检查生产过程中每一批次产品的质量，确保质量问题在早期被发现并修复。

（3）质量数据隐私安全风险控制：加密与访问控制，利用端到端加密、身份验证和多重授权机制确保所有质量数据在存储和传输过程中都被加密，只有经过授权的操作人员才能访问相关数据。

数据安全审计与监控：使用数据访问控制平台（如 Microsoft Azure Security Center）定期对质量数据的访问进行审计，分析谁访问了哪些数据、是否存在异常行为等信息，实时监控数据使用情况，防止数据泄露。

拓展阅读 9.3 供应链安全风险管理

# 9.4 大数据时代的供应链风险管理案例研究

## 9.4.1 案例背景

亚马逊作为全球领先的电商与物流巨头，其供应链覆盖 185 个国家，管理着超 1 200 个物流中心、200 多万家第三方卖家及日均超 2 000 万单的订单处理量。随着业务规模扩大，亚马逊面临着需求预测偏差（如季节性订单波动）、物流网络复杂（"最后一公里"配送延误）、第三方卖家履约风险（库存不足、假货问题）等挑战。2019—2021 年，亚马逊通过深度应用大数据技术，构建了全链条风险管控体系，显著提升了供应链韧性。

## 9.4.2 案例实践

亚马逊大数据驱动的供应链风险管理的具体步骤如下：

**1. 风险识别与数据采集**

多维度数据整合：亚马逊搭建了"Amazon Supply Chain Intelligence"平台，整合内部数据（订单历史、库存水平、配送时效）、第三方卖家数据（商品 SKU、履约能力、客户评价）及外部数据（Google Trends 搜索量、Weather Underground 极端天气预警、美国运输部交通拥堵指数）。例如，2020 年 Prime Day 促销前，平台通过分析社交媒体（Twitter、Instagram）的购物趋势，提前识别出智能家居设备需求激增的异常信号。

风险事件库构建：利用自然语言处理（NLP）技术，亚马逊对历史风险事件（如 2018 年欧洲仓库罢工导致的配送延误、2019 年第三方卖家假货投诉）进行文本解析，构建了包含 1 000 多个风险标签的事件库。当系统监测到某区域物流中心的"员工到岗率"连续 3 天低于 70%时，自动关联历史"罢工风险"标签并触发预警。

**2. 风险评估与模型应用**

第三方卖家风险评分：开发"卖家健康指数"模型，融合 15 个维度数据。

履约能力：准时发货率、库存周转率、物流合作伙伴评分。

质量风险：退货率、假货投诉率、客户差评率。

财务稳定性：账户余额、账期违约次数、平台借款记录。

2021 年某第三方卖家因电池产品质量问题被投诉，模型通过分析其近 3 个月退货率（从 2%飙升至 15%）和差评率（超行业均值 3 倍），提前 2 周将其风险等级从"低"调至"高"，并限制其商品曝光量。

库存风险量化分析：利用时间序列模型（Prophet）预测商品需求，结合 ABC 分类法评估库存风险。

A 类商品（高价值）：设定安全库存为 7 天销量，通过机器学习动态调整补货策略，降低断货风险。

C 类商品（低周转）：引入"滞销预警阈值"，当库存周转天数超过 90 天时，自动触发促销活动或渠道调拨。

**3. 风险控制与动态优化**

亚马逊的"Flex 配送网络"通过实时数据（GPS 位置、交通流量、天气）优化配送路线：2021 年冬季美国东北部暴风雪期间，系统自动识别出 500 多个高延误风险路段，将订单分配给距离收件人 3 公里内的备用配送点，配送延误率从 40%降至 12%；利用强化学习算法，动态调整配送员派单策略，使每小时配送效率提升 25%。

供应商协同机制：针对第三方卖家，亚马逊建立了"风险共担 dashboard"，实时共享库存数据、订单波动预测及物流资源状态。当某卖家的"库存可用天数"低于 3 天时，系统自动触发以下措施：推荐附近的亚马逊自营仓库进行库存调拨；向卖家推送"紧急补货"提醒，并提供物流优先级通道。

**4. 风险监控与反馈闭环**

实时监控大屏：开发"Supply Chain Risk Radar"可视化平台，实时展示。

宏观层面：全球物流中心运营状态（绿色＝正常、橙色＝产能过载、红色＝中断）。

微观层面：单个卖家的履约风险详情（如某玩具卖家的"准时发货率"连续 5 天低于 60%，标红预警）。

2020 年，该平台监测到印度第三方卖家的"原材料进口延误"风险集中爆发，亚马逊迅速启动"本地供应商匹配"计划，3周内帮助 80% 的受影响卖家找到替代货源。

模型迭代优化：利用联邦学习技术，亚马逊在不共享原始数据的前提下，聚合第三方卖家的匿名风险数据，持续优化"卖家健康指数"模型。2021 年，模型对"履约中断风险"的预测准确率从 85%提升至 93%。

### 9.4.3　案例分析

#### 1. 关键技术应用

数据层面：物联网（IoT）：物流设备传感器采集温度、位置数据，确保生鲜等特殊商品运输安全；自然语言处理（NLP）：分析客户评价、客服工单，识别质量与履约风险；区块链：对第三方卖家的商品溯源数据进行存证，降低假货风险。

模型层面：Prophet 算法：处理季节性、节假日等复杂场景的需求预测；图神经网络（GNN）：分析供应链网络中卖家—物流—客户的关联关系，识别风险传导路径。

工具层面：AWS Lambda：实现风险预警的实时触发与自动化响应；QuickSight：生成交互式风险报表，支持管理层决策。

#### 2. 实施效果

风险响应速度：第三方卖家履约风险识别时间从 48 小时缩短至 6 小时，物流延误处理效率提升 300%。

供应链效率：库存周转率提升18%，断货率下降22%，第三方卖家订单履约准时率从78%提升至 91%。

客户体验：因供应链风险导致的客户投诉量下降 40%，Prime 会员复购率提升5个百分点。

#### 3. 经验启示

数据共享机制：与第三方合作伙伴建立安全的数据共享平台，打破"信息孤岛"，实现风险共防。

算法场景适配：针对不同风险类型（如需求波动 vs. 履约中断）设计差异化模型，避免"一刀切"。

弹性能力构建：通过备用物流网络、动态库存调拨等措施，提升供应链在极端场景下的恢复能力。

企业供应链大数据应用风险涉及多环节、多因素，数据管理、技术应用和合作伙伴协同等方面相互交织，形成复杂风险网络，需要综合分析和应对。

（1）模型有效性：基于概率统计和优化算法的风险评估与应对模型能够有效识别风险、量化影响，提供针对性策略，显著提升企业风险防范能力。

（2）持续优化必要性：通过模型优化和验证，不断改进风险模型和应对措施，适应企业业务发展和外部环境变化，确保大数据应用的安全与稳定。

#### 2. 实际意义

（1）保障供应链稳定：有效降低大数据应用风险，减少因数据问题、技术故障和合作伙伴问题导致的供应链中断，保障企业生产经营活动顺利进行。

（2）提升决策科学性：准确的风险评估为企业管理层提供决策依据，使其在大数据应用投资、技术选型和合作伙伴选择等方面做出更合理决策，优化资源配置。

（3）促进大数据应用深化：为企业解决大数据应用中的后顾之忧，增强企业对大数据技术的信心，推动大数据在供应链管理中更广泛、深入应用，提升企业竞争力。

拓展阅读 9.4　顶级供应链管理案例之风险管理

（4）本案例彰显了在企业供应链大数据应用中，科学识别风险、构建有效模型持续优化管理的重要性，为企业实现大数据驱动的供应链创新与稳定发展提供了有益借鉴。

（资料来源：https://aws.amazon.com/cn/whitepapers/，笔者根据亚马逊相关资料整理所得。）

**问题：**

1. 本案例运用了哪些大数据技术？

2. 本案例的风险管理流程是否可以优化？如果可以，请写出优化措施。

## 课后习题

1. 什么是供应链风险管理？简要说明其在现代供应链中的重要性。

2. 大数据在供应链风险管理中的应用有哪些？请举例说明。

3. 请简要解释"供应链韧性"的概念。

## 即测即练

自学自测

扫描此码

# 第 3 篇

# 未来展望篇

# 第 10 章

## 供应链大数据管理的挑战、机遇及发展趋势

### 学习目标

1. 理解供应链大数据管理的基本概念和重要性。
2. 掌握供应链大数据管理面临的挑战和机遇。
3. 了解供应链大数据管理的发展趋势。
4. 学习如何应对供应链大数据管理的实际问题和策略。

随着大数据技术的快速发展，供应链管理正经历着一场革命性的变革。本章旨在帮助读者深入了解当前供应链大数据管理面临的主要挑战和机遇，探讨供应链大数据管理的发展趋势，并提供应对实际问题的策略和解决方案，为读者在供应链管理领域的进一步学习、实践打下坚实的基础。

### 导入案例

#### SHEIN——快时尚供应链中的大数据创新之路

SHEIN，作为国内成功出海的快时尚品牌，其供应链体系必须应对实时数据分析的挑战。首先，SHEIN 的供应链需要实时分析全球各地的时尚趋势和消费者需求，以快速反应并设计新产品。然而实时数据分析就对数据质量有较高的要求，比如如何确保来自不同地区、不同店铺的销售数据、顾客反馈信息的准确性和时效性。同时 SHEIN 的技术团队需要不断优化算法和数据处理能力，以应对海量数据实时分析的挑战。

面对这些挑战，SHEIN 抓住机遇，积极进行技术革新，发展大数据技术，利用大数据分析，SHEIN 能够准确预测市场需求，从而减少库存积压，提高库存周转率。SHEIN 的供应链透明度和可见性的提高，使得公司能够快速响应市场变化，推出符合消费者口味的产品，从而保持其在全球快时尚行业的领先地位。同时，随着技术的发展，SHEIN 正在投资更先进的数据分析工具和机器学习算法，以提高预测的准确性。同时，SHEIN 也在不断探索物联网技术，力求实现更智能的库存管理和物流配送，提高数据安全和隐私保护水平，并符合全球各地的数据保护法规。

（资料来源：https://www.mbachina.com/html/mbachina/202412/606002.html，笔者根据北京大学汇丰商学院官网相关资料整理所得。）

# 10.1 供应链大数据管理面临的挑战

在数字化浪潮席卷全球的当下，各行业都在积极拥抱大数据，期望借此优化供应链管理，提升运营效率与市场竞争力。以 SHEIN 为代表的时尚零售企业，借助大数据精准捕捉时尚潮流，实现快速上新与高效配送，凸显了大数据在供应链管理中的巨大潜力。与此同时，随着科技的飞速发展，大语言模型正凭借其强大的自然语言处理能力和数据分析能力，逐渐崭露头角，并对供应链管理领域产生着深远影响。

然而，当深入探究 SHEIN 等企业的实践案例，并将视角拓展至汽车制造、生鲜配送等其他行业时，就会发现供应链大数据管理并非一帆风顺，诸多棘手的挑战正横亘在前行的道路上。本节将对这些挑战展开深入探究，深度挖掘其背后潜藏的机遇，为读者呈现一个全方位的视角，深入理解在数据驱动的商业大环境下供应链管理该如何顺应时代潮流、积极创新并实现持续发展与进化，图 10-1 是本节内容的基本框架。

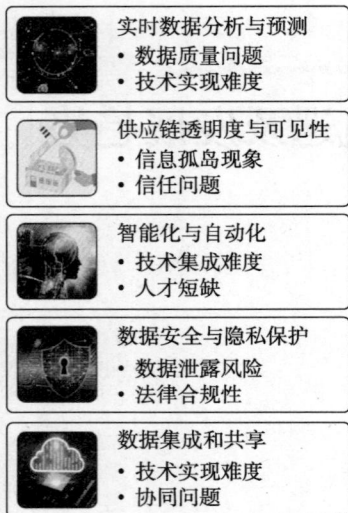

图 10-1 供应链大数据管理
面临的挑战

## 10.1.1 实时数据分析与预测

在大数据浪潮的推动下，供应链管理正面临深刻变革。实时数据分析与预测作为供应链管理中的关键数据处理环节，结合了实时分析与预测分析技术，但在数据量激增的背景下面临着复杂性和技术应用等方面的诸多挑战

实时分析是一种对供应链涉及的大量数据进行快速处理和分析的技术，它的主要目的是在数据产生的同时对其进行处理和分析，从而能够及时发现问题或其中隐含的趋势，并采取相应的措施。实时分析的主要特点是高速、高效、高准确度和实时性。这种技术可以应用于各种领域，如金融、电商、物流、医疗等，以实现更快的决策和响应。核心算法原理包括数据流处理算法、实时数据库技术等。数据流处理算法是指在数据产生的同时对数据进行处理的算法，而实时数据库技术则是指在数据产生的同时对数据进行存储和查询的技术。这些技术共同构成了实时分析的基础，使其能够在数据产生的同时提供有意义的结果。

预测分析是一种利用历史数据为预测未来事件提供估计的方法，通常涉及统计学、机器学习和人工智能等多个领域的知识和技术。预测分析的主要目的是帮助决策者更好地预测未来的情况，从而能够更好地制定策略并作出决策。

将实时分析和预测分析结合起来，就形成了实时数据分析与预测。这个过程不仅要求企业能够快速处理和分析数据，还要求能够基于历史数据对未来进行预测。实时数据分析与预测在金融、电商、物流、医疗等领域具有广泛的应用价值。

**1. 数据质量问题**

实时数据分析是供应链管理中的重要一环，它要求数据具备高度的准确性和时效性。然而，在实际操作中，这一要求往往难以完全满足。由于实时计算技术的不完善，以及供应链各环节产生的数据质量参差不齐，数据缺失、错误或延迟等问题时有发生。这些问题不仅会影响数据分析的准确性，还会削弱预测效果，从而对供应链管理的决策制定产生负面影响。

**2. 技术实现难度**

实时数据分析需要强大的数据处理和计算能力作为支撑。随着数据量的不断增加，如何快速、准确地处理和分析这些数据成为了一个技术难题。实时数据分析需要强大的数据处理和计算能力作为支撑，而当前的技术水平在应对海量数据时仍显捉襟见肘。此外，不同来源的数据格式和标准的差异也给数据处理带来了额外的挑战。

## 10.1.2　供应链透明度与可见性

在供应链管理中，透明度和可见性是两个核心概念，它们对于企业的运营效率和风险管理具有重要影响。供应链透明度是指企业对其供应链各个环节的了解程度，包括供应商、生产过程、物流运输等所有关键环节的详细信息。它强调了对供应链全貌的深入了解和清晰把握，要求企业公开和分享供应链信息，以增强与供应链伙伴之间的信任和协作。供应链可见性是指企业实时监控和跟踪整个供应链的能力。它强调了对供应链各个环节动态信息的实时获取和可视化展示，使得企业能够清晰地看到供应链的运行状态和关键指标。通过实时、精确的信息获取，企业可以迅速应对潜在的麻烦情况，如供应方的生产瓶颈、需求方的订单修改等。

供应链的透明度和可见性在供应链管理中具有重要意义。它们不仅可以提高企业的运营效率和风险管理水平，还可以提升品牌形象和消费者信任度。因此，企业应该重视供应链的透明度和可见性建设，采用先进的信息技术、建立信息共享机制以及加强供应链风险管理等途径来实现这一目标。但随着大数据时代的到来，提高供应链透明度与可见性也面临着如下挑战。

**1. "信息孤岛"现象**

传统供应链管理中，不同环节和部门之间的信息往往存在"信息孤岛"现象。这些"信息孤岛"如同一座座信息壁垒，阻碍了信息的自由流通与共享。由于信息的不透明、不共享，企业难以全面、准确地掌握供应链的整体状况，从而增加了供应链管理的复杂性和风险。例如，当某个环节出现问题时，由于"信息孤岛"的存在，企业往往难以及时发现采取措施，这将导致问题进一步恶化。

**2. 信任问题**

供应链中的各参与方往往出于自身利益考虑，不愿意完全公开和共享信息。这种不信任的态度进一步加剧了供应链透明度的问题。在缺乏信任的环境中，各方更倾向于保守秘密，而不是积极寻求合作与共赢。这不仅影响了供应链的整体效率，还可能导致不必要的竞争和冲突。

### 10.1.3　智能化与自动化

在大数据时代的推动下，供应链管理正处于变革的关键阶段，智能化与自动化已成为重要的发展方向。这一转型虽然为供应链优化和效率提升带来了诸多机遇，如通过技术集成实现精准预测、动态调度和成本控制，但也面临一系列亟待解决的挑战。智能化与自动化技术的集成在供应链中仍面临复杂性和技术壁垒的问题。

#### 1. 技术集成难度

智能化和自动化涉及多种技术的集成和应用，如物联网、人工智能、大数据等。这些技术之间的接口、协议和数据格式等存在差异，导致技术集成难度较大。企业需要投入大量人力、物力和财力，进行技术研发和系统集成，以确保各项技术能够协同工作，发挥最大效益。

#### 2. 人才短缺

智能化和自动化的实施需要具备相应技能的人才支持。然而，目前市场上相关技术人才相对短缺，难以满足企业的需求。这导致企业在推进智能化和自动化进程时，面临着人才瓶颈。为了解决这个问题，企业需要加强人才培养和引进，提高员工的技术水平和综合素质。

### 10.1.4　数据安全与隐私保护

大数据时代，海量数据的涌现为供应链带来了全新的洞察力和效率提升的可能性，但同时也引发了诸多挑战，尤其是在数据安全与隐私保护方面。下面将聚焦于大数据时代供应链管理在应对数据安全和隐私保护问题时所面临的主要挑战，深入分析其复杂性和紧迫性。

#### 1. 数据泄露风险

供应链大数据管理中涉及大量敏感信息的处理和存储，这些信息包括但不限于客户信息、交易数据、库存状况、物流信息等。这些数据的泄露或被滥用，将对企业和客户造成严重的损失。一方面，企业可能因此失去客户的信任，导致品牌声誉受损；另一方面，客户可能会遭受身份盗窃、财产损失等严重后果。数据泄露的风险在大数据时代尤为突出，因为黑客攻击、内部人员失误或恶意行为都可能导致数据泄露。

#### 2. 法律合规性

随着数据保护法规的不断完善，企业在数据处理和存储过程中必须确保符合相关法规的要求。例如，欧盟的《通用数据保护条例》对个人数据的收集、处理、存储和传输提出了严格的要求。如果企业未能遵守这些规定，可能面临巨额罚款、法律诉讼等风险。此外，不同国家和地区的数据保护法规存在差异，这也为企业跨国供应链管理带来了额外的合规挑战。

### 10.1.5　数据集成和共享

数据集成和共享是数据管理中的重要概念，它们在实现数据的高效利用和价值挖掘方面发挥着关键作用。

数据集成是指将来自不同来源、不同格式、不同结构的数据进行合并，使之成为一个统一的数据集，为企业决策提供准确、及时的数据支持。数据共享是指为提高数据的利用率和价值，促进信息的流通和互通，为业务创新和优化提供数据支持，将数据开放给不同的用户或系统使用，以便于这些用户或系统能够访问和利用数据。数据共享需要在保证数据安全和隐私的前提下进行。二者相辅相成。数据集成是实现数据共享的基础，只有将数据集成到一个统一的数据集中，才能实现数据的共享和利用。而数据共享则是数据集成的目的之一，通过数据共享，可以充分发挥数据的价值，促进业务的发展和创新。

数据集成与共享在数据管理中扮演着至关重要的角色。它们不仅能够提高数据的利用率和价值，还能促进信息的流通和互通，为业务的发展和创新提供有力的支持。但随着大数据时代的发展，也面临着如下挑战。

**1. 技术实现难度**

大数据技术的广泛应用使得供应链管理中的数据量和数据类型急剧增加。然而，不同系统和平台之间的数据格式、接口和协议等存在差异，这给数据集成和共享带来了技术上的难度。为了实现数据的有效集成和共享，需要克服技术壁垒，确保数据在不同系统之间的无缝传输和解析。这要求企业投入大量资源进行技术研发和升级，以适应大数据环境下的供应链管理需求。

**2. 协同问题**

数据集成与共享不仅是技术层面的挑战，更需要供应链各方的协同合作与共同努力。然而，在实际操作中，由于各参与方之间的利益关系和信任问题等因素存在，可能导致数据集成和共享的推进受阻。例如，一些企业可能担心数据泄露或滥用，而不愿意将数据共享给其他参与方。此外，不同参与方之间的数据标准和规范也可能存在差异，进一步增加了协同的难度。

## 10.2　供应链大数据的发展机遇

在当今这个充满活力与变革的时代，供应链也处在快速发展的关键阶段。供应链大数据管理如同一个强大的引擎，为供应链的优化创新源源不断地提供动力。从宏观层面来看，我们正处于一个数字化、智能化高速发展的时代浪潮之中。在这个背景下，供应链面临着诸多前所未有的发展机遇。技术的不断进步、市场需求的增长与变化，共同推动着供应链大数据管理迈向新的高度。

### 10.2.1　供应链支撑技术的不断进步

近年来，信息技术的发展日新月异，特别是人工智能、区块链、机器视觉、实时计算、柔性自动化等技术呈现出爆发式增长的趋势，为供应链大数据管理提供了强有力的支持和无限的可能性。

### 1. 人工智能

随着人工智能（AI）技术的快速发展，其在供应链管理中的应用已从单一的数据分析工具演变为推动供应链智能化、自主化与反脆弱化的核心驱动力。

需求预测方面，AI 技术通过深度学习、多模态学习和代理型人工智能技术，显著提升了预测的准确性和动态适应性。例如，结合社交媒体情绪分析、天气卫星图像等多模态数据，AI 可以更精准地预测消费者需求变化，代理型人工智能技术使预测系统能够自主优化模型参数，当市场波动较大时，系统可自动调整预测周期，甚至主动与供应商协商备货计划，实现从数据驱动到自主决策的转变；库存管理方面，实时数据分析、环境智能和自主决策机器人的应用，实现了库存管理的精细化与智能化。例如，多功能机器人通过代理型 AI 实现供应链的动态任务分配。例如，在仓库爆仓时，机器人可自主调整搬运优先级，并与供应链控制塔协同重新规划库位，提升仓储效率；供应链决策方面，量子计算、边缘计算与神经形态芯片的结合，使 AI 能够处理超大规模的优化问题。通过 AI 模拟"压力测试"，企业可主动暴露供应链脆弱点并生成自修复方案。人工智能技术的应用大大提高了供应链的智能化水平，为供应链管理带来了巨大的价值。

### 2. 区块链

区块链技术为供应链提供了极高的透明度和可追溯性。通过分布式账本技术，供应链中的每一个环节都可以被准确记录，且数据不可篡改。这使得供应链中各方都能实时了解货物的位置、状态和流转情况，增强了信任度。

在供应链金融方面，区块链可以解决传统供应链金融中的信任问题。通过将供应链上的交易数据记录在区块链上，金融机构可以更加准确地评估企业的信用风险，为企业提供更便捷的融资服务；产品溯源方面，消费者可以通过区块链追溯产品的整个生产和流通环节，确保产品的质量和安全。例如，食品企业可以利用区块链技术对食品进行溯源，消费者可以通过手机扫描二维码，了解食品的生产地、生产日期、运输过程等信息，增强消费者对产品的信任；在合同管理方面，区块链可以确保合同的执行和履约。智能合约可以自动执行合同条款，当满足特定条件时，自动触发相应的操作，提高了合同执行的效率和准确性。例如，物流企业与供应商签订的合同中可以使用智能合约，当货物按时送达且符合质量标准时，自动支付货款，简化了人为操作的烦琐流程，避免了人为失误。

### 3. 机器视觉

随着计算机视觉算法的进步和硬件设备成本的下降，越来越多的企业开始尝试将机器视觉引入生产物流领域。机器视觉不仅大幅减少了人工操作的需求，而且提高了准确性与一致性，在供应链管理方面发挥着重要作用。

自动化检测方面，机器视觉可以快速、准确地检测产品的外观缺陷、尺寸偏差等问题。相比人工检测，机器视觉具有更高的检测效率和准确性，能够大大减少漏检和误检的情况。质量控制方面，机器视觉可以实时监测生产过程中的质量问题，及时发现异常情况并进行调整；货物分类也是机器视觉的重要应用之一。通过机器视觉技术，可以快速准确地对货物进行分类，提高物流效率。企业可以采用机器视觉分类系统，提高分类速度，大大缩短货物分拣时间。

#### 4. 实时计算

实时计算技术在供应链中支持即时数据处理和分析，在提高供应链响应速度和灵活性方面起着关键作用，使企业能够更好地适应市场变化。

实时监控方面，企业可以通过实时计算技术实时了解供应链中的各个环节的运行情况，如库存水平、运输状态、销售数据等。一旦发现异常情况，能够及时采取措施进行调整。例如，零售企业通过实时监控库存水平，当库存低于警戒线时，自动触发补货流程，可以确保商品的持续供应。响应方面，实时计算技术可以使企业快速响应市场变化和客户需求。例如，在电商促销期间，通过对用户浏览记录、购物车添加情况等信息进行实时跟踪分析，商家可以迅速调整营销策略以最大化销售额，同时可以利用实时计算技术对销售数据进行分析，及时调整库存分配和物流配送，确保订单的及时处理和发货。

#### 5. 柔性自动化

传统意义上的生产线往往较为刚性，难以灵活应对个性化订单或季节性需求的变化。而随着机器人技术的进步及其与物联网系统的集成应用，如今出现了更多具备高度自适应能力的制造解决方案。柔性自动化"智能工厂"能够根据实际订单量自动调节产能，并且支持多种产品共线生产而不影响效率。柔性自动化技术使供应链更加灵活，能够适应市场变化和个性化需求。

生产方面，柔性自动化生产线可以快速调整生产工艺和产品规格，满足不同客户的需求。例如，制造企业采用柔性自动化生产线，可以根据客户的个性化需求进行定制生产，提高客户满意度；物流方面，柔性自动化设备可以根据不同的货物类型和运输需求进行调整。例如，某物流企业采用可调节的货架和搬运设备，可以适应不同尺寸和重量的货物，提高物流效率。同时，在物流配送端，无人驾驶车辆及无人机等新型运输工具也开始逐渐普及，进一步提升了整个供应链体系的灵活性与响应速度；仓储方面，柔性自动化仓储系统可以根据库存水平和订单需求进行动态调整。例如，电商企业仓储系统采用自动化货架和机器人搬运设备，可以根据订单量的变化自动调整货架布局和库存分配，提高仓储空间利用率和订单处理效率。

这些先进技术不断融合渗透，正在深刻改变着传统供应链管理模式。它们不仅极大地丰富了供应链大数据管理的功能范畴，还为企业带来了前所未有的竞争优势。然而值得注意的是，在享受这些红利的同时也需要警惕由此引发的安全隐私问题，并采取相应措施加以防范。未来，随着更多创新型科技的涌现及其成熟应用，我们可以预见供应链大数据管理将迎来更加辉煌灿烂的明天。

### 10.2.2　供应链管理需求的不断提升

在当今全球化与科技迅猛发展的时代背景下，企业所处的商业环境正经历着深刻变

革，供应链管理面临的需求也在持续升级。市场不再是静态可预测的，而是呈现出前所未有的动态性。消费者在全球化与信息技术的双重驱动下，需求日益多样化且个性化。全球化使供应链跨国跨区，带来协调、文化与法规挑战。此外，随着全社会对环境与社会责任关注度的飙升，可持续性成为供应链管理不可或缺的重要考量因素。在这样复杂的局势下，大数据技术正重塑企业供应链战略，助力其应对不断提升的供应链管理需求。

### 1. 市场动态性

现代市场的高度动态性使得供应链管理变得更加复杂。市场需求的快速变化、竞争对手的战略调整以及宏观经济环境的波动都对企业的供应链系统提出了更高的要求。这种不确定性导致了库存积压、缺货风险，以及成本上升等问题，增加了供应链管理的难度。

大数据技术通过实时数据分析和预测模型，帮助企业更好地理解和预测市场趋势，从而做出快速响应。通过收集和分析来自多个渠道的数据（如社交媒体、电商平台、销售点数据等），企业可以实时了解市场动态。例如，通过对消费者评论和搜索行为的分析，企业可以迅速捕捉到新兴趋势并调整产品开发和营销策略。基于历史数据和先进的统计方法（如时间序列分析、机器学习算法等），企业可以构建准确的需求预测模型。这有助于优化库存水平、减少过剩或短缺的风险，提高整体运营效率。

### 2. 消费者需求多样化

随着全球化进程的加快及信息技术的发展，消费者的偏好正变得越来越个性化和多样化。这一趋势给企业带来了前所未有的挑战。传统的大规模标准化生产模式逐渐显现出其局限性，难以适应当前市场环境下的快速变化以及不同顾客群体的需求。因此，如何构建一个既灵活又能迅速响应外部变化的供应链体系成为众多企业亟待解决的问题之一。

幸运的是，随着云计算、物联网等前沿科技的进步，我们迎来了"大数据"时代。借助于先进的数据处理技术和算法模型，企业可以从海量数据中提炼出有价值的信息，进而指导实际运营活动。特别是在理解复杂多变的消费者行为方面，大数据分析更是发挥了不可替代的作用。大数据分析为企业提供了强大的工具，使其能够更深入地理解消费者需求并提供定制化的产品和服务。通过分析消费者的购买记录、浏览记录和个人偏好，企业可以向其推送更加符合其需求的商品和服务，从而提升用户体验和满意度；借助于大数据驱动的制造执行系统和柔性生产线，企业能够根据客户的特定要求进行定制化生产。这种方式不仅提高了产品的附加值，还增强了客户黏性。

### 3. 全球化挑战

在全球化的今天，企业需要管理跨地区甚至跨国界的供应链网络，这一过程中面临着诸多挑战。首先，跨地区协调就是一个显著难题，由于不同地区的物流设施、运输条件及劳动力成本存在较大差异，如何有效地进行资源调配成了一项复杂任务。其次，文化差异也是不容忽视的问题，各国之间存在的文化差异可能导致沟通障碍，影响团队协作效率和决策过程的一致性。最后，法规合规问题给跨国公司带来了额外的压力，特别是在环境保护、劳动权益等方面，各国法律法规不尽相同，企业必须确保其全球运营活动符合所有相关国家的法律要求，这不仅增加了管理的复杂度，也提高了潜在的违规风险。

大数据分析在全球化挑战中的角色至关重要。通过整合全球范围内的供应链数据，企业能够获得一个更全面的视角来审视整个运营流程，这不仅有助于及时发现潜在问题并迅速采取措施解决，还能为企业决策提供强有力的支持。与此同时，智能调度与优化技术的应用使得物流效率得到极大提升，运用运筹学原理结合 AI 算法可以实现自动规划最优路径、选择最佳供应商等功能，从而有效降低物流成本并缩短交货周期。此外，为了应对复杂的国际法规环境，建立一套完善的法规数据库，并利用自然语言处理技术定期更新其内容显得尤为必要；同时开发相应的预警系统，在出现违规风险时立即通知相关人员，这样不仅可以帮助企业更好地遵守各地法律法规，也为其全球化发展奠定了坚实的基础。通过充分利用先进的信息技术手段，企业能够在面对跨国供应链管理挑战时更加游刃有余。

**4. 可持续性要求**

随着全球环境问题的日益严峻和社会责任意识的增强，企业面临着越来越高的可持续性要求。可持续性不仅关系企业的长期生存和发展，也直接影响其品牌形象和市场竞争力。在供应链管理中，可持续性意味着从原材料采购、生产制造、物流配送到产品回收的整个过程中，都必须考虑到对环境的影响以及社会的责任。大数据技术为企业提供了强大的工具，使其能够更有效地管理和优化供应链，从而达到更高的可持续性标准。

通过安装传感器和智能设备，企业可以实时监测各个生产环节的能耗情况。大数据分析可以帮助识别能源消耗的关键点并提出改进措施。例如，通过对历史数据的分析，企业可以预测未来的能源需求，制订更加合理的能源调度计划。此外，大数据还可以帮助企业评估不同能源方案的成本效益，选择最环保且经济高效的解决方案。

大数据技术能够帮助企业追踪和分析生产过程中的废物产生情况。通过建立废弃物数据库，企业可以识别出主要的废物来源及其成因，进而采取针对性的改进措施。例如，采用先进的工艺技术和材料替代品来减少废物生成；通过循环经济模式，将废弃物转化为有价值的资源。此外，大数据还可以支持企业在废物分类、回收再利用等方面作出更加精准的决策。

# 10.3　供应链大数据管理的发展趋势

大数据技术的迅猛发展，为供应链管理带来了革命性的变革。供应链大数据管理成为企业提升竞争力、实现可持续发展的关键所在，呈现出数字化转型与智能化升级并建立大数据驱动的供应链生态系统的发展趋势。

## 10.3.1　数字化转型与智能化升级

供应链大数据管理的数字化转型与智能化升级是顺应时代发展的必然趋势。企业通过将物理格式的数据转换为数字格式，实现供应链的数字化，进而利用大数据技术实现流程优化、降低供应链成本、提高客户服务质量，增强供应链的韧性和灵活性。

这一趋势在近年来尤为明显，预计在未来几年内仍将持续深化。随着大数据技术的不断进步和应用的逐渐深入，供应链大数据管理将更加智能化、网络化、个性化，为全球经济的发展注入新的活力。

**1. 数字化转型**

数字化转型是供应链大数据管理的基础，它指的是将传统供应链管理流程中的各个环节进行数字化改造，通过现代信息技术和数据分析方法，实现数据的高效处理、精准分析和价值挖掘，以提高效率、降低成本并增强竞争力。这一过程的核心在于数据的采集与整合、数字化平台建设以及数据驱动的决策流程。

（1）数据的采集与整合：在数字化转型的过程中，数据采集与整合是首要环节。随着物联网技术的广泛应用，企业能够实时、准确地采集到供应链各环节的数据，包括库存状态、生产进度、运输路线等。这些数据通过高效的数据整合技术，经过清洗和标准化后存储于统一的数据库中，为后续的数据分析提供丰富且高质量的数据资源基础。

（2）数字化平台建设：构建数字化平台是供应链大数据管理实现数字化转型的关键环节。这一平台不仅应支持数据的存储和分析，还应具备实时监控、预警和决策支持等功能。通过搭建数字化平台，企业可以实现对供应链的全面可视化和协同管理，提高供应链的透明度和响应速度，在更加精准地把握市场需求的同时，优化资源配置并提升运营效率。

（3）数据驱动决策流程：数字化转型使得数据成为供应链决策的核心，通过利用大数据分析工具，企业能够对海量数据进行深入挖掘和分析，发现数据间的关联性和潜在价值。将对数据的洞察转化为具体的业务建议，可为企业的战略规划和供应链运营提供有力支持。例如，基于历史销售数据和市场趋势的预测分析，企业可以制定更为精准的生产计划和库存管理策略。

**2. 智能化升级**

在数字化转型的基础上，智能化升级是进一步提升供应链大数据管理效能的关键。通过引入人工智能、机器学习等先进技术，企业可以实现供应链的智能化管理和决策优化。

（1）智能预测与决策支持：供应链大数据管理智能化升级的核心在于智能预测与决策支持，通过大数据分析技术，企业可以对历史数据进行深入挖掘，发现数据间的关联性和趋势，进而对未来需求、供应波动等进行预测。预测结果为企业提供了宝贵的决策依据，帮助企业及时调整运营策略以应对市场变化，提高供应链的灵活性和响应速度。例如，AI 在库存管理与物流网络优化方面的应用日益广泛，通过 AI 算法预测需求变化，实现库存的精准控制，减少库存积压和缺货现象。

（2）自动化与流程优化：供应链大数据管理的智能化升级推动了供应链流程的自动化和协同合作。其中，自动化是提高供应链管理效率的重要手段。通过引入自动化设备和系统，如自动化仓库、自动化机器人流程、智能分拣系统等，企业可以实现供应链中大量重复性任务的自动化处理，从而释放人力资源并提高工作效率。同时，供应链的自动化作业减少了人工干预，进而提高了作业速度和准确性。此外，通过实时收集供应链流程中产生的数据并进行深入分析，企业可以进一步发现并消除供应链流程中存在的瓶颈和浪费环节，从而实现流程的优化。

（3）风险管理与优化：供应链大数据管理的智能化升级还有助于企业更好地应对供应链风险。通过大数据分析技术，企业可以实时监测供应链各环节的动态信息，及时发现潜在的风险因素并发出预警。同时，智能化大数据分析能为企业提供可以采取的有效方案，帮助企业实现在风险发生前的预防，降低企业运营风险并提高竞争力。

## 10.3.2　大数据驱动的供应链生态系统

在大数据技术对供应链管理系统的推动下，供应链管理逐渐向着协同化、集成化方向发展，建立大数据驱动下的供应链生态系统成为供应链大数据管理的未来发展趋势，这种生态系统将基于相互交叉、相互补充的供需关系，形成成员间相互依赖、关联互动、共生共存的网络，深刻改变企业的供应链管理模式和商业竞争格局。

### 1. 大数据驱动供应链生态系统的内涵

大数据驱动下的供应链生态系统是一个以大数据为核心，通过集成先进的信息技术、管理理念和业务模式，实现供应链各环节高度协同、智能化和可持续发展的网络体系。在这个生态系统中，数据将成为连接各参与者间的纽带和供应链的推动力量，引领整个供应链向更高效、更智能、更可持续的方向发展。

这个生态系统不仅涵盖了传统的供应链环节，还延伸到了金融、服务等领域，形成了一个全方位、多层次的供应链网络。在这个网络中，各参与者通过数据共享和协同工作，共同应对市场变化和挑战，实现资源的优化配置和价值的最大化。

### 2. 大数据驱动下供应链生态系统的特点

大数据驱动下的供应链生态系统具有以下显著特点：

（1）以数据为核心：大数据驱动下的供应链生态系统以数据为基础，通过数据分析指导决策和行动，实现供应链的精准管理。企业通过建立完善的数据采集、储存和分析体系，实现对供应链全过程的实时监控和动态调整。

（2）高度协同：在大数据驱动下的供应链生态系统中，企业可以通过数据共享和协同平台，与供应商、分销商和消费者等供应链参与者建立紧密的合作关系，各参与者通过数据共享和协同工作，打破了传统的组织边界和信息壁垒，破除信息孤岛现象，实现了供应链各环节之间的无缝对接和高效协同。这种跨组织的协同和整合有助于实现资源的优化配置、提高供应链的响应速度和灵活性。同时，通过整合不同参与者的数据和资源，企业还能够创造新的商业模式和价值增长点。

（3）智能运营和动态优化：借助大数据、人工智能等先进技术，供应链生态系统能够实现智能化运营和动态优化。例如，通过智能算法优化配送路线和仓储管理，提高物流效率；利用机器学习技术对供应链风险进行预测和防范，保障供应链的稳定运行。这种智能化运营和管理不仅提升了供应链的效率和质量，还降低了运营成本和风险。同时，基于实时数据分析，供应链生态系统可以动态调整供应链策略以应对市场变化和客户需求。例如，根据销售数据实时调整生产计划，根据物流数据优化配送路线。

**3. 大数据驱动下供应链生态系统的发展趋势**

大数据驱动的供应链生态系统将呈现以下四种发展趋势：

（1）供应链数字化和智能化水平持续提升：随着大数据技术的不断发展和应用深化，供应链数字化和智能化水平将持续提升，供应链各环节将实现全面数字化，形成更加紧密的数字化生态系统。未来，更多的供应链环节将被纳入数字化管理范畴，实现数据的实时采集、传输和分析。同时，人工智能等先进技术将在供应链大数据管理中发挥更重要的作用，推动供应链向更高级别的智能化迈进。

（2）供应链协同和整合程度不断加深：在大数据的驱动下，供应链协同和整合将成为未来发展的重要趋势。各参与者将更紧密地连接在一起，形成更高效、更灵活的供应链生态网络。同时，跨行业、跨领域的供应链整合也将逐渐增多，共同推动供应链向更广阔、更深入的领域拓展。

（3）供应链风险管理能力不断增强：随着全球经济的不确定性和风险性增加，供应链风险管理将成为企业关注的焦点。在大数据的支持下，企业将通过实时监测和预警机制，更准确地识别和评估供应链系统中潜在风险，制定更有效的风险防范和应对措施，保障供应链的稳定运行，供应链生态系统也将因此具备更强的风险预警和管理能力。

（4）绿色和可持续发展成为主流：在全球环保意识的提升和可持续发展要求的推动下，供应链生态系统的绿色和可持续发展将成为未来发展的主流趋势。企业将更加注重环境保护和社会责任，在供应链管理中融入绿色和可持续发展理念。通过大数据分析技术优化物流路线，减少碳排放；通过智能库存管理降低库存积压，减少资源浪费等措施，降低供应链的环境影响并提高资源利用效率。

展望未来，供应链大数据管理将迎来更加广阔的发展空间。随着 5G、边缘计算等新技术的普及，供应链大数据管理将实现更高速、更精准的数据处理和分析，向着更加智能化、网络化、个性化的方向发展。同时，随着全球供应链的日益复杂化和多样化，供应链大数据管理也将在企业的运营中扮演更重要的角色，为全球经济的发展注入新的活力。

拓展阅读 10.2 新一代物流平台：物流行业的数字化转型与未来

## 案例讨论

### 海尔集团的供应链大数据管理

海尔集团，作为全球领先的家电制造商，产品涵盖冰箱、洗衣机、空调等多个品类，面临着日益复杂的全球供应链管理挑战。随着公司业务的全球化扩展，海尔的供应链涉及了多个地区，包括原材料采购、制造、仓储、物流配送等环节。传统的供应链管理方式无法满足快速变化的市场需求和供应链效率的要求，因此，海尔积极推动"智慧供应链"战略，利用大数据、IoT、AI 等现代技术，提升供应链的智能化和数字化水平。通过这些技术，海尔希望能够在应对市场需求变化的同时，提升供应链管理的效率和灵活性。

在供应链管理过程中，海尔面临了一些严峻的问题。首先，是供应链环节的信息不对称。由于海尔的供应链涉及多个环节和地区，包括全球的原材料供应商、制造工厂、仓库、配送中心及零售商，信息的滞后和不对称会导致生产计划无法及时与市场需求对接，造成了库存过剩或缺货的现象。其次，家电行业的需求具有季节性波动，传统的需求预测方式未能有效应对市场的快速变化，致使生产计划和库存管理无法精准匹配市场需求。再次，随着海尔全球业务的扩展，供应链的物流和库存成本逐渐上升，特别是在跨境物流方面，运输成本和交货时效的矛盾变得更加突出。最后，海尔与供应商之间的协作和信息传递也存在问题，特别是在生产进度和交货时效方面的协调不到位，影响了供应链的整体稳定性和效率。

这些问题带来了供应链管理中的显著冲突。首先，信息不对称导致了供应链环节的效率低下。各个环节之间无法实时共享数据，导致生产计划无法根据市场需求变化进行及时调整。这不仅增加了库存风险，还影响了生产的灵活性。其次，市场需求变化快速且不可预测，传统的需求预测方式未能与生产和库存管理的系统对接，导致了生产和库存之间的不匹配，既有库存积压的情况，也有因缺货而错失市场机会的风险。再次，全球化的物流和库存管理成本不断上升，特别是在运输过程中，由于信息的滞后性和系统的低效性，运输成本和库存管理的效率受到严重影响。最后，供应商的协作问题也加剧了冲突，信息不共享和沟通不畅使得供应商无法及时响应需求变化，进而影响了海尔整个供应链的运作效率。

为了解决这些问题，海尔实施了一系列创新的解决方案。首先，海尔通过部署物联网技术，在供应链的各个环节实现了实时数据的采集。通过物联网设备，海尔能够实时监控库存、生产、物流等环节的状态，从而确保信息的即时传递和共享。其次，海尔利用大数据和机器学习技术进行需求预测。通过分析来自电商平台、零售商、社交媒体等多个渠道的数据，海尔能够更加精准地预测市场需求，并根据需求变化动态调整生产计划，确保生产和库存的灵活性和精准度。在物流方面，海尔采用了智能物流优化技术，借助大数据和 AI 优化运输路线，减少运输成本和时间，通过实时监控系统跟踪货物运输状态，确保准时交货。为了提高供应商的协作效率，海尔建立了供应商协作平台，平台实时共享生产计划、需求预测、物流安排等信息，提升了供应商之间的协调性和响应速度。最后，海尔还通过数据分析对供应商的绩效进行评估，以确保供应商能够按时交货并维持产品质量，从而确保供应链的稳定性。

通过这些技术手段的应用，海尔的供应链管理得到了显著提升。首先，供应链的透明度大幅提高。物联网和大数据技术使得海尔能够实时监控供应链中的每一个环节，确保信息共享和决策的精准性。其次，需求预测的准确度得到了显著提高。借助大数据分析和机器学习技术，海尔能够更好地应对市场需求的波动，尤其是在节假日促销和季节性需求波动期间，生产计划和库存管理更加精确，避免了库存积压和缺货现象的发生。再次，智能物流和动态库存管理帮助海尔大幅降低了运输成本和库存管理成本。通过优化运输路线和实时监控物流状况，海尔能够有效减少运输时间和成本，提高了物流效率。

最后，通过供应商协作平台和绩效管理，海尔不仅提升了与供应商之间的合作效率，还确保了交货时效和产品质量的稳定，为供应链的顺畅运行奠定了基础。

**问题：**

1. 如何解决供应链大数据管理中的信息不对称问题？

2. 在多变的市场需求环境下，如何利用大数据提高需求预测的准确性？

3. 在全球化和复杂供应链环境下如何平衡供应链中的成本控制和交货时效性？

## 课后习题

1. 如何确保供应链大数据的质量与完整性，以应对数据来源的多样性和复杂性？

2. 如何利用大数据分析技术提升供应链中的预测能力，以应对需求波动？

3. 在供应链中，如何解决大数据隐私与安全问题，特别是在跨境供应链管理中的应用？

4. 如何利用大数据分析优化供应链协作，提升各方之间的信息共享与透明度？

5. 数字化转型和智能化升级的未来发展将会为供应链大数据管理带来诸多机遇，但企业在实施的过程中应该如何应对可能的挑战呢？

## 即测即练

自 学 自 测　　扫 描 此 码

# 参 考 文 献

[1] 佟昕. 供应链大数据分析与应用[M]. 北京：北京理工大学出版社，2022.

[2] 马潇雨，张玉利，叶琼伟. 数字化供应链理论与实践[M]. 北京：清华大学出版社，2023.

[3] 代四广，曹玉娇，申红艳，等. 供应链大数据：理论、方法与应用[M]. 北京：机械工业出版社，2023.

[4] 马丽娜，常瑞洁. "大数据分析＋人工智能" 对数字供应链转型的影响——基于汽车行业的实证研究[J/OL]. 软科学，1-15[2025-01-16]. http://kns.cnki.net/kcms/detail/51.1268.G3.20241119.1135.010.html.

[5] 赵一奇. 基于大数据分析的实时供应链库存优化策略研究[J]. 中国物流与采购，2024（15）：63-64.

[6] 贺宇清. 电网物资供应链数字化管理策略[C]. 全国绿色数智电力设备技术创新成果展示会论文集（二）. 北京：中国电力设备管理协会，2024：3，32-34.

[7] 国家电网有限公司. 现代智慧供应链创新与实践[M]. 北京：中国电力出版社，2020.

[8] 马克·穆恩，供应链与需求管理：精准预测需求与高效匹配供需[M]. 高雪洁，译. 北京：人民邮电出版社，2020.

[9] 孙堃. 基于机器学习的食品供应链需求预测研究[D]. 保定：华北电力大学，2020.

[10] 李跃. 基于大数据分析的电力变压器供应商评价研究[D]. 北京：华北电力大学（北京），2024.

[11] 王槐林，刘昌华. 采购管理与库存控制[M]. 第四版. 北京：中国财富出版社，2013.

[12] 钟文佳. 基于人工智能的供应链优化采购系统研究[J]. 中国物流与采购，2024（3）：89-90.

[13] 蓝发钦，胡晓敏，国文婷. 企业供应链风险与纵向并购决策之谜——来自文本挖掘的经验证据[J]. 数量经济技术经济研究，2025，42（1）：116-135.

[14] 倪震飞. 智能仓储中的机器人自动化技术应用与发展趋势[J]. 中国储运，2024（9）：165-166.

[15] 张滟. 基于库存分类与需求预测的 L 跨境电商公司海外仓库存优化研究[D]. 杭州：浙江大学，2024.

[16] 丁加训. 供应链视角的 J 公司采购和库存协同优化研究[D]. 宁波：宁波大学，2020.

[17] 吴迪. 基于供应链管理环境下的采购和库存管理研究[J]. 商展经济，2021（15）：58-60.

[18] 聂志峰. 多价值链协同的 Q 电力设备制造企业原料采购优化[D]. 北京：华北电力大学（北京），2023.

[19] 李文锋，张煜. 物流系统建模与仿真（第 2 版）[M]. 北京：中国科技出版传媒股份有限公司，2018.

[20] 蒋华伟，郭陶，杨震. 车辆路径问题研究进展[J]. 电子学报，2022，50（2）：480-492.

[21] 张勇，贺国先. 基于遗传算法的生鲜水果冷链物流配送路径优化研究[J]. 中国储运，2024（7）：96-97.

[22] 马楠，王龙飞. 基于蚁群算法的卷烟物流配送路径优化研究[J]. 科技和产业，2024，24（22）：323-328.

[23] 史梦飞. 不确定需求下加氢站的氢气补给运输路径优化[D]. 北京：华北电力大学（北京），2024.

[24] 朱利. 基于粒子群算法的农产品物流车辆路径问题[J]. 中国储运，2023（1）：102-103.

[25] 沈夏婵. 基于聚类分析的同城即时配送优化策略研究[D]. 武汉：华中科技大学，2022.

[26] 赵玉忠. 我国制造业质量管理影响要素分析与评价[D]. 天津：天津大学，2011.

[27] 麻书城，唐晓青. 供应链质量管理特点及策略[J]. 计算机集成制造系统，2001，7（9）：32-35.

[28] 刘战豫. 产品质量安全风险预警与应急处置研究[D]. 徐州：中国矿业大学，2011.

[29] 李文琼. 基于互联网的产品质量安全风险预警研究[D]. 北京：中国矿业大学，2014.

[30] 孔繁涛. 畜产品质量安全预警研究[D]. 北京：中国农业科学院，2008.

[31] 郭溪川. 蜂蜜质量安全追溯系统研究[D]. 北京：中国农业科学院，2009.

[32] 侯赛，成润坤，刘达. 基于二次采样和集成学习方法的变压器故障预测[J]. 智慧电力，2024，52（7）：40-47.

[33] 彭学军，鲍军云，李良飞，等. 基于工业互联网的电力行业智能制造过程追溯体系构建[J]. 东北电力技术，2022，43（3）：13-16.

[34] 李雪琴，胡永仕. 供应链风险识别、评估与缓解研究综述[J]. 物流技术，2023，42（2）：122-126+141.

[35] 高猛猛，蒋艳. 基于ANP-灰色聚类方法的供应链风险影响因素研究[J]. 经济数学，2020，37（3）：36-41.

[36] 李刚. 基于大数据分析的供应链风险识别与监控研究[J]. 供应链管理，2020，1（7）：42-52.

[37] 朱佳莹，陈晓，朱琳臻. 大数据下风险事件库在F公司风险识别与评估中的应用[J]. 财务与会计，2022（15）：10-13.

[38] 周桐德. 基于关联规则的服装业供应链风险控制研究[D]. 北京：对外经济贸易大学，2022.

[39] 徐爽，蔡鸿明，赵林畅. 一种用于农产品供应链风险预测评估的贝叶斯决策树算法模型[J]. 西南大学学报（自然科学版），2024，46（3）：189-200.

[40] 张林，张子如. 供应链风险管理中供应商风险防范策略研究[J]. 中国航务周刊，2024（28）：82-84.

# 教师服务

感谢您选用清华大学出版社的教材！为了更好地服务教学，我们为授课教师提供本书的教学辅助资源，以及本学科重点教材信息。请您扫码获取。

## ≫ 教辅获取

本书教辅资源，授课教师扫码获取

## ≫ 样书赠送

**管理科学与工程类**重点教材，教师扫码获取样书

清华大学出版社

E-mail: tupfuwu@163.com
电话：010-83470332 / 83470142
地址：北京市海淀区双清路学研大厦 B 座 509

网址：https://www.tup.com.cn/
传真：8610-83470107
邮编：100084